भारतीय राजनीति और संविधान

विकास, विवाद और निदान

(1947 से 1997)

भारतीय राजनीति और संविधान

विकास, विवाद और निदान

(1947 से 1997)

सुभाष काश्यप

राजकमल प्रकाशन

ISBN : 978-81-267-0720-1

मूल्य : ₹895

पहला संस्करण : 1999
चौथा संस्करण : 2016
This book is printed on **Print on Demand** Technology : 2025

प्रकाशक : राजकमल प्रकाशन प्रा.लि.
1-बी, नेताजी सुभाष मार्ग, दरियागंज
नई दिल्ली-110 002
शाखाएँ : अशोक राजपथ, साइंस कॉलेज के सामने, पटना-800 006
पहली मंजिल, दरबारी बिल्डिंग, महात्मा गांधी मार्ग, प्रयागराज-211 001
1, अनमोल सोराबजी संतुक लेन, धोबी तलाव, मरीन लाइंस, मुम्बई-400 002
वेबसाइट : www.rajkamalprakashan.com
ई-मेल : info@rajkamalprakashan.com

BHARTIYA RAJNITI AUR SAMVIDHAN
Vikas, Vivad Aur Nidan (1947-1997)
Analitical Essays by Dr. Subhash Kashyap

आमुख

इस वर्ष हम भारत की स्वाधीनता की स्वर्ण जयंती मना रहे हैं। किसी राष्ट्र के जीवन में 50 वर्ष कोई बहुत लंबा काल नहीं होता, किंतु इस बीती अर्द्धशती में, हमारे देश में झंझावात की गति से इन दशकों में बदलाव आए, सदियाँ वर्षों में सिमट गईं। नाना प्रकार की चुनौतियों, संघर्षों और संकटों से जूझते हुए स्वाधीन भारत का इतिहास बना। कुछ सपने साकार हुए तो कितने ही राख हो गए।

आज भी हमारे सामने अनेक जटिल समस्याएँ हैं। राष्ट्र निर्माण के, विघटन और बिखराव से बचने के, भावनात्मक एकता सुनिश्चित करने के, गरीबी, अशिक्षा और पिछड़ापन दूर करने के, सामाजिक व आर्थिक विकास के, राजनीतिक व संवैधानिक व्यवस्था में सुधार के तथा भ्रष्टाचार, अपराधीकरण, जातिवाद, सांप्रदायिकता तथा अराजक तत्त्वों से जूझने के अनेक विकट प्रश्न हैं। प्रस्तुत पुस्तक में, संविधान और संसद से संबंधित अर्वाचीन रुचि के विभिन्न विषयों पर गंभीरतापूर्वक विचार किया गया है। पुस्तक को चार भागों में विभाजित किया गया है—स्वाधीनता की अर्द्धशती, भारत का संविधान, भारत की संसद और राज्यों में विधानपालिका। जहाँ एक ओर संविधान निर्माण, संविधान की आत्मा और संसद की बहु-आयामी भूमिका जैसे मूलभूत प्रश्नों का गहराई के साथ विवेचन हुआ है वहीं कुछ बिलकुल ताजा मुद्दों पर भी प्रकाश डाला गया है, जैसे न्यायिक सक्रियता, लोकपाल, दल-बदल, राज्यपालों की भूमिका, राष्ट्रपति शासन और अनुच्छेद-356, अध्यक्ष की भूमिका, संसदीय विशेषाधिकार आदि।

यह हमारा दुर्भाग्य है कि इन विषयों में—आज की ज्वलंत समस्याओं पर—हिंदी में सामग्री का घोर अभाव है। यदि भारतीय राजनीति और शासन व्यवस्था, संविधान और संसद में रुचि रखने वाले विज्ञ पाठकों को इस पुस्तक से उनके अनेक प्रश्नों के उत्तर मिल सकें और कुछ समस्याओं का स्पष्टीकरण हो सके तो मैं अपना प्रयास सफल समझूँगा।

इस पुस्तक के प्रणयन में श्री प्रमोद झा से प्राप्त सहायता और सहयोग के लिए मैं उनका आभारी हूँ।

नई दिल्ली

सुभाष काश्यप

अनुक्रम

भाग चार : राज्यों में विधानपालिका

भाग एक

स्वाधीनता की अर्द्धशती

1

लोकतंत्र के 50 वर्ष

कितने सपने साकार और कितने राख

भारत में लोकतंत्र का इतिहास बहुत पुराना है, उसकी जड़ें ईसा से कम-से-कम 3000 वर्ष पूर्व वैदिक काल तक जाती हैं। प्रातिनिधिक संस्थाओं और लोकतांत्रिक सिद्धांतों का प्रथम निरूपण ऋग्वेद और अथर्ववेद में मिलता है और बाद में महाभारत, शुक्राचार्य के नीतिसार, बौद्ध साहित्य, कौटिल्य के अर्थशास्त्र आदि में। यूनान के प्रथम लोकतंत्रात्मक नगरराज्यों से कितनी ही सदियाँ पूर्व, भारत में गणराज्यों का जाल बिछा हुआ था। कह सकते हैं कि भारत ही लोकतंत्र का पालना रहा है। फिर भी, जिस रूप में हम आज लोकतंत्र को जानते-पहचानते हैं, उसकी संकल्पना अंग्रेजी शासन के विरुद्ध स्वाधीनता के दिनों में जन्मी-पनपी और उसकी प्रेरणा का स्रोत ब्रिटेन का संसदीय लोकतंत्र था।

14-15 अगस्त, 1947 की अर्द्धरात्रि में स्वाधीनता का अरुणोदय हुआ, स्वर्ण विहान आया। हम स्वाधीनता के 50 वर्ष पूरे कर अपनी स्वतंत्र सत्ता की स्वर्ण जयंती मना रहे हैं। किसी भी राष्ट्र के जीवन में 50 वर्ष का काल कोई बहुत लंबा नहीं होता। किंतु जिस झंझावात की गति से इन दशकों में बदलाव आए, सदियाँ वर्षों में सिमट आईं, समीचीन होगा कि इन 50 वर्षों की उपलब्धियों का, सफलता-असफलता का, लेखा-जोखा तैयार किया जाए और देखा जाए कि हमारे राष्ट्र-निर्माताओं के कितने सपने साकार हुए और कितने राख हो गए; हमने क्या खोया, क्या पाया ? हम कहाँ से चले थे और कहाँ पहुँचे ?

हम कह सकते हैं कि स्वाधीन भारत की यदि कोई सबसे बड़ी उपलब्धि रही तो वह यही कि हम इस विशाल आबादीवाले, विविधता भरे, तरह-तरह से विखंडित-विभाजित देश के लिए एक मान्य संविधान बना सके और 50वर्षों तक, अनेक विकट समस्याओं के बावजूद, देश की एकता, अखंडता और लोकतंत्र को सुरक्षित रख सके। संविधान-निर्माताओं ने भारत के लिए जो राजनीतिक व्यवस्था चुनी उसके अंतर्गत भारत को एक संपूर्ण प्रभुत्व-संपन्न लोकतंत्रात्मक गणराज्य की संज्ञा दी गई तथा ब्रिटिश ढंग की संसदीय व्यवस्था को अपनाया गया। किंतु थोड़ी गहराई

से देखें तो पता चलता है कि ब्रिटिश संसदीय प्रणाली में और हमारी राजनीतिक व्यवस्था में अनेक मूलभूत अंतर और भिन्नताएँ हैं। उदाहरण के लिए, ब्रिटेन का संविधान एकात्मक है, जबकि हमारा संघीय है। वहाँ वंशानुगत राजा वाला राजतंत्र है, जबकि हमारा एक निर्वाचित राष्ट्रपति वाला गणतंत्र है। उनका कोई लिखित संविधान नहीं, हमारा लिखित संविधान है। उनकी तरह हमारी संसद प्रभुत्व-संपन्न नहीं और हमारे यहाँ संसद द्वारा पारित विधान के न्यायिक पुनरीक्षण की व्यवस्था है, आदि, आदि।

पिछले दशकों में इस व्यवस्था के कार्यकरण में जो भयावह विसंगतियाँ पैदा हुईं उन्होंने देश को यह सोचने के लिए बाध्य कर दिया है कि यह राजनीतिक-संवैधानिक व्यवस्था हमारी आवश्यकताओं-आकांक्षाओं के अनुरूप है भी या नहीं ? इसकी सफलता के लिए अनिवार्य पूर्वापेक्षाएँ हमारे यहाँ विद्यमान हैं भी या नहीं। प्रश्न यह नहीं है कि संसदीय व्यवस्था कितनी अच्छी है या बुरी। सवाल यह है कि यह हमारे लिए कहाँ तक ठीक साबित हुई ? हमारी समस्याएँ सुलझाने में कहाँ तक सफल रही है ?

आज जब हम चारों ओर देखते हैं तो राजनीतिक व्यवस्था चरमराती हुई दिखाई देती है। परिस्थितियाँ विषम हैं; संकटमय हैं। लगता है, हम विनाश के कगार पर खड़े हैं; ऐसे अंधे मोड़ पर जहाँ से कोई रास्ता कहीं जाता ही नहीं। हमारी गणना संसार के सबसे अधिक भ्रष्ट देशों में की जाती है। दुनिया भर में किसी अन्य देश में इतने निरक्षर लोग नहीं बसते जितने आज हमारे यहाँ हैं। गरीबी की रेखा से नीचे जीनेवाले लोगों की तादाद भी भारत में सबसे ज्यादा है। इस स्थिति के लिए जिम्मेदार कौन है ? कुछ लोगों का कहना है कि दोष राजनीतिक व्यवस्था का है। दूसरे लोग कहते हैं, नहीं, दोष व्यवस्था को चलानेवालों का है। वही निकम्मे और निष्ठाहीन निकले। हो सकता है, दोष व्यवस्था का भी हो और हम सब भारत के लोगों का भी।

इन 50 वर्षों में लोकतंत्र की भूमिका का मूल्यांकन करने का एक उपाय यह हो सकता है कि देखा जाए कि हमारे संविधान-निर्माताओं और राष्ट्रनायकों ने किन उद्देश्यों, आशा-आकांक्षाओं को लेकर वर्तमान राजनीतिक व्यवस्था बनाई थी और गत 50 वर्षों में उन्हें मूर्त रूप देने में वह कहाँ तक सक्षम-सफल सिद्ध हुई।

जब भारत अंग्रेजी शासकों की दासता से मुक्त हुआ और राष्ट्रीय आंदोलन के कर्णधार स्वाधीन भारत का संविधान बनाने बैठे तो उनके सामने सबसे बड़ी समस्या थी विभिन्न प्रकार से विभाजित-विखंडित हम, भारत के लोगों, को किसी प्रकार एक सूत्र में पिरोकर एक राष्ट्र का निर्माण करने की। संविधान-निर्माता चाहते थे कि भारतीय राष्ट्रीयता की चेतना जगे, सांप्रदायिक भेदभाव और जातिवाद समाप्त हो, देश का आर्थिक विकास हो, गरीबी मिटे और सामाजिक न्याय पनपे। उन्होंने समझा कि ब्रिटेन के ढंग की प्रातिनिधिक संसदीय लोकतंत्रात्मक प्रणाली ही हमें एक राष्ट्र बनाने में सबसे अधिक प्रभावी सिद्ध होगी, गरीबी की रेखा से नीचे जीनेवाले करोड़ों लोगों

को उन्मुक्त कर पाएगी और पिछड़े और शोषित वर्गों का उत्थान करने में सफल होगी। संविधान-निर्माताओं ने एकता, भाईचारे और बराबरी के सपने सँजोए थे और चाहा था कि भारतीय गणतंत्र में हर गाँव, हर घर और हर झोंपड़ी में, हर खेत और खलिहान में, स्वाधीनता के विहान का अनुभव हो; खुशहाली आए; गरीबी, बेरोजगारी, भुखमरी और अशिक्षा मिटे; चारों ओर आपसी प्रेम और शांति का वातावरण हो। गाँधी ने हर आँख का हर आँसू पोंछने का अदर्श रखा था और नेहरू ने संविधान सभा में प्रतिज्ञा की थी कि जब तक आँसू हैं, पीड़ा है, गरीबी है, तब तक काम समाप्त नहीं होगा। उनका विश्वास था कि संविधान भूखों को रोटी और नंगों को कपड़ा देगा और ऐसी व्यवस्था कायम करेगा जिसके अंतर्गत प्रत्येक व्यक्ति को अपनी सामर्थ्य के अनुसार अधिक-से-अधिक ऊँचा उठने के पूरे-पूरे अवसर मिल सकेंगे। अगर संविधान यह न कर सका तो नेहरू के अनुसार वह कागज के टुकड़ों से अधिक कुछ नहीं होगा।

हम सब जानते हैं कि संविधान-निर्माताओं के देखे सपने पूरे नहीं हुए। हम लोग एक राष्ट्र नहीं बन पाए। वस्तुतः हमारा समाज जितना विभाजित आज है, पहले कभी नहीं रहा। नक्शे पर खिंची रेखाओं से कहीं अधिक भयावह होती हैं मनों और भावनाओं में पड़ीं दरारें। जुड़ने के बजाय हम और बिखरे हैं, राष्ट्रीयता और एकता की बातें पुरानी पड़ गई हैं और जाति, धर्म, भाषा, संप्रदाय और क्षेत्रीयता के आधार पर नई पहचाने सर्वोपरि हो गई हैं।

एक समय था जब हम अपनी सारी कमजोरियों, कमियों, गरीबी और गुलामी के बावजूद अपने को भारतीय कहने में गर्व महसूस करते थे। आज स्थिति यह है कि किसी भारतीय को खोजने के लिए दिन में लालटेन लेकर घूमना पड़ेगा। असली अल्पसंख्यक आज भारतीय नाम का जीव हो गया है। आज कोई कहने का साहस नहीं करता कि जो भी हमें हिंदू, मुसलमान, सिख, ईसाई में; अगुआ-पिछड़ी जातियों में; उत्तर-दक्षिण में, ग्रामीण-शहरी में अथवा हिंदी-अहिंदी-भाषियों में बाँटने की कोशिश करता है अर्थात् जो भी देश की एकता के विरुद्ध काम करता है, वह देश का दुश्मन है। कोई ऐसा नहीं कहता क्योंकि भारतीयता या भारत की एकता के नारे के सहारे कोई वोट बैंक नहीं बनता, जबकि फूट डालकर वोट बैंक बनते हैं, संसद और विधानसभाओं में स्थान मिलते हैं, सरकारें बनती हैं और संसदीय लोकतंत्र चलता है।

पहले अंग्रेजों के लिए कहा करते थे कि उनकी कूटनीति थी कि 'फूट डालो, राज करो', किंतु आज की सरकार के नेता भी वही कुछ कर रहे हैं। सच तो यह लगता है कि राष्ट्र-निर्माण की आवश्यकताओं में और पश्चिमी शैली के लोकतंत्र में सत्ता में आने या बने रहने की शर्तों में परस्पर विरोध है। राष्ट्र-निर्माण का आधार है राष्ट्रीय एकता और मूलभूत प्रश्नों पर मतैक्य, जबकि सत्ता के सौदागरों के लिए सबसे अधिक मूल्यवान है वोटों का गणित। वह तो पलते-पनपते हैं फूट पर, विखंडन-विभाजन पर, बँटवारे पर। जाति, उपजाति, भाषा, प्रदेश के आधार पर समाज को परस्पर विरोधी टुकड़ों में बाँटकर, एक-दूसरे के विरुद्ध लड़ाकर, अपने-अपने समूह की अलग-अलग

पहचान बनाने में निहित स्वार्थ पैदा कर चुनावी पैंतरेबाजी करना और अपना उल्लू सीधा करना ही इस व्यवस्था में राजनीतिक दलों का काम है। यही कारण है कि अंग्रेजी ढंग के लोकतंत्र के अंतर्गत राष्ट्रीय एकता का, एक राष्ट्रीय भावना के निर्माण का, एक संगठित भारतीय समाज की पहचान बनाने का हमारा उद्देश्य पूरा न हो सका।

प्रश्न उठता है कि फिर आखिर हमारे संविधान-निर्माताओं ने हमारे लिए ऐसी व्यवस्था क्यों चुनी ?

मनोवैज्ञानिक बताते हैं कि दास को अपने स्वामी की हर बात आदर्श लगती है। वह वैसा ही बनना चाहता है। पश्चिमी देशों की पराधीनता में सदियों तड़पने के बाद, यह स्वाभाविक था कि हम अपने मालिकों के देश की शासन-शैली और संस्थाओं की ओर आकृष्ट होते तथा उन्हें ही सर्वोत्तम और अनुकरणीय मानते। स्वाधीनता संघर्ष के दिनों में भी राष्ट्रीय आंदोलन के नायकों की माँग रहती थी कि भारतीयों को भारत में वही सब अधिकार और अवसर मिलें जो अंग्रेजों को अपने देश में प्राप्त थे और वैसी ही संसदीय व्यवस्था स्थापित हो जैसी ब्रिटेन में थी। स्वाधीनता के समय हमारे प्रमुख नेतागण अधिकांशतः इंग्लैंड में पढ़े हुए, अंग्रेजी सभ्यता और तौर-तरीकों में ढले-पले लोग थे। उनमें से कुछ महारथियों को तो 'भारत की खोज' तक करनी पड़ी थी।

हम यह भूल गए कि ब्रिटेन में मानवीय अधिकार, व्यक्ति की स्वतंत्रता, गरिमा और समतावाले लोकतंत्र की सफलता के पीछे लगभग दो सौ वर्ष का आनुवांशिक सम्राट् और सामंतों के बीच घोर संघर्ष का इतिहास था। उनका विशाल साम्राज्य था, जिसमें कभी सूर्यास्त नहीं होता था। उसके पीछे था भारत जैसे देशों पर उनका एकतंत्रात्मक, निरंकुश शासन तथा दमन। ब्रिटेन का संसदीय लोकतंत्र शोषण की नींव पर उठा था, टिका था। उपनिवेशों के शोषण से अर्जित धन के आधार पर ही तो ब्रिटेन में अभूतपूर्व समृद्धि आई और संसदीय लोकतंत्र पनपा और पुष्ट हुआ। हमें सोचना चाहिए था किसी देश-विशेष की शासन-शैली किसी भी दूसरे देश पर यों ही थोपी नहीं जा सकती। यह भी कोई जरूरी नहीं है कि जो शैली एक देश में सफल हुई हो वह दूसरे देशों में भी सफल हो। वस्तुतः लोकतंत्रात्मक व्यवस्था तो देश के भीतर से ही प्रस्फुटित होनी चाहिए; लोगों के बीच से ही उपजनी-पनपनी चाहिए। वहाँ के लोगों के विचारों, मनोभावों, आदर्शों, आस्थाओं, मान्यताओं और अनुभवों के अनुरूप ही नैसर्गिक रूप से विकसित होनी चाहिए। किसी देश की माटी, जलवायु, लोगों और वातावरण के बीच जन्मे-पनपे राजनीतिक व्यवस्था के पौधे को और कहीं फिर से जमाना चाहें तो यह काम आसान नहीं।

जो राजनीतिक व्यवस्था हमने भारत को दी वह गाँधी के सपनों की व्यवस्था कदापि नहीं थी। वह राजेंद्रप्रसाद और अंबेडकर की कल्पना का प्रासाद भी नहीं था। उसे जयप्रकाश नारायण जैसे नेताओं का समर्थन भी प्राप्त नहीं था। जो संविधान बना

वह भारतीय मानस के सपनों का संविधान नहीं था। यह तो अंग्रेजी वातावरण में पले, पढ़े-लिखे और अंग्रेजी सभ्यता एवं राजनीतिक संस्थाओं से अभिभूत अभिजात वर्ग के कुछ लोगों का आदर्श मात्र था। देश की स्वाधीनता जल्दबाजी में, सत्ता में आने की बेताबी में, विदेशी शासकों के भारी दबाव में और उनकी शर्तों पर स्वीकार की गई थी। हमारे संविधान-निर्माताओं ने 1935 के भारत शासन अधिनियम के लगभग दो-तिहाई भाग को ज्यों-का-त्यों उठाकर संविधान में रख दिया था। वह भूल गए कि यह अधिनियम ब्रिटिश संसद ने भारत को एक राष्ट्र के सूत्र में पिरोने के लिए नहीं, अपितु उसे विभाजित करने और विखंडित करने के लिए बनाया था। संविधान-निर्माताओं के पास न समय था और न ही उनमें ऐसी रुचि थी कि वह मौलिक रूप से भारत के भविष्य के लिए उपयुक्त ढाँचे के बारे में सोचते और ऐसी राजनीतिक-संवैधानिक व्यवस्था का निर्माण करते जो हमारे जन-मानस की पृष्ठभूमि, संस्कृति और चिंतन के अनुकूल होती।

गाँधीजी ने कहा था कि उनके लिए स्वाधीनता का अर्थ होगा, भारत के प्रत्येक गाँव में पीने योग्य पानी की व्यवस्था। किंतु स्वाधीनता के 50 वर्ष बाद आज भी देश में एक लाख से अधिक गाँव ऐसे हैं जिनमें पीने के पानी की व्यवस्था नहीं है। या तो मीलों दूर से महिलाओं को पानी लाना पड़ता है या फिर जानवर और आदमी एक ही तालाब या जोहड़ का पानी पीते हैं और उसी में नहाते-धोते हैं। आज भी ऐसे गाँव हैं, जहाँ बँधुआ मजदूर गोबर को धोकर उससे निकले अनाज के दानों पर अपनी गुजर करते हैं जबकि उन्हीं की जाति के नेता उसके नाम पर सांसद और मंत्री बनकर राजधानी में मुगलिया बादशाहों जैसे ऐशो-आराम का जीवन बिताते हैं।

आज लोग खुलेआम और साफ-साफ कहते हैं कि भ्रष्टाचार तो हमारे जीवन का आवश्यक अंग बन गया है। नेतागण तो भ्रष्टाचार को कोई समस्या ही नहीं मानते। इधर तो प्रयास हो रहे हैं कि संविधान में ऐसे संशोधन किए जाएँ और ऐसे कानून बनें कि वर्तमान अथवा पूर्वमंत्रियों और सांसदों के भ्रष्टाचार को भ्रष्टाचार माना ही न जाए और उनके मामलों में न्यायालय का कोई दखल न हो। कैसी विडंबना है कि एक ओर, सड़कों पर कारों की भीड़ बढ़ती जा रही है और, दूसरी ओर आर्थिक उदारीकरण की नीति के चलते, हमारे देश की 16 प्रतिशत आबादी की प्रति व्यक्ति आय 3 रुपए रोज आँकी गई है। लोकतंत्र का आधार है मानव जीवन का मूल्य और व्यक्ति-व्यक्ति के बीच समानता, किंतु हमारा सामाजिक जीवन और चिंतन आज भी सामंतवादी है। आज भी मनुष्य के जीवन की अलग-अलग कीमतें लगती हैं। कहीं बच्चे का प्रतिदिन का जेब खर्च 500 रुपए है तो कहीं 200 रुपए में आदिवासी माताएँ अपने बच्चे को बेचने पर मजबूर हो जाती हैं। दुर्घटनाओं में मौत हो जाने पर मुआवजे दिए जाते हैं, तो वह भी इस आधार पर कम-ज्यादा होते हैं कि मौत हवाई जहाज में हुई, ट्रेन में, बस में या यों ही सड़क पर।

राज्य का सबसे पहला कर्तव्य है नागरिकों को सुरक्षा प्रदान करना, किंतु देश

के कितने ही भागों में आज प्रशासन जैसी, कानून और व्यवस्था जैसी कोई चीज नहीं है। आज आम आदमी का जीवन कहीं सुरक्षित नहीं, उसकी सुरक्षा की किसी को चिंता नहीं, जबकि करोड़ों-अरबों रुपया उन थोड़े से व्यक्तियों की निजी सुरक्षा और झूठी शान के लिए खर्च किया जाता है जिनमें से अधिसंख्य को जेलों में होना चाहिए।

किसी भी लोकतंत्रात्मक राजनीतिक व्यवस्था की सफलता के लिए जो चीजें सबसे अधिक अनिवार्य हैं उनमें प्रमुख है शिक्षा। शिक्षा के अभाव में लोकतंत्र की संस्थाओं की कल्पना एक ढकोसला मात्र है। लगता है कि अधिकांश जनता को अशिक्षित, पिछड़ा और गरीब रखने में हमारे शासकों का गहरा स्वार्थ निहित हो गया है। जहाँ बेहताशा बढ़ती हुई आबादी की भीषण समस्या है, वयस्क मताधिकार खतरनाक सिद्ध हो सकता है क्योंकि उसके अंतर्गत शक्ति संख्या में आ जाती है। आज कोई भी जनमंच से आबादी की बढ़त को रोकने की बात नहीं कर सकता। संविधान सभा में भी कई लोग ऐसे थे जिन्होंने चेतावनी दी थी कि वयस्क मताधिकार ऐसी शक्तियों को जन्म देगा जो राष्ट्रहित में काम करने के बजाय, छोटे-मोटे समूहों के हित में काम करेंगी। राजनीतिक लोग मत बटोरने के लिए इन समूहों के मतभेदों का लाभ उठाना चाहेंगे और इस प्रकार एकता की जगह फूट को प्रश्रय मिलेगा। पेशेवर नेताओं की एक नई जाति जनमेगी जो संविधान को विनष्ट कर देगी क्योंकि पेशेवर राजनीतिज्ञ समाज पर बोझ बन जाते हैं, वे अपने और अपने परिवार की रोजी-रोटी के लिए और कोई काम नहीं करते, उनका एकमात्र सहारा मंत्रिपद, विधान मंडल की सदस्यता आदि रह जाता है और यह स्थिति लोकतंत्र के लिए घातक है।

वयस्क मताधिकार तो अब समाप्त नहीं किया जा सकता। निरक्षरता और गरीबी भी किसी जादू की छड़ी से एकदम दूर नहीं की जा सकती, किंतु यह स्वीकारना पड़ेगा कि बीती अर्द्धशती में यह सब कुछ हो सकता था और भारत के जन-जन को वयस्क मताधिकार के योग्य बनाया जा सकता था। हम बुरी तरह हारे। नेतृत्व ने हमें धोखा दिया, जनता के साथ विश्वासघात किया। हम स्वयं अपने गणतंत्र के आदर्शों और संविधान को कार्यान्वित करने में असफल सिद्ध हुए। सारी व्यवस्था क्षत-विक्षत हो गई, टूट-फूट गई। भ्रष्टाचार और लूट-खसोट की होड़ में सभी दलों के नेताओं ने अपनी तिजोरियाँ भरीं, विदेशी बैंकों के खातों में भारी रकमें जमा कीं, घोटाले-पर-घोटाले किए, अपनी भावी पीढ़ियों का भविष्य सुरक्षित किया और जब देश दिवालिएपन के कगार पर आ खड़ा हुआ तो अपने खर्च और ऐशो-आराम कम करने के बजाय, राष्ट्र की अस्मत को अंतर्राष्ट्रीय मुद्राकोष, विश्व बैंक, बहुराष्ट्रीय कंपनियों और अमरीकी आकाओं के हाथों गिरवी रख दिया। अपने विशाल बाजार को ही विदेशी कंपनियों द्वारा उपभोग की सामग्रियाँ बेचने और शोषण करने के लिए मुक्त कर दिया। देश की प्रभुसत्ता को तिलांजलि दे दी और आने वाली सदियों में देश को कर्जों के नीचे दाब दिया। हमारी स्वराज्य की माँग के पीछे विदेशी आक्रांताओं द्वारा आर्थिक

शोषण के विरोध की बलवती भावना थी, किंतु आज राजनीतिक और आर्थिक निर्णय अधिकाधिक विदेशी आकाओं के इशारों पर होते नजर आते हैं। देश विदेशी दया पर आश्रित लगने लगा है। समझ में नहीं आता स्वतंत्रता की स्वर्ण जयंती मनाए या नई परतंत्रता की ओर ध्यान दें।

वर्तमान व्यवस्था के अंतर्गत ही आज ऐसी स्थिति आई जब लोकसभा में जनता के द्वारा सबसे अधिक मत और स्थान पानेवाले सबसे बड़े दो दल सत्ता से बाहर हैं और छोटे-छोटे न्यूनतम प्रतिशत और मत पानेवाले 14 दलों ने अपनी अल्पसंख्यक सरकार बना रखी है और क्योंकि कोई भी लोकसभा सदस्य अपनी सदस्यता और उसका सुख खोने को तैयार नहीं है, यह बेपेंदी की सरकार चल रही है। कहते हैं कि लोकतंत्र जनता द्वारा जनता का शासन है। क्या कोई कह सकता है कि देवगौड़ा या गुजराल सरकार को जनता ने बनाया ! सच यह हो कि आज आम जनता को अपने नेताओं की नीयत पर विश्वास नहीं रहा और आज की व्यवस्था से उसकी आस्था उठ गई है। सभी राजनीति दल—चाहे वे सत्ता में हों या विपक्ष में—अपना औचित्य खो चुके हैं। जहाँ जनता अपने ही चुने हुए प्रतिनिधियों को घृणा और तिरस्कार की दृष्टि से देखने लगे, विधि-निर्माता खुलेआम बेचे और खरीदे जाने लगे, भ्रष्टाचार, हिंसा, आतंकवाद, तस्करी और अन्य कुत्सित अपराधों तथा नेताओं, व्यापारियों, पुलिस और उच्च सरकारी अधिकारियों के बीच साझेदारी के संबंध आम चर्चा का विषय हों, यह कल्पना नहीं की जा सकती कि वर्तमान संकट का समाधान व्यवस्था को बदले बगैर हो सकेगा क्योंकि बहुत कुछ विवशताएँ व्यवस्थाजन्य हैं। उदाहरण के लिए आज की राजनीति करने के लिए, किसी भी दल को चलाने के लिए और चुनाव लड़ने के लिए टनों रुपयों की आवश्यकता होती है। इससे काले धन की प्रतिद्वंद्वी आर्थिक व्यवस्था जन्मती है। काला धन भी कोई यों ही नहीं देता। अतः भ्रष्टाचार जन्मता है और अब तो अपराधीगण स्वयं ही बड़ी संख्या में विधानपालिकाओं में आने लगे हैं। पहले अपराधी तत्त्व अपनी सुरक्षा के लिए नेताओं को पैसा देते थे, किंतु अब नेता अपनी सुरक्षा के लिए उन्हीं अपराधी तत्त्वों पर निर्भर रहने लगे हैं। हम सबके चरित्र गिरे हैं। जीवन में मूल्यों का, आदर्शों का ह्रास हुआ है, स्वार्थपरता, थोथा उपभोक्तावाद बढ़े हैं। देश का संकट केवल राजनीतिक व्यवस्था का नहीं, राष्ट्रीय चरित्र का संकट है। आध्यात्मिक संकट है। आज 'वैष्णवजन तो तेणे कहिए जो पीर पराई जाने रे' सोचने-कहनेवाला कहीं नहीं मिलता। वर्तमान राजनीतिक व्यवस्था और इसे चलानेवाले, दोनों को बदलना होगा। ऐसी व्यवस्था लानी होगी जो हमारी आवश्यकताओं और पृष्ठभूमि के अनुरूप हो। अगर हम भारत के लोगों में कमियाँ हैं तो हमारे लिए बनाई जानेवाली व्यवस्था ऐसी होनी चाहिए जो उन कमियों को भी ध्यान में रखकर बनाई गई हो क्योंकि वर्तमान राजनीतिक व्यवस्था को चलाने और अच्छा सिद्ध करने के लिए आकाश से देवता नहीं आएँगे और न ही हम यूरोप-अमरीका से लोगों का आयात कर सकते हैं।

इस व्यवस्था में जो मनसुहाती कहते हैं, पुरस्कृत होते हैं और जो सच्ची बात कहने का अथवा किन्हीं मूल्यों की रक्षा करने का साहस करते हैं, वे तिरस्कृत होते हैं। आज पैसा, कुरसी, सत्ता, पद और अधिकारों की लड़ाई ही सब कुछ हो गई है। पढ़े-लिखे लोग, बुद्धिजीवी, राजनेता, प्रशासक, व्यापारी, उद्योगपति, वकील, डॉक्टर, अध्यापक, विद्यार्थी—किसी के लिए कोई आचार-संहिता नहीं है। कोई मूल्य नहीं रह गए हैं। यदि ऐसा ही होता रहा और हम इसी संवैधानिक-राजनीतिक व्यवस्था से चिपके रहे तो निश्चित ही हमारे लोकतंत्र का लोप हो जाएगा और गणतंत्र नष्ट हो जाएगा।

2

न्यायपालिका की सक्रियता

दायित्व का विस्तार

संविधान की उद्देशिका में 'न्याय' को सबसे ऊँचा स्थान दिया गया था। गणतंत्र का सबसे पहला उद्देश्य था नागरिकों को सामाजिक, आर्थिक और राजनीतिक न्याय दिलाना। किंतु हुआ यह कि शीघ्र ही विभिन्न निहित स्वार्थ और हमारे निर्वाचित प्रतिनिधि और प्रशासक, हम नागरिकों के हितों और गरिमा की रक्षा करने और हमें न्याय दिलाने के बजाय, अपने निजी स्वार्थों के पोषक, सत्ता के सौदागर, जनता के शोषक और जनहित के शत्रु बन बैठे। घोटालों पर घोटाले होते रहे तथा कार्यांग और विधानांग चुप्पी साधे रहे और नेताओं, मंत्रियों और अफसरों के कुकृत्यों और भ्रष्ट आचरणों पर परदा डाले रहे। जब जनता की सहनशीलता का बाँध टूटता नजर आया, लोकतंत्र की अंत्येष्टि और आनेवाले विनाश के तांडव की चाप सुनाई देने लगी और साफ दिखाई देने लगा कि यदि व्यवस्था के भीतर कोई समाधान न निकला तो व्यवस्था ही टूट जाएगी, तब न्यायपालिका ने जनहित में, विधि और न्याय का शासन सुरक्षित करने के लिए, अपने क्षेत्राधिकार में अधिक सक्रिय और प्रभावी भूमिका निभाने का बीड़ा उठाया। जन-मन में आशा की हलकी सी किरण जन्मी कि शायद हमारा गणतंत्र उस विभीषिका से बच जाए जिसका सामना हमारे पड़ोस को बार-बार करना पड़ता रहा है।

संविधान एक जड़ दस्तावेज मात्र नहीं है। संविधान केवल वह नहीं है जो उसके पाठ में लिखा है। संविधान तो सक्रिय संस्थानों का एक सजीव संघटन है। संविधान अपेक्षा करता है कि राज्य के सभी अंग—कार्यांग, विधानांग और न्यायांग—सक्रिय रहें। उनकी सक्रिय भूमिका के बीच ही संविधान पनपता-पल्लवित होता है। प्रत्येक संविधान इसी से अर्थ ग्रहण करता है कि उसे किस प्रकार अमल में लाया जा रहा है। बहुत कुछ इस पर निर्भर होता है कि न्यायालय किस प्रकार उसका निर्वचन करते हैं तथा विभिन्न अंगों के बीच आपस में तथा जनता के साथ संबंधों में कैसा और कितना सार्थक तालमेल बैठता है। पहला प्रश्न यह उठता है कि क्या आज विधानपालिका, कार्यपालिका और न्यायपालिका के बिलकुल अलग-अलग परिभाषित और परिसीमित

अधिकार क्षेत्र हैं भी ?

विधानपालिका विधि-निर्माण करे, कार्यपालिका विधियों का कार्यान्वयन और प्रशासन की देख-रेख करे तथा न्यायपालिका विवादों का फैसला और विधियों की व्याख्या करे, ऐसा आज नहीं है। हो भी नहीं सकता। तीनों अंगों के समन्वयकारी मिलन से ही आधुनिक राज्य-व्यवस्था का प्राधिकरण बनता है। विधि-निर्माण में तीनों अंग लगभग बराबर के भागीदार हैं। कार्यकारी क्षेत्र में विधान मंडल के ही कुछ सदस्य मंत्रिमंडल के रूप में शासन करते हैं, किंतु विधान मंडल के प्रति उत्तरदायी तथा अपने कृत्यों की संवैधानिकता के लिए न्यायपालिका के निर्णयों के आश्रित रहते हैं। जहाँ तक न्यायपालिका का संबंध है, न्यायालयों के गठन, संगठन, अधिकार-क्षेत्र एवं शक्तियों का विनियम करनेवाले विधान बनाने की शक्ति संसद को प्राप्त है। संसद विधि द्वारा उच्चतम न्यायालय के न्यायाधीशों की संख्या में वृद्धि कर सकती है। वस्तुतः इसी शक्ति के अंतर्गत संसद ने न्यायाधीशों की संख्या 8 से बढ़ाकर 26 कर दी है। उच्चतम न्यायालय और उच्च न्यायालयों के सभी न्यायाधीशों की नियुक्ति राष्ट्रपति द्वारा की जाती है तथा किसी भी न्यायाधीश को उसके पद से हटाए जाने की प्रक्रिया में भी राष्ट्रपति और संसद को प्रमुख भूमिका प्राप्त है। इस प्रकार किसी-न-किसी रूप में तीनों अंग एक-दूसरे पर आश्रित हैं। आवश्यकता इस बात की है कि तीनों मिल-जुलकर समन्वयकारी दृष्टिकोण से जनहित को सर्वोपरि रख आचरण करें और अपनी-अपनी भूमिका निभाएँ।

ऐसी चार स्थितियाँ समझ में आती हैं जिनमें न्यायालय अपने निर्दिष्ट विशेष क्षेत्र का अतिक्रमण कर अन्य क्षेत्रों में—कार्यपालिका अथवा विधानपालिका के क्षेत्रों में—हस्तक्षेप करते लगते हैं।

पहली स्थिति तब आती है जब सरकार या संसद अपने कर्तव्यों का निर्वाह करने में असमर्थ और अक्षम सिद्ध हो तथा नागरिकों के हितों और अधिकारों की रक्षा के लिए तथा विधि और संविधान के संरक्षण के लिए न्यायालय से दुहाई की जाए।

दूसरी स्थिति का जन्म तब होता है जब सरकार इतनी अस्थिर और कमजोर हो कि कोई भी कठिनाई उपस्थिति होने पर अथवा किसी भी संघर्ष की स्थिति में, किसी व्यक्ति-विशेष अथवा वर्ग-विशेष को नाराज करनेवाला कोई कठोर निर्णय न ले सकती हो अथवा सत्ताधारी दल सत्ता खोने के डर से निर्णय न लेना चाहता हो और अपनी जिम्मेदारी न्यायालय पर डाल दे। मूलतः यह सरकार का काम है कि वह नागरिकों की और उसके अधिकारों की रक्षा करे तथा देश को एक कुशल और न्यायोचित प्रशासन प्रदान करे, किंतु अगर ऐसा नहीं होता और विवश नागरिक न्यायालय का द्वार खटखटाने पर बाध्य हो जाता है तो न्यायालय का निश्चय ही कर्तव्य बनता है कि संविधान और कानूनों के अनुसार निर्णय दे।

तीसरी स्थिति वह है जिसमें सरकार स्वयं सक्षम होते हुए भी, न्यायालय के माध्यम का उपयोग या दुरुपयोग करना चाहे।

चौथी स्थिति वह है जब न्यायालय स्वयं मानवीय अथवा संस्थागत नैसर्गिक दुर्बलताओं के अधीन अपने अधिकार-क्षेत्र का विस्तार करना चाहते हों, जाने या अनजाने। कहते हैं कोई भी व्यक्ति अथवा संस्था अगर अपनी शक्ति और अपने अधिकारों का क्षेत्र बढ़ाने में समर्थ होंगे तो वह अवश्य बढ़ाएँगे।

तटस्थ दृष्टि से यदि पिछले वर्षों के उच्चतम न्यायालय के उन सभी निर्णयों का विवेचन करें जिनकी ओर उँगली उठाई जाती है तो देखेंगे कि अधिसंख्यतः वे न केवल न्यायसंगत थे, अपितु स्थिति-विशेष में अनिवार्य और आवश्यक भी थे। हाँ, कुछ निर्णयों की आलोचना की जा सकती है और कहा जा सकता है कि वह अनावश्यक अथवा अनुचित थे और न्यायपालिका के क्षेत्र का अतिक्रमण करते थे, किंतु दुर्वलताएँ अथवा भूल करने का अधिकार किसी अधिकरण-विशेष की बपौती नहीं और उच्चतम न्यायालय ने अपने निर्णयों को बदलकर स्वयं इसका प्रमाण बार-बार दिया है।

कूड़े की सफाई, प्रदूषण पर नियंत्रण, फैक्टरियों के स्थानांतरण, सरकारी अधिकारियों की पदोन्नति अथवा नियुक्ति, राजनीतिक के अपराधीकरण से संबंधित जाँच की प्रगति की रिपोर्ट, अपराधियों को अदालत की आज्ञा के विना हथकड़ी न पहनाना, समान नागरिक संहिता के लिए कानून बनाना, मुख्य चुनाव आयुक्त के अवकाश के काल में उसके पद का प्रभार सौंपने के लिए एक आयुक्त का चयन, सरकार के आदेशों को लागू करने में हुई न्यायालय की आज्ञा की अवहेलना के लिए एक अफ़सर को जेल की सजा, आरक्षण के ममाले में 50 फीसदी की सीमा तथा न्यायाधीशों की नियुक्ति में सरकार की भूमिका, राजनीतिक दलों के सांगठनिक चुनावों में हस्तक्षेप आदि विषयों में न्यायालय के निर्णयों और आदेशों को लेकर विभिन्न क्षेत्रों में तीव्र प्रतिक्रिया हुई है तथा न्यायालयों की सीमातीत क्रियाशीलता की तथा अपने कार्यक्षेत्र के अतिक्रमण अथवा अन्य क्षेत्रों में अनुचित हस्तक्षेप की आलोचना हुई है। किंतु उनके पक्ष में भी बहुत कुछ कहा जा सकता है।

इधर कितने ही ऐसे मामले सामने आए हैं जिनमें न्यायालयों के हस्तक्षेप से ही स्थिति कुछ सँभल सकी है। वह सोचकर भी भय लगता है कि यदि न्यायालय ने न बचाया होता तो जो विषम स्थितियाँ हमारे शासकवृंद ने और राजनेताओं ने पैदा कीं और जिस विनाश के कगार पर देश को लाकर बार-बार खड़ा किया, उसमें आज हम कहाँ होते ? उच्चतम न्यायालयों के निर्णयों से ही यह तय हुआ कि अवैध आदेशों को मानना सरकारी अधिकारियों, प्रशासकों, पुलिसकर्मियों आदि किसी के लिए भी जरूरी नहीं; जीने के अधिकार में ढंग से जीने का, जीविका का, शिक्षा का अधिकार शामिल है और राज्य का कर्तव्य है कि उस सबकी व्यवस्था करे; इलाज में लापरवाही करनेवाले डॉक्टर के खिलाफ मरीज उपभोक्ता संरक्षण कानून के अंतर्गत मुआवजे का दावा कर सकता है; चुनाव आयोग किसी दल की मान्यता समाप्त कर सकता है; न्यायाधीश सरकार के अधीन नहीं होते; विधवा और पुत्री को संयुक्त परिवार के कर्ता की मृत्यु पर जायदाद में हिस्सा मिलना चाहिए; पूरी वोहरा समिति रिपोर्ट न्यायालय

के सामने रखी जाए; हवाला कांड के सिलसिले में ठीक से समयबद्ध जाँच हो, ताकि राजनीतिज्ञों और अपराधियों की साँठ-गाँठ में हुए अपराधों के दोषियों को सजा मिले; न केवल विवाह के समय, अपितु बाद में भी दहेज माँगनेवालों को दोषी माना जाए; केंद्र एक स्वतंत्र स्वायत्त लोक अधिकरण की स्थापना कर इलैक्ट्रोनिक संचार साधनों पर सरकार के एकाधिकार और नौकरशाही के आधिपत्य को समाप्त करे। यह सभी आवश्यक, वांछनीय और स्वागत योग्य कदम कहे जाएँगे और इसे देश का सौभाग्य ही माना जाएगा कि संस्थाओं के चतुर्दिक ह्रास के बावजूद कम-से-कम न्यायपालिका के सर्वोच्च स्तर पर उच्चतम न्यायालय ने उचित मानकों की रक्षा की और सही दिशा-निर्देश दिए।

यदि जनता का विश्वास अपने निर्वाचित प्रतिनिधियों से उठ जाए, यदि राजनीतिक-संवैधानिक व्यवस्था की सार्थकता पर ही प्रश्नचिह्न लग जाए, यदि प्रशासक और राजनेता बेईमान तथा सरकार कमजोर, अकर्मण्य और निष्ठाहीन दिखाई देने लगे, तो लोकतंत्र अधिक दिन नहीं चला करते। व्यापक भ्रष्टाचार, येन-केन-प्रकारेण सत्ता में आने और आ गए तो बने रहने की लालसा, विधायकों की खुलआम खरीद-फरोख्त, विधान मंडलों में शर्मनाक अनुशासनहीनता, संविधान की बार-बार अवहेलना, नेताओं की आपस की आपा-धापी और बंदरबाँट के झगड़े तथा आम नागरिक के लिए सुरक्षा का अभाव, ऐसी स्थितियाँ हैं जिनमें नवोदित विकासशील देशों में शक्ति प्रायः सैन्यबलों के हाथों में चली जाती है और सैनिक शासन और अधिनायकवाद का प्रादुर्भाव होता है। यह हमारे देश का सौभाग्य है कि ऐसा नहीं हुआ। न्यायपालिका ने सक्रिया होकर, सैन्यबलों को राजनीति में सक्रिय होने से दूर रखा।

किंतु यह भी समझना जरूरी है कि तथाकथित न्यायिक सक्रियता आज की विभिन्न समस्याओं का कोई स्थायी समाधान नहीं दे सकती। वह तो केवल घोर आपात्कालीन दवाई का ही काम कर सकती है। अंततः कार्यपालिका और विधानपालिका को अपना-अपना काम ईमानदारी के साथ करना सीखना होगा। राज्य के तीनों अंगों को मिलाकर ही जनहित सुरक्षित करना होगा, विधि और न्याय का शासन स्थापित करना होगा, जन-जन में आस्था जगानी होगी और देश को आगे बढ़ाना होगा। न्यायालय न तो विधानपालिका का स्थान ले सकते हैं और न ही कार्यपालिका का। साथ ही, आज की विशेष परिस्थितियों में न्यायिक अधिनायकवाद के हौवे का भय दिखाना भी बेमानी है क्योंकि अंततः न्यायपालिका भी तभी तक सक्रिय रह सकती है और प्रभावी हो सकती है जब तक दूसरी दो संस्थाएँ उसका आदर करें और उसके आदेशों का पालन करें। अंततः उच्चतम न्यायालय के आदेशों को लागू करने के लिए भी तो प्रशासनिक मशीनरी का ही सहारा लेना पड़ेगा। लेकिन इधर सरकारी कर्मचारियों को 1800 मकानों के बिना बारी के आवटन के मामले में सर्वोच्च न्यायालय के आदेश को निष्प्रभावी बनाने के लिए राष्ट्रपति के अध्यादेश का सहारा लेकर केंद्र सरकार ने इस बात का प्रमाण दिया है कि न्यायपालिका के आदेशों का सम्मान करने

की उसकी भावना में ह्रास हुआ है।

न्यायपालिका को भी सावधान रहना होगा और न्यायिक संयम और अनुशासन का कठोरता से पालन करना होगा, ताकि ऐसे आदेश न निकलें और ऐसी स्थिति न आए जब उसके आदेशों की खुली अवहेलना होने लगे अथवा उनका पालन ही न हो सके। इस पर भी सचेत रहना होगा कि कहीं जाने-अनजाने में निहित स्वार्थों का दलगत राजनीतिक हितों के द्वारा सत्ता संघर्ष में उसका उपयोग न किया जाए। यदि ऐसा हुआ और जनमानस से न्यायपालिका के प्रति आस्था का ही ह्रास होने लगा तो सचमुच हमारा लोकतंत्र इतिहास के पन्नों तक सिमटकर रह जाएगा।

3

लोकपाल विधेयक

भ्रष्टाचार का निरोध या छलावा

संसदीय गणतंत्र की आधी शताब्दी बीतते-बीतते ऐसी स्थिति आ गई है कि आम लोगों का विश्वास न तो उनका प्रतिनिधित्व करने का दावा करनेवाली संस्थाओं पर रह गया है और न ही जनप्रतिनिधियों पर। जहाँ साढ़े नौ अरब के चारा घोटाले में आरोप पत्र का सामना कर रहा मुख्यमंत्री डंके की चोट पर कहता है कि वह गिरफ्तारी के बाद भी जेल से सत्ता का संचालन करेगा, और सचमुच ऐसा करके दिखा देता है, वहाँ सामान्यजन यह अपेक्षा भी कैसे कर सकते हैं कि उन्हें इन जनप्रतिनिधियों से स्वच्छ प्रशासन और उत्तरदायी शासन मिलेगा। फिर भी आम जनता को भ्रम में डालने के लिए जब-तब प्रपंच रचे जाते हैं। ऐसा ही एक प्रपंचजाल लोकपाल विधेयकों का है।

ओंबुड्समेन की संकल्पना विश्व इतिहास में बहुत नई नहीं है। शासन की बढ़ती हुई शक्तियों से नागरिकों के हितों तथा अधिकारों की रक्षा करने की दृष्टि से जिन अनेक युक्तियों का उन्नीसवीं-बीसवीं सदियों में आविष्कार हुआ, उनमें प्रमुख है 1809 ईस्वी में स्वीडन में जन्मी ओंबुड्समेन की संस्था। 1919 में इसे फिनलैंड ने अपनाया, 1955 में डेनमार्क ने, 1962 की न्यूजीलैंड ने और 1964 में ब्रिटेन ने। इससे मिलती-जुलती संस्थाएँ जर्मनी, जापान, पोलैंड, फिलीपाइंस में तथा विश्व के अन्य अनेक देशों में भी स्थापित हो चुकी हैं।

प्रशासन में देरी, लापरवाही और भ्रष्ट आचरण के दाँव-पेंचों में पड़ना प्रायः आम नागरिक के लिए संभव नहीं होता। ओंबुड्समेन का कार्य उच्चस्थ सरकारी अधिकारियों और विभागों के विरुद्ध नागरिकों की शिकायतों की छानबीन करना माना जाता है। यदि उसे पता चले कि नागरिक की शिकायत ठीक है तो वह उसके प्रति हुए अन्याय के निवारण का प्रयत्न करता है। दूसरे देशों में ओंबुड्समेन प्रायः उच्चतम न्यायालय के न्यायाधीश के पद का व्यक्ति होता है और बड़े-से-बड़े सरकारी अधिकारियों के कुशासन के मामलों की जाँच-पड़ताल कर सकता है। ओंबुड्समेन की संकल्पना में इतना लचीलापन है कि विभिन्न शासन पद्धतिवाले देशों ने इसे अपनाया है। हर देश में उसका भिन्न स्वरूप उभरा है और उसका अधिकार क्षेत्र भी अलग-अलग परिभाषित

हुआ है।

उदाहरण के लिए स्वीडन तथा फिनलैंड में ओंबुड्समेन का क्षेत्राधिकार न्यायपालिका तक विस्तृत रहा है, जबकि न्यूजीलैंड, डेनमार्क तथा नार्वे में ओंबुड्समेन का न्यायपालिका के निर्णयों में देरी, लापरवाही या धाँधली आदि के किसी भी मामले में कोई अधिकार नहीं रहा। स्वीडन के ओंबुड्समेन का मंत्रियों पर कोई नियंत्रण नहीं होता। उसका काम केवल यह देखना होता है कि न्यायाधीश, सरकारी कर्मचारी तथा अन्य असैनिक अधिकारी किस प्रकार विधियों का पालन करते हैं। यदि वे विधियों का उल्लंघन करते हैं या अपने कर्तव्यों का पालन नहीं करते तो ओंबुड्समेन उन पर मुकदमा चला सकता है।

डेनमार्क के ओंबुड्समेन का मंत्रियों और न्यायधीशों, दोनों के ऊपर अधिकार होता है। नार्वे का ओंबुड्समेन मंत्रियों के उन सभी कार्यों की पड़ताल कर सकता है जो वह अपने विभाग अथवा मंत्रालय के प्रधान के रूप में करते हैं। फिनलैंड में ओंबुड्समेन के अधिकार क्षेत्र में न केवल मंत्रिमंडल स्तर के सभी मंत्री आ जाते हैं, अपितु उसे उन पर मुकदमा चलाने का भी अधिकार है।

यूरोपीय देशों के ओंबुड्समेन की कार्यवाही की एक प्रमुख विशेषता उसकी प्रक्रिया की अनौपचारिकता है। वह स्वयं अपनी पहल पर कार्य कर सकता है और मिली हुई किसी शिकायत पर भी। न्यूजीलैंड और ब्रिटेन आदि संसदीय प्रणालीवाले देशों में ओंबुड्समेन को संसदीय आयुक्त अथवा पार्लियामेंटरी कमिश्नर के नाम से जाना जाता है। किंतु संसदीय व्यवस्था के सिद्धांतों के ढाँचे में ओंबुड्समेन जैसी संस्था को लाने के लिए कतिपय परिवर्तन और संशोधन अनिवार्य समझे गए। उदाहरण के लिए ब्रिटेन का संसदीय आयुक्त तभी कोई कदम उठा सकता है अथवा कोई जाँच-पड़ताल शुरू कर सकता है जब कोई संसद सदस्य अपने निर्वाचन क्षेत्र में बसे देश के किसी नागरिक की ओर से कोई शिकायत करे। यदि आयुक्त को लगे कि शिकायत निराधार है तो वह आगे कोई जाँच करने से मना कर सकता है। यदि वह जाँच करने का निश्चय करता है तो वह शिकायत को अपनी टिप्पणी के साथ संबद्ध अधिकारी के पास भेज देता है और उससे पहले मामले में पूरा स्पष्टीकरण देने की माँग करता है। इस स्पष्टीकरण पर विचार करने के बाद यदि उसे शिकायत में कुछ औचित्य दिखाई दे तो वह संबद्ध अधिकारी से अपना निर्णय बदलने के लिए कह सकता है। यदि अधिकारी आयुक्त के निर्देशों का पालन नहीं करता, तो आयुक्त संसद के पास रिपोर्ट भेज सकता है और संस्तुति कर सकता है कि संबद्ध अधिकारी के विरुद्ध क्या कार्रवाई की जाए। संसदीय आयुक्त को अधिकार है कि वह सभी फाइलें और दस्तावेज तलब कर सके। साक्षियों को पेश किए जाने और साक्ष्य लेने के मामले में उसे असैनिक न्यायालय अथवा दीवानी अदालत की सारी शक्तियाँ प्राप्त हैं।

भारत में ओंबुड्समेन अथवा लोकपाल के विषय में चर्चा और उसकी सार्थकता

के विषय में विचार प्रारंभ से ही उच्च स्तरों पर भ्रष्टाचार के परिप्रेक्ष्य में होता रहा है। 1962 में अखिल भारतीय विधि सम्मेलन में ओंबुड्समेन जैसी किसी संस्था की भारत में स्थापना की उपादेयता का विचार हुआ। 1963 में तत्कालीन मुख्य न्यायाधीश न्यायमूर्ति श्री गजेंद्र गडकर ने कहा कि इस सुझाव पर गंभीरतापूर्वक विचार किया जाना चाहिए। उसी वर्ष श्री के. संथानम की अध्यक्षता में गठित भ्रष्टाचार निरोधक समिति ने भारत सरकार को दी गई अपनी अंतरिम रिपोर्ट में सुझाव दिया कि आम शिकायतों और उनके निराकरण के लिए एक निदेशालय की स्थापना की जाए जो केंद्रीय सतर्कता आयोग के अंतर्गत काम करे। किंतु सरकार ने निर्णय लिया कि नागरिकों की भ्रष्टाचार और कुशासन से संबंधित शिकायतों पर कार्यवाही करने लिए आवश्यक मशीनरी स्थापित करने पर बाद में अलग से विचार किया जाए। 1964 में मामला लोकसभा में एक संकल्प द्वारा उठाया गया और सुझाव रखा गया कि ओंबुड्समेन जैसा एक संसदीय अधिकारी हो जिसे लोकायुक्त की संज्ञा दी जाए। सरकार ने सुझाव पर विचार करने का आश्वासन दिया। किंतु कोई भी कारगर कदम न उठाए जाने पर 1965 में मामला पुनः लोकसभा में उठा। सरकार ने संसद सदस्यों की एक उप-समिति भी बनाई। 1966 में यह मामला प्रशासनिक सुधार आयोग को सौंप दिया गया। आयोग ने जोरदार सिफारिश की कि भारत में ओंबुड्समेन जैसी संस्था की स्थापना की जाए। आयोग ने इस विषय में पूरी योजना प्रस्तुत की जिसके अनुसार एक लोकपाल और लोकायुक्त नियुक्त किया जाना था। लोकपाल मंत्रियों और सचिवों के विरुद्ध शिकायतों पर गौर कर सकता था। उसकी नियुक्ति राष्ट्रपति द्वारा प्रधानमंत्री की सिफारिश पर की जानी थी, किंतु यह सिफारिश देने से पहले प्रधानमंत्री का उच्चतम न्यायालय के मुख्य न्यायाधीश और लोकसभा में विपक्ष के नेता की राय लेना जरूरी था। लोकपाल का पद भारत के मुख्य न्यायाधीश के समकक्ष माना जाना था। वस्तुतः आयोग ने एक विधेयक का प्रारूप भी अपनी रिपोर्ट में प्रस्तुत कर दिया था। यह लोकायुक्त सचिव से नीचे के स्तर के अधिकारियों के लिए था।

इसके बाद बराबर लगभग हर संसद के कार्यकाल में कुछ-न-कुछ होता रहा, आश्वासन दिए जाते रहे, विधेयक आते रहे, समितियाँ बनती रहीं, जनता का पैसा लोकपाल के नाम पर खर्च होता रहा। भ्रष्टाचार और कुशासन की समस्या निरंतर उग्रतर होती गई और जब-जब दलालों, हवालों और घोटालों के मामलों से जनता की सहनशीलता का बाँध टूटता नजर आया तब-तब सरकार ने फिर-फिर लोकपाल विधेयक का झुनझुना बजाया।

इन विधेयकों का हमारे देश में एक लंबा इतिहास है। उनका स्वरूप, कलेवर और केंद्र जरूर बदलता रहा है। कम-से-कम पाँच बार सरकारी तौर पर इस विषय में विधेयक संसद के सामने लाए गए हैं। 1968, 1971, 1977, 1985 और 1990 में थोड़े-बहुत फेर-बदल के बाद ऐसे विधेयक पुरःस्थापित हुए। इनमें से कुछ तो संयुक्त संसदीय समितियों को भी भेजे गए। एक बार से अधिक समितियों के

भारत-दर्शन दौरे भी इन विधेयकों के नाम पर हो गए। प्रथम चारों विधेयक हर बार लोकसभा के विघटन के कारण व्ययगत हो गए और पाँचवाँ विधेयक सरकार द्वारा वापस ले लिया गया। जिन लोगों का इन विधेयकों की प्रगति के विभिन्न चरणों से तथा उनके प्रति सरकार के रवैए से निकट का संबंध रहा, वे इस बात के साक्षी हैं कि सरकार किसी भी दल की रही हो, किसी भी सरकार की कभी भी इनमें से किसी विधेयक को अधिनियमित करने की मंशा नहीं रही। विधेयक पेश करना और कुछ समय तक उस पर चर्चा चलाते रहना केवल जनसाधारण का ध्यान बँटाने और मामले को टालने का नुसखा मात्र थे, ताकि व्यापक भ्रष्टाचार और प्रशासन की कमियों के विरुद्ध नागरिकों की बढ़ती हुई शिकायतों को ढाँपकर रखा जा सके।

वर्तमान छटे अवसर में 13 दिसंबर, 1996 को लोकसभा में पेश किया गया लोकपाल विधेयक सचमुच में बहुत भिन्न है। केवल लोकपाल नाम का अपहरण करके उसे इस विधेयक में प्रयुक्त किया गया है। वैसे जहाँ तक इस विधेयक के वास्तविक उद्देश्यों और इसके प्रावधानों का संबंध है, उनका ओंबुड्समेन नामक संस्था से, प्रशासनिक सुधार आयोग के सुझावों से अथवा अब तक पेश किए गए पाँच विधेयकों में लोकपाल की संकल्पना से कुछ अधिक लेना-देना नहीं। वर्तमान विधेयक तो लोकपाल के खोल में भ्रष्ट लोगों को बचाने के अपने असली लक्ष्य को छिपाने और जनता को गुमराह करने की एक चाल है।

वर्तमान लोकपाल विधेयक का जनता की शिकायतों, प्रशासनिक विवेक के दुरुपयोग, अनावश्यक विलंब, प्रशासनिक अधिकारियों की लापरवाहियों अथवा न्याय विरुद्ध कृत्यों की जाँच करने और नागरिकों के हितों की रक्षा से कोई संबंध नहीं। वस्तुतः खासतौर से विधेयक में कहा गया है कि प्रशासकों और सभी स्तर के सरकारी अफसरों को इसके अधिकार क्षेत्र से बाहर माना जाएगा। यह केवल वर्तमान और पूर्व प्रधानमंत्री, मंत्रियों और सांसदों पर लागू होगा। साथ ही यह भी स्पष्ट कहा गया है कि इस विधेयक का क्षेत्राधिकार केवल भ्रष्टाचार निरोधक कानून के अंतर्गत आनेवाले भ्रष्टाचार के मामलों तक सीमित होगा।

विधेयक बड़ी लापरवाही के साथ जल्दी में तैयार किया गया लगता है। इसके प्रारूप में बहुत सी तकनीकी और भाषा की त्रुटियाँ रह गई हैं। उन सब पर ध्यान न भी दिया जाए, तब भी कितनी ही ऐसी धाराएँ हैं जो औचित्य, सिद्धांत, नैतिकता और जनहित की दृष्टि से आपत्तिजनक हैं। इनमें से कुछ की ओर यहाँ ध्यान आकृष्ट किया जा सकता है।

सबसे पहली बात यह है कि इस विधेयक में प्रस्तावित लोकपाल स्वयं किसी मामले में जाँच शुरू नहीं कर सकता। जब उसे शिकायत मिले, पूरी फीस दी जाए और आरोप लगानेवाला व्यक्ति पूरी ज़िम्मेदारी ले, तभी उसे कुछ करने का अधिकार मिलता है। अगर शिकायत निराधार सिद्ध हो तो शिकायत करनेवाले के लिए सख्त सजा का प्रावधान है जो दो वर्ष तक का कारावास और 50 हजार रुपए तक के जुर्माने

के रूप में हो सकती है।

1968 के विधेयक में लोकपाल का चयन और नियुक्ति उच्चतम न्यायालय के मुख्य न्यायाधीश और लोकसभा में विपक्ष के नेता से सलाह करने के बाद किए जाने का प्रावधान था। किंतु वर्तमान विधेयक के अनुसार लोकपाल त्रिसदस्यीय होगा और तीनों सदस्यों का चयन और नियुक्ति एक सात सदस्योंवाली समिति द्वारा किया जाएगा। इस समिति के सदस्य होंगे लोकसभा के अध्यक्ष, राज्यसभा के उप-सभापति, लोकसभा और राज्यसभा में विपक्ष के नेता, प्रधानमंत्री तथा दो और मंत्री। इसमें मुख्य न्यायाधीश को नहीं रखा गया है। दोनों पीठासीन अधिकारी भी प्रायः सत्तारूढ़ दल के होंगे और मंत्रियों के साथ मिलकर 7 में से 5 सदस्य सत्तारूढ़ दल के हो जाएँगे और दो विपक्ष के रहेंगे क्योंकि ऐसा कोई प्रावधान नहीं है कि समिति लोकपाल का चयन सर्वसम्मति से करेगी, स्पष्ट है कि प्रायः केवल सरकार की मरजी चलेगी। अगर विपक्ष के नेताओं की सलाह के विरुद्ध, बहुमत से निर्णय के आधार पर, लोकपाल की नियुक्ति की जाएगी तो पूरी संस्था ही निष्प्रभावी हो जाएगी।

विधेयक में कहा गया है कि लोकपाल का सभापति उच्चतम न्यायालय के वर्तमान अथवा अवकाशप्राप्त मुख्य न्यायाधीशों अथवा न्यायाधीशों में से चुना जाएगा। लोकपाल संस्था के अन्य सदस्य ऐसे लोगों में से भी हो सकते हैं जो उच्चतम न्यायालय में न्यायाधीश होने का अर्हता रखते हों। यदि केवल ऐसी अर्हता पर्याप्त मानी जाएगी तो संभवतः हजारों वकील ऐसे होंगे जो अपने दावे पेश कर सकेंगे और उनमें से ऐसे भी काफी होंगे जो दलगत राजनीति से जुड़े होंगे।

1968 के विधेयक पर संयुक्त संसदीय समिति ने भी विचार किया था और लोकसभा ने इसे 1969 में पारित भी कर दिया था। इसमें स्पष्ट कहा गया था कि सरकारी कर्मचारी लोकपाल के सामने शिकायतें पेश कर सकते थे और लोकपाल से अपेक्षित था कि वह शिकायत करनेवाले कर्मचारियों के नाम गोपनीय रखें। किंतु वर्तमान विधेयक में इसके नितांत विपरीत, सरकारी कर्मचारियों को उन लोगों में से निकाल दिया गया है जो लोकपाल के समाने शिकायत पेश कर सकते हैं। भ्रष्टाचार की जिस शिकायत के मामले में लोकपाल के सामने जाँच चल रही हो, उससे संबंधित कोई भी सूचना अथवा तथ्य जाँच के दौरान और उसके पूरे हो जाने के तीन माह तक न किसी पर जाहिर किए जा सकते हैं और न उनको मुद्रित-प्रकाशित किया जा सकता है। यदि कोई ऐसा करता है तो वह सजा का भागी होगा।

विधेयक की धारा-14 लोकपाल को यह शक्ति देती है कि उसके पास जो मामले पहुँचें उनमें वह पुलिस को यह निर्देश दे सकता है कि जो भी जाँच-पड़ताल चल रही हो, वह निलंबित कर दी जाए। इसके साथ ही, लोकपाल को अपनी कोई स्वतंत्र जाँच-पड़ताल एजेंसी भी नहीं दी गई है।

लोकपाल का अधिकार क्षेत्र कहीं भी स्पष्ट तथा परिभाषित नहीं किया गया है। धारा-9(2) की भाषा से एक बार तो लगता है जैसे लोकपाल जन-कृत्यकारियों को

छोड़कर और सब लोगों के कारनामों और आचरण की जाँच कर सकेगा। जन-कृत्यकारियों (पब्लिक फंकशनरीज) की जो व्याख्या दी गई है उसमें केवल वर्तमान और पूर्व प्रधानमंत्री, मंत्री और सांसद आते हैं। धारा-9(1) में प्रयुक्त 'शिकायत' शब्द के परिभाषाओं-संबंधी धारा में दिए गए विशेष अर्थ के परिप्रेक्ष्य में ही पीछे जाकर यह समझ में आता है कि वस्तुतः यह विधेयक केवल यथापरिभाषित जन-कृत्यकारियों पर ही लागू होता है।

विधेयक में कई ऐसी धाराएँ हैं जिनका उद्देश्य मंत्रियों और सांसदों को न्यायालयों के अधिकार क्षेत्र से मुक्त रखना है। ये धाराएँ पारदर्शिता, सूचना और समाचार की स्वाधीनता, विधि का शासन और विधि के समक्ष समानता जैसे सभी मूल्यों पर सीधा आघात करती हैं और सचमुच संविधान के मूलभूत ढाँचे और सिद्धांतों के विरुद्ध जाती हैं। यदि विधेयक पारित हो भी गया और अधिनियम बन गया तब भी इसमें भारी संदेह है कि यह न्यायिक जाँच के सामने ठहर पाएगा।

1968 के विधेयक में घोषणा की गई थी कि उसमें दिए गए प्रावधान अन्य सभी अधिनियमों-विधियों के अंतर्गत उपलब्ध निदानों के अतिरिक्त थे अर्थात् उस विधेयक की मंशा यह कदापि नहीं थी कि नागरिकों को पहले से प्राप्त शिकायत के रास्तों को बंद किया जाए या कम किया जाए। वर्तमान विधेयक साफ तौर से और जोर देकर ऐसा उपबंध करता है कि मंत्रियों और सांसदों के विरुद्ध भ्रष्टाचार के मामलों में और कोई भी उपाय उपलब्ध नहीं रहेगा। जैसे ही लोकपाल से शिकायत की जाती है वैसे ही अर्थात् उसके बाद वह मामला और किसी न्यायालय में अथवा अन्य किसी कानून के तहत नहीं उठाया जा सकता। न तो जाँच आयोग अधिनियम के अंतर्गत इसे उठाया जा सकता है और न ही जनहित याचिका के रूप में इसे न्यायालय के सामने लाया जा सकता है अर्थात् इस समय जो रास्ते उपलब्ध हैं और जिनके अंदर भ्रष्टाचार के बड़े-बड़े घोटाले प्रकाश में आए और चल रहे हैं वे सब अवरुद्ध हो जाएँगे।

अपनी जाँच-पड़ताल पूरी करने के बाद लोकपाल मंत्रियों और सांसदों के विरुद्ध शिकायतों के बारे में रिपोर्ट प्रधानमंत्री को देंगे और यदि शिकायत स्वयं प्रधानमंत्री के विरुद्ध हो तो रिपोर्ट उनके सदन को प्रस्तुत की जाएगी। अगर रिपोर्ट के अनुसार लोकपाल इस नजीजे पर पहुँचे कि शिकायत में लगाए गए आरोप सिद्ध नहीं होते तो फिर इसके बावजूद कि और विधियों में प्रावधान हैं, आरोपित व्यक्तियों पर किसी कानून के अंतर्गत कोई मुकदमा उन शिकायतों के विषय में नहीं चलाया जा सकता और कोई भी न्यायालय उन आरोपों पर आधारित किसी अपराध पर कोई ध्यान नहीं दे सकता।

यदि प्रस्तावित विधेयक कानून बन जाता है और लागू कर दिया जाता है तो लोकपाल के सामने एक साधारण सी शिकायत पेश कर दिया जाना इस बात के लिए पर्याप्त होगा कि मंत्रियों, वर्तमान और पूर्व प्रधानमंत्रियों और सांसदों के विरुद्ध भ्रष्टाचार के जितने मामले न्यायालयों के सामने हैं या जिनमें अभी जाँच-पड़ताल चल

रही है, उन सब में सारी न्यायिक कार्यवाही और पुलिस जाँच आदि का काम बंद करा दिया जाए। जब लोकपाल किसी मामले में अपनी कार्यवाही शुरू कर दें तो जब तक भी वह कार्यवाही चले, उस मामले से संबंधित भ्रष्टाचार के आरोपों आदि के बारे में कोई समाचार, सूचना, तथ्य आदि किसी प्रकार जाहिर या प्रकाशित नहीं किए जा सकते। लोकपाल की अपनी कार्यवाही भी बंद कमरे में और गोपनीय होगी। आज स्थिति यह है कि भ्रष्टाचार के मामलों को समाचार पत्रों में सुर्खियों में दिया जाता है और प्रकाश में लाया जाता है। न्यायिक कार्यवाही भी खुली अदालतों में होती है। नए विधेयक के अंतर्गत यह सब मामले बंद कमरों में तय होंगे और जनता उनके बारे में पूरी तरह अँधेरे में रहेगी।

जब अपनी बंद-कमरा जाँच के बाद लोकपाल यह निर्णय दे दें कि भ्रष्टाचार के आरोप सिद्ध नहीं हो सके, तब भी उस निर्णय को किसी अदालत में चुनौती नहीं दी जा सकती और किसी कानून या अदालत का आगे कोई दखल नहीं हो सकता अर्थात् नेताओं के भ्रष्टाचार के मामले देश के कानून और न्यायालयों के क्षेत्राधिकार की परिधियों से बाहर हो जाते हैं।

आजकल जो न्यायालय भ्रष्टाचार के मुकदमे सुनते हैं, उन्हें दोषी पाए जानेवाले व्यक्तियों को सजा देने की शक्ति भी प्राप्त है, किंतु लोकपाल को ऐसी कोई शक्ति प्राप्त नहीं होगी। वह तो केवल अपनी रिपोर्ट प्रधानमंत्री को या संसद के संबंधित सदन को भेज सकेगा। और, कौन कह सकता है कि इस प्रकार की रिपोर्ट का प्रधानमंत्री और सदन के हाथों में क्या हश्र होगा और क्या दलगत राजनीति और सत्ता संघर्ष की विवशताएँ अंतिम निर्णय को प्रभावित नहीं करेंगी ?

जिन नेताओं के विरुद्ध भ्रष्टाचार के मामले न्यायालयों में चल रहे हैं या जिनकी जाँच चल रही है, उनके लिए लोकपाल विधेयक सत्ता के दुरुपयोग का नायाब तरीका बन सकता है क्योंकि इस मामले में हो सकता है कि सभी सांसद अपनी एक बिरादरी के नाते, दलों के भेदभाव भूलकर, अपने सामूहिक निहित स्वार्थ में मतदान करें।

भ्रष्टाचार की व्याधि से लड़ने के नाम पर, प्रस्तावित विधेयक वस्तुतः आजकल की न्यायिक सक्रियता की लहर को दबाने और न्यायाधीशों के परों को कतरने का प्रयास है। न्यायिक सक्रियता के चलते नेताओं के भ्रष्टाचार के विशेषाधिकार पर चोट लगी है और सभी दलों के ऐसे सदस्यों का 'जनसेवा' का जीवन दूभर हो गया है। यदि यह विधेयक अधिनियमित हो जाता है जो न्यायपालिका का, न्यायिक पुनरीक्षण का, नागरिकों के मूल अधिकारों की रक्षा का, विधि के शासन और संविधान के संरक्षण का—सब काम असंभव हो जाएगा, लोकतंत्र की आत्मा मर जाएगी। आवश्यकता है कि जनता जागे, सचेत हो और ऐसे धोखाधड़ी भरे कानून को इसके वर्तमान रूप में पारित न होने दे।

संतोष का विषय है कि उपरोक्त विचार जब पहली बार अभिव्यक्त किए गए उसके बाद इस विधेयक पर विचार कर रही संसदीय समिति ने लगभग सभी मुद्दों

और टिप्पणियों पर गहराई से मनन किया और यदि समिति द्वारा सुझाए गए सुधारों को मान लिया जाता है तो सचमुच कुछ कमियाँ अवश्य दूर हो जाएँगी।

किंतु सच यह है कि हमारी सारी राजनीतिक-संवैधानिक व्यवस्था बुरी तरह सड़-गल गई है। कुछ आमूल गुणात्मक परिवर्तन करने होंगे। व्यवस्था और उसे चलानेवाले, दोनों को बदलना होगा। छोटे-मोटे निर्वाचन-संबंधी सुधारों अथवा लोकपाल जैसे उपचारों से कुछ होनेवाला नहीं। लोकतंत्र को बचाना है तो जन-मन को जगाना होगा, जन-मन को उठाना होगा और प्रत्येक नागरिक को स्वयं लोकपाल बनना होगा।

4

राष्ट्रपति का निर्वाचन

प्रक्रिया और सुधारों की आवश्यकता

भारत का ग्यारहवाँ राष्ट्रपति चुना जा चुका है। विशाल बहुमत से विजयी होकर श्री के. आर. नारायणन देश के सर्वोच्च पद पर आसीन हो चुके हैं। इस बार का राष्ट्रपति चुनाव इसलिए विशिष्ट कहा जा सकता है कि निर्वाचन प्रक्रिया के नियमों में कई परिवर्तन किए गए। इन पर चर्चा भी काफी हुई। लेकिन हमारे देश में राष्ट्रपति के निर्वाचन की प्रक्रिया इतनी जटिल है कि उसको समझना थोड़ा कठिन है। देश की अधिसंख्यक जनता को मालूम ही नहीं कि आखिर हमारे राष्ट्रपति का निर्वाचन होता कैसे है ?

संविधान के अनुच्छेद-54 के अनुसार राष्ट्रपति का निर्वाचन संसद के दोनों सदनों तथा राज्यों की विधानसभाओं के निर्वाचित सदस्यों से बने निर्वाचक मंडल के सदस्य करते हैं। लोकसभा के दो मनोनीत सदस्य, राज्यसभा के 12 मनोनीत सदस्य तथा राज्यों की विधानसभाओं के मनोनीत सदस्य राष्ट्रपति के निर्वाचन में मत देने के अधिकारी नहीं होते। पहले संघ राज्य क्षेत्रों की विधानसभाओं के किन्हीं भी सदस्यों को निर्वाचक मंडल की सदस्यता प्राप्त नहीं थी। किंतु 1992 के बजट सत्र में पारित एक संविधान-संशोधन विधेयक में दिल्ली और पांडिचेरी संघ राज्य क्षेत्रों की विधानसभाओं के निर्वासित सदस्यों को भी निर्वाचक गण में शामिल करने का प्रावधान किया गया।

संविधान के अनुच्छेद-55 में कहा गया है कि राष्ट्रपति के निर्वाचन में भिन्न-भिन्न राज्यों के प्रतिनिधित्व में यथासंभव एकरूपता होगी। राज्यों में आपस में ऐसी एकरूपता और समस्त राज्यों और संघ में समतुल्यता प्राप्त कराने के लिए संसद और प्रत्येक राज्य की विधानसभा का प्रत्येक निर्वाचित सदस्य ऐसे निर्वाचन में कितने मत देने का हकदार होगा, इसका निर्णय निम्नलिखित रीति से किया जाएगा :

(क) प्रत्येक राज्य की विधानसभा के हरेक निर्वाचित सदस्य के उतने मत होंगे जितने एक हजार के गुणित उस भागफल में हों जो राज्य की जनसंख्या को उस विधानसभा के निर्वाचित सदस्यों की कुल संख्या से भाग देने पर आए।

(ख) यदि एक हजार के उक्त गणित को लेने के बाद शेष पाँच सौ से कम नहीं

हैं तो प्रत्येक सदस्य के मतों की संख्या में एक और जोड़ दिया जाएगा।

(ग) राज्यों की विधानसभाओं के सदस्यों के लिए नियत संपूर्ण मत-संख्या को, संसद के दोनों सदनों के निर्वाचित सदस्यों की कुल संख्या से भाग देने पर आई संख्या संसद के प्रत्येक सदन के प्रत्येक निर्वाचित सदस्य के मतों की संख्या होगी।

उद्देश्य संक्षेप में यह था कि समस्त राज्यों की विधानसभाओं के सदस्यों के मतों का मूल्य कुल मिलाकर संसद के दोनों सदनों के कुल मत-मूल्य से अधिक न हो तथा विधानसभाओं के सदस्यों के मत का मूल्य राज्य-विशेष की जनसंख्या के ऊपर निर्भर रहे, ताकि कोई किसी भी राज्य की विधानसभा का सदस्य क्यों न हो, राष्ट्रपति के चुनाव में उसके मत का मूल्य इस पर निर्भर करे कि वह अथवा उसके राज्य का कोई भी सदस्य कितनी जनसंख्या का प्रतिनिधित्व करता है।

उदाहरण के लिए मान लीजिए कि--

एक राज्य की कुल जनसंख्या है--4,35,02,708। विधानसभा में निर्वाचित सदस्य हैं--294। तो प्रत्येक सदस्य को प्राप्त मतों की संख्या हुई अथवा उसके मत का मूल्य हुआ 4,35,02,708/1000x294=147.96 अथवा 148।

संविधान के अनुसार इस काम के लिए जनसंख्या के 1971 के आँकड़े ही सन् 2000 तक प्रभावी होंगे।

संविधान के अनुच्छेद-58 के अनुसार भारत का कोई भी नागरिक जो 35 वर्ष की आयु पूरी कर चुका हो और लोकसभा का सदस्य बनने की अर्हता रखता हो, राष्ट्रपति पद के लिए उम्मीदवार हो सकता है। सरकार के नियंत्रण या लाभ के पद पर आसीन कोई व्यक्ति राष्ट्रपति पद के लिए उम्मीदवार नहीं हो सकता। किंतु मंत्री, उप-राष्ट्रपति, राष्ट्रपति अथवा राज्यपाल जैसे पदों पर यह पाबंदी लागू नहीं होती। डॉ. राधाकृष्णन, डॉ. जाकिर हुसैन और श्री वेंकटरामन ने उप-राष्ट्रपति पद पर रहते हुए राष्ट्रपति पद के लिए चुनाव लड़ा, किंतु श्री वी.वी. गिरि और डॉ. संजीव रेड्डी ने सर्वोच्च पद के लिए उम्मीदवार बनने से पहले उप-राष्ट्रपति और लोकसभा अध्यक्ष के पदों से त्यागपत्र दे दिया था।

चुनावों की अधिसूचना पदासीन राष्ट्रपति का कार्यकाल समाप्त होने की तारीख से 60 दिन पूर्व में कभी भी जारी की जा सकती है। राष्ट्रपति पद के लिए निर्वाचन कानून संविधान के अनुच्छेद-54 से 62 के अतिरिक्त, राष्ट्रपतीय एवं उप-राष्ट्रपतीय निर्वाचन अधिनियम 1952 के अतिरिक्त और उसके अंतर्गत बनाए गए नियमों-उपनियमों में निरूपित है।

अनुभव के आधार पर अधिनियम और नियमों-उपनियमों में कुछ संशोधन 1974 में किए गए थे, किंतु उनमें बहुत सी कमियाँ रह गईं जिनके कारण भयंकर राजनीतिक कठिनाइयाँ सामने आ सकती थीं और विधिक समस्याएँ भी उठ सकती थीं। सबसे अच्छा तो यही होता कि राष्ट्रपति के निर्वाचन से संबंधित समूची कानूनी व्यवस्था का पुनरावलोकन किया जाता और एक साथ सारे आवश्यक संशोधन करने पर विचार

होता। इधर निर्वाचन आयोग ने भी संशोधन की माँग की और उस पर विचार करते हुए तत्कालीन राष्ट्रपति शंकरदयाल शर्मा ने राष्ट्रपतीय निर्वाचन कानून में परिवर्तन-संबंधी अध्यादेश जारी कर दिया।

इस अध्यादेश से तुरंत पहले स्थिति निम्न प्रकार थी :

(क) राष्ट्रपति पद के लिए नामांकन पत्र पर कम-से-कम 10 निर्वाचक-मंडल के सदस्यों के प्रस्तावक के रूप में और 10 सदस्यों के अनुमोदक के रूप में हस्ताक्षर तथा उम्मीदवार की स्वीकृति होनी चाहिए थी।

(ख) प्रत्येक नामांकन पत्र के साथ मतदाता सूची की वह अधिकृत लिपि होनी चाहिए थी जहाँ उम्मीदवार का नाम संबद्ध लोकसभा निर्वाचन क्षेत्र की सूची में दिया गया हो।

(ग) नामांकन दाखिल करते समय उम्मीदवार को 2,500 रुपए सुरक्षा राशि के रूप मे जमा करना जरूरी था। अगर प्रत्याशी को 1/6 से कम मत प्राप्त हों तो यह राशि जब्त हो जाती है।

प्रत्येक राष्ट्रपतीय निर्वाचन के लिए निर्वाचन आयोग का निर्वाचन अधिकारी ही नियुक्ति करता है। परंपरा बन गई है कि लोकसभा और राज्यसभा के महासचिवों को यह दायित्व क्रमवार सौंपा जाता है।

नियमों के अनुसार यह आवश्यक है कि नामांकन पत्र व्यक्तिगत रूप से प्रत्याशी अथवा उसके प्रस्तावक/अनुमोदक द्वारा निर्वाचन अधिकारी को उसके कक्ष में नियत समयावधि में दिया जाए। डाक द्वारा नामांकन पत्र भेजा जाना मान्य नहीं है। प्रत्येक नामांकन पत्र के साथ जमा की जानेवाली सुरक्षा राशि नकद जमा की जानी चाहिए या फिर पहले रिजर्व बैंक अथवा सरकारी खजाने में जमा करके उसकी रसीद को नामांकन पत्र के साथ नत्थी कर देना चाहिए। चेक स्वीकार नहीं किए जा सकते। अधिनियम के अनुसार प्रत्येक प्रत्याशी अधिक-से-अधिक 4 नामांकन पत्र दाखिल कर सकता है। मान्य होने के लिए सभी अपने में पूर्ण होने चाहिए, किंतु सुरक्षा राशि केवल एक बार ही देनी पर्याप्त होती है।

नामांकनों की जाँच के समय निर्वाचन अधिकारी के कक्ष में प्रत्येक प्रत्याशी के अतिरिक्त उसका एक प्रस्तावक अथवा अनुमोदक और एक अन्य उसके द्वारा अधिकृत प्रतिनिधि उपस्थित रह सकता है। नामांकन पत्रों को एक-एक करके लिया जाता है, उपस्थित प्रत्याशी आदि सभी इन पत्रों को देख सकते हैं तथा एक-दूसरे के पत्रों में कमियाँ निकालकर उन्हें अवैध और रद्द घोषित किए जाने की माँग कर सकते हैं। सभी एतराजों को सुनने के बाद निर्वाचन अधिकारी अपना निर्णय देते हैं, ताकि रिकॉर्ड रहे। कई बार हो सकता है कि दलीलें घंटों तक चलें। एक निर्वाचन में तो यह 6 घंटे तक चली और प्रमाणादि पेश करने के लिए कार्यवाही को अगले दिन के लिए स्थगित भी करना पड़ा।

ऐसी स्थिति भी आ सकती है और आई भी है जब राष्ट्रपतीय पद के प्रत्याशी

अपनी सुरक्षा के बारे चिंतित हों। निर्वाचन प्रक्रिया के बीच प्रत्याशियों की सुरक्षा का भी निर्वाचन अधिकारी को यथासंभव प्रबंध कराना पड़ सकता है। यह सरकार का कर्तव्य है कि जो सहायता माँगी जाए, वह तुरंत उपलब्ध हो।

मतदान दिल्ली में संसद भवन में तथा प्रत्येक राज्य की राजधानी में विधानसभा परिसर में होता है। मतदान समाप्त होते ही विभिन्न राजधानियों से हवाई जहाज द्वारा मतपेटियाँ दिल्ली आनी शुरू हो जाती हैं। मतगणना के समय उम्मीदवार अथवा उनके प्रतिनिधि उपस्थित रह सकते हैं।

क्योंकि राष्ट्रपति का चुनाव सानुपातिक प्रतिनिधित्व पद्धति के अनुसार एकल संक्रमणीय मत द्वारा होता है और गुप्त मतदान में निर्वाचन मंडल के प्रत्येक सदस्य को एक प्रत्याशी को केवल एक मत देने का अधिकार होता है तथा संसद के और विधानसभाओं के सदस्यों के मतों के मूल्य को 2 से विभाजित कर और आनेवाली संख्या में एक जोड़कर यह कोटा निकाला जाता है। उदाहरण के लिए यदि कुल मत मूल्य 100 हो तो कोटा होगा 100/2+1=51 और अगर गत 1987 के चुनावों की भाँति कुल मत मूल्य संख्या 10,23,961 हो तो कोटा होगा 10,23,961/2+1=5,11,981।

जिस प्रत्याशी को कोटे के बराबर या उससे अधिक मूल्य के मत प्राप्त हो जाएँ, वह निर्वाचित घोषित हो जाएगा। किंतु यदि किसी भी प्रत्याशी को इतने प्रथम वरीयता मत न मिलें तो एक बार फिर मतपत्रों को देखना होगा और दूसरी वरीयता के मतों की गणना करनी होगी। प्रथम और दूसरी वरीयता के मतों के आधार पर जो व्यक्ति को॥ प्रा ले, वह निर्वाचित घोषित हो जाएगा। यदि दो से अधिक प्रत्याशी हों तो सिद्धांततः कभी ऐसी भी स्थिति आ सकती है जब तृतीय वरीयता की भी गणना करनी पड़ जाए और अगर उसके बाद भी किसी को कोटा प्राप्त न हो तो फिर जिसे सबसे कम मत मिले हों उसका नाम गणना से निकाल दिया जाएगा। मूल सिद्धांत यह है कि जो व्यक्ति निर्वाचित हो, उसे न केवल सबसे अधिक मत मिले होने चाहिए, बल्कि उसे यथासंभव कुल मान्य मतों का बहुमत का समर्थन प्राप्त होना चाहिए।

संविधान में स्पष्ट प्रावधान है कि राष्ट्रपति का कार्यकाल पूरा होने से पहले नए राष्ट्रपति के निर्वाचन की प्रक्रिया पूरी हो जानी चाहिए। पूरी प्रक्रिया में 35-45 दिन लगते हैं। प्रश्न उठता है कि यदि कोई ऐसी परिस्थिति पैदा हो जाए जिसके कारण निर्वाचन-प्रक्रिया में व्यवधान उपस्थित हो जाए अथवा किसी उम्मीदवार की मृत्यु आदि के कारण चुनाव स्थगित करना पड़ जाए या निर्वाचन अधिकारी के साथ कुछ ऐसा हो जाए और निर्वाचन के परिणाम यथासमय घोषित न हो पाएँ तो क्या होगा ? ऐसी संभावनाओं को देखते हुए ही संविधान में यह भी प्रावधान है कि जब तक नया राष्ट्रपति पद ग्रहण नहीं कर लेता, तब तक 5 वर्ष की अवधि पूरी हो जाने पर भी राष्ट्रपति अपने पद पर बना रहेगा।

राष्ट्रपतीय निर्वाचन कानून में परिवर्तन

वस्तुतः 1987 में नौवें राष्ट्रपतीय निर्वाचन के निर्वाचन अधिकारी ने चुनाव प्रक्रिया समाप्त हो जाने के तुरंत बाद तत्कालीन प्रधानमंत्री का ध्यान व्यक्तिगत रूप से कानून में गंभीर कमजोरियों की ओर दिलाया था। प्रधानमंत्री के आदेश पर सारे संबंधित मुद्दों पर गहराई से विचार किया गया था और आवश्यक संशोधनों के बारे में एक रिपोर्ट प्रधानमंत्री को दे दी गई थी, किंतु लगता है, ऐसी ही कितनी ही और रिपोर्टों की तरह वह भी कहीं किसी दफ्तर की फाइलों के ढेर में धूल खा रही होगी।

देश के सर्वोच्च पद के लिए निर्वाचनों को गंभीरता से लिया जाना चाहिए। पूरी निर्वाचन प्रक्रिया के साथ बहुत सम्मान, गरिमा और शालीनता के भाव जुड़े होने चाहिए। किंतु होता यह है कि प्रत्येक राष्ट्रपतीय चुनाव में कई सारे गैर-जिम्मेदार व्यक्ति केवल समाचार पत्रों में अपना नाम छपवाने की लालसा में यों ही नामांकन पत्र भर देते हैं। उनके लिए यह एक मजाक या खिलवाड़ का विषय बन जाता है। वह तरह-तरह के नाटक और तमाशों के द्वारा लोगों का ध्यान आकर्षित करने का प्रयास भी करते हैं और यह सब करने में न उन्हें कुछ विशेष कष्ट करना पड़ता है, न खर्च। कानूनी प्रावधानों के अनुसार सुरक्षा राशि नामांकन पत्र के साथ जमा की जानी चाहिए। नामांकन निर्वाचक मंडल के निर्धारित सदस्यों द्वारा प्रस्तावित और अनुमोदित होना चाहिए। किंतु प्रत्याशी ने ऐसा किया या नहीं, नामांकन मान्य है या नहीं—यह सब तो बाद में जाँच के दिन तय होता है और तब तक ऐसे सब मसखरे भी जिन्होंने सुरक्षा राशि जमा न की हो अथवा जिनके नाम का प्रस्ताव भी किसी आधिकारिक व्यक्ति ने न किया हो, राष्ट्रपति पद के प्रत्याशियों की सूची में बने रहते हैं और उनके नाम प्रकाशित-प्रचारित होते रहते हैं। कई बार यह विनोदप्रिय प्रत्याशी तरह-तरह की वेशभूषा में निर्वाचन अधिकारी के समक्ष नामांकन पत्र लेकर अवतरित होते हैं और जिस प्रकार का व्यवहार वह करते हैं, वह ऐसे ऐतिहासिक और महत्त्वपूर्ण राष्ट्रीय मामले को एक मखौल बनाने का प्रयास ही माना जाएगा। उदाहरण के लिए एक बार एक प्रत्याशी अपने सिर पर ताज रखकर और गले में एक घंटा लटकाकर अपना नामांकन दाखिल करने आए। दूसरे दिन राष्ट्रपति पद के एक प्रत्याशी शरीर पर केवल एक लँगोट पहनकर संसद भवन के स्वागत कक्ष में आ गए और निर्वाचन अधिकारी से मिलने के लिए संसद भवन में भेजे जाने का आग्रह करने लगे। उनका तर्क था कि राष्ट्रपति पद का प्रत्याशी होने के लिए अथवा नामांकन जमा करने आने के लिए किसी वेशभूषा का आग्रह नहीं किया जा सकता और लँगोट पहनकर संसद भवन में निर्वाचन अधिकारी के कमरे में जाने का उनका अधिकार कोई नहीं छीन सकता।

राष्ट्रपतीय निर्वाचन में केवल गंभीर प्रत्याशी ही खड़े हों, ऐसा सुनिश्चित करने के लिए और पद की गरिमा के अनुरूप जो व्यक्ति गंभीर न हों उन्हें हतोत्साहित करने के लिए निर्वाचन आयोग का सुझाव था—(1) राष्ट्रपति पद के प्रत्याशियों के लिए

जमानत की राशि 2,500 रुपए से बढ़ाकर 15,000 रुपए कर दी जाए तथा (2) प्रस्तावकों और अनुमोदकों की संख्या वर्तमान दस-दस से बढ़ाकर बीस-बीस कर दी जाए। राष्ट्रपति ने इन सुझावों पर विचार करते हुए राष्ट्रपतीय निर्वाचन कानून में संशोधन-संबंधी अध्यादेश जारी कर दिया। अध्यादेश के अनुसार, अब प्रस्तावकों-अनुमोदकों की संख्या 50-50 होनी चाहिए और जमानत की राशि 15,000 रुपए। लेकिन आश्चर्य है कि निर्वाचन आयोग ने ऐसा सुझाव दिया कैसे और सरकार ने कैसे यह सोचा कि इन संशोधनों से समस्या सुलझ जाएगी ! इनमें से कोई भी समस्या का समाधान नहीं है क्योंकि समस्या तो नामांकन पत्रों की जाँच के पहले ही होती है, बाद में नहीं। जो प्रत्याशी गंभीर नहीं है वह तो प्रायः न कोई जमानत का रुपया जमा करते हैं और न किसी प्रस्तावक-अनुमोदक को खोजने के चक्कर में पड़ते हैं। वह तो जानते हैं कि जब जाँच होगी, नामांकन अस्वीकार कर दिया जाएगा। केवल एक साधारण सा संशोधन कानून की धारा 58(i) में यह करने की जरूरत थी कि जिस नामांकन पत्र के साथ जमानत की राशि न हो अथवा जिस पर प्रस्तावकों-अनुमोदकों के पूरे और अधिकृत हस्ताक्षर न हों, उसे शुरू में ही जमा नहीं किया जाएगा। इस प्रकार जाँचवाले दिन केवल 'गंभीर' प्रत्याशियों के नामांकन पत्रों की ही जाँच होगी तथा दूसरी प्रकार के लोगों को प्रत्याशियों की श्रेणी में आने ही न दिया जाएगा।

यों भी राष्ट्रपति पद के लिए नामांकन पत्र पर 100 विधायकों के हस्ताक्षर एकत्र कराने की माँग न्यायोचित नहीं, अपितु असंगत और हास्यास्पद ही मानी जाएगी। जमानत की राशि बढ़ाना भी गलत संदेश देता है क्योंकि जो व्यक्ति 15,000 रुपए फूँकने की स्थिति में हो वह 'गंभीर' न हो तो भी प्रत्याशी बन सकता है, किंतु जो नागरिक इतना रुपया न फूँक सकता हो, उसे राष्ट्रपति पद के चुनाव उत्सव में भाग लेने का हक नहीं। दूसरी तरह देखें तो 15,000 रुपए भी आजकल कोई इतनी बड़ी राशि नहीं है कि उसे खोने की वजह से राष्ट्रपति पद का प्रत्याशी और अपने नाम के प्रचार का उत्सुक कोई व्यक्ति पीछे हटेगा।

निर्वाचन आयोग का सचमुच महत्त्वपूर्ण सुझाव एक ही था और वह था कि राजनीतिक दलों को राष्ट्रपतीय चुनावों में सचेतक जारी नहीं करना चाहिए। देश के सर्वोच्च पद की जिम्मेदारियों को देखते हुए उस पर सचमुच दलगत राजनीति से ऊपर उठकर सर्वश्रेष्ठ और निष्पक्ष व्यक्ति को ही चुना जाना चाहिए और चुनाव स्वतंत्र और किसी भी दुष्प्रभाव, दबाव आदि से मुक्त होने चाहिए। सचेतक तो सदन की कार्यवाही के संबंध में ही लागू किए जाने की व्यवस्था होती है और वह केवल सदन में अपने दल के सदस्यों को जारी किए जाते हैं। निर्वाचक मंडल के सदस्यों को सचेतक जारी करना न उचित है और न वैधानिक। यह तो स्वतंत्र मतदान के विरुद्ध, निर्वाचकों के जिसे चाहें उसे निर्भय होकर मत देने के अधिकार पर आघात है। यों भी ऐसी किसी सचेतक का कोई अर्थ नहीं होता क्योंकि उसकी अवहेलना का पता नहीं लगाया जा सकता और उसके लिए कोई सजा नहीं दी जा सकती, क्योंकि राष्ट्रपतीय चुनावों

में मतदान तो नितांत गोपनीय और गुप्त होता है। राष्ट्रपतीय निर्वाचन में सचेतक पर आपत्ति कोई नई बात नहीं। 1969 के निर्वाचन में भी तत्कालीन प्रधानमंत्री श्रीमती इंदिरा गाँधी ने स्वयं सचेतक का विरोध किया था और अंतरात्मा के अनुसार मतदान का समर्थन किया था। कांग्रेस दल के प्रत्याशी के विरुद्ध स्वतंत्र प्रत्याशी श्री वी. वी. गिरि निर्वाचित हुए थे।

इस सुझाव पर आयोग ने जोर नहीं दिया, किंतु राजनीतिक दलों ने व्यवहार में इसे मान लिया और सचेतक जारी नहीं किए।

एक सबसे महत्त्वपूर्ण समस्या जिसकी ओर निर्वाचन आयोग ने भी ध्यान नहीं दिलाया, किंतु जो 1987 में प्रधानमंत्री को दी गई रिपोर्ट में उठाई गई थी, वह है प्रस्तावकों और अनुमोदकों के हस्ताक्षरों की जाँच की। सभी नामांकन संसद भवन में निर्वाचन अधिकारी को दिए जाते हैं। संसद सदस्यों के हस्ताक्षरों की जाँच संसद भवन में आसानी से हो जाती है, लेकिन हो सकता है कि प्रस्तावक-अनुमोदक किसी सुदूर राज्य की विधानसभा के सदस्य हों और जाँच के समय उनके हस्ताक्षरों को चुनौती दी जाए या जाली बताया जाए। वर्तमान कानून में ऐसी स्थिति के लिए या हस्ताक्षरों की प्रामाणिकता की जाँच के लिए कोई प्रावधान नहीं है और ऐसी विकट परिस्थिति एक बार सचमुच आ चुकी है जब बात यहाँ तक पहुँची कि प्रस्तावकों-अनुमोदकों में से कुछ को रातोरात हवाई जहाज के द्वारा पटना से दिल्ली लाकर निर्वाचन अधिकारी के सम्मुख पेश कर यह कहलाने का प्रयास किया गया कि हस्ताक्षर उन्होंने नहीं किए, आदि।

इस समस्या से निपटने के लिए कानून में ऐसा संशोधन किया जाना चाहिए कि यदि प्रस्तावक-अनुमोदक निर्वाचक मंडल के ऐसे सदस्य हैं जो संसद सदस्य नहीं, अपितु किसी राज्य के विधायक हैं तो उनके हस्ताक्षरों को राज्य विधानसभा के सचिव के द्वारा नामांकन पर ही प्रामाणिक करार दिया जाना जरूरी होगा।

अंत में, एक प्रमुख विसंगति है राष्ट्रपति पद के निर्वाचन में एकल संक्रमणीय मत द्वारा आनुपातिक प्रतिनिधित्व पद्धति का प्रावधान। इसको अपनाने का संभवतया सहज कारण यह विचार था कि वह अल्पसंख्यकों को प्रतिनिधित्व प्रदान कर सकेगा। संविधान सभा में इस मुद्दे पर कोई चर्चा नहीं हुई। प्रस्ताव को केवल स्वीकार कर लिया गया। एक सदस्यवाले निर्वाचन क्षेत्र की स्थिति में इस पद्धति की कोई अधिक सार्थकता नहीं है। यह पद्धति तभी सार्थक होती है जब एक से अधिक सीटें हों और उन्हें एक ही मतदान के द्वारा वही मतदाता भरें। वास्तव में वर्तमान पद्धति को एक संक्रमणीय मत द्वारा आनुपातिक प्रतिनिधित्व पद्धति कहना उचित नहीं होगा। बेहतर होगा कि उसे अनुकल्पी मत की पद्धति (सिस्टम ऑफ आल्टरनेट वोट) कहा जाए क्योंकि व्यवहार में उसका रूप वैसा ही है और जिस प्रकार मतों की गणना की जाती है, यह संशोधन उसके अनुरूप होगा। सही स्थिति को स्पष्ट करने के लिए वह नितांत जरूरी है।

राष्ट्रपतीय निर्वाचन कानून को कई प्रकार से अनावश्यक ही अधिक जटिल और दुरूह बनाया गया है। यह नितांत संभव है कि उसका सरलीकरण किया जा सके और उसे ऐसी कानूनी भाषा में रखा जा सके जो आम नागरिकों की भी समझ में आ सके। ऐसा करने के लिए निर्वाचन पद्धति में अथवा मूलभूत प्रक्रिया में भी कोई परिवर्तन करने की आवश्यकता नहीं होगी। यह स्पष्ट है कि राष्ट्रपतीय निर्वाचन-संबंधी कानून और नियमों में बहुत कुछ सुधारों की आवश्यकता है। यह भी जरूरी है कि राष्ट्रपतीय निर्वाचन संबंधी कानून की जानकारी को व्यापक रूप से उपलब्ध कराया जाए, ताकि जनता को पता हो कि उनका राष्ट्रपति किस प्रकार चुना जाता है।

5

दल-बदल निरोधक कानून

कितना वरदान, कितना अभिशाप

आजकल दल-बदल निरोधक कानून पर चर्चा काफी प्रासंगिक हो गई है। इस कानून के सहारे ही नरसिंह राव सरकार स्थिर रह सकी और अपना लगभग पाँच साल का कार्यकाल पूरा कर सकी। इसलिए नहीं कि कानून द्वारा दल-बदल पर लगी रोक के कारण सांसद अपने-अपने दलों के प्रति समर्पित अथवा निष्ठावान रहे, अपितु इसलिए कि इस कानून के अंतर्गत ही दल-बदलुओं के झुंड-के-झुंड अपने-अपने दलों को तोड़कर-छोड़कर राव कांग्रेस में आ मिले और उसे अल्पमत की सरकार से बहुमत की सरकार बना दिया। जब-जब राव सरकार के विरुद्ध अविश्वास का प्रस्ताव आया—और पाँच वर्षों में पाँच बार ऐसा हुआ—हर बार कोई-न-कोई दल विभाजित हुआ अथवा किसी दल का दूसरे में विलय हुआ, सांसद अपने दलों से टूटे, किसी-न-किसी प्रलोभन का शिकार हुए, खरीद-फरोख्त हुई और राव कांग्रेस की संख्या में बढ़ोत्तरी हुई। दल-बदल निरोधक कानून की बलिहारी, उसके रहते किसी-न-किसी प्रकार, किसी भी कीमत पर सत्ता में कायम रहना ही सबसे बड़ी मान्यता, मर्यादा और मूल्य बन गए और इसे स्थायित्व की संज्ञा दी गई।

जिन परिस्थितियों में ग्यारहवीं लोकसभा के लिए आम चुनाव हुए, पहले से ही लगभग सभी को आभास हो गया था कि किसी भी एक दल को पूर्ण बहुमत नहीं मिलेगा, नए राजनीतिक समीकरण जन्मेंगे, संघर्ष और समझौते होंगे और भविष्य मिली-जुली सरकारों का होगा। ऐसे में स्वाभाविक था कि दल-बदल की प्रक्रिया से प्रमुख और सार्थक भूमिका की अपेक्षा की जाती और दलों के विभाजन और विलय की संभावनाएँ बढ़तीं। किंतु ऐसा कुछ नहीं हुआ। सबसे बड़े दल भाजपा की सरकार बनी, किंतु लोकसभा में सदस्यों का बहुमत अपने समर्थन में न जुटा पाने के कारण उसे दो सप्ताह से भी कम में जाना पड़ा। बहुत से छोटे-मोटे दलों ने भाजपा के हौवे के विरोध में एकजुट होकर, कांग्रेस के समर्थन से, सदन में बहुमत का दावा किया और देवगौड़ा के नेतृत्व में राष्ट्रीय मोर्चे की मिली-जुली सरकार बनी। उसके बाद राष्ट्रीय मोर्चा में शामिल कांग्रेस तिवारी का, उस दल और कांग्रेस की घोषणा के

अनुसार, कांग्रेस में विलय हो गया, पर उसके दो मंत्री मोर्चा सरकार में बने रहे और विलय को नकारते रहे। बाद में लालूप्रसाद यादव ने जनता दल से अलग होकर राष्ट्रीय जनता दल बना लिया। देखना होगा कि इस घटनाक्रम का श्रेय किस हद तक दल-बदल निरोधक कानून को दिया जा सकता है। देखना यह भी होगा कि अपने जीवन के बारह वर्ष पूरे कर चुका यह कानून अपने उद्देश्यों में कहाँ तक सफल रहा और संसदीय संस्थानों को प्रशस्त करने में यह देन सिद्ध हुआ है या अभिशाप ?

आइए, सबसे पहले देखें इस कानून के मुख्य प्रावधान क्या हैं–

दल-बदल निरोधक कानून 1985 के मुख्य प्रावधान

सदस्यों को अयोग्य करार देने के आधार : (1) केंद्रीय संसद या राज्य विधान मंडलों का कोई सदस्य, जो किसी राजनीतिक दल का सदस्य है, निम्न स्थितियों में अपनी सदस्यता से वंचित हो जाएगा–

(क) यदि उसने उस राजनीतिक दल की अपनी सदस्यता स्वेच्छा से छोड़ दी है;

(ख) यदि वह ऐसे राजनीतिक दल के किसी निर्देश के विरुद्ध, जिसका वह सदस्य है, सदन में मतदान करता है या मतदान करने से विरत रहता है। यह निर्देश संबंधित दल के किसी अधिकृत व्यक्ति द्वारा दिया जा सकता है। लेकिन उस परिस्थिति में यह प्रावधान लागू नहीं होगा, यदि राजनीतिक दल या अधिकृत अधिकारी द्वारा मतदान न करने या मतदान करने से विरत रहने की तारीख से 15 दिन के भीतर इस कार्यवाही को माफ कर दिया गया है।

(2) सदन का कोई निर्वाचित सदस्य, जो किसी राजनीतिक दल के टिकट पर निर्वाचित नहीं हुआ था, अपनी सदस्यता से वंचित हो जाएगा, यदि वह ऐसे निर्वाचन के बाद किसी राजनीतिक दल में शामिल हो जाता है।

(3) सदन का कोई मनोनीति सदस्य, अपनी सदस्यता से वंचित हो जाएगा, यदि वह अनुच्छेद-99 या अनुच्छेद-188 की अनिवार्यता का अनुपालन करने के पश्चात् अपना स्थान ग्रहण करने की तारीख से 6 माह के बाद किसी राजनीतिक दल में शामिल हो जाता है। 6 माह के भीतर वह यदि चाहे तो किसी भी राजनीतिक दल की सदस्यता ग्रहण कर सकता है।

दल विभाजन : यदि सदन का कोई सदस्य यह दावा करता है कि वह तथा उसके दल के अन्य मिलकर एक समूह गठित करते हैं जो उसके मूल राजनीतिक दल के विभाजन के परिणामस्वरूप उत्पन्न हुआ है एवं समूह के सदस्यों की संख्या मूल राजनीतिक दल के संसद/विधानसभा सदस्यों की कुल सदस्य संख्या के एक-तिहाई से अधिक हैं तो उनकी सदन की सदस्यता समाप्त नहीं होगी तथा टूटने के समय से इस समूह को अलग राजनीतिक दल के बतौर मान्यता दे दी जाएगी

विलय एवं दल-बदल निरोधक कानून : यदि कोई राजनीतिक दल किसी अन्य राजनीतिक दल में अपना विलय कर लेता है तो इस दल के सदस्यों की सदन की

सदस्यता समाप्त नहीं होगी। लेकिन दल के विलय को बैध करार देने के लिए विलय के पक्ष में दो-तिहाई सदस्यों की सहमति आवश्यक है।

विलय और सदस्यों की असहमति : यदि पुरानी पार्टी के सदस्यों का कोई समूह विलय के पक्ष में नहीं है तो इन सदस्यों की सदन की सदस्यता समाप्त नहीं होगी एवं इनके समूह को राजनीतिक दल के बतौर मान्यता बनी रहेगी।

सदनों के अध्यक्ष, उपाध्यक्ष या उपसभापति : यदि कोई व्यक्ति लोकसभा का अध्यक्ष या उपाध्यक्ष या राज्यसभा का उपसभापति या विधानसभा का अध्यक्ष या उपाध्यक्ष अथवा विधानपरिषद् का सभापति या उपसभापति निर्वाचित हुआ है और चुनाव के तुरंत पहले राजनीतिक दल से अपना संबंध-विच्छेद कर लेता है तो वह सदन का सदस्य बना रहेगा। उस व्यक्ति के लिए यह आवश्यक होगा कि वह जब तक उपरोक्त पदों पर है, किसी अन्य राजनीतिक दल में शामिल न हो। पद छोड़ने के पश्चात् वह अपने राजनीतिक दल में पुनः शामिल हो सकता है।

अयोग्यता के सवाल पर निर्णय : दल-बदल निरोधक कानून के अंतर्गत किसी सदस्य को अयोग्य करार देने का निर्णय सभापति या अध्यक्ष के द्वारा होगा। यह निर्णय अंतिम माना जाएगा। यदि दल-बदल निरोधक कानून के दायरे में स्वयं अध्यक्ष आते हैं तो सदन के द्वारा अधिकृत कोई दूसरा व्यक्ति निर्णय करेगा जो अंतिम माना जाएगा। अयोग्यता के सवाल से जुड़ी सारी कार्रवाई संविधान के अनुच्छेद-122 के तहत संसद की कार्रवाई एवं अनुच्छेद-212 के तहत विधानमंडल की कार्रवाई मानी जाएगी।

दल-बदल निरोधक कानून अधिनियम है ही नहीं

वस्तुतः जिसे प्रायः दल-बदल निरोधक अथवा दल-बदल विरोधी कानून कहा जाता है वह कोई विधि अथवा अधिनियम नहीं है, उसे कानून की संज्ञा देना अनुचित और भ्रामक है। यह तो संविधान का अंग है अथवा यों कहें कि संवैधानिक विधि या कानून है। संविधान के अनुच्छेद-102 और 191 तथा दसवीं अनुसूची में ही दल-बदल निरोध के प्रावधान हैं। जब पहली बार 1985 में 52वें संविधान-संशोधन अधिनियम के द्वारा दसवीं अनुसूची संविधान में जोड़ी गई, तभी से यह स्पष्ट था जिसमें बहुत कुछ बदले जाने की आवश्यकता है। तत्कालीन प्रधानमंत्री श्री राजीव गाँधी ने भी आलोचकों को यह कहकर चुप किया था कि यह तो केवल 'पहला कदम' है।

इसमें कोई संदेह नहीं कि दल-बदल का विरोध करने के लिए संवैधानिक प्रावधान करने की संकल्पना अच्छी थी, किंतु दल-बदल निरोधक संवैधानिक विधि का जन्म पाप में हुआ उसे जनने में बहुत लंबा समय लगा। जब 52वाँ संशोधन पारित हुआ, उस समय उसके पीछे की धारणा व उसे लागू करने के लिए समय विशेष का चयन न तो उचित थे और न ही उपयुक्त। विधेयक का प्रारूप बहुत जल्दी में बना और दोनों सदनों में पास करा लिया गया। यह समय ऐसा था जब सत्ताधारी कांग्रेस

दल को लोकसभा में पूरे इतिहास का सबसे बड़ा और अभूतपर्व बहुमत प्राप्त था। ऐसी स्थिति में स्वाभाविक था कि दल के नेता अपने गिरोह के सदस्यों को एक साथ जुड़ा रखने का प्रयास करते। दल-बदल निरोधक कानून को इतनी सफलता तो अवश्य मिली ही कि इसके पारित होने के बाद पाँच वर्ष तक केंद्र के स्तर पर अर्थात् लोकसभा व राज्यसभा में कोई असंतुष्ट सांसद दल-बदलू नहीं बन पाए और सरकार निष्कंटक चलती रही, कांग्रेस सरकार की स्थिरता बराबर बनी रही।

दल-बदल निरोधक कानून की खामियाँ

किंतु राज्यों के स्तर पर दल-बदल निरोधक कानून के बावजूद, कई सरकारें उलटीं-पलटीं, बदलीं और सब दल-विभाजन और विलय के नाम पर हुए दल-बदल के कारण हुआ। पिछले कुछ वर्षों में दल-बदल निरोधक कानून की कमियों के बारे में विभिन्न मंचों पर काफी विचार-विमर्श हुआ है। जो जटिल समस्याएँ इधर सामने आईं, लगता है कि उनका आभास तक उन लोगों को नहीं था जिन्होंने यह कानून बनाया। विभिन्न पीठासीन अधिकारियों तथा राज्यपाल जैसे उच्च पदाधिकारियों द्वारा संविधान की दसवीं अनुसूची में प्रयुक्त शब्दों के भिन्न-भिन्न अर्थ निकालने और परस्पर विरोधी निर्णय देने के कारण बड़ी विकट अस्थिरता और अनिश्चय की स्थिति पैदा हो गई। यहाँ तक कि एक बार स्वयं राष्ट्रपति को कहना पड़ा कि अगर दल-बदल निरोधक कानून के अंतर्गत बिना अच्छी तरह सोचे-समझे असंगत निर्णय दिए जाएँगे तो यह लोकतंत्रात्मक व्यवस्था के लिए ही बहुत बुरा होगा।

आठवीं लोकसभा के काल में राजीव गाँधी सरकार की स्थिरता के बाद, एक के बाद दूसरी अल्पमत की सरकारें आती रहीं। श्री विश्वनाथप्रताप सिंह और श्री चंद्रशेखर की सरकारें जल्दी-जल्दी गिर गईं। जब 5 नवंबर, 1990 को जनता दल में विभाजन हुआ तो दल से टूटनेवाले 58 सदस्यों में से 25 को तुरंत दल से निकाल दिए जाने की घोषणा कर दी गई और उतनी ही शीघ्रता के साथ तत्कालीन अध्यक्ष ने उन्हें 'असंबद्ध' भी घोषित कर दिया। कहा गया कि बचे हुए 33 सदस्य जनता दल की कुल सदस्य संख्या के एक-तिहाई से कम हैं, अतः इसे दल का विभाजन नहीं माना जा सकता, भले ही चंद्रशेखर अपने दल की सरकार बना चुके हों और सदन के बहुमत का समर्थन प्राप्त कर चुके हों। उनके दल के सभी सदस्य वे थे जिन्हें या तो जनता दल से निष्कासित और असंबद्ध करार दे दिया था या वे जिन्हें दल-बदल निरोधक कानून के अंतर्गत नोटिस जारी कर दिए गए थे कि उनकी सदस्यता क्यों न समाप्त कर दी जाए। अध्यक्ष रवि राय द्वारा जारी नोटिसों की लपेट में चंद्रशेखर सरकार के लगभग सभी मंत्री आ जाते थे। अंततोगत्वा अध्यक्ष ने अपने निर्णय द्वारा सत्ताधारी दल को संदेह का लाभ देते हुए विभाजन को स्वीकृति दे दी, किंतु साथ ही यह भी कहा कि विभाजन एक समय-विशेष पर होनेवाली घटना है, कुछ दिनों तक चलनेवाली प्रक्रिया नहीं। अतः 5 नवंबर के बाद आनेवाले 8 सदस्यों को उनकी

सदस्यता से वंचित कर दिया गया। अपना निर्णय देते समय अध्यक्ष रवि राय ने यह भी माना था कि दल-बदल निरोधक कानून में बहुत सी खामियाँ हैं और उनमें शीघ्र सुधार की आवश्यकता है और यदि स्थिति को यों ही चलने दिया गया तो जनता का व्यवस्था से ही विश्वास उठ जाएगा और देश का भविष्य अंधकारमय हो जाएगा।

दल-बदल निरोधक कानून और राज्यों का अनुभव

इसी बीच नगालैंड, मिजोरम, तमिलनाडु, पांडिचेरी, मणिपुर, गोवा तथा मेघालय आदि में दल-बदल के कारण अनेक जटिल समस्याएँ पैदा हुई और सरकारों की स्थिरता बलि चढ़ी। मध्य प्रदेश और गुजरात में भी समस्याएँ उठीं। किसी दल-विशेष को दोष नहीं दिया जा सकता था, क्योंकि सभी का चलन इन मामलों में एक ही जैसा साबित हुआ। अध्यक्षों के आचरण ने विधानपालिकाओं को कई बार न्यायपालिका के साथ संघर्ष में ला खड़ा किया। एक राज्य में तो अध्यक्ष ने स्वयं पहले तो दल-बदल कराए और फिर स्वयं मुख्यमंत्री बन बैठे। एक दूसरे राज्य में अध्यक्ष ने कुछ सदस्यों को निरर्हित घोषित किया, उच्चतम न्यायालय ने उनकी सदस्यता बहाल कर दी तो अध्यक्ष ने न्यायालय के आदेश की अवहेलना की। अंततः राष्ट्रपति शासन लागू करना पड़ा। एक तीसरे राज्य में अध्यक्ष ने 60 में से 15 सदस्यों को निरर्हित कर दिया और जब लगा कि न्यायालय से उनकी सदस्यता बहाल हो जाएगी तो मुख्यमंत्री और राज्यपाल ने मिलकर विधानसभा को भंग कर डाला। उसके बाद राष्ट्रपति शासन भी लागू हुआ और राज्यपाल की भी छुट्टी हुई। चौथे राज्य में अध्यक्ष ने 7 सदस्यों को निरर्हित घोषित किया और जब उच्चतम न्यायालय ने इसे अवैध ठहराया तो पहले तो न्यायालय के निर्णय की अवहेलना की और फिर जब अंततः न्यायालय की बात मानने के लिए बाध्य होना पड़ा तो अध्यक्ष ने 13 अन्य सदस्यों को निरर्हित कर दिया। एक समय इस राज्य में ऐसा आया जब विधानसभा के 60 सदस्यों में 21 को सदस्यता से वंचित कर दिया गया था और सदन में केवल 39 सदस्य बचे रह गए थे और उन्हीं से मंत्रिमंडल ने विश्वास का मत प्राप्त किया।

12 नवंबर, 1991 को मेघालय, मणिपुर, नगालैंड, गुजरात एवं मध्य प्रदेश के कुछ सदस्यों द्वारा दायर याचिकाओं पर विचार करते हुए उच्चतम न्यायालय ने दल-बदल निरोधक कानून के संदर्भ में दिए निर्णय द्वारा दसवीं अनुसूची के सातवें पैरे को पूर्ण रूप से अवैध घोषित कर दिया। इस पैरे के द्वारा सदस्यों की अनर्हता के मामलों में अध्यक्ष के निर्णय को अंतिम माना गया था तथा उसे न्यायालयों के अधिकार क्षेत्र से बाहर रखा गया था। उच्चतम न्यायालय का मत था कि दल-बदल निरोधक कानून के अंतर्गत सदस्यों की अनर्हता पर विचार करते समय अध्यक्ष की स्थिति केवल एक ट्रिब्यूनल जैसी मानी जा सकती थी और उसके द्वारा किए गए निर्णयों का उच्च न्यायालय और उच्चतम न्यायालय पुनरावलोकन कर सकते थे।

उच्चतम न्यायालय के इस निर्णय ने अध्यक्षों और पीठासीन अधिकारियों को

झकझोर दिया। अपने हित और सम्मान की रक्षा के लिए वे सब एकजुट होकर उठ खड़े हुए और पीठासीन अधिकारियों के सम्मेलन में दल-बदल निरोधक कानून में आवश्यक सुधारों पर विचार किया गया और कुछ सुझाव दिए गए। लोकसभा अध्यक्ष ने संबद्ध मंत्रियों तथा विभिन्न दलों के नेताओं की भी एक बैठकर बुलाकर इस विषय पर विचार किया। वहाँ भी सभी इस बात पर सहमत थे कि दल-बदल निरोधक कानून को लेकर विधानपालिका और न्यायपालिक के बीच टकराव को रोका जाए। विशेषाधिकार समितियों के सभापतियों के सम्मेलन ने भी इस कानून में संशोधन की आवश्यकता पर जोर दिया, ताकि उसकी कमियाँ-खामियाँ दूर की जा सकें।

वस्तुतः दल-बदल निरोधक कानून पर दो प्रकार की आपत्तियाँ हैं, एक तो मूलभूत सैद्धांतिक और संवैधानिक आधार पर और दूसरी कुछ व्यावहारिक और विधिक कठिनाइयों के कारण पैदा होनेवाली। एक आपत्ति तो यही है कि यह कानून संविधान के मूल ढाँचे के विरुद्ध है। इसे पारित कर संसद ने अपने अधिकार क्षेत्र का अतिक्रमण किया है तथा यह 'सिद्धांतों के ऊपर सुभीते' की मनोवृत्ति का द्योतक है। यह भी कहा गया कि केवल कानून के द्वारा दल-बदल को रोका नहीं जा सकता और फिर कानून के औचित्य पर कोई भी निर्णय देने से पहले देखना यह होगा कि हमारी जनता चुनाव के समय किसी दल के कार्यक्रमों और नीतियों के आधार पर मतदान करती है अथवा व्यक्तियों की जाति और संप्रदाय-विशेष के नाम पर। यदि मतदान किसी दल-विशेष के घोषणा पत्र के प्रति आस्था के कारण नहीं होता तो दलगत बंधनों को संवैधानिक संरक्षण देना कहाँ तक उचित है ? क्या निर्वाचित सदस्य और उस दल के बीच कोई अटूट संबंध हो जाता है, जिसके उम्मीदवार के रूप में उसने चुनाव लड़ा हो ? संसदीय लोकतंत्र में मूलभूत संबंध राजनीतिक दल तथा सदस्य के बीच माना जाना चाहिए अथवा सदस्य और उनके निर्वाचकों या निर्वाचन मंडल के बीच ? सदस्य दल का प्रतिनिधित्व करता है अथवा अपने निर्वाचक जन का ?

सच यह है कि कम-से-कम हमारे देश मे निर्वाचन के समय जनता विभिन्न दलों के बीच चुनाव नहीं करती। कम-से-कम सिद्धांततः विधान मंडल का प्रत्येक सदस्य पूरे देश का अथवा संबद्ध राज्य का प्रतिनिधित्व करता है और उसका प्रथम कर्तव्य राष्ट्र, राज्य और जनता के प्रति है, न कि राजनीतिक दल के प्रति। लेकिन क्योंकि वह अपने राजनीतिक घोषणा पत्र के आधार पर चुनाव लड़ता है, दल के प्रति भी उसका दायित्व अवश्य है, किंतु यदि विधान मंडल में दल का नेतृत्व दल के मूल सिद्धांतों की अवहेलना करे, जनता को दिए वायदों को भूल जाए अथवा दल के हितों में और राष्ट्र तथा जनता के हितों में संघर्ष की स्थिति आ जाए तो निश्चय ही सदस्य को राष्ट्र और जनहित का ही साथ देना चाहिए और दल के घोषणा पत्र का अनुसरण करना चाहिए, न कि किसी व्यक्ति-विशेष की आज्ञाओं का।

दल-बदल बनाम असहमति की अभिव्यक्ति

यह विचारणीय है कि दल-बदल के आधार पर निरर्हता-संबंधी उपबंध अपना मत बनाने की, अपने विचारों को अभिव्यक्त करने की और आपस मे मिल-जुलकर कोई भी संगम, संघ अथवा संस्था बनाने की संविधान के मूल अधिकारों-संबंधी भाग द्वारा प्रदत्त आधारभूत स्वतंत्रताओं के साथ कहाँ तक मेल खाता है ? यह तो मानना ही होगा कि सोच और संगम की स्वतंत्रता में अपना सोच और संगम बदलने की स्वतंत्रता भी शामिल है। किसी भी स्वतंत्र नागरिक को किसी भी विचार, मत अथवा दल के साथ कानून के द्वारा बाँधकर रखने का प्रयास करना किसी भी लोकतंत्रात्मक परंपरा के अनुरूप नहीं हो सकता और निश्चय ही उसे व्यक्ति के संवैधानिक मूल अधिकारों के प्रतिकूल समझा जाना चाहिए। संविधान के अनुच्छेद-105 और 194 में जिन संसदीय विशेषाधिकारों का प्रावधान है, उनमें भी सबसे प्रमुख है विधान मंडल के भीतर जैसे चाहे बोलने तथा जैसे चाहे मत देने की पूर्ण स्वतंत्रता। किंतु संविधान (52वाँ संशोधन) अधिनियम इस स्वतंत्रता का स्पष्टतया हनन करता है, क्योंकि इसके द्वारा सदस्य के मत देने की स्वतंत्रता लगभग समाप्त हो जाती है। देखना होगा कि यह कहाँ तक संविधान के मूलभूत ढाँचे पर और लोकतंत्रात्मक मूल्यों पर आघात है ?

यह भी कहा जा सकता है 'दल-बदल' और 'असहमति की अभिव्यक्ति' में मूलभूत अंतर है। दोनों के अलग-अलग अर्थ हैं। राजनीतिक दल के सचेतक की बात अथवा आदेश न मानना असहमति की अभिव्यक्ति माना जा सकता है, दल-बदल नहीं। भारत के समान ही संसदीय लोकतंत्रात्मक व्यवस्थावाले अन्य देशों में—जैसे ब्रिटेन, कनाडा, ऑस्ट्रेलिया और न्यूजीलैंड में—संसद सदस्य कई-कई बार दल के निर्देश की अथवा सचेतक की अवहेलना कर मतदान करते हैं, किंतु इन्हें इसके लिए कभी दंडित नहीं किया जाता। सच तो यह है कि इन सभी देशों में दलों के इतिहास में राजनीतिक मत-वैभिन्य और बहुमत से असहमति ने बड़ी प्रमुख भूमिका निभाई है। असहमति प्रकट करनेवाले सदस्य को उसकी सदस्यता से वंचित करने का तो इनमें से किसी भी देश में कोई प्रश्न ही नहीं। असहमति दल-बदल नहीं है, क्योंकि किसी विशेष विधेयक पर या मुद्दे पर असहमति प्रकट करनेवाले सदस्य ने न तो दल बदला है और न पक्ष बदला है। उसने तो केवल विचार, अभिव्यक्ति और मत-स्वातंत्र्य के अधिकार का उपयोग किया है, वह अपने दल का सदस्य बना रहा है और उसके सिद्धांतों के प्रति आस्थावान है।

संसद के भीतर का एक अनुभव

संसदीय लोकतंत्र में सदन में हुए वाद-विवाद का विशेष महत्त्व है। सदन के समक्ष दी गई वक्तृताओं द्वारा सांसद अपनी विचारधारा से भिन्न विचारधारावाले सदस्यों को अपने तर्कों के द्वारा समझाने और बदलने का प्रयास करते हैं और आशा करते हैं

कि अगर उनके तर्कों में दम है तो उनकी बात का मतदान पर असर पड़ेगा। दो उदाहरण देखिए : एक बार जवाहरलाल नेहरू ने अपने द्वारा प्रस्तुत एक विधेयक की धाराओं की जोरदार बकालत की और साथ ही यह भी कह दिया कि जो भी हो सदन का बहुमत उनके साथ है। राजगोपालाचारी ने नेहरूजी के तर्कों को काटते हुए कहा कि हो सकता है कि आज बहुमत नेहरूजी के पक्ष में हो, किंतु तर्कसंगति मेरे साथ है। नतीजनन राजाजी की बात मान ली गई। इसी प्रकार 1947 में जब भारतीय स्वाधीनता विधेयक अनुदार दल के बहुमतवाले हाउस ऑफ लॉर्ड्स के सामने आया तो केवल लॉर्ड हैलीक्स के भाषण से सदन का वातावरण बदल गया और विधेयक पारित हो गया। अगर सदन में दी गई वक्तृताओं से मतदान पर कोई प्रभाव पड़ ही नहीं सकता, मतदान दल के निर्देश के अनुसार ही करना पड़ेगा, तो फिर सारी वक्तृताएँ, तर्क और वाद-विवाद बेकार हैं। संसदीय लोकतंत्र बेमानी है।

संसदीय लोकतंत्र का मूलतत्त्व है सरकार की संसद के प्रति प्रतिदिन की और निरंतर जवाबदेही। संविधान के अनुच्छेद-75 और 164 के अंतर्गत मंत्रिमंडल का लोकसभा के प्रति सामूहिक उत्तरदायित्व होता है तथा अनुच्छेद-105 और 192 के अंतर्गत सदन के भीतर विचारों की अभिव्यक्ति की और मतदान की स्वतंत्रता होती है। 52वाँ संशोधन सरकार की इस जवाबदेही और सदस्यों की स्वतंत्रता पर कुठाराघात करता है।

दसवीं अनुसूची के दूसरे और तीसरे पैरे की व्याख्या

दसवीं अनुसूची के पैरा (3) में कहा गया है कि किसी दल में विभाजन को मान्यता तभी मिल सकेगी, जब उस दल के कम-से-कम एक-तिहाई सदस्य अलग हों और नया दल बनाएँ। किंतु इस संख्या का कोई तार्किक आधार मालूम नहीं होता। एक और एक-तिहाई के दल-बदल में कोई गुणात्मक भेद भी नहीं। यदि कोई व्यक्ति सिद्धांतों, नीतियों और कार्यक्रमों के मामलों में दल के भीतर संगठनात्मक अथवा सामाजिक नीतियों के समीकरण के मुद्दों पर अथवा व्यक्ति-संबंधी मामलों में मतभेद के कारण दल-बदल करता है तो, या तो वह सही है या गलत है। यह नहीं हो सकता कि उसके साथ कुछ अन्य लोग भी—यानी एक-तिहाई—वहीं काम करें, तभी वह सही है, वरना गलत। एक-तिहाई संख्या की कोई विशेष पावनता हो, ऐसा भी नहीं दिखता। दलों में आज तक जो विभाजन हुए हैं, उनके इतिहास पर नजर डालें तो यही लगेगा कि संविधान और कानून के द्वारा बंधन लगाने से हानि ही अधिक होगी, क्योंकि उससे राजनीतिक दलों के स्वाभाविक विकास का क्रम और व्यवस्था का लचीलापन कुंठित हो जाएगा। असहमति की प्रक्रिया को सर्वथा अवरुद्ध कर, दल-व्यवस्था को पूरी तरह जड़ बना देना देश में लोकतंत्र के भविष्य के लिए घातक और खतरनाक सिद्ध हो सकता है। अतः दसवीं अनुसूची के पैराग्राफ (3) के अंतर्गत दलों के विभाजन के मापदंड कदापि तर्कसंगत और उचित नहीं हैं। वे समानता तथा संविधान के अन्य

मूलभूत सिद्धांतों का अतिक्रमण भी करते हैं। अतः सर्वथा अमान्य हैं।

यदि कोई निर्दलीय सदस्य किसी राजनीतिक दल में शामिल हो जाए तो दसवीं अनुसूची के पैराग्राफ (2) के अनुसार, उसे सदस्यता से हटाया जा सकता है। किंतु नामजद सदस्य को छह महीने के भीतर किसी भी राजनीतिक दल में शामिल होने की अनुमति है। निर्दलीय सदस्य अपने बूते पर सदस्य चुनकर आता है, जबकि नामजद सदस्य का चयन सत्ताधारी दल के द्वारा होता है। ऐसी स्थिति में नामजद सदस्य को अधिक अधिकार अथवा सुरक्षा देना असंगत, पक्षपातपूर्ण तथा संविधान के अनुच्छेद-14 के विरुद्ध है।

दल में विभाजन-संबंधी तीसरे पैरे की दो प्रकार से व्याख्या की जा सकती है। एक तो यह कि अध्यक्ष द्वारा संबंधित सदस्य के विधायी दल में विभाजन को मान्यता देने के लिए यह आवश्यक है कि पहले से मूल राजनीतिक दल में विभाजन हो गया हो। यदि इस व्याख्या को सही माना जाए तो अध्यक्ष के लिए यह जरूरी होगा कि वह स्वयं अपनी संतुष्टि करे कि क्या सचमुच मूल राजनीतिक दल में विभाजन हुआ है या नहीं। किंतु एक दूसरी व्याख्या यह होगी कि संविधान की दसवीं अनुसूची के अंतर्गत यह अध्यक्ष का काम नहीं है कि वह इस बात की जाँच करे कि संसद से बाहर मूल राजनीतिक दल में विभाजन हुआ या नहीं। उसे तो केवल यह देखना है कि जो सदस्य विधायी दल में विभाजन का दावा कर रहे हैं, उसकी संख्या मूल दल के कुल सदस्यों का कम-से-कम एक-तिहाई है या नहीं। अगर वे एक-तिहाई हैं तो उनमें से कोई भी निरर्हित नहीं होगा। जो भी हो, इस विषय में संविधान में अथवा नियमों के द्वारा स्पष्टीकरण की आवश्यकता है।

दल-बदल निरोधक कानून का मूल उद्देश्य

दल-बदल निरोधक कानून का मूल उद्देश्य था कि राजनीतिक शक्तियों के स्वाभाविक पुनर्संतुलन में व्यवधान पैदा किए बिना सिद्धांतविहीन और अनैतिक दल-बदल पर रोक लग सके। इसीलिए दलों में विभाजन अथवा विलयजनित दल परिवर्तन को मान्यता प्रदान की गई। सोचा गया कि इससे सैद्धांतिक ध्रुवीकरण आदि में सहायता मिलेगी। दलीय विभाजन के लिए संवैधानिक मान्यता के बावजूद यदि कोई संसदीय दल उसे छोड़कर जानेवाले और विलय का दावा करनेवाले सदस्यों में से कुछ का दल से निष्कासन घोषित कर दे, ताकि बचे हुए सदस्य एक-तिहाई से कम रह जाएँ, तो यह बात विवादास्पद हो जाती है कि विभाजन को मान्यता दी जा सकती है अथवा नहीं ? निष्कासित सदस्यों को असंबद्ध करार दिया जाए अथवा उनकी गिनती विभाजन के लिए अनिवार्य एक-तिहाई की संख्या में की जाए ? निष्कासन के बाद बचे एक-तिहाई से कम सदस्यों को दल-बदल निरोधक कानून के अंतर्गत निरर्हित किया जाए अथवा नहीं ? यदि निष्कासन और असंबद्धता की घोषणा को महत्त्व दिया जाता है तो विलय-संबंधी संवैधानिक प्रावधान अर्थहीन और प्रभाव शून्य हो जाते हैं।

अतः यह आवश्यक है कि संवैधानिक संशोधन द्वारा यह स्पष्ट कर दिया जाए कि जब विधायी दल में विभाजन का दावा पेश किया जाए तो अध्यक्ष को केवल यह देखना है कि मूल दल के उम्मीदवारों के रूप में निर्वाचित सदस्यों में से कम-से-कम एक-तिहाई सदस्य उसे छोड़ रहे हैं।

इस समय जो कानून है, उसके अनुसार कोई भी सदस्य उस दल को स्वेच्छा से छोड़ नहीं सकता जिसके उम्मीदवार के रूप में उसने चुनाव लड़ा हो। इसका स्वाभाविक परिणाम यह होना चाहिए कि जनता द्वारा चुने गए किसी सदस्य को उसका दल भी उसके सदन के कार्यकाल में दल से निकाल नहीं सकता। उससे राजनीतिक दल का वह लेबल, जिस पर उसने चुनाव लड़ा और जिस पर जनता ने उसे जिताया उससे छीना नहीं जा सकता। यह कहना कि कोई सदस्य स्वयं तो दल नहीं छोड़ सकता, लेकिन उसे निकाला जा सकता है, कुछ ऐसी ही बेतुकी बात हुई कि आत्महत्या का प्रयास तो गैरकानूनी है, लेकिन दूसरे द्वारा हत्या किया जाना नितांत कानूनी। अतः संवैधानिक संशोधन के द्वारा यह स्पष्ट किया जाना चाहिए कि सदन के कार्यकाल में जनता द्वारा चुने गए सदस्यों को उनके विधायी दल से निष्कासित नहीं किया जा सकता।

संविधान की दसवीं अनुसूची और उसके अंतर्गत बनाए गए नियमों में 'असंबद्ध' सदस्यों जैसी किसी चीज का कोई जिक्र नहीं है। प्रत्येक सदस्य या तो उस दल का सदस्य है जिसके उम्मीदवार के रूप में उसने चुनाव लड़ा या फिर 'स्वतंत्र' अथवा 'मनोनीत' है। यदि पीठासीन अधिकारी को यह अधिकार दे रखना है कि वह दल से 'निष्कासित' अथवा अन्य किसी सदस्य को 'असंबद्ध' घोषित कर सके, तो फिर 'असंबद्ध' वर्ग का स्पष्ट उल्लेख भी संविधान की दसवीं अनुसूची में होना चाहिए। साथ ही, यदि किसी निर्वाचित सदस्य को उसके दल से निष्कासित किया जा सकता है और अध्यक्ष उसे 'असंबद्ध' घोषित कर सकता है, तो औचित्य का तकाजा है कि दल से 'निष्कासित' और सदन से 'असंबद्ध' घोषित होने के बाद उस सदस्य को, कम-से-कम, अपने पुराने दल के सब बंधनों से मुक्ति मिल जानी चाहिए। वह दूसरा कोई दल बनाने अथवा अपनाने के लिए स्वत्रंत होना चाहिए।

दसवीं अनुसूची के दूसरे पैरे की भाषा से स्पष्ट है कि उद्देश्य दल-बदल को एक ऐसा संज्ञेय अपराध बनाने का था जिस पर, बिना किसी के द्वारा शिकायत किए, स्वतः ही कार्यवाही की जा सके। इसीलिए यह स्पष्ट कहा गया कि अपने दल की सदस्यता स्वेच्छा से छोड़नेवाला अथवा अपने दल के निर्देश के विरुद्ध मतदान करनेवाला सदस्य, सदन की सदस्यता के लिए 'निरर्हित होगा'। किंतु जो नियम बनाए गए उन्होंने इस प्रावधान के उद्देश्य और प्रभाव को बहुत कुछ क्षीण कर दिया है। नियमों के अंतर्गत जब तक अध्यक्ष के पास कोई अन्य सदस्य 'लिखित रूप' से याचिका भेजकर दल-बदल की शिकायत न करे तब तक अध्यक्ष मामले पर कोई ध्यान नहीं देंगे, जबकि संवैधानिक धाराओं के अनुसार निरर्हता तुरंत अथवा शीघ्र-से-शीघ्र

प्रभावी होनी चाहिए। नियमों के अंतर्गत बनाई गई प्रक्रिया भी निहायत लंबी और विलंबकारी है। संविधान ने दल को अपने किसी सदस्य द्वारा निर्देश की अवहेलना को क्षमा करने के लिए 15 दिन का समय दिया है, किंतु नियम कहते हैं कि सभी दल अपने सदस्यों के बारे में अध्यक्ष तक सूचना पहुँचाने में 30 दिन का समय ले सकते हैं। अध्यक्ष इस समयावधि को जितना चाहें, बिना किसी सीमा के और बढ़ा सकते हैं। कई बार बढ़ा सकते हैं। यदि किसी दल की सदस्यता आदि में कोई फेर-बदल होती हो तो ऐसे में भी अध्यक्ष को आवश्यक जानकारी पहुँचाने के लिए दल को 30 दिन का समय उपलब्ध है। निर्देश की अवहेलना के लिए माफी मिलने की सूचना देने के लिए भी नियमों में 30 दिन का समय दे दिया गया है, यद्यपि माफी देने के लिए संविधान में केवल 15 दिन का समय दिया गया है। व्यक्तिगत रूप से भी सदस्यों को अपने दल आदि के बारे में सूचना देने के लिए नियमों में 30 दिन का प्रावधान है। इसके अलावा, जब याचिका प्राप्त हो जाती है, उसके बाद भी नियमों के अनुसार कार्यवाही करने के लिए काफी लंबी प्रक्रिया है। जिस सदस्य के विरुद्ध याचिका हो, उससे टिप्पणी के लिए पूछा जाना होगा और उत्तर देने के लिए समय की अवधि अध्यक्ष द्वारा बार-बार बढ़ाई जा सकती है। जबकि संविधान ने स्पष्ट रूप से पीठासीन अधिकारी के ऊपर यह जिम्मेदारी रखी थी कि वह दल-बदल के मामलों में निरर्हिता-विषयक निर्णय लें, नियमों में संसदीय विशेषाधिकार समिति को भी ले आया गया है। अब दल-बदल निरोधक कानून से संबंधित कोई भी अथवा हरेक मामला इस समिति को प्रारंभिक जाँच के लिए भेजा जा सकता है। समिति अपनी रपट देने में कितना समय ले, इसके लिए कोई सीमा निर्धारित नहीं की गई है। इसका नतीजा यह हो सकता है कि समिति को भेजे गए मामले वहीं पर बहुत समय तक लंबित रहें अथवा सदन के विघटन तक भी उन पर समिति कोई 'संस्तुति' न कर पाए। लोकसभा में एक मामले में सचमुच ऐसा हुआ था। पीठासीन अधिकारी के कंधों पर यह जिम्मेदारी डालने का मूल उद्देश्य संभवतः यही था कि दल-बदल के मामलों में अविलंब निर्णय हो जाए। अगर यह ठीक हो तो फिर नियमों में लिखी गई लंबी और विलंबकारी प्रक्रियाएँ संविधान के उद्देश्य को निष्प्रभावी कर सकती हैं। अतः आवश्यकता इस बात की है इस विषय में संविधान की दसवीं अनुसूची में आवश्यक संशोधन किए जाएँ अथवा नियमों को बदला जाए।

दसवीं अनुसूची में निरर्हता का निर्णय करने का अधिकार पीठासीन अधिकारियों को देने का एक आशय यह भी था कि जो भी निश्चय हो, वह दलगत राजनीति से ऊपर उठकर निष्पक्ष एवं न्यायोचित हो, किंतु किसी भी पीठासीन अधिकारी की निष्पक्षता की भावना पर संदेह व्यक्त किए बिना यह अवश्य कहा जा सकता है कि हमारे देश में आज की परिस्थितियों में, जबकि अध्यक्ष प्रायः बहुसंख्यक सत्ताधारी दल द्वारा ही चुने जाते हैं और अपने पद पर बने रहने के लिए सदन के बहुमत पर या बहुसंख्यक दल अथवा दलों की मदद पर निर्भर रहते हैं, यह आशा करना अनुचित

होगा कि वह ऐसे मामलों में, जिनसे उनके दल अथवा नेता के राजनीतिक जीवन-मरण का सवाल जुड़ा हो, नितांत निष्पक्ष निर्णय दे सकेंगे।

दल-बदल के मामलों में निर्णय देने की जिम्मेदारी में विधान मंडलों के पीठासीन अधिकारियों को उलझाना शायद एक बहुत भारी और मूलभूत भूल थी। ऐसा संभव हो ही नहीं सकता कि मामले विवादास्पद न हों अथवा उनमें दलगत राजनीति न आए। संभवतः अध्यक्ष अथवा अन्य किसी भी पीठासीन अधिकारी के पद की गरिमा के प्रति यह उचित नहीं कि उन्हें ऐसी स्थिति में ला खड़ा किया जाए जहाँ उनके एक निर्णय से सरकार गिर सकती हो अथवा उसको जीवन मिल सकता हो। दल-बदल निरोधक कानून के अंतर्गत सदस्यों की निरर्हता का निर्णय करने का काम या तो निर्वाचन आयोग को सौंपा जाना चाहिए या फिर उच्चतम न्यायालय की विशेष पीठ को। साथ ही यह प्रावधान भी होना चाहिए कि प्रत्येक ऐसे मामले में एक निश्चिय समयावधि के भीतर निर्णय लेने होंगे। यदि यह सोचा जाए कि सदस्यों से संबंधित मामले विधान मंडल की परिधि अथवा अधिकार-क्षेत्र से बाहर नहीं जाने चाहिए तो फिर संबद्ध सदन को ही उन पर निर्णय लेने का दायित्व सौंपा जा सकता है।

दसवीं अनुसूची के पैरा (3) में कहा गया है कि दल में विभाजन के बाद जो गुट मूल दल से अलग होता है, वह भी एक अलग 'राजनीतिक दल' माना जाएगा। 'विधायी दल' और 'मूल राजनीतिक दल' दोनों की परिभाषा 'राजनीतिक दल' के परिप्रेक्ष्य में की गई है। लेकिन बावजूद इसके 'राजनीतिक दल' को स्वयं अलग से परिभाषित नहीं किया गया। यह जरूरी है कि 'राजनीतिक दल' की परिभाषा की जाए और दल-बदल निरोधक कानून के सिलसिले में राजनीतिक दलों की मान्यता देने की शर्तें स्पष्ट की जाएँ।

अध्यक्ष के निर्देशों में, निर्देश 120 में 'विधायी दल' अथवा 'विधायी ग्रुप' को मान्यता देने की शर्तों का उल्लेख है। दल के रूप में मान्यता पाने के लिए कम-से-कम सदस्य संख्या, सदन के सदस्यों की कुल संख्या का 1/10वाँ हिस्सा होनी चाहिए। ग्रुप के लिए केवल 30 की संख्या पर्याप्त है। किंतु संविधान में दसवीं अनुसूची जुड़ जाने के बाद स्थिति बदल जाती है। सदन का हर वह सदस्य, जो स्वतंत्र चुनाव नहीं लड़ा हो, अथवा जो मनोनीत नहीं हो, लेकिन किसी-न-किसी राजनीतिक दल से संबंधित हो, उसके दल के सदस्यों की संख्या चाहे कुछ भी हो, चाहे वह अकेला ही हो, वह अपने दल के नाम से ही जाना जाएगा। हर वह दल, जिसका कोई भी सदस्य सदन में है, दल के रूप में संवैधानिक मान्यता पा जाता है। इस प्रकार संवैधानिक प्रावधानों और अध्यक्ष के निर्देशों में परस्पर विरोध मालूम होता है। दोनों में से एक में संशोधन करना होगा। अथवा कम-से-कम यह स्पष्ट करना होगा कि निर्देश 120 के अंतर्गत मान्यता केवल कुछ विशेष मामलों के लिए है। यदि दल-बदल निरोधक कानून के लिए राजनीतिक दल को मान्यता देने की शर्तें भी दसवीं सूची में दे दी जाती हैं तो यह समस्या सुलझ सकती है।

नियमों में विधायी दल के नेता की जो परिभाषा दी गई है, उससे यह स्पष्ट नहीं है कि नेता का चयन किस प्रकार हो। अतः नेतृत्व के प्रश्न को लेकर पीछे कई विवाद उठे हैं। यह उचित होगा कि नियमों में अथवा संविधान की दसवीं अनुसूची में संशोधन करके बिलकुल स्पष्ट कर दिया जाए कि किसी भी विधायी दल का नेता उसे ही माना जाए जिसे उसके दल के सदस्यों ने बहुमत के द्वारा निर्वाचित किया हो और जिसे अपने दल के भीतर बहुमत का विश्वास प्राप्त हो।

दसवीं अनुसूची के तीसरे पैरे में एक संशोधन द्वारा यह स्पष्ट करने की भी जरूरत है कि क्या दल विभाजन कोई ऐसी घटना है, जो एक बार किसी एक विशिष्ट समय-बिंदु पर घटी हो और केवल उन्हीं सदस्यों पर लागू होती हो जो उस क्षण मूल दल से अलग होनेवाले गुट में शामिल हों अथवा दल-बदल एक ऐसी प्रक्रिया है जो मूल राजनीतिक दल के विभाजन के परिणामस्वरूप प्रारंभ होती है और जिसमें दल के प्रत्येक सदस्य को यह निर्णय करने के लिए कुछ समय मिलता है वह किस गुट में शामिल हो या रहे। विभाजन कोई गिलोटिन तो है नहीं जो एकदम से गिरकर क्षण भर में दल को दो टुकड़ों में बाँट दे।

1989 में पारित संशोधन के द्वारा प्रतिनिधित्व अधिनियम में राजनीतिक दल की परिभाषा देते हुए कहा गया कि वह ऐसे नागरिकों का समूह है जो निर्वाचन आयोग में राजनीतिक दल के रूप में पंजीकृत हो। दूसरी ओर संविधान की दसवीं अनुसूची के चौथे पैरे में, अन्य बातों के अलावा, कहा गया है कि किसी सदस्य को दल-बदल के आधार पर निरर्हित नहीं किया जाएगा, अगर उसके मूल राजनीतिक दल का अन्य किसी राजनीतिक दल के साथ विलय हो जाता है और वह यह दावा करता है कि उसने तथा उसके कुछ साथियों ने विलय को नहीं माना और एक अलग ग्रुप की तरह काम करने का निश्चय किया है। प्रश्न उठता है कि उस स्थिति में क्या होगा जब मूल राजनीतिक दल ने सर्वसम्मति से सदन के भीतर और बाहर अपने पूर्ण विघटन का निर्णय ले लिया हो और दूसरे दल में उसका विलय पूरा हो गया हो, लेकिन एक या उससे अधिक सदस्य दावा करें कि उन्होंने दल का विघटन और विलय का निर्णय नहीं माना और वह सदन में मूल राजनीतिक दल के सदस्य के रूप में ही रहना चाहते हैं, चाहे सदन से बाहर 'मूल राजनीतिक दल' का कोई अस्तित्व न हो ?

देश में आज हमारे राजनीतिक दल जिस प्रकार संगठित हैं और जिस प्रकार चलते हैं या चलाए जाते हैं, उसे देखते हुए ऐसा लगता कि उन्हें दल-बदल की प्रक्रिया से सुरक्षा प्रदान करना कोई जरूरी या कुछ अच्छी ही बात है। यदि दल किन्हीं सिद्धातों पर या किन्हीं कार्यक्रमों पर आधारित नहीं है, यदि वर्षों तक उनके चुनाव कभी होते ही नहीं, उनके भीतर लोकतंत्रात्मक मूल्यों और प्रक्रियाओं का कोई स्थान नहीं है, तो फिर इससे क्या फर्क पड़ता है कि अमुक व्यक्ति इस दल में रहे या उसमें चला जाए, कोई सिद्धांत तो खतरे में पड़ता नहीं। अतः यदि हम सचमुच इस विषय में कुछ सुधार लाना चाहते हैं तो संविधान की दसवीं अनुसूची में अथवा अन्यत्र राजनीतिक दलों

के पंजीकरण, उनके भीतर विधि के अंतर्गत चुनाव, उनकी आमदनी और खर्च की जाँच-पड़ताल आदि की व्यवस्था करनी होगी।

इसके साथ ही राजनीतिक दलों की संख्या पर भी अंकुश लगाना होगा। यह निर्वाचन अधिनियम द्वारा किया जा सकता है। यह नियम बनाया जा सकता है कि जिस दल को एक निश्चित प्रतिशत से कम मत प्राप्त हों, उसे राजनीतिक दल के रूप में मान्यता न दी जाए और न ही वह कोई चुनाव लड़ सकने का अधिकारी हो।

शिवराज पाटिल का ऐतिहासिक निर्णय

दल-बदल के आधारभूत तत्त्वों के बारे में 1 जून, 1993 को तत्कालीन लोकसभा अध्यक्ष शिवराज पाटिल द्वारा जनता दल से टूटकर अजित सिंह के नेतृत्व में अलग हुए 20 सांसदों के मामले में दिया गया निर्णय ऐतिहासिक कहा जा सकता है। लगभग नौ महीने तक सोच-विचार के बाद दिए गए अपने निर्णय में श्री पाटिल ने दल-बदल के आधारभूत तत्त्वों पर विचार किया। उन्होंने कई माह तक बाकायदा अदालत चलाई। व्यक्तिगत रूप में मुद्दों और मिस्लों का अध्ययन किया। गवाहियाँ लीं। घंटों-घंटों तक वकीलों की बहस सुनीं और वस्तुतः पूरी न्यायिक कार्यवाही का संचालन किया।

इस मामले में तथ्य यह था कि मूल जनता दल फरवरी 1992 में टूटकर दो खेमों में बँट गया। एक खेमे के नेता थे अजित सिंह। यथार्थ यह है कि टूट के समय उनके साथ चार से अधिक लोकसभा सदस्य नहीं थे, क्योंकि लोकसभा में जनता दल के कुल 59 सदस्य थे, इसलिए दल-बदल निरोधक कानून के अंतर्गत निरर्हता से बचने के लिए उन्हें कम-से-कम 20 सदस्यों का समर्थन चाहिए था। इस 20 की संख्या तक पहुँचने में उन्हें लगभग 6 माह लग गए। जो भी हो, विधि के अनुसार अध्यक्ष पाटिल का इस सबसे कोई सरोकार नहीं था। उनकी भूमिका तो केवल तब प्रारंभ हुई जब अगस्त में जनता दल के 20 लोकसभा सदस्य एक साथ, एक गुट में, अध्यक्ष के सामने उपस्थित हुए और उन्होंने सदन में अलग बैठाए जाने की लिखित माँग की। अध्यक्ष द्वारा इस माँग के स्वीकार कर लिये जाने के बाद ही, विश्वनाथप्रताप सिंह वाले संसदीय जनता दल की ओर से 14 याचिकाएँ प्रस्तुत की गईं और इन 20 सदस्यों की सदस्यता समाप्त करने की माँग की गई। कानून अजित सिंह के पक्ष में था, अतः उनकी कितनी ही त्रुटियों और स्वयं उनके द्वारा पैदा की गई कठिनाइयों के बावजूद, अध्यक्ष पाटिल के निर्णय ने उन्हें तथा उनके 15 अन्य साथियों को दल-बदल निरोधक कानून के अंतर्गत निरर्हता की कठोर यातना से बचा दिया।

ठोस वैधानिक आधार पर शेष चार सदस्यों को भी बचाया जाना चाहिए था। अगर ऐसा नहीं हो सका तो इसके लिए वे स्वयं दोषी थे। उनका पक्ष ठीक से पेश नहीं हो सका। उन्होंने तथ्यों को नकारने का प्रयास किया और उसके लिए हास्यास्पद और बचकाने बहाने बनाए जबकि उन्हें चाहिए था कि सत्यता को स्वीकारते और

कानूनी मुद्दों पर तर्क पेश करते। यदि ठीक से व्याख्या की जाती तो कानूनी प्रावधान उनके पक्ष में पाए जाते। एक बार जब 20 सदस्यों को अलग समूह के रूप में मान्यता दे दी गई और इस समूह में संसदीय दल के कुल सदस्यों के एक-तिहाई से कम सदस्य नहीं थे, तब ऐसी स्थिति में, इस समूह के प्रत्येक सदस्य के लिए जनता दल में विभाजन की तारीख से अर्थात् फरवरी 1992 से ही मूल राजनीतिक दल अजित सिंह गुट को माना जाता। इस निर्णय ने बहुत दिनों से चली आ रही भ्रांतियों को मिटा दिया। यह लेखक वर्षों से जिन विचारों को व्यक्त करता आ रहा था, उन्हें उस निर्णय से समर्थन और पुष्टि मिली।

उस निर्णय ने यह स्पष्ट कर दिया कि जब कोई व्यक्ति संविधान के अंतर्गत, जनता के द्वारा किसी दल-विशेष के उम्मीदवार के रूप में चुन लिया जाता है तो ऐसे सदस्य के रूप में उसे प्राप्त संवैधानिक अधिकारों से वंचित नहीं किया जा सकता। दल से निष्कासन की युक्ति से, उसके दल का नेतृत्व, उसके संसदीय दल की सदस्यता नहीं छीन सकता। दल के संविधान में भले ही निष्कासन का कोई भी प्रावधान क्यों न हो, किसी भी दल-विशेष का संविधान देश के संविधान के ऊपर नहीं हो सकता और उसके द्वारा ऐसा कुछ नहीं किया जा सकता जिससे किसी को संविधान द्वारा प्रदत्त संरक्षणों से वंचित होना पड़े।

आखिरी और सबसे महत्त्वपूर्ण बात शिवराज पाटिल के निर्णय में बहुत सीधे और साफ शब्दों में तो नहीं कही गई, किंतु वह इसमें बार-बार स्पष्ट और सिद्ध होती है। इसके अनुसार दल का विभाजन कोई घड़ी या क्षण-विशेष में घटनेवाली घटना नहीं, अपितु एक प्रक्रिया है। संसद और विधानपालिकाओं से बाहर मूल राजनीतिक दल का टूटना, एक से अधिक गुटों में बँटना और उसके बाद विभिन्न गुटों से संबद्ध समूहों का संसद और विधानपालिकाओं के सदनों में उभरना सभी इस प्रक्रिया के अंग हैं। इस प्रक्रिया के पूरा होने में कुछ समय लगना स्वाभाविक है। किसी राष्ट्रीय दल में विभाजन कोई ऐसा गिलोटिन नहीं हो सकता जो किसी एक घड़ी में गिरे और देश भर में राजनीतिक दल को और सभी विधानपालिकाओं के सदनों में फैली उसकी सदस्यता को एक दम टुकड़ों में बाँट दे। प्रस्तुत मामले में सारी प्रक्रिया में लगभग 10 माह लग गए। अध्यक्ष पाटिल के निर्णय ने यह बात साफ कर दी कि विभाजन को एक समय-विशेष पर घटनेवाली घटना का पूर्व निर्णय असंगत था।

श्री पाटिल ने अपने निर्णय में जो विचार व्यक्त किए, उनके अनुसार संविधान की दसवीं अनुसूची में उल्लिखित दल-बदल निरोधक कानून की कई धाराओं को अधिक परिमार्जित बनाने की आवश्यकता है। उन्होंने सुझाव दिया कि विशेषज्ञों की एक समिति गठित की जाए जो इस कानून की धाराओं और उनके कार्यकरण का पुनरीक्षण करे तथा आवश्यक सुधारों के बारे में सुझाव दे।

भाग दो

भारत का संविधान

1

संविधान सभा और संविधान निर्माण

"आइए, इस देश में ऐसी परिस्थितियाँ उत्पन्न करने का संकल्प करें—

जब प्रत्येक व्यक्ति स्वतंत्र होगा और उसे अपनी प्रतिभा के पूरे विकास के तथा अपनी पूरी सामर्थ्य तक ऊँचा उठने के साधन उपलब्ध होंगे,

जब गरीबी और गंदगी, अज्ञान और बीमारी दूर हो गई होंगी,

जब ऊँच और नीच के बीच, गरीब और अमीर के बीच भेद मिट गया होगा,

जब न केवल धर्म के विश्वास, प्रतिपादन और व्यवहार की पूरी स्वतंत्रता होगी, बल्कि धर्म ऐसी संयोजक शक्ति बन जाएगा जो शांति और विच्छेद, विभाजन और अलगाव पैदा करने के बजाय मनुष्य को मनुष्य के साथ जोड़े,

जब मनुष्य द्वारा मनुष्य के शोषण का अंत हो जाएगा,

जब भारत की आदिम जातियों को तथा उन सबको जो पिछड़े हुए हैं, और सबकी बराबरी में लाने के लिए विशेष सुविधाओं का आयोजन किया जाएगा,

जब इस देश में न केवल करोड़ों भारतीयों का पेट भरने के लिए पर्याप्त अन्न होने लगेगा, बल्कि एक बार फिर दूध की नदियाँ बहने लगेंगी,

जब देश के नर-नारी खेतों और कारखानों में हँसते-हँसते काम किया करेंगे,

जब हर झोंपड़े और पल्ली में घरेलू धंधों का मधुर संगीत गूँजता होगा और साथ-साथ युवतियाँ अपने मीठे सुर अलापती होंगी,

जब सूरज और चंद्रमा इस देश के सुखी घरों और हँसते हुए चेहरों पर चमकेंगे।"

—राजेंद्र प्रसाद

15 अगस्त, 1947

संविधान सभा

लोकतंत्र की एक विशेषता यह है कि इसमें जनता अपने मनोनुकूल शासन-विधान की व्यवस्था कर सकती है। लोकतंत्रात्मक राष्ट्रों में जहाँ भी लिखित संविधान है, उनका निर्माण जनता ने प्रायः संविधान सभाओं के माध्यम से किया है। संविधान निर्माण के लिए गठित प्रातिनिधिक सभा को ही संविधान सभा की संज्ञा दी जाती

है। आधुनिक युग में संसार का सर्वप्रथम लिखित संविधान संयुक्त राज्य अमरीका का माना जाता है। उसका निर्माण 1787 में फिलाडेल्फिया सम्मेलन ने किया था। इसी तरह फ्रांसीसी क्रांति के पश्चात् वहाँ की राष्ट्रीय सभा (1789-91) ने फ्रांस का संविधान बनाया। इन दो संविधान सभाओं की स्थापना हुई और उन्होंने अपने लोगों के लिए संविधानों की रचना की। स्पष्ट है कि लोकतंत्र और राष्ट्रीय आत्मनिर्णय के सिद्धांत के विकास में संविधान सभा का अपना महत्त्व है और जहाँ भी किसी देश ने स्वतंत्रता के लिए संघर्ष किया है, वहाँ किसी-न-किसी रूप में संविधान सभा की माँग अवश्य हुई है।

राष्ट्रीय आंदोलन और संविधान सभा की माँग

भारत में संविधान सभा के सिद्धांत का राष्ट्रीय आंदोलन के विकास से घनिष्ट संबंध रहा है। भारत का संविधान उस भारतीय क्रांति की उद्भावना है जिसका लक्ष्य था राष्ट्र की विदेशी शासन से मुक्ति और आत्मनिर्माण तथा आत्मविकास के नवयुग का उन्मेष। अतः यह स्वाभाविक है कि संविधान सभा और संविधान निर्माण की कहानी कहने में हमें भारतीय स्वाधीनता संघर्ष तथा गत कुछ दशकों में संवैधानिक इतिहास की कुछ बातों का उल्लेख करना पड़े। भारत में जब से स्वतंत्रता आंदोलन प्रारंभ हुआ तब से ही स्वशासन और स्वराज्य की माँग के पीछे यह विचार भी किसी-न-किसी रूप में निहित था कि अपनी वैधानिक व्यवस्था के निर्माण का भारतीयों को अधिकार होना चाहिए और यह व्यवस्था बाहर की किसी शक्ति द्वारा आरोपित नहीं होनी चाहिए।

ब्रिटिश सरकार ने अपनी 20 अगस्त, 1917 की घोषणा में भारत के प्रति ब्रिटेन की भावी नीति की घोषणा करते हुए वचन दिया था कि ब्रिटिश नीति का अंतिम ध्येय भारत में क्रमशः उत्तरदायी शासन की स्थापना करना है। लेकिन घोषणा में यह भी स्पष्ट कर दिया गया था कि इस दिशा में कब और कितनी प्रगति होगी, इसका निर्णय ब्रिटिश सरकार ही करेगी। 1919 के भारत शासन अधिनियम की प्रस्तावना में इस घोषणा के शब्दों को ज्यों-का-त्यों दोहराया गया था। भारतीय लोकमत ने ब्रिटिश सरकार की इस नीति का विरोध किया। कांग्रेस तथा कुछ अन्य दलों ने 1919 के अधिनियम में सुधारों की माँग की। कांग्रेस ने इस अधिनियम को 'अपर्याप्त, असंतोषजनक और निराशाजनक' बताया और आग्रह किया कि भारत में शीघ्र ही आत्मनिर्णय के सिद्धांत के आधार पर पूर्ण उत्तरदायी शासन की स्थापना की जाए। 1922 में महात्मा गाँधी ने पहली बार स्पष्ट शब्दों में स्वयं भारतीयों द्वारा भारत का संविधान बनाए जाने की बातें कहीं। यद्यपि उन्होंने 'संविधान सभा' शब्दबंध का प्रयोग नहीं किया, फिर भी उनकी बात में एक ऐसी प्रातिनिधिक संस्था का बीज निहित था। गाँधीजी ने कहा था—

"स्वराज्य ब्रिटिश संसद का उपहार नहीं होगा। वह भारत की पूर्ण

आत्माभिव्यक्ति की घोषाणा होगा। यह सच है कि उसे संसद के एक अधिनियम द्वारा व्यक्त किया जाएगा, पर यह तो भारत के लोगों की घोषित इच्छा की औपचारिक पुष्टिमात्र होगी। यह पुष्टि...एक संधि की होगी जिसमें ब्रिटेन भी एक पक्ष होगा...जब समझौता हो जाएगा तब ब्रिटिश संसद भारत के लोगों की इच्छा की पुष्टि कर देगी। यह इच्छा भी नौकरशाही द्वारा नहीं, बल्कि भारतीय जनता के स्वतंत्रतापूर्वक चुने हुए प्रतिनिधियों द्वारा व्यक्त होगी।''

इसी वर्ष श्रीमती एनी बेसेंट के सुझाव पर शिमला में केंद्रीय विधान मंडल के दोनों सदनों के सदस्यों की एक सभा हुई, जिसमें संविधान निर्माण के लिए एक सम्मेलन बुलाने का निश्चय किया गया। 1923 में फिर एक सभा की गई, जिसमें केंद्रीय और प्रांतीय विधान मंडलों के सदस्य उपस्थित थे। इस सभा ने संविधान के आवश्यक तत्त्वों की एक रूपरेखा तैयार की जिसके अनुसार भारत को अन्य स्वशासित उपनिवेशों (डोमीनियनों) के साथ बराबरी का दर्जा दिया गया था। एक वर्ष बाद, फरवरी 1924 में इस सभा ने एक 'राष्ट्रीय-सम्मेलन' बुलाया। सम्मेलन के अध्यक्ष थे सर तेजबहादुर सप्रू। इस सम्मेलन की बैठक हुई अप्रैल 1924 में। बैठक में एक भारतीय कॉमनवेल्थ विधेयक (कॉमनवेल्थ ऑफ इंडिया बिल) का प्रारूप तैयार किया गया। दिसंबर 1924 में सम्मेलन की मुंबई बैठक में विधेयक पर आगे विचार हुआ। कुछ संशोधनों के बाद विधेयक जनवरी 1925 में दिल्ली में हुए सर्वदलीय सम्मेलन के सामने रखा गया। सर्वदलीय सम्मेलन महात्मा गाँधी की अध्यक्षता में हुआ। आगे और भी विचार-विनिमय, संशोधनों और परिमार्जन के बाद विधेयक को ब्रिटिश संसद के समाने प्रस्तुत करने का प्रयास किया गया। विधेयक को श्रमिक दल के एक सदस्य के पास एक पत्रक के साथ भेजा गया। पत्रक पर 43 प्रमुख भारतीय नेताओं के हस्ताक्षर थे। श्रमिक दल ने कुछ संशोधनों के साथ विधेयक को स्वीकार कर लिया। दिसंबर 1925 में विधेयक हाउस ऑफ कॉमन्स में पुनर्स्थापित किया गया तथा उसका प्रथम वाचन हो गया। बाद में आम चुनावों में श्रमिक दल की हार के साथ इस विधेयक का भाग्य भी सो गया, किंतु नितांत सवैधानिक और शांतिपूर्ण ढंग से भारत को स्वशासन का अधिकार दिलाने तथा ब्रिटिश संसद के माध्यम से उसका नया संविधान लागू करने का यह एक महत्त्वपूर्ण प्रयास था।

इसी बीच 1924 में केंद्रीय विधानसभा में स्वराज दल के नेता पं. मोतीलाल नेहरू ने एक प्रस्ताव प्रस्तुत किया जो आगे चलकर राष्ट्रीय माँग के नाम से विख्यात हुआ। इस प्रस्ताव में कहा गया था–

''यह सभा सपरिषद् गर्वनर-जनरल से संस्तुति करती है कि वे भारत में पूर्ण उत्तरदायी शासन की स्थापना करने के उद्देश्य से भारतीय शासन अधिनियम में संशोधन करने के लिए कार्यवाही करें और इस प्रयोजन के लिए निम्नलिखित उपाय करें–

(क) वे जल्दी ही एक प्रतिनिधि गोलमेज सम्मेलन बुलाएँ जो महत्त्वपूर्ण अल्पसंख्यक वर्गों के अधिकारों और हितों की रक्षा को ध्यान में रखते हुए भारत के लिए संविधान की योजना की संस्तुति करे, और

(ख) केंद्रीय विधान मंडल का विघटन करने के बाद यह योजना नव-निर्वाचित भारतीय विधान मंडल के सामने प्रस्तुत करें और फिर उसे एक संविधि के रूप में लेखबद्ध करने के लिए ब्रिटिश संसद के पास भेज दें।''

प्रस्ताव भारी बहुमत से सरकार की इच्छा के विरुद्ध पास हो गया। सितंबर 1925 में फिर विधानसभा ने एक प्रस्ताव पास किया जिसमें पिछले साल की राष्ट्रीय माँग को अधिक विस्तृत रूप से दोहराया गया था। 'राष्ट्रीय माँग'-संबंधी प्रस्तावों का ऐतिहासिक महत्त्व है, क्योंकि उनके द्वारा पहली बार केंद्रीय विधानसभा ने इस माँग का समर्थन किया कि भारत का भावी संविधान स्वयं भारतीयों द्वारा बनाया जाए।

ब्रिटिश सरकार ने नवंबर 1927 में सर जॉन साइमन की अध्यक्षता में एक भारतीय संविधि आयोग (साइमन कमीशन) की स्थापना की और उसे यह पता लगाने का काम सौंपा कि क्या भारतीय उत्तरदायी शासन की दिशा में और अधिक प्रगति करने योग्य हो गए हैं ? साइमन आयोग के सातों-के-सातों सदस्य अंग्रेज थे। आयोग में एक भी भारतीय सदस्य न होने की देश में कड़ी प्रतिक्रिया हुई और इस बात पर भारी क्षोभ प्रकट किया गया कि अपने ही देश का संविधान बनाने के काम में भारतीयों को भाग नहीं लेने दिया जा रहा। 1927 में हुए, कांग्रेस के मुंबई और मद्रास अधिवेशनों में एक प्रस्ताव के द्वारा कांग्रेस कार्यकारिणी समिति ने केंद्रीय तथा प्रांतीय विधान मंडलों के निर्वाचित सदस्यों तथा विभिन्न दलों के नेताओं के सहयोग से एक स्वराज्य संविधान बनाने के लिए कहा। भारत सचिव का कहना था कि भारतीय स्वयं अपने लिए संविधान बनाने में सर्वथा असमर्थ थे, क्योंकि सांप्रदायिक मतभेदों के कारण वे कोई सर्वमान्य संविधान बना ही नहीं सकते थे। इसी चुनौती के उत्तर में तथा कांग्रेस के मुंबई और मद्रास अधिवेशनों में पारित प्रस्तावों के संदर्भ में फरवरी 1928 में पं. मोतीलाल नेहरू की अध्यक्षता में भारत के संविधान के सिद्धांतों का निर्धारण करने के लिए एक समिति नियुक्त की गई। समिति की रिपोर्ट 'नेहरू रिपोर्ट' के नाम से विख्यात हुई। यह भारतीयों द्वारा अपने देश के संविधान निर्माण की पहली चेष्टा थी। कुछ संशोधनों के साथ 'नेहरू रिपोर्ट' को सर्वदल सम्मेलन ने सिद्धांत रूप में स्वीकार कर लिया।

1929-'32 में लंदन में तीन गोलमेज सम्मेलन हुए। इन सम्मेलनों के फलस्वरूप ब्रिटिश सरकार ने कुछ विस्तृत सुझाव प्रस्तुत किए, जो मार्च 1933 में एक श्वेत पत्र में प्रकाशित किए गए। ब्रिटिश संसद के दोनों सदनों की एक संयुक्त समिति ने श्वेत पत्र की योजना का परीक्षण किया और कुछ परिवर्तनों के साथ उन्हें स्वीकार किया। संसद ने यह संशोधित योजना 1935 के भारतीय शासन अधिनियम के रूप में पास की। जहाँ तक भारत के दावे का संबंध था कि उसे अपने संविधान को बनाने का

अधिकार मिलना चाहिए, संसदीय संयुक्त समिति ने कहा कि भारतीयों को "संविधान बनाने का अधिकार देना इस समय व्यावहारिक नहीं है।" 1935 के अधिनियम की धारा-110 में यह भी कहा गया था कि भारत के संघीय और प्रांतीय विधान मंडलों को स्वतः संविधान में संशोधन करने का अधिकार न होगा।

1934 में स्वराज्य पार्टी ने आत्मनिर्णय के अधिकार की माँग की और एक प्रस्ताव द्वारा घोषण की कि आत्मनिर्णय के अधिकार को क्रियान्वित करने का एकमात्र उपाय देश का संविधान बनाने के लिए भारतीय प्रतिनिधियों की एक संविधान सभा बुलाना होगा। कांग्रेस ने भी इस माँग का समर्थन किया और कांग्रेस कार्यकारिणी समिति ने जून 1934 में, श्वेत पत्र के संबंध में एक प्रस्ताव पास किया, जिसमें कहा गया था कि श्वेत पत्र का एकमात्र संतोषजनक विकल्प यह होगा कि वयस्क मताधिकार के आधार पर निर्वाचित भारतीय प्रतिनिधियों की संविधान सभा एक संविधान का निर्माण करे। भारत की ओर से संविधान सभा की माँग निश्चित रूप से प्रस्तुत करने का यह पहला अवसर था। इसके बाद यह माँग बार-बार और अधिकाधिक आग्रहपूर्वक प्रस्तुत की जाती रही। अप्रैल 1936 के लखनऊ अधिवेशन तथा दिसंबर 1936 के फैजपुर अधिवेशन में कांग्रेस ने प्रस्ताव पास करके 1935 के अधिनियम को पूरी तरह से अस्वीकार कर दिया और कहा कि बाहर की किसी सत्ता को यह अधिकार नहीं है कि वह भारत के लिए राजनीतिक और आर्थिक संगठन का निर्माण करे। प्रस्तावों में यह भी स्पष्ट कर दिया गया था कि कांग्रेस भारत में एक ऐसे सच्चे लोकतंत्रात्मक राज्य की स्थापना करना चाहती है जिसमें राजनीतिक शक्ति समूची जनता को हस्तांतरित कर दी गई हो और सरकार उसके कारगर नियंत्रण में हो। इस तरह का राज्य केवल ऐसी संविधान सभा द्वारा ही जन्म ले सकता था जो सार्वभौम वयस्क मताधिकार द्वारा निर्वाचित की गई हो और जिसे देश के लिए संविधान बनाने का अंतिम अधिकार हो। फैजपुर अधिवेशन में अध्यक्ष पद से भाषण करते हुए पंडित नेहरू ने स्पष्ट घोषणा की कि वयस्क मताधिकार द्वारा निर्वाचित संविधान सभा की माँग "आज की कांग्रेस की नीति का आधारस्तंभ है।"

एक अन्य प्रस्ताव द्वारा फैजपुर अधिवेशन ने निश्चय किया कि 1935 के भारत शासन अधिनियम के अंतर्गत शीघ्र ही होनेवाले प्रांतीय विधानसभाओं के निर्वाचनों के बाद, केंद्रीय और प्रांतीय विधान मंडलों के कांग्रेसी सदस्यों का एक सम्मेलन किया जाए जो संविधान सभा की माँग पर बल दे। निर्वाचनों में निर्णायक सफलता पाने के बाद कांग्रेस की कार्यकारिणी समिति ने दिल्ली में 18 मार्च, 1937 को अपनी बैठक में एक प्रस्ताव द्वारा इस बात पर जोर दिया कि चुनावों के परिणामों से संविधान सभा की माँग की जनता द्वारा पुष्टि होती है। जनता चाहती है कि 1935 का अधिनियम वापस ले लिया जाए तथा राष्ट्रीय स्वतंत्रता के आधार पर भारतीयों को अपनी संविधान सभा में अपना संविधान स्वयं बनाने का अवसर दिया जाए। अगले दो दिन अर्थात् 19 और 20 मार्च, 1937 को दिल्ली में केंद्रीय तथा प्रांतीय विधान मंडलों

के कांग्रेस सदस्यों का राष्ट्रीय सम्मेलन हुआ जिसमें संविधान सभा की माँग को दृढ़तापूर्वक दोहराया गया। अगस्त-अक्तूबर 1937 के बीच केंद्रीय विधानसभा में, उन सभी प्रांतों में जहाँ कांग्रेस सरकारें थीं तथा सिंध में, विधानसभाओं ने ऐसे प्रस्ताव पास किए जिनमें भारत के निमित्त एक नया संविधान बनाने के लिए संविधान सभा की माँग का जोरदार समर्थन किया गया था। फरवरी 1938 में सुभाषचंद्र बोस की अध्यक्षता में हुए कांग्रेस के हरिपुरा अधिवेशन में भी 1935 के अधिनियम की संघीय व्यवस्था की आलोचना की गई तथा राष्ट्रीय स्वतंत्रता के आधार पर संविधान सभा द्वारा बनाए जानेवाले संविधान में विश्वास प्रकट किया गया।

दूसरा विश्वयुद्ध आरंभ होने पर भारतीय स्वतंत्रता का प्रश्न और उसके साथ ही संविधान सभा का विचार भी प्रमुख रूप से उभरकर सामने आया। कांग्रेस ने 14 सितंबर, 1939 के अपने ऐतिहासिक प्रस्ताव में अपनी संविधान सभा की माँग फिर दोहराई और कहा कि भारत के लोगों को बिना किसी बाहरी हस्तक्षेप के संविधान सभा द्वारा अपने विधान का निर्माण कर आत्मनिर्णय का अधिकार प्राप्त होना चाहिए। कांग्रेस की इस माँग का सरकार ने सिर्फ यह उत्तर दिया कि "भारत में ब्रिटिश नीति का अंतिम उद्देश्य देश में डोमीनियन स्टेटस की स्थापना करना है और युद्ध समाप्त होने पर ब्रिटिश सरकार भारत की विभिन्न जातियों, दलों और हितों के प्रतिनिधियों से तथा देशी नरेशों से विचार-विनिमय करेगी, जिससे कि 1935 के अधिनियम में आवश्यक संशोधन करने के लिए उनकी सहायता और सहयोग प्राप्त किया जा सके।" सरकार का यह उत्तर कांग्रेस को नितांत असंतोषजनक लगा और कांग्रेस कार्यकारिणी समिति ने नवंबर 1939 में एक अन्य प्रस्ताव पास किया, जिसमें उसने भारत के लिए संविधान सभा की स्थापना पर जोर दिया। इस प्रस्ताव में कहा गया था कि–

> "समिति फिर यह घोषणा करना चाहती है कि ब्रिटेन की नीति से साम्राज्यवाद का धब्बा दूर करने के लिए और कांग्रेस को आगे सहयोग के संबंध में प्रेरित करने के लिए यह बहुत आवश्यक है कि भारतीय स्वतंत्रता को मान्यता मिले और उसके लोगों का यह अधिकार स्वीकार किया जाए कि वे एक संविधान सभा द्वारा अपने संविधान का निर्माण कर सकते हैं।
>
> "उसका मत है कि किसी स्वतंत्र देश के संविधान का निर्धारण करने के लिए संविधान सभा ही एक लोकतंत्रात्मक उपाय है। समिति का यह भी विचार है कि संविधान सभा ही सांप्रदायिक तथा अन्य कठिनाइयों को सुलझाने का उपयुक्त साधन है।"

19 नवंबर के हरिजन में 'एक ही रास्ता' शीर्षक से एक लेख में महात्मा गाँधी ने भी संविधान सभा की राष्ट्रीय माँग पर सविस्तार विचार किया और इस निष्कर्ष की घोषणा की कि वयस्क मताधिकार के आधार पर निर्वाचित संविधान सभा ही देश की सांप्रदायिक तथा अन्य समस्याओं को सुलझाने का एकमात्र रास्ता है। गाँधीजी

ने लिखा—

> "और बहुत सी बातों के साथ, पंडित जवाहरलाल नेहरू ने मुझे इस बात के लिए भी मजबूर किया कि मैं संविधान सभा के निहितार्थों का अध्ययन करूँ। जब उन्होंने पहली बार इसका कांग्रेस के प्रस्तावों में समावेश किया तो मैंने इसे यह सोचकर मान लिया कि उन्हें प्रजातंत्र की बारीकियों का मुझ से अधिक ज्ञान है। वैसे मैं संदेहों से मुक्त नहीं था, किंतु अब कठोर तथ्यों ने मुझे संविधान सभा के विचार का जवाहरलाल से भी अधिक उत्साही समर्थक बना दिया है क्योंकि जवाहरलाल को शायद ऐसा न लगता हो, जैसा मुझे लगता है कि व्यापक राजनीतिक और दूसरे प्रकार की शिक्षा का माध्यम होने के अतिरिक्त संविधान सभा हमारी सांप्रदायिक तथा अन्य विषमताओं का हल भी बन सकती है।"

इसी बीच देश की सांप्रदायिक समस्या में एक नया मोड़ पैदा हो गया। मुसलिम लीग कहने लग गई कि मुसलमान एक जाति नहीं हैं, बल्कि एक राष्ट्र हैं और इसलिए उन्हें राजनीतिक आत्मनिर्णय का अधिकार प्राप्त है। इतना ही नहीं, मुसलिम लीग का यह भी दावा था कि उसकी स्वीकृति के बिना देश का संवैधानिक उन्नति नहीं हो सकती। मुसलिम लीग की कार्य समिति ने 17-18 सितंबर, 1939 को एक प्रस्ताव में सरकार से यह आश्वासन माँगा कि अखिल भारतीय मुसलिम लीग की सहमति और स्वीकृति के बिना न तो भारत की संवैधानिक प्रगति के संबंध में कोई घोषणा की जाएगी और न ब्रिटिश सरकार अथवा संसद कोई संविधान बनाएगी या स्वीकारेगी।

ब्रिटिश सरकार ने कांग्रेस की इस माँग को कि भारतीयों को अपना संविधान स्वयं बनाने का हक है, पहली बार अधिकृत, यद्यपि परोक्ष रूप से, 1940 के अगस्त प्रस्ताव में स्वीकार किया। वाइसराय लॉर्ड लिनलिथगो ने 8 अगस्त, 1940 को भारत की संवैधानिक व्यवस्था के बारे में अपने वक्तव्य में कहा—

> "भारत में इस बात का प्रबल आग्रह रहा है कि संवैधानिक योजना के निर्माण की जिम्मेदारी मुख्यतः भारतीयों की ही होनी चाहिए और यह योजना भारतीय जीवन के सामाजिक, आर्थिक और राजनीतिक संगठन के संबंध में भारतीयों की संकल्पनाओं पर आधारित होनी चाहिए। सम्राट् की सरकार को इस इच्छा से सहानुभूति है और वह इसे पूरी तरह व्यावहारिक रूप से कार्य रूप में परिणत करना चाहती है। इसमें सिर्फ एक ही शर्त है—'भारत के ग्रेट ब्रिटेन के साथ दीर्घकालीन संबंधों के फलस्वरूप ग्रेट ब्रिटेन के ऊपर जो दायित्व आ गए हैं, उनकी उचित रूप से पूर्ति होनी चाहिए।' सम्राट् की सरकार युद्ध समाप्त होने के बाद यथाशीघ्र एक ऐसी प्रातिनिधिक सभा के निर्माण की सहर्ष अनुमति देगी जिसमें भारत के राष्ट्रीय जीवन के प्रमुख तत्त्वों का प्रतिनिधित्व हो और जो नए संविधान का निर्माण कर सके।"

मार्च 1942 में सर स्टेफर्ड क्रिप्स भारत की सवैधानिक समस्या के समाधान के लिए जो प्रस्ताव लाए थे उसमें युद्ध की समाप्ति के बाद संविधान सभा की स्थापना का विचार स्पष्टतः स्वीकार किया गया था। इस संविधान सभा में ब्रिटिश भारत और देशी राज्यों के प्रतिनिधि सम्मिलित होते। योजना में बताया गया था कि संविधान सभा के निर्माण के लिए प्रांतीय विधान मंडलों के निम्न सदनों के सारे सदस्य एक निर्वाचन करेंगे। संविधान सभा में अपने प्रतिनिधि अपनी जनसंख्या के अनुपात से नियुक्त करेंगे। ब्रिटिश सरकार संविधान सभा द्वारा तैयार किया गया संविधान तभी स्वीकार करेगी जबकि ये दोनों शर्तें पूरी होती हों–(क) यदि ब्रिटिश भारत का कोई प्रांत नए संविधान को स्वीकार न करना चाहे तो उसे वर्तमान सवैधानिक स्थिति को कायम रखने का अधिकार है। यदि किसी प्रांत की विधानसभा 60 प्रतिशत बहुमत से संघ में रहने का निश्चय नहीं करती, तो उसकी संघ में प्रविष्टि का अंतिम निर्णय जनमत-संग्रह के द्वारा होना चाहिए। नए संविधान में सम्मिलित न होनेवाले प्रांतों को ब्रिटिश सरकार नया संविधान देने के लिए तैयार होगी, और (ख) ब्रिटिश सरकार तथा संविधान सभा के बीच एक संधि हो। भारतीयों की संविधान सभा की माँग के संबंध में क्रिप्स प्रस्ताव 'अगस्त प्रस्ताव' से काफी आगे था, क्योंकि इसमें नए संविधान के निर्माण का अधिकार मुख्यतः भारतीयों का नहीं, बल्कि पूर्णतया भारतीयों का मान लिया था। किंतु क्रिप्स प्रस्ताव में प्रस्तावित संविधान सभा कार्यरूप में परिणत न हो सकी और क्रिप्स मिशन असफल रहा।

1942 के 'भारत छोड़ो' प्रस्ताव में कांग्रेस ने यह भी घोषणा की थी कि स्वाधीनता के बाद अस्थायी राष्ट्रीय सरकार एक संविधान सभा का आयोजन करेगी जो देश के लिए एक सर्वमान्य संविधान बनाएगी। इस प्रस्ताव के तुरंत बाद ही कांग्रेस नेता गिरफ्तार कर लिये गए और फिर भारत की सवैधानिक समस्या के समाधान का मई 1945 के युद्ध की समाप्ति तक अन्य कोई प्रयत्न नहीं किया गया। 1945 में प्रकाशित सप्रू समिति की रिपोर्ट में भी भारत का सवैधानिक गतिरोध दूर करने के लिए संविधान सभा की स्थापना का सुझाव दिया गया था तथा उसके संगठन की एक योजना भी दे दी गई थी।

द्वितीय महायुद्ध के पश्चात् इंग्लैंड में साधारण निर्वाचन हुए और इनके फलस्वरूप वहाँ श्री एटली के नेतृत्व में श्रमिक दल की सरकार बनी। हाउस ऑफ कॉमन्स में बोलते हुए श्री एटली ने कहा–

> "चालीस करोड़ लोगों का देश भारत अपने बेटों को दो बार स्वतंत्रता के नाम पर मर मिटने के लिए भेज चुका है, यदि अब वह अपने भविष्य का स्वयं निर्माण करने की स्वतंत्रता चाहता है तो इसमें अनुचित क्या है ?"

इसी बीच भारत में लॉर्ड लिनलिथगो की जगह लॉर्ड वेवेल वाइसराय बनकर आ गए और 19 सितंबर, 1945 को वाइसराय लॉर्ड वेवेल ने घोषणा की कि सरकार यथाशीघ्र संविधान सभा बुलाना चाहती है, लेकिन इसके पहले केंद्रीय और प्रांतीय

विधान मंडलों के लिए निर्वाचन हो जाने चाहिए जिसमें कि भारतीय निर्वाचकों की इच्छा ज्ञात हो सके। तदनुसार, 1945 के अंत में केंद्रीय सभा और 1946 की पहली तिमाही में प्रांतीय विधान मंडलों के लिए निर्वाचन पूरे हो गए। कांग्रेस ने 8 प्रांतों में पूर्ण बहुमत प्राप्त किया। उसने मुसलिम-बहुल उत्तर-पश्चिम सीमा-प्रांत में भी निरपेक्ष बहुमत प्राप्त किया। शेष तीन प्रांतों बंगाल, पंजाब और सिंध, में वह सबसे बड़े राजनीतिक दल के रूप में अवतरित हुआ। मुसलिम लीग ने केंद्रीय सभा के सभी आरक्षित स्थानों पर विजय प्राप्त की। उसे प्रांतीय सभाओं के 492 आरक्षित स्थानों में से 428 स्थानों पर अधिकार प्राप्त हो गया, लेकिन लीग किसी भी प्रांत में पूर्ण बहुमत न पा सकी।

मंत्रि-मिशन योजना और संविधान सभा की स्थापना

24 मार्च, 1946 को तीन सदस्यों का मंत्रि-मिशन नई दिल्ली पहुँचा। मिशन ने 16 मई, 1946 को अपनी योजना प्रकाशित की। इस योजना में भारत के भावी संविधान के निर्माण के सिद्धांतों और प्रक्रिया, दोनों का विस्तार से उल्लेख किया गया था। मिशन ने यह स्पष्ट कर दिया था कि उसका यह उद्देश्य नहीं था कि वह संविधान के विवरण तैयार कर दे, उसका उद्देश्य तो केवल 'एक ऐसी व्यवस्था को आरंभ कर देना था जिसके द्वारा भारतीय भारतीयों के लिए संविधान बना सकें।'[7] संविधान निर्माण के प्रस्तावित संगठन के बारे में मिशन का विचार था कि इसका सबसे अधिक संतोषजनक उपाय तो यही होगा कि वयस्क मताधिकार के आधार पर निर्वाचन हो, पर यदि इस समय ऐसी कार्यवाही की गई तो नए संविधान की रचना में बहुत अधिक देरी हो जाएगी। इसलिए मिशन के अनुसार एकमात्र व्यावहारिक उपाय यह था कि प्रांतीय विधानसभाओं का निर्वाचनकारी संस्थाओं के रूप में उपयोग किया जाए। इस संबंध में मिशन की सिफारिश थी कि संविधान सभा के प्रांतों का प्रतिनिधित्व जनसंख्या के आधार पर हो और प्रायः दस लाख व्यक्तियों के ऊपर एक सदस्य निर्वाचित हो। प्रांतों के लिए जो स्थान निर्धारित किए जाएँ, उन्हें मुख्य संप्रदायों के बीच बाँट दिया जाना चाहिए और इस प्रयोजन के लिए उनके विभिन्न संप्रदायों के जनसंख्या के आधार पर तीन वर्ग कर देने चाहिए—सिख, मुसलमान और सामान्य अर्थात् सिख और मुसलमानों के अलावा बाकी सब। प्रत्येक संप्रदाय के प्रतिनिधि प्रांतीय सभा में उस संप्रदाय के प्रतिनिधियों द्वारा चुने जाएँ। मतदान एकल संक्रमणीय मत द्वारा सानुपातिक प्रतिनिधित्व के आधार पर हो। देशी राज्यों के प्रतिनिधियों की संख्या भी उनकी जनसंख्या के आधार पर निर्धारित की जानी थी, पर उनके चुनाव की पद्धति बाद में विचार-विनिमय द्वारा तय की जाती। आरंभिक अवस्था में राज्यों का प्रतिनिधित्व एक नेगोशिएटिंग कमेटी अथवा वार्त्ता समिति द्वारा होना था। संविधान सभा की कुल सदस्य संख्या 385 होनी थी। इन सदस्यों में 292 तो ब्रिटिश भारत के ग्यारह गवर्नरों के प्रांतों से चुने जाने थे और 93 प्रतिनिधि देशी राज्यों के होने थे।

मंत्रि-मिशन ने जनसंख्या के आधार पर प्रतिनिधित्व की निम्न तालिका प्रस्तुत की थी—

विभाग (क)

प्रांत	सामान्य	मुसलमान	कुल
मद्रास	45	4	49
मुंबई	19	2	21
संयुक्त प्रांत	47	8	55
विहार	31	5	36
मध्य प्रांत	16	1	17
उड़ीसा	9	0	9
कुल	**167**	**20**	**187**

विभाग (ख)

प्रांत	सामान्य	मुसलमान	सिख	कुल
पंजाब	8	16	4	28
उत्तर-पश्चिमी सीमा प्रांत	0	3	0	3
सिंध	1	3	0	4
कुल	**9**	**22**	**4**	**35**

विभाग (ग)

प्रांत	सामान्य	मुसलमान	कुल
बंगाल	27	33	60
असम	7	3	10
कुल	**34**	**36**	**70**

ब्रिटिश भारत के लिए कुल स्थान	292
देशी राज्यों के लिए अधिनतम स्थान	93
कुल	**385**

ब्रिटिश भारत के प्रतिनिधियों में चार प्रतिनिधि मुख्य आयुक्तों के प्रांतों के होने थे। विभाग (क) में एक दिल्ली का, एक अजमेर-मेरवाड़ा का और एक कुर्ग का प्रतिनिधि होना था। जहाँ कुर्ग के प्रतिनिधि का निर्वाचन वहाँ की विधानपरिषद् करती, दिल्ली और अजमेर-मेरवाड़ा के प्रतिनिधि केंद्रीय विधानसभा में इन क्षेत्रों के प्रतिनिधियों द्वारा चुने जाने थे। विभाग (ख) में ब्रिटिश बलुचिस्तान का प्रतिनिधि सम्मिलित किया जाना था। इस प्रकार संविधान सभा में ब्रिटिश भारत के कुल प्रतिनिधियों की संख्या 296 हो जानी थी।

मंत्रिमंडल-मिशन की योजना में कुछ विस्तार से संविधान सभा की प्रक्रिया का भी निरूपण कर दिया गया था और कहा गया था कि संविधान सभा की प्रारंभिक बैठक में सभापति तथा अन्य पदाधिकारियों का निर्वाचन होगा और 'नागरिकों के अधिकारों, अल्पसंख्यकों तथा कबाइली और वर्जित क्षेत्रों' के बारे में एक परामर्श समिति की स्थापना की जाएगी। उसके बाद प्रांतीय प्रतिनिधि तीन विभागों में विभक्त हो जाएँगे—वर्ग (क) जिसमें तमिलनाडु, मुंबई, संयुक्त प्रांत, बिहार, मध्य प्रांत और उड़ीसा सम्मिलित होंगे; वर्ग (ख) जिसमें पंजाब, उत्तर-पश्चिमी सीमा प्रांत और सिंध सम्मिलित होंगे और वर्ग (ग) जिसमें असम तथा बंगाल सम्मिलित होंगे।* इसके बाद प्रत्येक प्रांत-समूह अपने अंगभूत प्रांतों के संविधान तय करेगा और यह भी तय करेगा कि क्या इन प्रांतों के लिए कोई समूह संविधान तय किया जाना चाहिए और यदि हाँ तो प्रांत समूह के पास क्या-क्या विषय रहने चाहिए। इन विषयों को तय करने के बाद तीनों समूहों तथा देशी राज्यों के प्रतिनिधि संघ-संविधान का निर्माण करने के लिए फिर एकत्र होंगे। यदि संघ-संविधान समिति में ऐसा कोई प्रस्ताव उपस्थित हो जो मंत्रिमंडल-मिशन की योजना में निर्धारित संविधान के मूल स्वरूप में परिवर्तन करना चाहे या कोई 'प्रमुख सांप्रदायिक प्रश्न' उठाए, तो उसका निर्णय दोनों प्रमुख जातियों में से प्रत्येक के उपस्थित और मत देनेवाले सदस्यों के बहुमत से होगा। 'प्रमुख सांप्रदायिक प्रश्न' क्या है, इसका निर्णय संविधान सभा का सभापति करेगा और यदि प्रमुख संप्रदायों में से किसी के भी प्रतिनिधियों का बहुमत उससे प्रार्थना करे, तो वह इस संबंध में अपना निर्णय देने से पहले संघीय न्यायालय से सलाह कर सकेगा। प्रांतों के वर्गीकरण के बारे में व्यवस्था की गई थी कि जैसे ही नई संवैधानिक व्यवस्था कार्यान्वित होगी, वैसे ही किसी भी प्रांत को इस बात की छूट मिल जाएगी कि उसे जिस प्रांत समूह में रखा गया है, वह उसमें से निकल जाए। प्रांत का विधान मंडल इस तरह का निर्णय नए संविधान के अधीन पहले सामान्य निर्वाचन हो जाने के पश्चात् करेगा।

मंत्रि-मिशन योजना में ब्रिटिश भारत के लिए जो 296 स्थान निर्धारित किए गए

---

* दिल्ली, अजमेर-मेरवाड़ा और कुर्ग के प्रतिनिधि वर्ग (क) में बैठने को थे और ब्रिटिश बलुचिस्तान का प्रतिनिधि वर्ग (ख) में। इस तरह वर्ग (क) में वे क्षेत्र सम्मिलित थे जिनका पाकिस्तान के लिए दावा नहीं किया गया था और वर्ग (ख) तथा (ग) में वे क्षेत्र थे जिनका पाकिस्तान के लिए दावा किया गया था।

थे, उनके लिए निर्वाचन जुलाई-अगस्त 1946 में संपन्न हुए। कांग्रेस ने कुल 208 स्थानों पर विजय प्राप्त की। 223 सामान्य स्थानों और चार मुख्य आयुक्तों के प्रांतों के लिए आरक्षित स्थानों में से उसे 202 स्थान, 78 मुसलिम स्थानों में से 3 स्थान और 3 स्थान सिखों के प्राप्त हुए। मुसलिम लीग ने 78 मुसलिम स्थानों में से 73 स्थानों पर विजय प्राप्त की। उसे अकेले बंगाल में ही 32 स्थान प्राप्त हुए। कांग्रेस ने तमिलनाडु (तब मद्रास) (45), मध्य प्रांत (16), मुंबई (19) और असम (7) में सभी सामान्य स्थान जीत लिये। उसने बंगाल में 27 सामान्य स्थानों में से 25, बिहार में 31 में से 28, संयुक्त प्रांत में 47 में से 44, उड़ीसा में 9 में से 8, पंजाब में 8 में से 6 सीटों पर विजय प्राप्त की। सिंध, कुर्ग, दिल्ली तथा अजमेर-मेरवाड़ा में एक-एक सामान्य स्थान ही थे। इन सब पर कांग्रेस ने जीत हासिल की। उसने संयुक्त प्रांत (वर्तमान उत्तर प्रदेश) में 8 मुसलिम स्थानों में से 1 और उत्तर-पश्चिमी सीमा प्रांत में 3 मुसलिम स्थानों में से 2 पर विजय प्राप्त की। शेष स्थानों में से 1 कृषक प्रजा पार्टी, 3 यूनियनिस्ट पार्टी, 1 अनुसूचित जाति संघ, 1 साम्यवादी दल और 8 स्वतंत्र उम्मीदवारों ने जीते। कांग्रेस के टिकट पर चुनाव जीतनेवालों में केवल कांग्रेस के सदस्य ही सम्मिलित नहीं थे, बल्कि भारत की विभिन्न अल्पसंख्यक जातियों के सदस्य भी सम्मिलित थे। कांग्रेस ने जिन 208 स्थानों पर विजय पाई उनमें से 29 अनुसूचित जातियों के सदस्य, 6 भारतीय ईसाई, 3 आंग्ल-भारतीय, 3 पारसी और 4 कबाइली जातियों के सदस्य थे।

संविधान सभा के लिए निर्वाचित सदस्यों में भारतीय जनजीवन के प्रत्येक क्षेत्र की उत्कृष्टतम विभूतियाँ सम्मिलित थीं। उनमें भारत के विभिन्न दलों के प्रमुख नेता और अध्यक्ष थे। उदाहरण के लिए, भारतीय राष्ट्रीय कांग्रेस (नेहरू), अखिल भारतीय दलित वर्ग संघ (जगजीवन राम), अखिल भारतीय मुसलिम लीग (जिन्ना), अखिल भारतीय अनुसूचित जाति संघ (अंबेडकर), अखिल भारतीय महिला सम्मेलन (हंसा मेहता), अखिल भारतीय जमींदार संघ (महाराजा दरभंगा), अखिल भारतीय हिंदू महासभा (श्यामा प्रसाद मुकर्जी), आंग्ल-भारतीय (फ्रेंक एंटनी)। इस सारे दलों और संस्थाओं के अध्यक्ष संविधान सभा में विराजमान थे। इनके अतिरिक्त अंतर्कालीन केंद्रीय सरकार के 12 सदस्य, कांग्रेस के 5 भूतपूर्व अध्यक्ष, कांग्रेस कार्य-समिति के 7 सदस्य, कांग्रेस कार्य-समिति के 7 भूतपूर्व सदस्य, अखिल भारतीय मुसलिम लीग की कार्य-समिति के 8 सदस्य, प्रांतीय कांग्रेस समितियों के 11 अध्यक्ष, प्रांतीय मुसलिम लीग के 2 अध्यक्ष, वाइसराय की कार्यकारिणी परिषद् के 4 भूतपूर्व सदस्य, प्रांतों के 8 मुख्यमंत्री, प्रांतों के 10 मंत्री, प्रांतों के 6 भूतपूर्व मुख्यमंत्री और 17 भूतपूर्व मंत्री या गवर्नरों की कार्यकारिणी परिषदों के सदस्य, केंद्रीय विधान मंडलों के 34 सदस्य, केंद्रीय विधान मंडलों के 3 भूतपूर्व सदस्य, प्रांतीय विधान मंडलों के 155 सदस्य, प्रांतीय विधान मंडलों के 4 भूतपूर्व सदस्य, प्रांतीय विधान मंडल के 1 अध्यक्ष और प्रांतीय विधान मंडल के 1 भूतपूर्व अध्यक्ष भी संविधान सभा के सदस्य थे।

संविधान सभा के सदस्यों में प्रसिद्ध वकील, चिकित्सक, शिक्षाविद्, जिनमें उपकुलपति भी थे, उद्योगपति तथा व्यापारी, श्रमिकों के प्रतिनिधि, लेखक और पत्रकार आदि सभी थे। इन सदस्यों में देश की गण्यमान्य महिलाएँ भी थीं जैसे श्रीमती सरोजिनी नायडू, श्रीमती विजयलक्ष्मी पंडित और राजकुमारी अमृतकौर आदि।

20 नवंबर, 1946 को वाइसराय ने निर्वाचित प्रतिनिधियों को आमंत्रण दिया कि वे 9 दिसंबर, 1946 को संविधान सभा की पहली बैठक में उपस्थित हों। मुसलिम लीग ने मिशन योजना को पहले तो स्वीकारा, लेकिन फिर बाद में वह न केवल उससे पीछे हट गई, अपितु उसने असहयोग और सीधी कार्रवाई शुरू कर दी। ब्रिटिश सरकार ने 6 दिसंबर, 1946 को एक वक्तव्य जारी किया जिसमें उसने प्रांतों के वर्गीकरण के बारे में मंत्रि-मिशन के पूर्ववर्ती वक्तव्य की पुष्टि की और कहा कि जिस संविधान सभा में भारतीय जनता के एक बड़े भाग का प्रतिनिधित्व न हुआ हो, अगर उसने कोई संविधान बनाया तो सम्राट् की सरकार उसे देश के किन्हीं अनिच्छुक भागों पर बलपूर्वक लागू करने का विचार नहीं करेगी।' इस वक्तव्य के दूरगामी परिणाम निकले। इसमें स्पष्ट ध्वनि थी कि ब्रिटिश सरकार किसी-न-किसी रूप में पाकिस्तान की योजना को सफल बनाने में सहयोग देगी।

9 दिसंबर, 1946 को संविधान सभा का विधिवत् उद्घाटन हुआ। यह एक ऐतिहासिक अवसर था। देश का भावी संविधान बनाने के लिए जनता के प्रतिनिधि पहली बार एकत्रित हुए थे। यद्यपि मुसलिम लीग के प्रतिनिधि संविधान सभा में शामिल नहीं हुए थे, फिर भी वह एक अत्यंत भव्य सभा थी। उसमें कांग्रेस के प्रमुख नेता तथा अन्य क्षेत्रों के लब्ध-प्रतिष्ठित व्यक्ति उपस्थित थे। कांग्रेस ने अपने दल से बाहर के अनेक विख्यात व्यक्तियों को निर्वाचन में खड़ा किया था जो सार्वजनिक सेवा, ज्ञान-विज्ञान और विधि आदि क्षेत्रों से थे। इस तरह सभा के पास ज्ञान और अनुभव पर्याप्त था। संविधान सभा की पहली बैठक में 207 सदस्यों ने भाग लिया। सभा के सबसे पुराने सदस्य और बिहार के एक प्रमुख राजनीतिक नेता डॉ. सच्चिदानंद सिन्हा सभा के अस्थायी सभापति बने। डॉ. सिन्हा ने सभा की पहली बैठक में सबसे पहले विदेशों से प्राप्त कुछ सद्भावना संदेश पढ़कर सुनाए और इसके बाद अपना उद्घाटन भाषण दिया। अंत में सदस्यों ने अपने परिचय पत्र प्रस्तुत किए और रजिस्टर में हस्ताक्षर किए।

संविधान सभा का प्रातिनिधिक स्वरूप

संविधान सभा का अधिवेशन आरंभ हुआ तभी से मुसलिम लीग के प्रतिनिधियों के अलावा और सभी निर्वाचित प्रतिनिधियों ने उसकी बैठक में सक्रिय भाग लिया, लेकिन दिसंबर 1946 में ब्रिटिश संसद में भारतीय मामलों में बारे में जो वाद-विवाद हुए उनमें कुछ इस तरह के वक्तव्य दिए गए जिनसे ध्वनि निकली थी कि संविधान सभा प्रातिनिधिक संस्था नहीं है। उदाहरण के लिए श्री चर्चिल ने कहा था कि 'संविधान

सभा में देश की एक बड़ी जाति का ही प्रतिनिधित्व हुआ है।' लॉर्ड साइमन ने कहा कि 'सभा हिंदुओं की एक संस्था है' और पूछा कि 'क्या सरकार दिल्ली में सवर्ण हिंदुओं की इस बैठक को संविधान सभा कह भी सकती है।' संविधान सभा के अध्यक्ष डॉ. राजेंद्र प्रसाद ने 20 जनवरी, 1946 को एक वक्तव्य में इन विचारों को तथ्यों के प्रतिकूल बताया और कहा कि इनसे बड़े 'दुष्टतापूर्ण निष्कर्ष' निकल सकते हैं। उन्होंने सही तथ्यों का विवरण देते हुए कहा–

> ''प्रारंभिक अधिवेशन में कुल 296 सदस्यों को भाग लेना था। इनमें से 210 सदस्य उसमें उपस्थित हुए। इन 210 सदस्यों में कुल 160 हिंदू सदस्यों में से 155, अनुसूचित जातियों के कुल सदस्यों में से 30, पाँचों सिख सदस्य, 7 भारतीय ईसाइयों में से 6, पिछड़ी जनजातियों के पाँचों प्रतिनिधि, तीनों आंग्ल-भारतीय, तीनों पारसी और 80 मुसलमान सदस्यों में से 4 उपस्थित थे। मुसलिम लीग के प्रतिनिधियों की अनुपस्थित निश्चित रूप से उल्लेखनीय है और इसका हम सबको बहुत खेद है। लेकिन मैंने जो आँकड़े दिए हैं, उनसे यह स्पष्ट है कि मुसलिम लीग के प्रतिनिधियों के अलावा भारत की प्रत्येक अन्य जाति का संविधान सभा में प्रतिनिधत्व हुआ है, चाहे उसके प्रतिनिधि किसी भी जाति के सदस्य हों। इसलिए संविधान सभा के बारे में यह कहना कि उसमें 'भारत की केवल एक प्रमुख जाति' का प्रतिनिधित्व हुआ है, या वह 'हिंदुओं की सभा' है या वह 'सवर्ण हिंदुओं की बैठक' है, तथ्यों के बिलकुल विपरीत है।''

संविधान सभा का प्रभु-स्वरूप

सभा के सामने आरंभ से ही एक महत्त्वपूर्ण प्रश्न यह था कि वह प्रभुता-संपन्न संस्था थी या नहीं। 11 दिसंबर, 1946 को श्री गोपालस्वामी आयंगर ने संविधान सभा में भाषण देते हुए कहा था कि जिस काम के लिए संविधान सभा समवेत हुई थी, उसके लिए वह पूरी तरह प्रभुता-संपन्न थी। उन्होंने अपने दृष्टिकोण की निम्नलिखित शब्दों में व्याख्या की थी–

> ''मैं मंत्रि-मिशन के वक्तव्य को 'इस सभा के संविधान की विधि' कहूँगा। इस संविधान सभा का स्रोत यह नहीं है कि इसके निर्माता सम्राट् की सरकार के तीन सदस्य थे, बल्कि यह कि इसके प्रस्तावों को जनता ने स्वीकार कर लिया है। वक्तव्य में इस सभा की शक्तियों पर जिन सीमाओं का उल्लेख किया गया है, ये सीमाएँ हमने अपनी मरजी से इस सभा के ऊपर आरोपित की हैं और प्रलेख में तथा बाद में इसके लेखकों ने इसकी जो व्याख्या की है, उनसे यह स्पष्ट हो गया है कि इस सभा को यह संविधान बदलने की संविधायी शक्ति प्राप्त है। इस प्रलेख में जो कुछ कहा गया है, संविधान सभा उसमें फेर-बदल कर सकती है, उसमें अपनी ओर

> से कुछ जोड़ सकती है, वह उसके मूलतत्त्वों तक को बदल सकती है।
>
> "इस सभा के संविधान की विधि ने इसके किन्हीं उपबंधों की व्याख्या का अधिकार बाहर की किसी न्यायिक या अन्य सत्ता को नहीं सौंपा है। इसके अंतर्गत केवल एक ही स्थिति ऐसी है जिसमें सभापति को सभा में प्रतिनिधित्व प्राप्त प्रमुख जातियों में से किसी एक जाति से बहुमत की प्रार्थना पर प्रश्न का निर्णय करने से पहले संघीय न्यायालय का परामर्श प्राप्त कर लेना चाहिए। इसका निष्कर्ष यह निकलता है कि इस सभा के संविधान की विधि की व्याख्या से संबद्ध समस्त प्रश्नों का निर्णय सभापति के हाथों में रहेगा और वह केवल उन निर्देशों के अधीन होगा जो जब सभा अपने आप दे सकती है।"

संविधान सभा के अध्यक्ष डॉ. राजेंद्र प्रसाद का मत था कि संविधान सभा के जन्म के समय ही उस पर कुछ मर्यादाएँ आरोपित कर दी गई थीं और संविधान सभा के लिए यह उचित था कि वह अपनी कार्यवाही के दौरान या निर्णय करते समय इन मर्यादाओं को न भूले और उनकी उपेक्षा न करे। किंतु इन मर्यादाओं के बावजूद संविधान सभा 'एक स्वशासी, स्वनिर्णायक स्वतंत्र संस्था थी' और बाहर की किसी शक्ति को यह अधिकार न था कि उसकी कार्यवाही में हस्तक्षेप करे या उसके निर्णयों को बदले। संविधान सभा को यह शक्ति भी प्राप्त थी कि उसके जन्म के समय उसके ऊपर जो मर्यादाएँ आरोपित कर दी गई थीं, वह उन्हें भी समाप्त कर दे।

श्री नेहरू ने भी स्वीकार किया था कि जिस समय संविधान सभा का निर्माण हुआ, उस समय उसके ऊपर कुछ शर्तें लगी हुई थीं, लेकिन उनका मत था कि संविधान सभा के पीछे असली शक्ति जनता की है और जनता जहाँ तक चाहेगी, संविधान सभा बराबर काम करती जाएगी। इस संबंध में उन्होंने कहा—

> "सरकारें राजकीय पत्रों से पैदा नहीं होतीं। वास्तव में वे जनता की इच्छा की अभिव्यक्ति होती हैं। हम आज यहाँ इसलिए एकत्र हो पाए हैं क्योंकि हमारे पीछे जनता की शक्ति है और जहाँ तक जनता, कोई दल या वर्ग नहीं, बल्कि समूची जनता चाहेगी, वहाँ तक हम जाएँगे। इसलिए हमें भारत के लोगों के दिलों की आशा-आकांक्षाओं को अपने ध्यान में रखना चाहिए और उन्हें पूरा करने का प्रयत्न करना चाहिए।"

श्री पुरुषोत्तमदास टंडन ने भारतीय संविधान सभा की फ्रांस की संविधान सभा से तुलना की। फ्रांस की संविधान सभा राजा के निमंत्रण पर समवेत हुई थी, लेकिन उसकी अपनी कार्यवाही अपने आप आरंभ की और जब राजा ने उसे विसर्जित होने की आज्ञा दी, तब उसने राजा का यह आदेश अस्वीकार कर दिया।

इस प्रकार, संविधान सभा में प्रभुता-संपन्न स्वरूप के बारे में संविधान सभा में आम राय यह थी कि यद्यपि 16 मई, 1946 के वक्तव्य ने उसके ऊपर कुछ मर्यादाएँ आरोपित कर दी थीं, पर इन मर्यादाओं को स्वीकार करना या न करना सभा की

अपनी मरजी पर निर्भर था। कुछ भी हो, संविधान सभा इसी धारणा को लेकर चली और उसने नियमों का अपने आप निर्माण किया। एक नियम में स्पष्ट रूप से कहा गया था, 'सभा का विघटन केवल तभी हो सकेगा जबकि उसके कुल सदस्यों के कम-से-कम दो-तिहाई सदस्य इस आशय का एक प्रस्ताव पास कर दें।' श्री नेहरू के अनुसार इस नियम का उद्देश्य यह था कि 'बाहर की कोई सत्ता सभा को भंग न कर सके और थोड़ा सा बहुमत भी यह काम न कर सके।'

पहले जो भी स्थिति रही हो, 15 अगस्त, 1947 का स्वतंत्रता के साथ ही संविधान सभा पूर्ण रूप से प्रभुता-संपन्न संस्था हो गई।

3 जून, 1947 की योजना और संविधान सभा का गठन

3 जून, 1947 की योजना के फलस्वरूप मुसलिम-बहुल क्षेत्र भारत से निकल गए और इसके कारण जिस योजना के आधार पर संविधान सभा अपनी प्रथम बैठक के समय से काम करती रही थी, उसके प्रक्रियागत और सारभूत दोनों भागों में क्रांतिकारी परिवर्तन हो गया। अब मंत्रि-मिशन की योजना के कई महत्त्वपूर्ण भाग प्रभावी नहीं रहे। संघ-समिति (यूनियन पावर्स कमेटी) ने अपनी 5 जुलाई, 1947 की रिपोर्ट में जैसा कहा कि देश के विभाजन का फैसला हो जाने के बाद संविधान सभा उन मर्यादाओं को स्वीकार करने के लिए बाध्य नहीं रही, जो मंत्रि-मिशन योजना द्वारा केंद्रीय सत्ता के क्षेत्र पर आरोपित की गई थीं। सभा ने इन मर्यादाओं को मुसलिम लीग को संतुष्ट करने के लिए समझौते के रूप में स्वीकार किया था, हालाँकि वे देश की प्रशासनिक आवश्यकताओं के प्रतिकूल थीं। इसी तरह, अब संविधान सभा के लिए यह भी आवश्यक नहीं रहा कि वह विभागों में विभक्त हो और प्रांत समूहों के प्रश्न पर विचार करे। संक्षेप में, श्री के. एम. मुंशी के शब्दों में, 16 मई की योजना ने संविधान सभा के ऊपर जो भी प्रतिबंध लगाए थे, वे सब अब समाप्त हो गए।

भारतीय स्वतंत्रता अधिनियम, 1947 के फलस्वरूप भारत, भारत और पाकिस्तान नामक दो डोमीनियनों में विभाजित हो गया। पाकिस्तान के लिए अलग से संविधान सभा की व्यवस्था की गई। दोनों देशों की संविधान सभाओं को अपने-अपने डोमीनियन के लिए विधान मंडल का भी कार्य करना था और इस क्षमता में उन्हें अपने-अपने क्षेत्रों में ब्रिटिश संसद की सारी शक्ति प्राप्त हो गई थी। 15 अगस्त, 1947 तक अधिसंख्य देशी राज्यों के प्रतिनिधि भी संविधान सभा में आ गए।

मंत्रि-मिशन की योजना में 93 स्थान देशी राज्यों के लिए निर्धारित किए गए थे। योजना के पैरा 19(2) में इन प्रतिनिधियों के चुनाव की पद्धति का निरूपण किया गया था। इस संबंध में व्याख्या की गई थी कि नरेश मंडल एक वार्त्ता समिति की स्थापना करेगा और इसी के अनुरूप एक राज्य-समिति की स्थापना संविधान सभा करेगी : ये दोनों समितियाँ मिलकर देशी राज्यों के प्रतिनिधियों के चुनाव की पद्धति तय कर सकती थीं। फलतः इन दोनों समितियों की स्थापना की गई और उन्होंने कई

बैठकों के बाद स्थानों के वितरण के संबंध में एक योजना का अनुमोदन किया।

ब्रिटिश भारत की भाँति ही जिन बड़े राज्यों की जनसंख्या अधिक थी, उनके लिए उनकी जनसंख्या के आधार पर अलग से स्थान निश्चित किए जाने थे। 10 लाख की जनसंख्या के लिए एक स्थान निर्धारित किया जाना था। यदि जनसंख्या इससे तीन-चौथाई या अधिक होती तो उसके लिए एक स्थान निश्चित किया जाना था और यदि जनसंख्या इससे कम हो तो उसकी उपेक्षा की जा सकती थी। छोटे राज्यों को दो वर्गों में बाँट दिया गया था—सीमावर्ती वर्ग और अंतर्वर्ती वर्ग। इन वर्गों के संदर्भ में 5 लाख या इससे अधिक जनसंख्या के लिए एक स्थान निर्धारित किया जाना था। इससे कम जनसंख्या की उपेक्षा की जा सकती थी। यह भी तय हुआ कि यदि राज्य चाहें तो अकेले अथवा सामूहिक रूप से अपनी जनसंख्याओं का प्रतिनिधित्व की दृष्टि से समेकन कर सकते हैं। शर्त यह थी कि राज्यों अथवा राज्य-समूहों के लिए कुल जितने स्थान निर्धारित किए गए थे, उन पर कोई प्रभाव न पड़े। जनसंख्या के इस समेकन में भौगोलिक आसन्नता, जातीय, सांस्कृतिक और भाषायी समानता तथा आर्थिक तत्त्वों को भी ध्यान में रखना जरूरी था।

प्रतिनिधियों के चुनाव की पद्धति के संबंध में दोनों समितियाँ इस बात पर सहमत हो गईं कि राज्यों के कुल प्रतिनिधियों के कम-से-कम 50 प्रतिशत संबद्ध राज्यों के विधान मंडलों के निर्वाचित सदस्यों द्वारा निर्वाचित होने चाहिए और जहाँ इस तरह के विधान मंडल न हों, वहाँ के निर्वाचक मंडलों द्वारा निर्वाचित किए जाने चाहिए। यह भी तय हुआ कि राज्य इस बात की कोशिश करेंगे कि निर्वाचित प्रतिनिधियों की संख्या कुल सदस्य संख्या की 50 प्रतिशत हो जाए।

उपर्युक्त विवरण के आधार पर बड़ौदा, कोचीन, उदयपुर, जयपुर, जोधपुर, बीकानेर, रीवाँ और पटियाला ने अपने प्रतिनिधियों का चुनाव कर लिया और ये प्रतिनिधि 28 अप्रैल, 1947 को संविधान सभा में उपस्थित हो गए। अन्य राज्यों के प्रतिनिधि भी धीरे-धीरे संविधान सभा में आते गए। एक हैदराबाद ही ऐसा राज्य था जिसने अंत तक अपने प्रतिनिधि नहीं भेजे। इसके बाद घटनाचक्र बड़ी तेजी से आगे बढ़ा और लगभग सभी देशी राज्य एक के बाद एक करके भारत संघ में मिल गए। कुछ राज्यों के संघ बनाए गए, कुछ का पड़ोस के प्रांतों में विलय किया गया और कुछ की पृथक् सत्ता बनी रही। इस परिवर्तन के फलस्वरूप देशी राज्यों के लिए निर्धारित स्थानों का स्वतंत्रता से पहले और स्वतंत्रता के बाद जनसंख्या के अनुपात में अनेक बार बँटवारा हुआ।

3 जून, 1947 की योजना के अनुसार देश का बँटवारा हो जाने के बाद भारतीय संविधान सभा की कुल सदस्य संख्या 324 रह गई थी, जिसमें 235 स्थान प्रांतों के लिए और 89 देशी राज्यों के लिए थे। पंजाब और बंगाल के जो भाग भारत में रह गए थे, उनके लिए नए सिरे से निर्वाचन हुए और उनके निर्वाचित सदस्यों ने 14 जुलाई, 1947 को संविधान सभा में स्थान ग्रहण किया। नवंबर 1947 में जब संविधान

सभा ने अपना संविधान निर्माण का महान् कार्य पूरा किया तो उसकी सदस्यता का विभिन्न प्रांतों और राज्यों अथवा राज्य-संघों में वितरण प्रारूप इस प्रकार था–

प्रांत	सामान्य	सिख	मुसलिम	कुल
मद्रास	45	–	4	49
मुंबई	19	–	2	21
पश्चिमी बंगाल	16	–	5	21
संयुक्त प्रांत	47	–	8	55
पूर्वी पंजाब	8	4	4	16
बिहार	31	–	5	36
मध्य प्रांत और बरार	16	–	1	17
असम	6	–	2	8
उड़ीसा	9	–	–	9
	197	4	31	232
दिल्ली	–	–	–	1
अजमेर-मेरवाड़ा	–	–	–	1
कुर्ग	–	–	–	1
कुल	–	–	–	235

राज्य	सदस्य संख्या
हैदराबाद	16
मैसूर	7
कश्मीर	4
बड़ौदा	3
कोल्हापुर	1
मयूरभंज	1
कूच-बिहार	–
त्रिपुरा, मणिपुर और खासी राज्य	1
रामपुर, बनारस	1
उड़ीसा के राज्य	4
मध्य प्रांत और बरार के राज्य	1
मद्रास के राज्य	4

राज्य	सदस्य-संख्या
मुंबई के राज्य	12
हिमाचल प्रदेश और बिलासपुर	4
काठियावाड़ का संयुक्त-राज्य (सौराष्ट्र)	7
राजस्थान का संयुक्त-राज्य	—
विंध्य प्रदेश का संयुक्त-राज्य	1
ग्वालियर-इंदौर-मालवा का संयुक्त-राज्य (मध्य भारत)	1
पटियाला और पूर्वी पंजाब राज्य-संघ	1
त्रावणकोर और कोचीन का संयुक्त-राज्य	1
कच्छ	—
भोपाल, जूनागढ़	—
अवशिष्ट राज्य	—
योग	89

कुल योग 235+89=324

संविधान सभा की विशेषता और कार्य

यद्यपि संविधान सभा एक सामान्य प्रातिनिधिक संस्था थी, लेकिन उसने आरंभ से ही अत्यंत उदात्त धरातल पर कार्य करना प्रारंभ किया। इसके अनेक कारण थे। संविधान सभा के सदस्यों ने युग की चुनौती को समझा और उसका उत्तर देने का प्रयत्न किया। संविधान सभा के सामने जो प्रश्न थे, वे अपने आप युगांतरकारी थे और उनके सही समाधान पर देश का समूचा भविष्य निर्भर था।

संविधान सभा के गठन से यह स्पष्ट था कि यद्यपि वह वयस्क मताधिकार के आधार पर आम जनता द्वारा नहीं चुनी गई थी, फिर भी नेतृत्व के अनुसार वह भारतीय जनता की प्रतिनिधि संस्था थी। उस समय की राजनीतिक स्थिति का स्मरण करने से यह अवश्य लगता है कि यदि वयस्क मताधिकार के आधार पर जनता संविधान सभा का सीधे निर्वाचन करती, तब भी परिणाम लगभग बिलकुल वही होता। सभा के गठन के अतिरिक्त यह बात भी ध्यान देने की है कि भारत के राष्ट्रीय नेता स्वयं ही अल्पसंख्यक वर्गों के हितों की रक्षा करने के लिए अत्यंत उत्सुक थे। संविधान सभा ने मंत्रिमंडल-मिशन के 16 मई, 1946 के वक्तव्य के पैरा 20 के अनुसार जिस परामर्श समिति का निर्माण किया, उसकी रचना से भी यही बात सिद्ध होती थी। इस समिति में कुल 50 सदस्य थे जिनमें से 38 सदस्य विभिन्न अल्पसंख्यक वर्गों के थे और बाकी 12 सदस्य ही सामान्य स्थानों के प्रतिनिधि थे। संविधान निर्माण में कांग्रेस दल केवल दलगत हितों से प्रभावित नहीं था। इसका एक उदाहरण यह था कि कांग्रेस

के नेताओं ने अनुसूचित जाति संघ के अध्यक्ष और कांग्रेस के कटु आलोचक डॉ. भीमराव अंबेडकर को न केवल संविधान की प्रारूप समिति का सदस्य ही बनाया, बल्कि बाद में उसका अध्यक्ष भी निर्वाचित किया। प्रारूप समिति के 7 सदस्यों में से केवल एक सदस्य ही कांग्रेस दल का था। उसमें एक सदस्य मुसलिम लीग का था और बाकी सारे स्वतंत्र सदस्य थे। अल्पसंख्यक वर्गों की आशंकाएँ दूर करने का इससे अच्छा और क्या नमूना पेश किया जा सकता था ?

संविधान सभा ने दो वर्ष, ग्यारह महीने और सत्रह दिन में अर्थात् तीन वर्ष से भी कम समय में भारतीय संविधान के निर्माण का महान् अनुष्ठान पूरा कर लिया। इस बीच कुल मिलाकर संविधान सभा के ग्यारह सत्र हुए और 165 में से 114 दिन सभा के बैठकें संविधान के प्रारूप पर विचार करने में लगीं। प्रारूप समिति की 141 दिन बैठकें हुईं जिसमें संविधान का प्रारूप तैयार किया और सँवारा गया। यह कोई मामूली बात नहीं थी कि देश के विभिन्न क्षेत्र और वैविध्यपूर्ण तथा विशाल जनसंख्या के बावजूद संविधान सभा एक ऐसे संविधान का निर्माण करने में सफल हुई जो देश के एक छोर से दूसरे छोर तक लागू हो तथा देश की कितनी ही प्राकृतिक, आर्थिक, सांस्कृतिक और राजनीतिक विविधताओं के बीच एकता का स्वर्ण-सूत्र ढूँढ़ निकालने का प्रयास करे। संविधान सभा ने यह सब काम किस प्रकार पूरा किया, वह स्वयं में एक शिक्षाप्रद, प्रेरणादायक और प्रभावशाली कहानी है।

संविधान का निर्माण

प्रथम अधिवेशन और औपचारिक कार्य

संविधान सभा का प्रथम अधिवेशन 9 दिसंबर, 1946 को नई दिल्ली में वर्तमान संसद भवन के केंद्रीय कक्ष (सेंट्रल हॉल) में प्रारंभ हुआ। सर्वप्रथम आचार्य कृपलानी खड़े हुए और उन्होंने संविधान सभा के अस्थायी अध्यक्ष पद के लिए सदन के सबसे वयोवृद्ध सदस्य डॉ सच्चिदानंद सिन्हा का नाम पेश किया। डॉ. सिन्हा को सर्वसम्मति से अस्थायी अध्यक्ष चुन लिया गया। उसके बाद पहले तीन-चार दिनों में सदस्यों ने अपने प्रत्यय-पत्र पेश किए तथा रजिस्टर पर हस्ताक्षर किए। संविधान सभा के स्थायी अध्यक्ष के निर्वाचन के लिए प्रक्रिया तय की गई। डॉ. राजेंद्र प्रसाद अध्यक्ष निर्वाचित हुए, एक प्रक्रिया-नियम समिति बनाई गई तथा जब तक संविधान सभा के अपने नियम बने तब तक काम चलाने के लिए केंद्रीय विधानसभा के प्रक्रिया तथा कार्य संचालम संबंधी नियमों को स्वीकार कर लिया गया। इस प्रकार संविधान निर्माण का कार्य प्रारंभ करने से पहले संविधान सभा ने अधिकांश औपचारिक कार्य निपटा लिये। श्री जवाहरलाल नेहरू के शब्दों में ये काम कुछ इस तरह के थे जैसे कि किसी भू-भाग पर विशाल और भव्य प्रासाद का निर्माण करने के लिए वहाँ के झाड़-झंखाड़ साफ कर दिए जाएँ और उस भूमि को समतल और सपाट कर दिया जाए।

उद्देश्य प्रस्ताव

संविधान निर्माण की दिशा में सबसे पहला काम था जवाहरलाल नेहरू द्वारा 13 दिसंबर को संविधान सभा में प्रस्तुत उद्देश्य प्रस्ताव। संविधान सभा के लिए यह आवश्यक था कि संविधान निर्माण की ऐतिहासिक यात्रा प्रारंभ करने से पूर्व वह अपने ध्येय और लक्ष्य देश को जनता के तथा संसार के अन्य देशों के सामने स्पष्ट कर दे। संसार की सभी संविधान सभाओं ने संविधान निर्माण का श्रीगणेश करते समय अपने लक्ष्यों की घोषणा करना आवश्यक समझा था। भारतीय संविधान सभा के लिए ऐसा करना अधिक आवश्यक था क्योंकि जिस समय 9 दिसंबर, 1946 को सभा की पहली बैठक आरंभ हुई, देश के राजनीतिक वातावरण में जहाँ एक ओर, अभूतपूर्व उत्साह, दृढ़संकल्प और नवनिर्माण की अदम्य आकांक्षाओं से जागृत राष्ट्र-मानस था, वहीं दूसरी ओर, अनिश्चय, संदेह और असमंजस के बादल भी घिरे हुए थे। प्रस्ताव प्रस्तुत करते हुए श्री नेहरू ने कहा—

> "यह उचित मालूम पड़ता है कि आगे बढ़ने से पहले हम स्पष्ट रूप से यह समझ लें कि हम किधर जा रहे हैं और हम क्या निर्माण करना चाहते हैं। स्पष्ट है कि इस तरह के अवसरों पर विस्तृत विवरण अनावश्यक है। इसमें कोई संदेह नहीं कि इमारत बनाते समय आप प्रत्येक ईंट का अच्छी तरह सोच-विचार करने के बाद उपयोग करते हैं। सामान्य रूप से जब कोई इमारत बनाना चाहता है, तब उसके लिए जरूरी हो जाता है कि वह उस इमारत का नक्शा तैयार करे और फिर जरूरी साज-सामान जुटाए। बहुत समय से हम स्वतंत्र भारत के बहुत से नक्शे अपने मनों में बनाते आ रहे थे, किंतु अब जब हम वास्तविक कार्य प्रारंभ कर रहे हैं, आप मानेंगे कि यह आवश्यक है कि हम अपने सामने, देश के सामने तथा विस्तृत विश्व के सामने इस नक्शे का एक स्पष्ट चित्र रखें। मैं आपके सामने जो प्रस्ताव प्रस्तुत कर रहा हूँ, इसमें हमारे उद्देश्यों की व्याख्या की गई है; योजना की रूपरेखा दी गई और बताया गया है कि हम किस रास्ते पर चलनेवाले हैं।"

जवाहरलाल नेहरू का यह ऐतिहासिक भाषण उनके जीवन के सबसे महत्त्वपूर्ण, सुंदर एवं प्रभावशाली भाषाणों में से है। अतीत की स्मृतियाँ जैसे उनके मन में उमड़ आई थीं, भावी के स्वप्न जैसे साकार हो आए थे और इस सबके साथ ही उन्हें बोध था वर्तमान के धर्म का, उस समय की कितनी ही जटिल समस्याओं के बोझ का, अपने भारी कर्तव्य और उत्तरदायित्व का। उन्होंने आगे कहा—

> "यहाँ बोलते हुए मैं चतुर्दिक व्याप्त कृतियों और समस्याओं के बोझ से अपने को बोझिल अनुभव करता हूँ। हम लोग एक युग को समाप्त कर संभवतः बहुत शीघ्र ही एक नए युग में प्रवेश करनेवाले हैं। मेरा ध्यान आज भारत के महान् अतीत की ओर, उसके पाँच हजार वर्ष के इतिहास की ओर जाता है। उसके इतिहास के प्रारंभ से—जो मानव इतिहास माना जा सकता

है—आज तक का सारा इतिहास हमारी आँखों के सामने है। वह समस्त अतीत आज हमारे चतुर्दिक है और हमें आनंद और जीवन प्रदान कर रहा है, पर साथ-ही-साथ उससे, यह सोचकर मुझे कुछ वेदना भी होती है कि क्या हम उस अतीत के योग्य हैं। शक्तिशाली अतीत तथा और भी अधिक शक्तिशाली भविष्य के बीच स्थिति वर्तमान की तलवार की धार पर खड़े होकर जब मैं भविष्य की सोचता हूँ, उस भविष्य की, जो मुझे विश्वास है कि अतीत से भी महत्तर है तो अपने महान् कार्यभार से अभिभूत और भयभीत हो जाता हूँ। भारतीय इतिहास के अद्भुत अवसर पर हम यहाँ समवेत हुए हैं। इस परिवर्तन क्षण में, प्राचीन युग से नवीन युग में प्रविष्ट होने के इस परिवर्तन काल में मुझे कुछ विस्मय-सा मालूम होता है, वैसा ही विस्मय, जैसा रात के दिन होने में मालूम होता है। हो सकता है दिन मेघाच्छन्न हो, पर है तो आखिर दिन। बादल फटेंगे और प्रकाश अवश्य होगा।"

जिस उद्देश्य प्रस्ताव के माध्यम से भारतीय क्रांति के जनकों ने देश को यह बताने का प्रयास किया कि उनके लक्ष्य क्या हैं, वे देश को किस साँचे में ढालना चाहते हैं; किस ओर ले जाना चाहते हैं, उसका मसौदा जवाहरलाल नेहरू ने स्वयं तैयार किया था।* यह प्रस्ताव एक प्रकार से प्रभुत्व-संपन्न लोकतंत्रात्मक भारतीय गणराज्य की जन्मपत्री था। प्रस्ताव में कहा गया था—

(1) यह संविधान सभा अपने इस दृढ़ और गंभीर संकल्प की घोषणा करती है कि वह भारत को एक स्वतंत्र प्रभुसत्ता-संपन्न गणराज्य घोषित करेगी और उसके भावी शासन के लिए एक ऐसे संविधान की रचना करेगी।

(2) जिसके अंतर्गत वे राज्य-क्षेत्र जो ब्रिटिश भारत के अंतर्गत आते हैं, वे

---

* पंजाब के सिख स्थानों को छोड़कर देश भर से सारे स्थानों के लिए जुलाई 1946 में संविधान सभा के निर्वाचन हो चुके थे। कांग्रेस चाहती थी कि संविधान सभा शीघ्र ही अपना काम शुरू करे तथा संविधान निर्माण के मामले में बिलकुल भी देरी न की जाए। अतः जुलाई में ही जवाहरलाल नेहरू ने कांग्रेस अध्यक्ष की हैसियत से एक विशेषज्ञ समिति नियुक्त की और उसे यह काम सौंपा कि वह संविधान सभा के लिए सामग्री जुटाए और संविधान का प्रारूप तैयार करे। इस समिति के अध्यक्ष स्वयं जवाहरलाल नेहरू थे और अन्य सदस्य थे—आसफ अली, कन्हैयालाल माणिकलाल मुंशी, हुमायूँ कबीर, के. संतानम, डी.आर. गाडगिल, के.टी. शाह और एन. गोपालस्वामी आयंगर। इस समिति की बैठकें 20 जुलाई से 22 जुलाई तक और 15 अगस्त से 17 अगस्त तक हुईं। इन बैठकों में संविधान सभा के कार्य संचालन के लिए आवश्यक प्रक्रिया तय की गई। इसके अनुसार सबसे पहले अस्थायी या कार्यवाहक अध्यक्ष का निर्वाचन होना था, फिर विभिन्न विषयों पर कुछ समितियाँ बनाई जानी थीं और उसके बाद संविधान के उद्देश्यों का निर्णय किया जाना था और उन्हें एक प्रस्ताव के रूप में रखा जाना था। यह सब प्रारंभिक कार्य पूरा किए जाने के बाद विशेषज्ञ समिति से श्री नेहरू ने कहा कि वह किसी प्रारूप संविधान के बारे में चिंता न करे, बल्कि प्रारूप-नियमों और संविधान सभा के उद्देश्यों के संबंध में प्रारूप प्रस्तावों को, जो उन्होंने स्वयं तैयार किए थे, अंतिम रूप दे।

राज्य-क्षेत्र जो अब देशी राज्यों के अंतर्गत आते हैं और भारत के ऐसे अन्य भाग जो ब्रिटिश भारत के बाहर हैं और ऐसे राज्य तथा राज्य-क्षेत्र जो स्वतंत्र प्रभुत्व-संपन्न भारत के भीतर सम्मिलित होने के लिए प्रस्तुत हैं, आपस में मिलकर एक संघ के रूप में गठित होंगे।

(3) जिसके अंतर्गत उपयुक्त राज्य-क्षेत्र, जिनमें चाहें तो उनकी वर्तमान सीमाएँ सम्मिलित हों या अन्य ऐसी सीमाएँ सम्मिलित हों जिनका संविधान सभा भविष्य में संविधान की विधि के अनुसार निर्णय करे, स्वायत्तशासी एककों की सत्ता से संपन्न होंगे और उसे बनाए रखेंगे। उनके पास अवशिष्ट शक्तियाँ होंगी और वे सरकार तथा प्रशासन की सारी शक्तियों का प्रयोग करेंगे तथा उनके सारे कार्य करेंगे। इसके अपवाद केवल वे शक्तियाँ और कार्य होंगे जो संघ में निहित हों या संघ को सौंपे गए हों।

(4) जिनके अंतर्गत प्रभुत्व-संपन्न और स्वतंत्र भारत की, उसके अंगभूत भागों और शासन के अंगों की समूची शक्ति और सत्ता जनता से प्राप्त हुई हो।

(5) जिसके अंतर्गत विधि तथा सार्वजनिक नैतिकता के अधीन रहते हुए भारत के सभी लोगों को सामाजिक, आर्थिक और राजनीतिक न्याय की स्थिति और अवसर की तथा विधि के सम्मुख समानता की, विचार, अभिव्यक्ति, विश्वास, धर्म, उपासना, व्यवसाय और कार्य की गारंटी दी जाएगी और उन्हें प्राप्त किया जाएगा।

(6) जिसके अंतर्गत अल्पसंख्यकों, पिछड़े हुए और कबाइली क्षेत्रों तथा दलित और अन्य पिछड़े हुए वर्गों के लिए उपयुक्त परित्राणों की व्यवस्था की जाएगी।

(7) जिसके अंतर्गत न्याय तथा सभ्य राष्ट्रों की विधि के अनुसार गणराज्य के राज्य-क्षेत्रों की अखंडता की और जल, समुद्र तथा आकाश पर उसके प्रभुता-अधिकारों की रक्षा की जाएगी।

(8) यह प्राचीन देश संसार में अपना न्यायपूर्ण और सामान्य स्थान प्राप्त करेगा और विश्व शांति तथा मानव जाति के कल्याण के उन्नयन के लिए अपना पूर्ण तथा सहर्ष योग देगा।

प्रस्ताव ने तथा जवाहरलाल नेहरू के प्रेरणादायी भाषण ने संविधान सभा पर जादू का-सा असर किया तथा उसके मानस-क्षितिज पर भविष्य के प्रति दुविधा और किंकर्तव्यविमूढ़ता का जो कुहरा छाया हुआ था, वह एकबारगी छँट गया तथा उसके स्थान पर आशा, उल्लास तथा संकल्प की प्रकाशमयी किरणें जगमगा उठीं।

जवाहरलाल नेहरू ने सभासदों से जोरदार शब्दों में अपील की कि "वे प्रस्ताव पर कानूनी शब्दजाल की संकुचित भावना से विचार न करें, अपितु उसके मूल में जो भावनाएँ हैं—जिनसे किसी को भी मतभेद नहीं हो सकता—उन्हें सामने रखकर विचार

करें और श्रद्धाभाव से प्रस्ताव को स्वीकार करें तथा यह स्पष्ट कर दें कि हम स्वाधीन भारत के संविधान का निर्माण करने के लिए कृतसंकल्प हैं और चाहे जितनी भी बाधाएँ और कठिनाइयाँ आएँ, कितना ही लंबा संघर्ष हो ओर कितने ही नए संघर्ष सामने आएँ, हम अपने लक्ष्य की ओर बढ़ते ही जाएँगे—चाहे इस भवन में हो या अन्यत्र, मैदान में, बाजार में कहीं भी समवेत होकर तव तक अपना काम करते जाएँगे जब तक कि उसे पूरा न कर लें।"

13 दिसंबर से 19 दिसंबर, 1946 तक संविधान सभा ने उद्देश्य प्रस्ताव पर कुल आठ दिन विवाद-विचार किया। प्रस्ताव के संबंध में अनेक संशोधन प्रस्तुत किए गए, लेकिन सबसे महत्त्वपूर्ण संशोधन डॉ. एम. आर. जयकर का था जो उन्होंने 16 दिसंबर, 1946 को प्रस्तुत किया था और जिसमें कहा गया था कि जब तक मुसलिम लीग और देशी राज्यों के प्रतिनिधि संविधान सभा में शामिल न हो जाएँ, तब तक इस प्रस्ताव पर विचार स्थगित रखा जाए। 21 दिसंबर, 1946 को प्रस्ताव पर अगले अधिवेशन तक के लिए विचार स्थगित कर दिया गया। मुसलिम लीग को इस प्रस्ताव पर विचार करने के लिए एक महीना मिल गया, पर उसने संविधान सभा में सम्मिलित होना पसंद नहीं किया। इस स्थिति में संविधान सभा ने और आगे प्रतीक्षा करना निरर्थक समझा तथा 22 जनवरी, 1947 को बड़ी संजीदगी के साथ संविधान सभा के सदस्यों ने खड़े होकर सर्वसम्मति से इस प्रस्ताव को पास किया। इससे पहले 20 नवंबर, 1946 को सारतः यही प्रस्ताव मेरठ के खुले कांग्रेस अधिवेशन में पास हो चुका था।

समितियों का निर्माण

उद्देश्य प्रस्ताव की स्वीकृति के बाद संविधान सभा ने संविधान निर्माण की समस्या के विभिन्न पहलुओं के संबंध में अनेक समितियाँ नियुक्त कीं। प्रमुख समितियाँ थीं—(1) संघ संविधान समिति (यूनियन कांस्टीट्यूशन कमेटी), (2) प्रांतीय संविधान समिति (प्रोविंशियल कांस्टीट्यूशन कमेटी), (3) संघ शक्ति समिति (यूनियन पावर्स कमेटी), (4) मूल अधिकारों, अल्पसंख्यकों आदि से संबंधित परामर्श समिति, (5) प्रारूप समिति आदि। सभा ने तीसरे और छठे अधिवेशनों के बीच में मूल अधिकारों, संघ संविधान, संघ शक्तियों, प्रांतीय संविधान, अल्पसंख्यकों और अनुसूचित क्षेत्रों तथा अनुसूचित जनजातियों के संबंध में नियुक्त की गई समितियों के प्रतिवेदनों पर विचार किया। सभा को मुख्य आयुक्तों के प्रांतों, संघ तथा राज्यों के वित्तीय संबंधों और जनजाति क्षेत्रों से संबद्ध समितियों के प्रतिवेदनों पर विचार करने का और उनके संबंध में निर्णय करने का समय नहीं मिला, पर बाद में इन समितियों की सिफारिशों पर प्रारूप समिति ने विचार किया। संविधान सभा के कार्यकाल की परामर्श शाखा ने 17 मार्च, 1947 को संविधान की मुख्य विशेषताओं के संबंध में एक प्रश्न-सूची विभिन्न प्रांतीय विधान मंडलों और केंद्रीय विधान मंडलों के सदस्यों के पास भेजी,

ताकि वे प्रस्तावित संविधान के संबंध में अपने विचार व्यक्त कर सकें। प्रश्न-सूची बाद में संघ संविधान और प्रांतीय संविधान समितियों के सदस्यों के पास भी भेजी गई। मई 1947 के अंत तक प्रश्न-सूची के बहुत ही थोड़े उत्तर आए थे। अतः परामर्श-शाखा ने स्वयं ही दो पत्रक तैयार किए, एक संघ संविधान के मूल सिद्धांतों के बारे में और दूसरा एक मानक प्रांतीय संविधान के मूल सिद्धांतों के बारे में। ये संघ संविधान और प्रांतीय संविधान समितियों के सदस्यों को 2 जून, 1947 को भेजे गए। इसके अगले ही दिन ब्रिटिश सरकार की 3 जून की योजना आ गई जिससे सारा नक्शा ही बदल गया। देश का विभाजन होना था, दो डोमीनियन बननी थीं, दोनों की अलग-अलग संविधान सभाएँ होनी थीं। मंत्रि-मिशन योजना के अंतर्गत होनेवाले वर्गीकरण और समूहों के संविधान निर्माण के लिए अलग-अलग बैठने आदि का अब कोई प्रश्न नहीं रहा। विभाजन योजना की संविधान निर्माण के क्षेत्र में एक महत्त्वपूर्ण प्रतिक्रिया यह हुई है कि तुरंत ही संघ संविधान और प्रांतीय संविधान समितियों ने निर्णय किया कि भारत एक शक्तिशाली केंद्रवाला संघ होगा। सन् 1935 के भारत शासन अधिनियम की तरह तीन विधायी सूचियाँ होंगी, किंतु अवशिष्ट शक्तियों का वास केंद्र में होगा।

संविधान का प्रथम प्रारूप

संविधान का पहला प्रारूप संवैधानिक परामर्शदाता बेनेगल नरसिंह राव की देख-रेख में संविधान सभा के सचिवालय की परामर्श-शाखा ने अक्तूबर 1947 में तैयार किया। इस प्रारूप के तैयार होने के पहले संविधान सभा के सचिवालय ने तीन जिल्दों में संसार के विभिन्न संविधानों के पूर्व दृष्टांत एकत्र कर उन्हें संविधान सभा के सदस्यों में वितरित कर दिया। इन पूर्व दृष्टांतों में संसार के प्रायः 60 देशों के संविधानों के कार्यकारी, विधायी प्रक्रिया संबंधी और प्रशासनिक तथा कुछ अन्य उपबंधों को तुलनात्मक रूप में संकलित किया गया था। पूर्व दृष्टांतों का यह संकलन मुख्य रूप से दो समूहों में बँटा था। एक समूह में आस्ट्रेलिया, कनाडा, आयरलैंड जैसे ब्रिटिश राष्ट्रमंडलीय देशों की संवैधानिक रूपरेखा दी गई थी तथा दूसरे समूह में कुछ अन्य देशों, जैसे डैंजिक (स्वतंत्र नगर), जर्मनी (तीसरा गणराज्य), स्विट्जरलैंड, संयुक्त राज्य अमरीका और सोवियत समाजवादी गणराज्य संघ के संवैधानिक उपबंध दिए गए थे। इस सामग्री के साथ ही विभिन्न देशों में राज्य के प्रधान, मूल अधिकारों, अल्पसंख्यकों को दिए जानेवाले परित्राणों, प्रतिनिधित्व पद्धतियों और द्वितीय सदनों के बारे में सहायक सामग्री भी दी गई थी।

जब भारत के संविधान का पहला प्रारूप तैयार हो गया, तब संविधान सभा के अध्यक्ष ने संवैधानिक परामर्शदाता बेनेगल नरसिंह राव को संसार के प्रमुख संविधान शास्त्रियों से भारत के भावी संविधान की प्रमुख विशेषताओं के संबंध में विचार-विनिमय करने के लिए अमरीका, कनाडा, आयरलैंड और ब्रिटेन भेजा। उन्होंने अक्तूबर और

दिसंबर 1947 के बीच में इन देशों की यात्रा की और अपने विचार-विमर्शों के परिणामों के संबंध में एक प्रतिवेदन प्रस्तुत किया।

प्रारूप समिति

29 अगस्त, 1947 को संविधान सभा ने प्रारूप समिति की नियुक्त की। प्रारूप समिति के अध्यक्ष चुने गए डॉ. भीमराव अंबेडकर। अन्य सदस्य थे कन्हैयालाल माणिकलाल मुंशी, मोहम्मद सादुल्ला, बी. एल. मित्र, अल्लादी कृष्णस्वामी अय्यर, एन. गोपालस्वामी आयंगर तथा डी. पी. खेतान। बाद में मित्र और खेतान के स्थानों पर एन. माधवराव तथा टी. टी. कृष्णमाचारी को नियुक्त किया गया। प्रारूप समिति का काम यह था कि वह संविधान सभा की परामर्श शाखा द्वारा तैयार किए गए संविधान की परीक्षा करे। उसके बाद संविधान सभा संविधान के बारे में जो निर्णय हो चुके थे, उन्हें प्रारूप संविधान में समाविष्ट करे और फिर संविधान को विचार के लिए संविधान सभा के सम्मुख प्रस्तुत करे।

30 अगस्त, 1947 को प्रारूप समिति की पहली बैठक हुई। इसके बाद उसकी 141 दिन तक बैठकें होती रहीं जिनमें उसने संविधान के विविध उपबंधों की रचना की। प्रारूप तैयार करते समय इस बात का प्रयत्न किया गया कि जहाँ तक हो सके वह संविधान सभा अथवा उसकी विविध समितियों के निर्णयों को कार्यान्वित करे। लेकिन कुछ मामले ऐसे थे जिनके बारे में प्रारूप समिति को कुछ परिवर्तन करने आवश्यक लगे। प्रारूप समिति ने जो प्रारूप संविधान तैयार किया उसमें इन सारे परिवर्तनों को या तो रेखांकित कर दिया गया था या उन्हें हाशिए में लिख दिया गया था। इस बात का ध्यान भी रखा गया था कि जो भी परिवर्तन किए जाएँ उनका पाद-टिप्पणियों में स्पष्टीकरण कर दिया जाए। प्रारूप समिति के अध्यक्ष को ही समिति के सदस्यों की ओर से प्रारूप पर हस्ताक्षर करने का अधिकार दिया गया था। लेकिन उन्होंने अपने प्रतिवेदन में यह स्पष्ट कर दिया कि यद्यपि सभी बैठकों में सभी सदस्य उपस्थित नहीं थे, पर जिस किसी बैठक में कोई निर्णय लिया गया उसमें आवश्यक गणपूर्ति थी और निर्णय या तो सर्वसम्मति से किए गए या उपस्थित सदस्यों के बहुमत से।

प्रारूप संविधान

प्रारूप समिति ने भारत का जो प्रारूप संविधान तैयार किया वह 25 फरवरी, 1948 को संविधान सभा के अध्यक्ष की सेवा में प्रस्तुत किया। प्रारूप संविधान के प्रकाशित होने के बाद प्रारूप संविधान में संशोधन करने के लिए संविधान सभा के कार्यालय में अनेक टिप्पणियाँ, आलोचनाएँ और सुझाव प्राप्त हुए। संविधान सभा के अध्यक्ष ने प्रारूप समिति को आदेश दिया कि वह इन सब सुझावों पर विचार करे। उन्होंने एक विशेष समिति की भी स्थापना की जो विभिन्न सुझावों और टिप्पणियों पर तथा

उनके संबंध में प्रारूप समिति की सिफारिश पर विचार करती। इस विशेष समिति में अधिकतर संघ संविधान समिति और संघ शक्ति समिति के सदस्य मौजूद थे। विशेष समिति द्वारा परीक्षण और सिफारिशों के फलस्वरूप प्रारूप समिति ने कुछ ऐसे संशोधन चुने जो उसे स्वीकार्य थे। इसके अतिरिक्त उसने कुछ ऐसे संशोधनों का भी सुझाव दिया जिनकी वह सिफारिश करने के लिए तैयार थी। इस तरह के संशोधनों के अध्ययन को सुगम बनाने के लिए प्रारूप समिति ने प्रारूप संविधान का एक पुनर्मुद्रित संस्करण प्रकाशित किया। यह संस्करण 26 अक्तूबर, 1948 को संविधान सभा के अध्यक्ष को दिया गया। बाद में इसकी प्रतियाँ संविधान सभा के सदस्यों को भी बाँट दी गईं। जिस समय संविधान सभा के प्रारूप संविधान पर विचार किया, उस समय प्रारूप संविधान के उसी पुनर्मुद्रित संस्करण का उपयोग किया गया। इस पुनर्मुद्रित संस्करण की विशेषता यह थी कि प्रारूप समिति ने जिन संशोधनों की संस्तुति की थी उनको मूल अनुच्छेदों या धाराओं के बिलकुल सामने दूसरे कॉलम में दिखाया गया था।

संविधान सभा ने केंद्र प्रशासित क्षेत्रों के बारे में और केंद्र तथा प्रांतों के वित्तीय संबंधों के बारे में प्रतिवेदन देने के लिए दो समितियाँ नियुक्त की थीं। प्रारूप समिति ने इस समितियों के जिन प्रस्तावों को स्वीकार नहीं किया, उन्हें प्रारूप संविधान के पुनर्मुद्रित संस्करण में एक परिशिष्ट में वैकल्पिक उपबंधों के रूप में दिखा दिया गया था।

डॉ. अंबेडकर ने 4 नंवबर, 1948 को प्रारूप संविधान सभा के विचार के लिए प्रस्तुत किया; इस अवसर पर डॉ अंबेडकर ने प्रारूप संविधान की सामान्य आलोचनाओं का, विशेषकर इस आलोचना का, कि संविधान मौलिक नहीं था, उत्तर दिया। उन्होंने कहा—

> "प्रश्न यह है कि क्या संसार के इतिहास में इस समय निर्मित किसी संविधान में कोई नवीनता हो भी सकती है? संसार के पहले लिखित संविधान की रचना को डेढ़ सौ साल से अधिक का समय हो चुका है। अनेक देशों ने अपने संविधनों को लिखित रूप देने में इसका अनुकरण किया है। संविधान का क्षेत्र क्या होना चाहिए, यह बात बहुत पहले तय हो चुकी है। इसी प्रकार, यह बात भी सारे संसार में मान ली गई है कि संविधान के मूलतत्त्व क्या होते हैं? इन तथ्यों के संदर्भ में सभी एक जैसे प्रतीत होंगे। आज बनाए गए किसी संविधान में यदि कोई नई चीज हो सकती है तो यही कि उसमें पुराने संविधानों की गलतियों को दूर कर दिया जाए और उसे देश की आवश्यकताओं के अनुरूप ढाला जाए। यह आरोप कि हमारा संविधान दूसरे देशों के संविधानों का अंधानुकरण है, संविधान के अपर्याप्त अध्ययन पर आधारित है। मुझे इस आरोप के बारे में कोई क्षमा-याचना नहीं करनी कि प्ररूप संविधान में भारतीय शासन अधिनियम,

सन् 1935 के अधिसंख्य उपबंधों को ज्यों-का-त्यों ले लिया गया है। उधार लेने में किसी तरह की साहित्यिक चोरी नहीं है। संविधान के मूल सिद्धांतों के बारे में किसी का कोई एकाधिकार नहीं होता।"

वाद-विवाद और स्वीकृति

15 नवंबर, 1948 को प्रारूप संविधान पर धारावार विचार आरंभ हुआ। ब्रिटिश हाउस ऑफ कॉमन्स में विधेयकों के संबंध में जो प्रक्रिया अपनाई जाती है, उसका अनुसरण करते हुए निश्चय किया गया कि उद्‌देशिका पर प्रारूप संविधान की सभी धाराओं पर विचार करने बाद विचार किया जाए। संविधान सभा के सातवें, आठवें, नौवें और दसवें अधिवेशनों में 17 अक्तूबर, 1947 तक प्रारूप संविधान की विभिन्न धाराओं पर विस्तृत विचार-विनिमय हुआ। संविधान सभा के सचिवालय को प्रारूप संविधान पर 7-8 हजार संशोधनों की सूचना मिली थी। इसमें से लगभग ढाई हजार संशोधनों पर संविधान सभा में विधिवत् वाद-विवाद हुआ। इस बीच ऐसी अनेक धाराओं पर पुनर्विचार हुआ जिन्हें एक बार पहले स्वीकारा जा चुका था। 17 अक्तूबर, 1949 को संविधान सभा के अध्यक्ष ने कहा कि संविधान सभा प्रारूप संविधान की विविध धाराओं पर विस्तृत रूप से विचार कर चुकी है और अब नए संशोधन प्रस्तुत कर उन पर विचार करना उचित नहीं होगा। इसके बाद संविधान सभा ने उद्‌देशिका पर विचार किया और उसे स्वीकार कर लिया। इस प्रकार संविधान सभा के दसवें अधिवेशन में संविधान का दूसरा वाचन पूरा हो गया। इस अधिवेशन को स्थगित करने के पूर्व संविधान सभा के अध्यक्ष ने घोषणा की कि सदन ने अभी हाल में एक नियम पास करके उन्हें जो शक्ति प्रदान की थी, उसके अनुसार वे प्रारूप संविधान को फिर से प्रारूप समिति को सौंपेंगे जिससे कि प्रारूप समिति संविधान में संशोधनों, वर्तनी, विराम चिह्नों आदि के सारे आवश्यक परिवर्तन समाविष्ट कर सके।

संविधान सभा के अध्यक्ष ने प्रारूप संविधान को जिस रूप में प्रारूप समिति के विचारार्थ सौंपा, प्रारूप समिति ने उस पर विचार किया और 3 नवंबर, 1949 को अपना प्रतिवेदन प्रस्तुत किया। प्रारूप समिति ने प्रारूप संविधान में जो परिवर्तन किए वे मुख्य रूप से निम्नलिखित भागों में बाँटे जा सकते थे—

(क) अनुच्छेदों, धाराओं और उप-धाराओं की क्रम-संख्या में परिवर्तन,

(ख) कुछ औपचारिक परिवर्तन जैसे अंग्रेजी के कैपिटल अक्षरों में परिवर्तन, 'शासक' की जगह 'राजप्रमुख' शब्द का प्रयोग तथा 'इस संविधान के' का लोप,

(ग) कुछ अनुच्छेदों का अर्थ स्पष्ट करने के लिए उनमें शाब्दिक परिवर्तन, तथा

(घ) कुछ अन्य आवश्यक संशोधन जैसे कि कुछ नए अनुच्छेद रखना या वर्तमान अनुच्छेदों के दोषों का परिहार।

प्रारूप समिति के प्रतिवेदन पर तथा विभिन्न संशोधनों पर संविधान सभा के ग्यारहवें अधिवेशन के पहले दिन अर्थात् 14 नवंबर, 1949 को विचार आरंभ हुआ। इस अवस्था को संविधान का 'द्वितीय वाचन' कहा जा सकता है। संशोधनों पर विचार करने की प्रक्रिया के संबंध में एक सदस्य के अनुसार इस तरह का वाचन संसार के किसी भाग में किसी संवैधानिक या विधायी इतिहास में नहीं हुआ। सभा के अध्यक्ष का विचार था कि इस वाचन में ऐसा कोई भी संशोधन नियमानुकूल नहीं होगा जो प्रारूप समिति की ओर से प्रस्तावित किसी संशोधन पर आधारित न हो। परंतु उन्होंने विश्वास दिलाया कि वे अपने विवेक का प्रयोग करेंगे तथा यदि कोई तर्कसंगत तथा आवश्यक संशोधन प्रस्तुत किए गए तो उन पर यह सामान्य नियम लागू नहीं करेंगे।

16 नवंबर, 1949 को संविधान का 'द्वितीय वाचन' समाप्त हो गया और उसके अगले दिन संविधान सभा ने संविधान का तीसरा वाचन किया। डॉ अंबेडकर द्वारा प्रस्तुत में कहा गया था कि "सभा द्वारा निर्णीत संविधान को पास किया जाए।" यह प्रस्ताव 26 नवंबर, 1949 को स्वीकृत हुआ और उद्देशिका के शब्दों में, इस दिन भारत के लोगों ने, अपनी संविधान सभा में, सर्वप्रभुत्व-संपन्न, लोकतंत्रात्मक भारतीय गणराज्य के संविधान को अंगीकृत, अधिनियमित और आत्मार्पित किया।

संविधान निर्माण की प्रक्रिया

संविधान निर्माण के संबंध में संविधान सभा ने जिस प्रक्रिया का अनुसरण किया, वह संक्षेप में यह थी कि सबसे पहले उसने उद्देश्य-प्रस्ताव के रूप में अपने 'विचारार्थ विषय' निर्धारित किए। यह उद्देश्य-प्रस्ताव ही आगे चलकर उद्देशिका का आधार बना। इसके बाद संविधान सभा ने संवैधानिक समस्या के विविध पहलुओं के संबंध में विभिन्न समितियाँ नियुक्त कीं। इसमें से अनेक समितियों के अध्यक्ष या तो श्री नेहरू थे या सरदार पटेल।[8] संविधान सभा के अध्यक्ष के अनुसार इन दो महारथियों ने ही संविधान के मूल सिद्धांत तय किए थे। सभी समितियों ने बड़ी निष्ठा से कार्य किया और महत्त्वपूर्ण प्रतिवेदन प्रस्तुत किए। संविधान सभा ने इन प्रतिवेदनों पर विस्तार से विचार किया और इन प्रतिवेदनों की सिफारिशें प्रारूप संविधान के लिए आधार बनीं। प्रारूप संविधान की सतर्क छान-बीन प्रारूप समिति के सदस्यों ने ही नहीं की, बल्कि संविधान सभा के अन्य सदस्यों ने भी प्रारूप संविधान के एक-एक अनुच्छेद का गहराई से विवेचन किया। प्रारूप संविधान की इस विशद परीक्षा का परिणाम यह हुआ कि उसका आकार बहुत बढ़ गया। संविधान सभा सचिवालय की

[8] श्री नेहरू देशी राज्यों के प्रतिनिधियों से बातचीत करने के लिए नियुक्त की गई समिति, संघीय विषय समिति तथा संघ संविधान समिति के अध्यक्ष थे। सरदार पटेल अल्पसंख्यक परामर्श समिति, मूल अधिकार समिति और प्रांतीय समिति के अध्यक्ष थे।

परामर्श शाखा ने प्रारूप समिति के विचार के लिए संविधान का जो पहला प्रारूप तैयार किया था, उसमें 243 अनुच्छेद और 13 अनुसूचियाँ थीं। संविधान सभा की प्रारूप समिति ने जो पहला प्रारूप संविधान तैयार किया उसमें 305 अनुच्छेद और 8 अनुसूचियाँ थीं। जब प्रारूप संविधान का दूसरा वाचन समाप्त हुआ तथा अनुच्छेदों की संख्या 386 हो गई। दूसरे वाचन के बाद जब संविधान अंतिम रूप में स्वीकार हुआ तब उसमें 395 अनुच्छेद और 8 अनुसूचियाँ थीं।

संविधान निर्माण की समस्याएँ

स्वंतत्र भारत के संविधान निर्माण की कुछ समस्याओं का उल्लेख ऊपर किया जा चुका है। संविधान निर्माताओं को एक विस्तृत भूखंड और विशाल जनसंख्या के लिए एक नई राजनीतिक-सामाजिक व्यवस्था का निर्माण करना था। देश में बहुत सी जातियाँ बसती थीं, विभिन्न धर्मावलंबी रहते थे, अनेक भाषाएँ बोली जाती थीं। संविधान को इन सबको एक सूत्र से बाँधना था। यह भी आवश्यक था कि संविधान विभिन्न पिछड़े हुए वर्गों तथा जनजातियों के लिए समुचित प्रावधान करे। यह कम संतोष और श्रेय की बात नहीं थी कि स्वतंत्र भारत का जो संविधान बना उसमें कितने ही दशकों से देश के राजनीतिक-सामाजिक जीवन को विषाक्त करने वाले और अंततः देश का विभाजन करानेवाले साम्प्रदायिक निर्वाचन मंडलों को त्याग दिया गया, अनुसूचित जातियों और जनजातियों जैसे आर्थिक और शैक्षणिक दृष्टि से पिछड़े हुए तथा दलित वर्गों को छोड़कर और किसी वर्ग, जाति अथवा संप्रदाय के लिए आरक्षण भी आवश्यक नहीं रहा और जिन्हें पहले ऐसे आरक्षण प्राप्त थे, उन्होंने स्वतः ही उन्हें अनावश्यक करार दे दिया।

एक कठिन समस्या जिसे सुलझाने में संविधान सभा को काफी समय लगा, देश के लिए राजभाषा की थी आखिर में, संविधान सभा, देश में सबसे अधिक लोगों द्वारा बोली और समझी जानेवाली भाषा, हिंदी को स्वतंत्र भारत की राजभाषा के रूप में सर्वसम्मति द्वारा स्वीकार करने में सफल हुई।* साथ ही व्यावहारिकता के आधार पर यह भी जरूरी समझा गया संक्रांति काल में अंग्रेजी का प्रयोग जारी रहे।

एक और विकट समस्या लगभग 600 देशी रियासतों की थी। देश की भूमि का लगभग एक-तिहाई तथा जनसंख्या का एक-तिहाई भाग इन रियासतों के अंतर्गत आ जाता था। 1947 के भारत स्वतंत्रता अधिनियम के अनुसार सभी देशी रियासतों पर से ब्रिटिश संप्रभुता (पैरामाउंट्सी) समाप्त हो गई थी और एक प्रकार से यह सारी रियासतें स्वतंत्र हो गई थीं। इन रियासतों में कुछ तो बहुत छोटी थीं और कुछ जैसे कश्मीर, हैदराबाद और मैसूर, ब्रिटिश भारत के प्रांतों के समान बड़ीं। उन सबकी

* कई भारतीय और विदेशी विद्वान अज्ञानवश अथवा जानबूझकर अपनी संकीर्ण प्रवृत्तियों के वशीभूत, बार-बार यह कहते हैं कि हिंदी केवल एक ही मत से देश की राजभाषा बनी। यह सर्वथा मिथ्या है। संविधान सभा ने हिंदी को सर्वसम्मति से देश की राजभाषा स्वीकार किया था।

अपनी-अपनी भिन्न-भिन्न परंपराएँ थीं और उनसे बातचीत करना तथा उनके प्रतिनिधियों को संविधान सभा में ला सकना कोई साधारण बात नहीं थी। किंतु 15 अगस्त, 1947 को जब सत्ता का हस्तांतरण हुआ और स्वाधीनता अधिनियम लागू हुआ, तब तक कश्मीर और हैदराबाद को छोड़कर सभी रियासतें भारत में शामिल हो चुकी थीं और जब 26 नवंबर, 1949 को संविधान सभा ने नया संविधान स्वीकार किया, तब तक यह संभव हो गया था कि ब्रिटिश भारत के प्रांतों और देशी रियासतों सहित भारत संघ के सभी एककों को एक ही 'राज्य' नाम से संबोधित किया जा सके।

संविधान सभा की कार्य प्रणाली की आरंभ से अंत तक एक प्रमुख विशेषता यह रही कि सभी सदस्यों को अभिव्यक्ति का पूरा अवसर दिया गया था विभिन्न मतों को सभी स्तरों पर पूरी गंभीरता और सच्चाई के साथ विचारा गया। प्रारूप समिति की ओर से डॉ. अंबेडकर, अल्लादी कृष्णास्वामी, टी. कृष्णमाचारी, के. एम. मुंशी, आदि ने कटु-से-कटु आलोचनाओं का बड़े धैर्य और संतुलन के साथ उत्तर दिया तथा विभिन्न अनुच्छेदों की आवश्यकतानुसार विशद व्याख्या की और उनके निहितार्थों को साफ-साफ सुलझाने का प्रयास किया। संविधान सभा में नेताओं की बराबर कोशिश यही रही कि सभझौता और समन्वय की भावना से काम हो तथा निर्णय बहुमत के आधार पर नहीं, बल्कि आम राय के आधार पर लिये जाएँ। इसी का परिणाम था कि जो संविधान बना उसे संविधान सभा की ही नहीं, अपितु विस्तृत जनमत की भी भारी सहमति और स्वीकृति प्राप्त थी।

संविधान सभा के अध्यक्ष, डॉ. राजेंद्र प्रसाद ने 26 नवंबर, 1949 को अपने सामपन भाषण में कहा कि संविधान सभा, कुल मिलाकर, एक ऐसे संविधान का निर्माण करने में सफल हुई थी जो देश के व्यापक हित में था। अब प्रश्न था इस संविधान में समुचित कार्यकरण का। संविधान सभा की कार्यवाही समाप्त करते हुए डॉ. राजेंद्र प्रसाद ने जिन अंतिम शब्दों को कहना उचित समझा, वे देश के पिछले दो दशकों के इतिहास और आज की परिस्थितियों के संदर्भ में विशेष रूप से स्मरणीय हैं तथा भारत की संविधान सभा और संविधान निर्माण की कहानी का उपसंहार करने के लिए उनसे अधिक उपयुक्त शब्द मिलना संभवतः असंभव होगा।

> "भारत का संविधान लोकतंत्रात्मक है, किंतु लोकतंत्रात्मक संस्थाओं के सफल कार्यकरण के लिए यह आवश्यक है कि वे जो इसका क्रियान्वयन करें दूसरे के दृष्टिकोण को आदरपूर्वक देखने तथा समझौते और समायोजन के लिए तत्पर हों। बहुत कुछ जो संविधान में लिखा नहीं जा सकता, स्वस्थ परंपराएँ डालकर, अभिसमयों के द्वारा किया जाता है। संविधान में कुछ भी प्रावधान हों या न हों, देश का कल्याण इस पर निर्भर करेगा कि उसका शासन कैसा है और शासन-निर्भर होगा शासकों पर। कहा जाता है कि किसी देश को वैसी ही सरकार मिलती है जिसका वह अधिकारी है। जिन लोगों को चुना गया अगर वे योग्य, ईमानदार तथा चरित्र और निष्ठावाले

व्यक्ति हुए तो वे त्रुटिपूर्ण संविधान को भी सर्वोत्तम बना देंगे। यदि उनमें इसकी कमी हुई तो संविधान देश को नहीं बचा सकता। अंततः विधान एक निर्जीव चीज है। इसमें प्राण पड़ता है उनके द्वारा जो इसे चलाते और नियंत्रित करते हैं और आज भारत को किसी चीज की इतनी आवश्यकता नहीं है जितनी कि कुछ ईमानदार व्यक्तियों की जो अपने सामने देश का हित रखें। हमारे राष्ट्रीय जीवन के विभिन्न अंगों से विघटनकारी प्रवृत्तियाँ उठ रही है। हमारे यहाँ कितने सामुदायिक, जातिगत, भाषा-संबंधी, प्रांतीय तथा अन्य मतभेद हैं। अतः आवश्यकता ऐसे लोगों की है जो चरित्र के पक्के हों तथा सूक्ष्मदृष्टि रखते हों, जो छोटे-छोटे समुदायों और क्षेत्रों के हित के लिए पूरे देश के हितों की बलि न दें और जो विभिन्नताओं से जन्मे पूर्वग्रहों से ऊपर उठ सकें। हम केवल यह आशा ही कर सकते हैं कि देश में ऐसे व्यक्ति प्रचुर संख्या में उभरेंगे।...जिन्होंने पहले देश की सेवा की है उन्हें अपनी पुरानी सफलताओं के सहारे अब आराम नहीं करना चाहिए और न यह सोचना चाहिए कि वे अपना काम पूरा कर चुके और अब तो फल भोगने का समय है। किसी भी ऐसे व्यक्ति के लिए जिसकी अपने काम में सच्ची निष्ठा हो ऐसा आराम का समय कभी आता ही नहीं। भारत में तो जो काम अब हमारे सामने है वह स्वाधीनता संघर्ष से भी अधिक कठिन है। उस समय हमारे सामने विभिन्न भागों में सामंजस्य स्थापित करने की समस्या नहीं थी, बाँटने के लिए पद-स्थानों के प्रलोभन नहीं थे, साझे के लिए हमारे हाथों में कोई शक्ति और सत्ता नहीं थी। अब हमारे पास यह सब कुछ है और सचमुच प्रलोभन बहुत बड़े हैं। ईश्वर हमें इतनी बुद्धि और बल दे कि हम इन सब प्रलोभनों से ऊपर उठा सकें और उस देश की सेवा कर सकें जिसे स्वाधीन कराने में हम सफल हुए हैं।''

2

संविधान की आत्मा–उद्देशिका

हम भारत के लोग, भारत को एक **संपूर्ण प्रभुत्व-संपन्न समाजवादी पंथनिरपेक्ष लोकतंत्रात्मक गणराज्य** बनाने के लिए, तथा उसके समस्त नागरिकों को : सामाजिक, आर्थिक और राजनीतिक **न्याय,** विचार, अभिव्यक्ति, विश्वास, धर्म और उपासना की **स्वतंत्रता,** प्रतिष्ठा और अवसर की **समता** प्राप्त कराने के लिए, तथा उन सबमें **व्यक्ति की गरिमा और अखंडता** और **राष्ट्र की एकता** सुनिश्चित करनेवाली **बंधुता** बढ़ाने के लिए दृढ़संकल्प होकर अपनी इस संविधान सभा में आज तारीख 26 नवंबर, 1949 ई. (मिती मार्गशीर्ष शुक्ला सप्तमी, संवत् 2006 विक्रमी) को एतद्द्वारा इस संविधान को अंगीकृत, अधिनियमित और आत्मार्पित करते हैं।

संविधान राष्ट्र का मूलभूत अधिनियम है। वह राज्य के विभिन्न अंगों का गठन कर उन्हें शरीर देता है, शक्ति देता है। उसके शरीर गठन के पीछे, अंगों की व्यवस्था के पीछे एक प्रेरणा होती है, एक आत्मा होती है जिसको शब्द-रूप मिलता है उद्देशिका में। प्रायः सभी लिखित संविधानों[1] के प्रारंभ में एक संक्षिप्त उद्देशिका होती है जिसके द्वारा संविधानों के निर्माता उन आधारभूत आदर्शों, आस्थाओं और प्रेरणाओं को वाणी देने का प्रयास करते हैं जिन पर राष्ट्र की नींव रखनी होती है। उद्देशिका आधारशिला है तो संविधान उस पर खड़ी अट्टालिका; उद्देशिका लक्ष्य-निर्देश है तो संविधान के विभिन्न अनुच्छेद इस लक्ष्य की सिद्धि के साधन।

भारत के उच्चतम न्यायालय के बेरूबारी वाद के अपने निर्णय में उद्देशिका को संविधान अथवा अधिनियम के निर्माताओं के आशय को स्पष्ट करनेवाली कुंजी कहा है। यदि संविधान के किसी अनुच्छेद अथवा किसी अधिनियम के उपबंध की भाषा अस्पष्ट हो और उसका ठीक-ठीक अर्थ जानने में कठिनाई हो तो उसकी व्याख्या करने के लिए उद्देशिका का आश्रय लिया जा सकता है और उसके संदर्भ में यह निर्णय

---

1. देखिए विभिन्न देशों के संविधान, उदाहरणार्थ जापान (1946), चौथे फ्रांसीसी गणराज्य (1946), पाँचवें फ्रांसीसी गणराज्य (1958), संयुक्त राज्य अमरीका (1787), आयरलैंड (1937)।

हो सकता है कि अमुक शब्दों का प्रयोग व्यापक परिप्रेक्ष्य में किया गया है अथवा संकुचित परिप्रेक्ष्य में।[2]

शब्द चयन, सौंदर्य एवं गरिमा की दृष्टि से भारतीय संविधान की उद्देशिका विश्व के संवैधानिक साहित्य में अद्वितीय है।[3] इस उद्देशिका में चित्रित है स्वाधीनता संघर्ष के सेनानियों और संविधान के निर्माताओं की कल्पना का भावी भारत। इसके शब्दों के पीछे भारतीय जनता के मानस को छूने की अदम्य शक्ति है। इसका एक-एक शब्द एक चित्र है, चित्र जो बोलता है, एक कहानी कहता है—तपस्या, त्याग और बलिदान की कहानी। इन चित्रों में एक ओर अतीत सिमट आया है तो दूसरी ओर भावी सजीव हो उटा है, एक ओर देश की युगयुगीन राष्ट्रीय साधना की चरम परिणति हुई है तो दूसरी ओर इसमें उन उदात्त और चिरंतन लक्ष्यों का निरूपण किया गया है जिनकी सर्वांगीण सिद्धि के लिए भारत के जन-जन को चाहे उसकी कोई भी भाषा, धर्मजाति और पेशा हो—प्राणपण से प्रयत्नशील होना चाहिए।

उद्देशिका संविधान का अंग है या नहीं, इस विषय पर कुछ वर्षों तक मतवैभिन्नय रहा। बेरूबाड़ी के मामले में, न्यायमूर्ति गजेंद्र गडकर ने कहा था कि उद्देशिका संविधान का अंग नहीं है। यह विधान मंडलों या राज्य के अन्य अंगों को कोई महत्त्वपूर्ण शक्तियाँ प्रदान नहीं करती। निश्चय ही कोई भी शक्ति या अधिकार केवल संविधान के उपबंधों द्वारा अभिव्यक्त अथवा निहित रूप में दिए जा सकते हैं। न्यायमूर्ति एम. हिदायतुल्ला ने 12 सितंबर, 1968 को फीरोज गाँधी स्मारक व्याख्यानमाला के अंतर्गत भाषण देते हुए कहा था कि भारतीय संविधान की उद्देशिका समूचे संविधान की आत्मा है, शाश्वत और अपरिवर्तनीय। उद्देशिका में संवैधानिक जीवन के वैविध्य का भी उल्लेख मिलता है और भविष्य-दर्शन भी। पर उद्देशिका के उद्देश्य और उसकी भविष्यवाणी सच नहीं हुई है। चारों ओर दुराग्रह तथा विरोध के स्वर सुनाई दे रहे हैं तथा असहिष्णुता की प्रवृत्ति बढ़ती जा रही है। यह दुर्भाग्य की बात है कि संविधान के निर्माताओं ने उद्देशिका के निहितार्थों की व्याख्या नहीं की और उसकी विभिन्न व्याख्याओं के लिए अवकाश छोड़ दिया। जैसा कि बाद में *भारतीचंद्र बनाम मैसूर राज्य* (ए आई आर, 1970, एस 2042) के मामले में उच्चतम न्यायालय ने निर्णय दिया, निदेशक तत्त्वों तथा मूल अधिकारों को भी उद्देशिका में प्रतिष्ठित उद्देश्यों के प्रकाश में अधिक अच्छी तरह समझा जा सकता है।

बेरूबाड़ी के मामले में, ऐसा प्रतीत होता है कि उच्चतम न्यायालय ने इस तथ्य की ओर ध्यान नहीं दिया कि किसी अधिनियम की उद्देशिका पर विधान मंडलों के

2. ए. आई. आर., 1960, एस. सी. 845 (856)
3. सर अर्नेस्ट बार्कर ने अपने ग्रंथ **'प्रिंसिपल्स ऑफ सोशल एंड पोलिटिकल थ्योरी'** में भारतीय संविधान की उद्देशिका को ज्यों-का-त्यों उद्धृत किया है और उसे अपनी पुस्तक की अंतर्वस्तु सारांश कहा है। देखिए, सर अर्नेस्ट बार्कर, **प्रिंसिपल्स ऑफ सोशल एंड पोलिटिकल थ्योरी'**, ऑक्सफोर्ड पेपरबैक्स, 1961, प्रिफेस, पृ. VI।

सदनों में बहस नहीं की जाती या मतदान नहीं होता, किंतु इसके विपरीत हमारे संविधान की उद्देशिका पर संविधान सभा में संविधान के किसी भी अन्य भाग की तरह पूरी बहस हुई थी। उसे विधिवत् अधिनियमित तथा अंगीकृत किया गया था। उद्देशिका पर अंतिम मतदान कराते समय संविधान सभा के अध्यक्ष ने कहा था : "प्रस्ताव यह है कि उद्देशिका संविधान का अंग बने", अतः यह उचित ही था कि उच्चतम न्यायालय ने बाद में अपने निर्णय में संशोधन कर दिया।

केशवानंद भारती बनाम केरल राज्य के मामले में, अधिसंख्य न्यायाधीशों ने संविधान सभा के वाद-विवाद का हवाला देते हुए निर्णय दिया कि उद्देशिका संविधान का अंग है। न्यायमूर्ति सीकरी ने कहा कि संविधान की उद्देशिका का विधायी इतिहास इसके महत्त्व को उचित ठहराता है। उद्देशिका संविधान का केवल एक अंग ही नहीं है, बल्कि "वह अत्यधिक महत्त्वपूर्ण है तथा संविधान को उद्देशिका में अभिव्यक्त महान् तथा उदात्त भविष्य-निरूपण के प्रकाश में पढ़ा जाना चाहिए तथा उसका निर्वचन किया जाना चाहिए।" संविधान के किसी भी उपबंध में केवल अनुच्छेद-368 के अधीन "उद्देशिका तथा संविधान की मोटी-मोटी रूपरेखा के अंतर्गत रहते हुए" संशोधन किया जा सकता है। वस्तुतया उच्चतम न्यायालय ने संविधान के अपरिवर्तनशील बुनियादी तत्त्वों का स्रोत उद्देशिका के शब्दों में खोजने का प्रयास किया और निर्णय दिया कि संविधान के उपबंधों में कोई ऐसा संशोधन नहीं किया जा सकता जिससे उसके बुनियादी स्वरूप में परिवर्तन हो जाए। हालाँकि बुनियादी तत्त्वों की सूक्ष्म परिभाषा नहीं की गई, फिर भी उद्देशिका में वर्णित बुनियादी तत्त्वों का विशिष्ट रूप से उल्लेख किया गया।

उच्चतम न्यायालय के शब्दों में, "हमारे संविधान का प्रासाद उद्देशिका में वर्णित बुनियादी तत्त्वों पर खड़ा है। यदि इसमें से किसी भी तत्त्व को हटा दिया जाए तो सारा ढाँचा ही ढह जाएगा और संविधान वही नहीं रह जाएगा अर्थात् अपना व्यक्तित्व और पहचान खो देगा।" इस प्रकार, अब यह मान लिया गया है कि उद्देशिका में समाविष्ट संविधान के बुनियादी तत्त्वों या उसकी विशेषताओं को अनुच्छेद-368 के अधीन किसी संशोधन द्वारा उलटा नहीं जा सकता।

किंतु भले ही उद्देशिका को अब संविधान का एक अभिन्न अंग माना जाता है, फिर भी यह भी अपनी जगह सत्य है कि यह न तो किसी शक्ति का कोई स्रोत है और न ही उसको किसी प्रकार सीमित करता है। सबसे पहले इस बात की घोषणा बेरूबाड़ी के मामले में की गई थी। न्यायमूर्ति मैथ्यू ने *इंदिरा गाँधी बनाम राजनारायण* (ए आई आर, 1975, एस सी 2291) के मामले में इसे दोहराया।

उद्देशिका की शब्दावली के शब्द और पद ऐसे हैं जिनमें प्राच्य या पाश्चात्य सभी परंपराओं के सर्वश्रेष्ठ तत्त्वों का निचोड़ है और जो प्रयोग की दृष्टि से सार्वभौम हैं–उनकी चाहे किसी भी दृष्टि से व्याख्या की जाए। वस्तुतः भारतीय संविधान की उद्देशिका में संविधान का सार है, दर्शन है। संविधान के सभी उपबंध इसमें निहित

भावनाओं की स्फूर्ति ग्रहण करते हैं। यहाँ जिन तथ्यों, सिद्धांतों तथा आदर्शों का निरूपण हुआ है, वे समूचे संविधान में अंतर्व्याप्त हैं और संविधान की विभिन्न धाराओं का उद्गम उद्देशिका में विद्यमान है। सच तो यह है कि उद्देशिका के आधार पर हमारे समूचे संविधान का अध्ययन ही नहीं, अपितु पुनर्निर्माण तक किया जा सकता है।

उद्देश्य प्रस्ताव[4]

यों तो उद्देशिका में मूर्त आदर्शों और आकांक्षाओं के स्रोत सैकड़ों वर्ष पुराने हैं, तथापि संविधान सभा में उद्देशिका का जन्म उस उद्देश्य प्रस्ताव से हुआ जिसे भारतीय क्रांति के अग्रदूत जवाहरलाल नेहरू ने संविधान सभा की प्रथम बैठक के पाँचवें दिन 13 दिसंबर, 1946 को सभा के सम्मुख प्रस्तुत किया।

सचमुच में यह प्रस्ताव 'भारतीय स्वतंत्रता का घोषणा पत्र' था। इसे प्रस्तुत करते समय जवाहरलाल नेहरू ने एक अत्यंत भावपूर्ण तथा ओजस्वी भाषण में बताया कि उनके प्रस्ताव का उद्देश्य है कि "देश की करोड़ों जनता को, जो हमारी ओर देख रही है, तथा सारी दुनिया को यह आभास दे दे कि हम क्या करेंगे, हमारा ध्येय क्या है और हम किस दिशा में जा रहे हैं।" उन्होंने कहा–

> "प्रस्ताव होते हुए भी यह प्रस्ताव से बहुत कुछ ज्यादा है। यह एक घोषणा है, यह एक दृढ़निश्चय है, यह एक प्रतिज्ञा और दायित्व है और हम सबके लिए तो, हमें विश्वास है कि यह एक व्रत है...यह प्रस्ताव संसार को टूटे-फूटे शब्दों में यह बताना चहाता है कि हमने इतने दिनों से किस बात की अभिलाषा कर रखी थी, हमारा स्वप्न क्या था !"

22 जनवरी, 1947 का नेहरू ने वाद-विवाद का उत्तर दिया और उसके बाद उसी दिन संविधान सभा ने प्रस्ताव को अंगीकृत किया।[5]

विभिन्न प्रारूप

चूँकि उद्देश्य प्रस्ताव की स्वीकृति एक प्रकार की प्रतिज्ञा थी जो संविधान सभा ने भारतीय जनता से की थी, अतः यह आशा करना स्वाभाविक ही था कि संविधान में प्रस्ताव में निरूपित आदर्शों और सिद्धांतों को उचित स्थान प्राप्त करना होगा। पर इसमें एक बाधा थी; प्रस्ताव का एक बुनियादी सिद्धांत अवशिष्ट शक्तियों से युक्त स्वायत्तशासी एककों का था। यह सिद्धांत 'देश की प्रशासनिक आवश्यकताओं'[6] के

---

4. अध्याय 1 में देखिए।

5. **कॉन्स्टीट्यूटएंट असेंबली डिबेट्स,** 13, 16-19 दिसंबर, 1946 और 20-22 जनवरी, 1947। नेहरू के भाषण का संविधान सभा पर जो जादुई असर पड़ा था, उसके विवरण के लिए देखिए 14 दिसंबर, 1946 का **'द हिंदू'** तथा **'द हिंदुस्तान टाइम्स'** और **'मित्राज एनुअल रजिस्टर'**।

6. संघ शक्ति समिति का दूसरा प्रतिवेदन, दिनांक 5 जुलाई, 1947।

संबंध में सभा के निर्णय के विरुद्ध था और इसे मुसलिम लीग के प्रति एक रियायत के रूप में ही स्वीकार किया गया था। अतः उद्देश्य प्रस्ताव को संविधान में सम्मिलित किया जाए या नहीं और यदि किया जाए तो किस रूप में ? इसका निर्णय तभी हो सकता था जब इस प्रश्न का निर्णय हो जाता कि देश को अखंड रहना है या विभाजित होना है। इसीलिए संघ संविधान के जो आरंभिक प्रारूप तैयार किए गए, उनमें उद्देशिका को केवल औपचारिक रूप में ही रखा गया। उदाहरण के लिए बेनेगल नरसिंह राव ने 30 मई, 1947 को संघ संविधान के संबंध में जो ज्ञापन दिया था, उसमें उद्देशिका का रूप यह था–

> "हम भारत के लोग, जो समान हित के लिए प्रयत्नशील हैं, एतद्द्वारा, अपने चुने हुए प्रतिनिधियों के माध्यम से यह संविधान अधिनियमित, अंगीकृत और आत्मार्पित करते हैं।"

3 जून, 1947 की मंत्रि-मिशन योजना की, जिसमें देश के विभाजन का तथा दो स्वतंत्र राज्यों–भारत और पाकिस्तान–की स्थापना का निर्णय निहित था, संविधान सभा पर तत्काल प्रतिक्रिया हुई तथा यह मत दृढ़ होने लगा कि देश में पृथकतावादी शक्तियों का सामना करने और संकटकालीन परिस्थितियों से जूझने के लिए शक्तिशाली केंद्र की स्थापना होनी चाहिए। मंत्रि-मिशन योजना के प्रकाशित होने के पाँच दिन बाद ही 8 जून, 1947 को संघ संविधान और प्रांतीय संविधान समितियों की उप-समिति ने सम्राट् की सरकार की नवीनतम घोषणा के संदर्भ में उद्देश्य प्रस्ताव में आवश्यक संशोधन करने के प्रश्न पर विचार किया और सुझाया कि इस प्रश्न पर अंतिम रूप से निर्णय भारत विभाजन की योजना (3 जून, 1947) के कार्यान्वित होने पर ही हो सकेगा।[7]

18 जुलाई, 1947 को नेहरू ने संविधान सभा के सदस्यों के बीच जो वक्तव्य परिचालित किया उसमें उन्होंने अन्य बातों के साथ-साथ यह भी कहा कि एक प्रकार से उद्देशिका उद्देश्य प्रस्ताव में आ ही गई है, पर देश की राजनीतिक स्थिति बदल जाने के कारण उसमें कुछ परिवर्तन करने होंगे। इसके बाद जब उन्होंने संघ संविधान समिति का प्रतिवेदन सभा के सामने विचार के लिए रखा, तब बताया कि उद्देशिका पर बाद में विचार होगा।

प्रारूप समिति ने फरवरी 1948 में कई बैठकों में उद्देशिका पर विचार किया। उद्देश्य प्रस्ताव में संघ के स्वरूप के बारे में जो धारणा निहित थी, प्रारूप समिति ने देश की परिवर्तित राजनीतिक परिस्थिति और उसके संबंध में संविधान सभा की प्रतिक्रिया को ध्यान में रखकर उसे त्याग दिया।[8] समिति का यह भी विचार था कि

---

7. संघ-संविधान और प्रांतीय संविधान समितियों की उप-समिति द्वारा नियुक्त संयुक्त उप-समिति को विशेष समिति बैठक का कार्यवृत्त, 8 जून, 1947।

8. संघ संविधान समिति की प्रतिवेदन पर नेहरू का वक्तव्य, 18 जुलाई 1947, **कॉन्स्टीट्यूएंट असेंबली डिबेट्स,** खंड 8, पृ. 720।

नए राज्य के मूलस्वरूप का तथा उसके आधारभूत सामाजिक-राजनीतिक लक्ष्यों का ही निरूपण होना चाहिए, अन्य विषयों का संविधान के मूल उपबंधों में विवेचन हो सकता है।[9] फलतः प्रारूप समिति ने अपने फरवरी 1948 के प्रारूप में उद्देशिका को निम्नलिखित रूप में स्वीकार किया—

> "**हम भारत के लोग,** भारत को एक **संपूर्ण प्रभुत्व-संपन्न लोकतंत्रात्मक गणराज्य** बनाने के लिए, तथा उसके समस्त नागरिकों को : सामाजिक, आर्थिक और राजनीतिक **न्याय,** विचार, अभिव्यक्ति, विश्वास, धर्म और उपासना की **स्वतंत्रता,** प्रतिष्ठा और अवसर की **समता** प्राप्त कराने के लिए, तथा उन सबमें **व्यक्ति की गरिमा** और **राष्ट्र की एकता** सुनिश्चित करनेवाली **बंधुता** बढ़ाने के लिए दृढ़संकल्प होकर अपनी इस संविधान सभा में आज तारीख (मई 1948) को एतद्द्वारा इस संविधान को अंगीकृत, अधिनियमित और आत्मार्पित करते हैं।"

वाद-विवाद और स्वीकृति

संविधान सभा ने प्रारूप पर 17 अक्तूबर, 1949 का विचार किया। सभा के अध्यक्ष डॉ. राजेंद्र प्रसाद के मत से इस पर सबसे अंत में विचार करने का कारण यह देखना था कि वह संपूर्ण संविधान के अनुकूल है या नहीं। इस अवसर पर कुछ सदस्यों ने संशोधन प्रस्तुत किए, पर सभा ने उन सभी को अस्वीकृत कर दिया। उदाहरण के लिए हसरत मोहानी चाहते थे कि 'सोवियत समाजवादी गणराज्य संघ' के ढंग पर भारत को 'भारतीय समाजवादी गणराज्य संघ' कहा जाए। यह संशोधन संविधान की आत्मा के प्रतिकूल समझा गया और सभा ने उसे तत्काल अस्वीकार कर दिया। हरि विष्णु कामथ का संशोधन था कि उद्देशिका के आरंभ में 'ईश्वर के नाम में' शब्द रखे जाएँ। कामथ के संशोधन पर सभा में जोरदार बहस हुई और उसके बाद मतदान हुआ। मतदान में संशोधन के पक्ष में 41 और विपक्ष में 68 मत आए। संशोधन के विरोध में बोलनेवालों का कहना था कि ईश्वर का नाम लेना धर्म की स्वतंत्रता के प्रतिकूल है जिसका उद्देशिका में भी आश्वासन है और मूल अधिकारों में भी।

सभा ने उद्देशिका को बिना किसी परिवर्तन के स्वीकार किया। बाद में उसमें मई 1948 के स्थान पर तारीख 26 नवंबर, 1949 ई. (मिति मार्गशीर्ष शुक्ला संवत् 2006 विक्रमी) जोड़ दिए गए उस तारीख का पता चल सके जब संविधान सभा ने अंतिम रूप से संविधान स्वीकार किया था।

---

9. **कॉन्स्टीट्यूटएंट असेंबली डिबेट्स,** खंड 4 और 5। संघ संविधान समिति के दूसरे प्रतिवेदन पर वाद-विवाद (21, 23, 25 और 28-31 जुलाई, 1947) और संघीय शक्ति समिति के दूसरे प्रतिवेदन पर वाद-विवाद (20-22, 25 और 26 अगस्त, 1947)।

उद्देशिका की व्याख्या

संविधान निर्माता चाहते थे कि भारत का संविधान समाजवाद, साम्यवाद या पूँजीवाद जैसे किसी विशिष्ट सामाजिक, आर्थिक, राजनीतिक दर्शन का अंधानुयायी न हो। उसकी आर्थिक नीति किन्हीं वादों और गतानुगतिक सूत्रों की सीमाओं में नहीं बँधे। वह अनिवार्यतः व्यवहारोपयोगी हो। इसका सजीव प्रमाण था भारतीय संविधान की उद्देशिका का वह रूप जिसमें संविधान सभा ने उसे स्वीकार किया था। उसमें समाजवाद आदि का भी कोई जिक्र नहीं था।

उद्देशिका पर आधुनिक युग की तीन महान् क्रांतियों का प्रभाव पड़ा था–फ्रांसीसी, अमरीकी और रूसी क्रांतियों का। फ्रांसीसी क्रांति में स्वतंत्रता, समानता और बंधुता पर जोर दिया गया था, अमरीकी क्रांति में राजनीतिक स्वतंत्रता तथा व्यक्ति स्वातंत्र्य पर और रूसी क्रांति में आर्थिक समानता पर। भारतीय क्रांति के सूत्रधारों ने आरंभ से ही इन तीनों क्रांतियों की चिरंतन देन को स्मरण रखा और उसमें समन्वय स्थापित करने का प्रयत्न किया। भारतीय संविधान की उद्देशिका में पहला स्थान स्वतंत्रता, समानता और बंधुता को नहीं, प्रत्युत न्याय को दिया गया और फिर न्याय के विविध आयामों–सामाजिक, आर्थिक और राजनीतिक न्याय–का संकेत दिया गया।

उद्देशिका के वास्तविक महत्त्व को समझने के लिए आवश्यक होगा कि हम उसके कुछ मुख्य शब्दों तथा पदों का विश्लेषण करें और फिर देखें कि संविधान के विविध उपबंधों में उन्हें कहाँ तक मान्यता मिली है।

'हम भारत के लोग'

भारतीय संविधान में ऐसा कोई स्वतंत्र अनुच्छेद नहीं है, जिसमें कहा गया हो कि सारी शक्तियाँ जनता से प्राप्त हुई हैं अथवा प्रभुता जनता में निहित है। यह कहना कई दृष्टियों से आवश्यक था। कुछ तो इसलिए कि भविष्य में प्रभुसत्ता के आवास के प्रश्न को लेकर यह वाद-विवाद उठ सकता था कि उसका वास्तविक अधिष्ठान कहाँ है–उच्चतम विधान मंडल में, उच्च कार्यांग में या उच्चतम न्यायपालिका में और कुछ इसलिए भी कि देशी रियासतों के शासक अकसर यह दावा किया करते थे कि उनकी रियासतों को जो कुछ शक्ति प्राप्त है, वह व्यक्तिगत रूप से उनमें निहित है और उन्होंने अपनी यह शक्ति प्रजा से नहीं, प्रत्युत सीधे अपने दैवी अधिकार के आधार पर प्राप्त है। 'हम भारत के लोग' शब्दावदी के प्रयोग द्वारा संविधान निर्माताओं ने प्रभुसत्ता-विषयक सभी विवाद सदा के लिए समाप्त करने का प्रयास किया।

'हम भारत के लोग' पदावली अमरीका और आयरलैंड के संविधान की प्रस्तावना के इन आरंभिक शब्दों की याद दिलाती है कि प्रभुता अंततः जनता में निहित है और संविधान जनता के प्राधिकार पर आधारित है। इस संविधान को 1935 के भारतीय शासन अधिनियम की भाँति किसी विदेशी सत्ता ने आरोपित नहीं किया, बल्कि उसे जनता के निर्वाचित प्रतिनिधियों ने अच्छी स्वेच्छा से 'अंगीकृत, अधिनियमित और

आत्मार्पित' किया है।

प्रस्तावना में उल्लिखित 'हम भारत के लोग' पदावली में एक और भी अर्थ निहित है और वह यह कि 'हम सब भारत के लोग' हैं; राज्यों के नहीं; और 'भारत के लोग' एक हैं। संविधान का निर्माण राज्यों ने अथवा अनेक राज्यों के लोगों ने नहीं किया है, बल्कि समूचे भारत के लोगों ने अपनी सामूहिक क्षमता से किया है। इसलिए संवैधानिक दृष्टि से कोई राज्य अथवा राज्य-समूह न तो हमारे संविधान का अंत कर सकता है और न वह संविधान द्वारा निर्मित संघ से बाहर जा सकता है। इन शब्दों की सार्थकता संविधान के अनेक उपबंधों से प्रमाणित हो जाती है। संयुक्त राज्य अमरीका के संविधान की उद्देशिका में 'संयुक्त राज्यों के लोग' शब्दावली का प्रयोग किया गया था और संघ की अविनश्यता सिद्ध करने के लिए एक गृहयुद्ध की आवश्यकता पड़ी, लेकिन भारतीय संविधान के इन उपबंधों से यह स्पष्ट कर दिया गया कि भारत संघ अविनश्य है और राज्यों को संघ से अलग हो जाने का कोई अधिकार नहीं। संविधान के अनुच्छेद-2, 3 और 4 में यह कहा गया है कि संसद विधि द्वारा संघ में नए राज्यों का प्रवेश या स्थापना कर सकती है और नए राज्यों के निर्माण तथा वर्तमान राज्यों के क्षेत्रों, सीमाओं या नामों के परिवर्तन का भी उसे अधिकार है। ये उपबंध स्वतंत्र तथा स्वायत्तशासी राज्यों की धारणा का अंत कर देते हैं।

इस संबंध में यह भी स्मरण रखने की बात है कि सारे भारत में केवल एक नागरिकता—भारतीय नागरिकता—है। प्रत्येक भारतीय समूचे देश का नागरिक है, पृथक् से किसी राज्य का नहीं।[10] संयुक्त राज्य अमरीका जैसे संघात्मक संविधानों में नागरिकों को दोहरी नागरिकता प्राप्त है—अपने राज्य की तथा संघ की। लेकिन भारतीय संविधान ने एक ही नागरिकता का विधान कर देश के लिए एक-सी शासन व्यवस्था का निरूपण किया है। संविधान के नागरिकता संबंधी उपबंधों में यह भी स्पष्ट कर दिया है कि नागरिकता का विनियमन संघ संसद ही कर सकती है। राज्यों का उसमें कोई हाथ नहीं है।

'संपूर्ण प्रभुत्व-संपन्न'

'संपूर्ण प्रभुत्व-संपन्न' पद संभवतः आयरलैंड के संविधान के अनुच्छेद-5 से लिया गया है। राजनीति विज्ञान में प्रभुता शब्द का अभिप्राय राजनीतिक समाज के अंतर्गत उस सर्वोच्च शक्ति से है जिस पर भीतर या बाहरी किसी अन्य शक्ति का कोई नियंत्रण नहीं होता। प्रभुता के दो पहलू हैं—आंतरिक प्रभुता और बाहरी प्रभुता। आंतरिक प्रभुता का संबंध उस उच्च अधिकार शक्ति से है जिसे राज्य अपने नियंत्रित प्रदेश में कार्यान्वित करता है। बाहरी प्रभुता से तात्पर्य है कि राज्य पर अन्य किसी बाहरी सत्ता का न कोई दबाव है और न कोई अधिकार।

10. देखिए नागरिकता संबंधी अनुच्छेद 5 से 11 तक

'संपूर्ण प्रभुत्व-संपन्न' पद से व्यक्त होता है कि भारत पूर्ण रूप से प्रभुता-संपन्न राज्य है और कानूनी दृष्टि से न तो उसके ऊपर किसी आंतरिक शक्ति का प्रतिबंध है और न किसी बाहरी शक्ति का। आंतरिक क्षेत्र में, यद्यपि भारतीय संविधान में संघ तथा राज्यों के बीच शक्तियों का वितरण किया गया है, पर यहाँ विभक्त प्रभुता के सिद्धांत के लिए कोई अवकाश नहीं है क्योंकि यद्यपि सामान्य कालों में शक्तियों के वितरण को बनाए रखना है, पर आपात स्थिति में तथा कुछ और विशिष्ट स्थितियों में संविधान ने संघ सरकार को यह शक्ति दी है कि वह राष्ट्रहित में राज्यों की शक्तियों का अतिक्रमण कर सकता है। प्रभुता समूची भारतीय जनता में अथवा भारतीय गणराज्य में निहित है, उसके किसी अंगभूत भाग में नहीं। बाह्य प्रभुसत्ता अथवा अंतर्राष्ट्रीय विधि में प्रभुसत्ता का अभिप्राय यह है कि राज्य अन्य राज्यों के संदर्भ में पूर्ण स्वतंत्र होता है और उसकी विदेशी नीति अथवा अंतर्राष्ट्रीय संबंधों पर कोई अंकुश नहीं होता। भारतीय स्वतंत्रता अधिनियम, 1947 के पास होने के बाद भारत ब्रिटिश साम्राज्य का आश्रित राज्य नहीं रहा और इस अधिनियम के बाद भी जो थोड़े से प्रतिबंध रह गए थे, वे भी भारतीय संविधान की स्वीकृति के साथ समाप्त हो गए। अब भारत उसी प्रकार संपूर्ण प्रभुत्व-संपन्न राज्य है और जिस प्रकार संयुक्त राज्य अमरीका, इंग्लैंड, फ्रांस अथवा संसार का अन्य कोई स्वाधीन राज्य।

उद्देशिका के अंतिम शब्दों से यह ध्वनि निकलती है कि संविधान को उसी समय अंगीकृत किया जा रहा था और बाहर की किसी सत्ता द्वारा उसका अनुसमर्थन अथवा अनुमोदन आवश्यक नहीं था। संविधान अंगीकृत होते ही देश की उच्चतम विधि बन गया और भारत के लोगों ने उसे बाहर के किसी हस्तक्षेप के बिना ही अपनी स्वतंत्र इच्छा से स्वीकार किया।

राष्ट्रमंडल की सदस्यता

बाहरी क्षेत्र में भारत की संपूर्ण प्रभु-संपन्नता की स्थिति का एक विचारणीय पहलू यह है कि भारत राष्ट्रमंडल का सदस्य है। क्या इससे प्रभुसत्ता पर कुछ आँच आती है ?

27 अप्रैल, 1948 को लंदन में राष्ट्रमंडल के 8 देशों (इंग्लैंड, कनाडा आस्ट्रेलिया, न्यूजीलैंड, दक्षिण अफ्रीका, भारत, पाकिस्तान और श्रीलंका) के प्रधान मंत्रियों का जो सम्मेलन हुआ था, उसमें भारत के आसन्न वैधानिक परिवर्तनों पर विचार किया गया और निम्न घोषणा की गई थी–

> ''भारत सरकार ने राष्ट्रमंडल की अन्य सरकारों को भारतीय जनता के इस इरादे से सूचित किया है कि नए संविधान के अधीन, जो अंगीकृत किया जानेवाला है, भारत सर्व प्रभुत्व-संपन्न स्वतंत्र गणराज्य होगा। लेकिन भारत सरकार ने यह घोषणा और अभिपुष्टि की है कि भारत राष्ट्रमंडल का पूरा सदस्य बना रहना चाहता है और सम्राट् को स्वतंत्र राष्ट्रों के स्वतंत्र सहयोग

> के प्रतीक तथा इस नाते राष्ट्रमंडल के प्रधान के रूप में स्वीकार करता है। राष्ट्रमंडल के अन्य देशों की सरकारें, जिनकी राष्ट्रमंडल की सदस्यता का आधार इसके द्वारा नहीं बदलता, इस घोषणा की शर्तों के अनुसार भारत को क्रमागत स्वतंत्रता को स्वीकार करती हैं और उसे मान्यता देती हैं...।"

इस घोषणा से स्पष्ट है कि राष्ट्रमंडल की सदस्यता से भारत की प्रभुसत्ता पर कोई आघात नहीं होता और वह अपने आंतरिक तथा बाहरी मामलों में पूरी तरह स्वतंत्र है और उसके ऊपर किसी प्रकार की कोई मर्यादा नहीं है। श्री नेहरू और सरदार पटेल ने राष्ट्रमंडल का सदस्य बन जाने के तुरंत बाद यह स्थिति स्पष्ट कर दी थी। श्री नेहरू ने 10 मई, 1949 को आकाशवाणी, दिल्ली से भाषण देते हुए कहा था–

> "हमने केवल यह स्वीकार किया है कि ब्रिटिश सम्राट् स्वतंत्र राष्ट्रमंडलीय देशों के आपसी स्वतंत्र संपर्कों में पूर्ण स्वतंत्र राष्ट्रों की एकता का प्रतीक मात्र होगा...। हमारा संविधान पूर्ण गणतंत्रीय है। हमारे शासन में सम्राट् की कोई स्थिति नहीं है।"

सरदार पटेल ने भी 28 अप्रैल, 1949 को नई दिल्ली में इसी आशय के विचार प्रकट किए थे। उन्होंने कहा था–

> "भारत संपूर्ण प्रभुत्व-संपन्न स्वतंत्र गणराज्य है। इसलिए हमारे राष्ट्रमंडल का सदस्य बने रहने का भारत पर कोई प्रभाव नहीं पड़ता।"

राष्ट्रमंडल पूर्ण स्वतंत्र राष्ट्रों का स्वतंत्र और स्वैच्छिक समागम है और उसके प्रत्येक सदस्य राज्य की स्थिति पूर्णतः स्वतंत्र और समान दर्जे की है। राष्ट्रमंडल का सदस्य बने रहने से भारत के ऊपर कोई दायित्व नहीं आते और न राष्ट्रमंडल में ऐसे निर्णय किए जाते हैं जो भारत अथवा अन्य किसी सदस्य राज्य के लिए बंधनकारी हों। ब्रिटिश राजमुकुट और औपचारिक प्रधानता के बावजूद भारत एक गणराज्य है और उसका अपना एक निर्वाचित राष्ट्रपति है। भारत की राष्ट्रमंडल की सदस्यता संसद के एक प्रस्तावमात्र पर आधारित है। भारत ने यह सदस्यता स्वेच्छा से स्वीकार की है और वह स्वेच्छा से जब चाहे तब इसका अंत कर सकता है। संविधान में स्वयं राजमुकुट अथवा राष्ट्रमंडल का कहीं कोई निर्देश नहीं है। उसने किसी उच्चतर शक्ति को मान्यता नहीं दी है। गणराज्य होने के नाते उसकी शक्ति का एक ही स्रोत है–'हम भारत के लोग'। इतिहास में नाजी गणराज्य तथा कुछ अन्य अर्वाचीन गणराज्य भी ऐसे हुए हैं जिनमें शक्ति केवल थोड़े से लोगों अथवा स्वेच्छाचारी और निरंकुश व्यक्तियों के ही हाथों में केंद्रित रही है। इसलिए भारतीय संविधान में यह स्पष्ट कर दिया गया है कि हमारा गणराज्य लोकतंत्रात्मक गणराज्य है।

प्रभुसत्ता के संबंध में हमें यह नहीं भूलना चाहिए कि आज की अंतर्राष्ट्रीय स्थिति में प्रभुसत्ता की परंपरागत मान्यता सही नहीं रही। संसार प्रतिदिन छोटा होता जा रहा है और विज्ञान तथा प्रौद्योगिकी की नवीनतम प्रवृत्तियों के फलस्वरूप संसार के विविध

राष्ट्र अधिकाधिक अन्योन्याश्रित होते जा रहे हैं। संयुक्त राष्ट्र संघ की स्थापना तथा राष्ट्रों का स्वेच्छा से उसकी तथा अन्य अंतर्राष्ट्रीय संगठनों की सदस्यता स्वीकार करना कुछ हद तक प्रभुसत्ता पर आघात है। राष्ट्रों ने अपनी प्रभुसत्ता पर इन प्रतिबंधों का आरोप स्वेच्छा से किया है। प्रभुसत्ता का हम लोग परंपरा से जो अर्थ समझते रहे हैं, उसके अनुसार आज संसार का कोई भी राष्ट्र संभवतः प्रभुसत्ता-संपन्न न माना जा सके।

समाजवाद

संविधान निर्माता नहीं चाहते थे कि संविधान किसी विचारधारा या वाद-विशेष से जुड़ा हो या कियी आर्थिक सिद्धांत द्वारा सीमित हो। इसलिए वे उसमें, अन्य बातों के साथ-साथ, समाजवाद के किसी उल्लेख को सम्मिलित करने के लिए सहमत नहीं हुए थे। किंतु उद्देशिका में सभी नागरिकों को आर्थिक न्याय और प्रतिष्ठा तथा अवसर की समानता दिलाने के संकल्प का जिक्र अवश्य किया गया था। संविधान (42वाँ संशोधन) अधिनियम, 1976 के द्वारा हमारे 'गणराज्य' की विशेषता दर्शाने के लिए 'समाजवादी' शब्द का समावेश किया गया। यथासंशोधित उद्देशिका के पाठ में 'समाजवाद' के उद्देश्य को प्रायः सर्वोच्च सम्मान का स्थान दिया गया है। 'संपूर्ण प्रभुत्व-संपन्न' के ठीक बाद इसका उल्लेख किया गया है। किंतु 'समाजवाद' शब्द की परिभाषा संविधान में नहीं की गई।

संविधान (45वाँ संशोधन) विधेयक में 'समाजवादी' की परिभाषा करने का प्रयास किया गया था उसके अनुसार इसका अर्थ था, 'सभी प्रकार के शोषण—सामाजिक, आर्थिक और राजनीतिक—से मुक्ति।' इस विधेयक को अंततः 44वें संशोधन के रूप में पास किया गया, किंतु इसमें 'समाजवादी' की परिभाषा करना कठिन है। विभिन्न लोग इसका भिन्न-भिन्न अर्थ लगाते हैं और इसकी कोई निश्चित परिभाषा नहीं है पर सामान्यतः इसका आशय यह है कि संसाधन पूर्णतः या अंशतया, सार्वजनिक हाथों में अर्थात् सार्वजनिक (अर्थात् राज्य के) स्वामित्व अथवा नियंत्रण में होने चाहिए।

समाजवादी का आशय यह है कि आय तथा प्रतिष्ठा और जीवन-यापन के स्तर में विषमता का अंत हो जाए। इसके अलावा, उद्देशिका में 'समाजवादी' शब्द जोड़ दिए जाने के बाद, संविधान का निर्वाचन करते समय न्यायालयों से आशा की जा सकती है कि उनका झुकाव निजी संपत्ति, उद्योग आदि के राष्ट्रीयकरण तथा उस पर राज्य के स्वामित्व के तथा समान कार्य के लिए समान वेतन के अधिकार के पक्ष में हो।

पंथनिरपेक्षता

शब्दकोशों में सेक्यूलेरिज्म (धर्मनिरपेक्षता या पंथनिरपेक्षता) की परिभाषा 'ऐहिलौकिक अथवा अनाध्यात्मिक', 'धर्म से संबंध न रखनेवाली', 'विश्वास की पद्धति जिसमें सभी प्रकार की धार्मिक आस्थाओं तथा उपासना को नकारा जाता है', 'अधार्मिक' पद्धति

आदि के रूप में की गई है। *'इंसाइक्लोपीडिया ब्रिटेनिका'* में सेक्यूलेरिज्म (पंथनिरपेक्षता) की परिभाषा 'उपयोगितावादी नैतिकता' के रूप में की गई है, जिसकी अभिकल्पना मानव जाति के भौतिक, आध्यात्मिक और नैतिक सुधार के लिए की गई हो और जो धर्म के आस्तिकता-संबंधी पक्ष की न तो पुष्टि करता है तथा न ही उसका खंडन करता है। *'इंसाइक्लोपीडिया ऑफ सोशल साइंसेज'* में इसकी परिभाषा ज्ञान का स्वायत्त क्षेत्र स्थापित करने के ऐसे प्रयास के रूप में की गई है जो अलौकिक पूर्वधारणाओं से मुक्त हो।

ए. आर. ब्लेकशीड ने पश्चिम में 'सेक्यूलेरिज्म' (पंथनिरपेक्षता) के अवबोधन तथा उसकी सीमाओं को नियत करने का प्रयास किया, पर वे इस शब्द की किसी ऐसी परिभाषा पर पहुँचने में असमर्थ रहे जो पूरी तरह से सक्षम तथा स्वीकार्य हो। वे इस निष्कर्ष पर पहुँचे कि यह यथार्थतया धर्म के विरुद्ध नहीं है, किंतु धर्म की परिभाषा करना भी सरल नहीं है। उनके अनुसार, 'पंथनिरपेक्षता' का अर्थ धार्मिक स्वतंत्रता तथा सहिष्णुता और हेतुवाद, भौतिकवाद और मानववाद आदि विचारों के प्रति आदर माना जा सकता है।

डोनाल्ड यूजीन स्मिथ ने भारतीय संदर्भ में पंथनिरपेक्षता की संकल्पना की निम्नलिखित शब्दों में एक तर्कपूर्ण परिभाषा प्रस्तुत करने का प्रयास किया है–

> "पंथनिरपेक्ष राज्य वह राज्य है जो धर्म की व्यक्तिगत तथा समवेत स्वतंत्रता प्रदान करता है, संवैधानिक रूप से किसी धर्म-विशेष से जुड़ा हुआ नहीं है और जो धर्म का न तो प्रचार करता है तथा न ही उसमें हस्तक्षेप करता है।"

जैसा कि न्यायमूर्ति देसाई ने कहा था, "एक पंथनिरपेक्ष राज्य व्यक्ति के साथ एक नागरिक के रूप में व्यवहार करता है और उसके पंथ की ओर ध्यान नहीं देता। वह किसी पंथ-विशेष से जुड़ा नहीं होता और वह न तो किसी पंथ को बढ़ावा देता है और न ही उसमें हस्तक्षेप करने का प्रयास करता है। अनिवार्य है कि एक पंथनिरपेक्ष राज्य का धार्मिक कार्यों से कोई संबंध न हो, सिवाय उस स्थिति के जब उनके प्रबंध में अपराध, धोखाधड़ी अंतर्ग्रस्त हों या वह राज्य की एकता तथा अंखडता के लिए खतरा बन जाए।"

जियाउद्दीन बुरहामुद्दीन बुखारी बनाम बृज मोहन रामदास मेहरा एंड ब्रदर्स (1975, सप्ली, ए सी आर 281) के मामले में अपना निर्णय सुनाते समय न्यायमूर्ति एम. एच. बेग ने कहा था–

> "पंथनिरपेक्ष, पंथ के सभी भेदभावों से ऊपर उठकर, अपने सभी नागरिकों का, उनके धार्मिक विश्वासों तथा व्यवहारों की ओर ध्यान दिए बिना, कल्याण सुनिश्चित करने का प्रयास करता है। यह सभी जातियों तथा संप्रदायों के नागरिकों को लाभ देने में तटस्थ या निष्पक्ष होता है। मेटलैंड का मत है कि इस प्रकार के राज्य को अपने कानूनों के माध्यम से यह

> सुनिश्चित करना होता है कि राजनीतिक या नागरिक अधिकार या इसके अधीन किसी पद या स्थिति को धारण करने या इससे संबंधित सरकारी कर्तव्य निभाने का अधिकार अथवा सामर्थ्य का अस्तित्व या प्रयोग किसी पंथ-विशेष की आस्था या उसके व्यवहार पर निर्भर न हो।
>
> हमारा संविधान तथा उसके अधीन बनाए गए कानून नागरिकों को उनके धार्मिक तथा पूरी तरह पृथक् किए जा सकने वाले कानून और राजनीति के पंथनिरपेक्ष क्षेत्रों के बीच सुखद और सामंजस्यपूर्ण संबंध स्थापित करने की खुली छूट देते हैं। किंतु वे एक-दूसरे के क्षेत्र का अनुचित अतिक्रमण करने की इजाजत नहीं देते। किसी विवाद के सिलसिले में, यह निर्धारण करना न्यायालयों का काम है कि किसी क्षेत्र में कोई हस्ताक्षेप उचित तौर पर और संविधान के अनुसार हुआ है अथवा नहीं, भले ही हस्तक्षेप किसी कानून के द्वारा ही क्यों न हुआ हो।''

किसी भी ऐसी चीज को जो अनिष्टकारी तथा शोषणकारी है, केवल इसलिए कानून के नियंत्रण से बाहर नहीं रहने दिया जा सकता कि धर्म की आड़ में उसका प्रदर्शन किया जाता है।

न्यायमूर्ति गजेंद्र गडकर, धवन और बेग इस निष्कर्ष पर पहुँचे थे कि प्राचीन भारतीय समाज में पंथनिरपेक्षता का अनुसरण किया जाता था तथा उसी तरह से इसके प्रमाण इसलामी न्यायालय में भी मिलते हैं। न्यायमूर्ति बेग ने कहा, ''पंथनिरपेक्षता तथा मजहब के अंदर जो सर्वोत्तम विशेषताएँ हैं उनका 'सुमधुर सामंजस्य तथा संश्लेषण' संभव है।'' पंथनिरपेक्षता के सिद्धांत का निर्माण प्राचीन न्यायशास्त्र के आधार पर किया जा सकता है। केशवानंद भारती के मामले में, न्यायमूर्ति बेग ने मनु तथा पाराशर से उद्धरण प्रस्तुत करते हुए कहा–

> ''हमारे प्राचीन न्यायविदों ने भी इन सिद्धांतों की पुष्टि की कि एक पीढ़ी को यह अधिकार नहीं है कि मूलाधारों के बारे में भी वह अपने विचार या कानून भावी पीढ़ियों पर लादे। वे न केवल विभिन्न समाजों में अलग-अलग होते हैं, बल्कि एक ही समाज या राष्ट्र की एक ही अथवा दूसरी पीढ़ी में भी भिन्न-भिन्न होते हैं।''

भारतीय संदर्भ में, पंथनिरपेक्षता की किसी औपचारिक या निश्चित परिभाषा के अभाव में अनेक परस्पर-विरोधी निर्वचन संभव हैं।

पश्चिम के विपरीत, भारत में पंथनिपेक्षता का जन्म चर्च तथा राज्य के परस्पर संघर्ष के कारण नहीं हुआ। इसकी जड़ें संभवतया भारत के अपने इतिहास तथा उसकी अपनी संस्कृति में विद्यमान हैं। हो सकता है कि वह उसके बहुलवाद का तकाजा हो या हो सकता है कि उसके पीछे संविधान निर्माताओं की यह इच्छा हो कि वे संख्या के भेदभाव के बिना, सभी समुदायों के प्रति न्यायोचित तथा निष्पक्ष व्यवहार करें। इसलिए, हमारी बोलचाल की भाषा में अंग्रेजी 'सेक्यूलरवाद' का प्रयोग

अकसर केवल सांप्रदायिकता के विलोम के रूप में किया जाता है।

संविधान सभा ने जिस रूप में उद्देशिका को स्वीकार किया था, उसके मूल पाठ में 'पंथनिरपेक्ष' शब्द नहीं था। 'समाजवादी' शब्द की भाँति यह शब्द भी आपात स्थिति के दौरान 42वें संविधान संशोधन अधिनियम द्वारा 'गणराज्य' से पूर्व एक अतिरिक्त विशेषण के रूप में जोड़ा गया। इस शब्द को इधर कुछ समय से 'सर्व धर्म समभाव' का अर्थ देने का प्रयास भी किया गया है यानी सभी धर्मों को एक समान समझना या सभी धर्मों का समान रूप से आदर करना। धर्मनिरपेक्षता जो पहले सेक्यूलेरिज्म का शब्दार्थ माना जाता था, अब मान्य नहीं रहा है क्योंकि ऐसा नहीं कहा जा सकता कि धार्मिक मामलों में राज्य संपूर्ण तटस्थता का आचरण करे। संविधान के प्राधिकृत हिंदी पाठ में अब 'पंथनिरपेक्ष' शब्द का प्रयोग किया गया है।

यही एक स्वाभाविक तथा एकमात्र संभव निवर्चन है, क्योंकि भारतीय स्थिति के ठोस तथ्यों ने पश्चिम की सेक्यूलरवाद की संकल्पना को पूर्णतया अनुपयुक्त बना दिया है। हमारे संदर्भ में पंथनिरपेक्षता का केवल यही अर्थ है कि हमारा राज्य कोई मजहबी अथवा धर्मतंत्रवादी राज्य नहीं है, राज्य का इस रूप में अपना कोई पंथ, मजहब या संप्रदाय नहीं है, इसकी नजरों में सभी पंथ बराबर हैं और यह पंथ के आधार पर नागरिकों के बीच कोई विभेद नहीं करेगा।

न्यायमूर्ति गजेंद्र गडकर ने भारतीय संविधान की पंथनिरपेक्षता की परिभाषा करते हुए इसका अर्थ यह बताया है कि सभी नागरिकों को नागरिकों के रूप में समान अधिकार प्राप्त हैं तथा इस मामले में उनका पंथ या मजहब पूर्णतया अप्रासंगिक है। उन्होंने कहा कि राज्य किसी पंथ-विशेष के प्रति आसक्ति नहीं रखता; यह अधार्मिक या धर्मविरोधी नहीं होता; यह सभी पंथों को समान स्वतंत्रता प्रदान करता है। 'भारतीय पंथनिरपेक्षता ने' धर्म के युक्तियुक्त कार्यों के बीच 'तर्कसंगत संश्लेषण' स्थापित करने का प्रयास किया। श्री एम. सी. सीतलवाड का भी यह विचार था कि पंथनिरपेक्ष राज्य के अधीन सभी नागरिकों के साथ एक-सा व्यवहार होना चाहिए तथा उनके धर्म के कारण उनके साथ भेदभाव नहीं बरता जाना चाहिए।

42वें संशोधन से पहले, 'सेक्यूलर' शब्द का एकमात्र जिक्र संविधान के अनुच्छेद-25(2) में आया था, जिसमें राज्य को धार्मिक आचरण से संबद्ध किसी भी 'लौकिक क्रियाकलाप' का विनियमन या निर्बंधन करने की शक्ति प्रदान की गई थी। स्पष्ट है कि यहाँ पर 'सेक्यूलर' शब्द का प्रयोग 'लौकिक' के अर्थ में अथवा शुद्ध धार्मिक से भिन्न मामलों से संबंधित अर्थों में किया गया था। 42वें संविधान संशोधन अधिनियम में, जिसके द्वारा 'पंथनिरपेक्ष' शब्द जोड़ा गया था, इसकी परिभाषा करने का प्रयास नहीं किया गया। किंतु यह महसूस किया गया कि इस शब्द का जोड़ा जाना केवल उस तथ्य का अनुमोदन तथा स्पष्टीकरण करना था, जो विश्वास किया जाता कि, संविधान की बुनियादी विशेषता के रूप में पहले से विद्यमान था। केशवानंद भारती तथा मिनरवा के मामलों में पंथनिरपेक्षता को एक बुनियादी विशेषता बताया

गया। इसके अलावा, यह मूल अधिकार के रूप में धर्म की स्वतंत्रता की गारंटी में अंतर्निहित थी। *सेंट जेवियर कॉलेज सोसाइटी बनाम गुजरात राज्य* के मामले में उच्चतम न्यायालय ने 1974 में निर्णय दिया कि भले ही संविधान में पंथनिरपेक्ष राज्य की बात नहीं कही गई है, फिर भी इस विषय में कोई संदेह नहीं है कि संविधान निर्माता इसी तरह का राज्य स्थापित करना चाहते थे।

संविधान (45वाँ संशोधन) विधेयक में यह निर्धारित करने का प्रयास किया गया था कि संविधान के पंथनिरपेक्ष तथा लोकतंत्रात्मक स्वरूप को संविधान की एक बुनियादी विशेषता माना जाएगा। किंतु विधेयक की 44वें संशोधन के रूप में अधिनियमित किए जाने से पहले बुनियादी विशेषताओं की सूची को उसमें से निकाल दिया गया था। इसके अलावा उद्देशिका में 'पंथनिरपेक्ष' शब्द प्रयोग करने के अलावा, हमारे संविधान में अन्य किसी भी जगह स्पष्ट रूप से यह नहीं कहा गया कि धर्म को राजनीति के साथ नहीं मिलाने दिया जाएगा या धार्मिक समस्याओं, निधियों और उपासना के स्थानों का प्रयोग राजनीतिक उद्देश्यों के लिए नहीं करने दिया जाएगा। यह भी अभी तय नही हो पाया है कि कहाँ 'पंथ' शब्द का प्रयोग उचित होगा और कहाँ 'धर्म' का अथवा 'संप्रदाय' का।

शाहबानो के मामले में कानून निर्माता रूढ़िवादी मुसलमानों के दबाव में आ गए और पंथनिरपेक्षता या सभी के लिए समान न्याय के संवैधानिक संबोध की मूल भावना के नितांत प्रतिकूल मुसलिम महिला (विवाह-विच्छेद के अधिकार का संरक्षण) अधिनियम, 1986 लाया गया, ताकि उच्चतम न्यायालय के निर्णय को रद्द किया जा सके।

बोम्मई वाले मामले में उच्चतम न्यायालय ने मध्य प्रदेश, हिमाचल और राजस्थान में 3 भाजपा सरकारों की बर्खास्तगी को ठीक ठहराया और कहा कि पंथनिरपेक्षता को संविधान का बुनियादी तत्त्व माना जाना चाहिए। भाजपा सरकारवाले तीनों राज्यों में पंथनिरपेक्षता को भारी आघात पहुँचा था।

जो भी हो, अब भारतीय संवैधानिक विधि में 'पंथनिरपेक्ष' शब्द का एकमात्र प्रवर्तनीय निर्वचन वही होगा कि संविधान के विभिन्न प्रावधानों जैसे अनुच्छेद-14, 15, 16, 19 और 25 तथा 28 से समझा जा सकता है। उद्देशिका के असंशोधित रूप में भी, अन्य बातों के साथ-साथ, विश्वास, धर्म और उपासना की स्वतंत्रता शामिल थी। दूसरे शब्दों में, इसमें सभी के लिए धार्मिक स्वतंत्रता का सत्यनिष्ठा के साथ वचन दिया गया था। भारत के सभी लोगों में प्रतिष्ठा तथा अवसर और बंधुता के सिद्धांतों द्वारा इसकी पुनः पुष्टि की गई थी।

संविधान निर्माताओं ने एक ऐसे राष्ट्र का सपना सँजोया था जो धर्म, जाति, पंथ की समूची विविधताओं से परे होगा। वे धर्म के खिलाफ नहीं थे, किंतु वे आशा करते थे कि धार्मिक मतभेद राष्ट्र निर्माण में बाधक नहीं बनेंगे। और इसके बावजूद राजनीतिक एकता कायम करना संभव होगा। संविधान में एक ऐसी नई समाज-व्यवस्था की परिकल्पना की गई थी जो सांप्रदायिक संघर्षों से मुक्त होगी तथा जिसका आधार

होगा सामाजिक, आर्थिक और राजनीतिक न्याय। इसमें एक ऐसी राज्य व्यवस्था का निरूपण किया गया था जिसके अंतर्गत कानूनों में धर्म, जाति आदि के आधार पर नागरिकों के बीच भेदभाव नहीं किया जाएगा। संविधान में एक ऐसी 'पंथनिरपेक्ष' व्यवस्था स्थापित करने का प्रयास किया गया जिसके अंतर्गत बहुसंख्यकों को राज्य की ओर से कोई विशेष अधिकार नहीं दिए गए या उन्हें कोई प्राथमिकता पाने का अधिकार नहीं दिया गया और अल्पसंख्यकों के 'धार्मिक अधिकारों' को अनेक प्रकार से संरक्षण प्रदान किया गया।

यह जरूरी दीख पड़ता है कि पंथनिरपेक्षता शब्द की स्पष्ट परिभाषा स्वयं संविधान में ही कर दी जाए, विद्यमान कानूनों को दृढ़ता तो लागू किया जाए तथा और भी कड़ा कानून पास किया जाए, ताकि कोई दल या व्यक्ति राजनीतिक प्रयोजनों के लिए धर्म का दुरुपयोग न कर सके।

[संविधान (80वाँ संशोधन) विधेयक, 1993 द्वारा संविधान में संशोधन करने के निष्फल प्रयास के बारे में तथा इस विषय की पूरी चर्चा के बारे में देखिए सुभाष सी. काश्यप, डीलिंकिंग रिलिजन एंड पालिटिक्स, नई दिल्ली, 1993]

'लोकतंत्रात्मक'

लोकतंत्र राजनीति विज्ञान में सबसे अधिक प्रचलित शब्दों में से एक है। यह वह शासन है जिसमें राजशक्ति के प्रयोग में प्रत्येक नागरिक हाथ बँटाता है। लोकतंत्र जीवन का एक समग्र दर्शन है और उसके अनेक पक्ष हैं—राजनीतिक, सामाजिक, आर्थिक और मनोवैज्ञानिक। लोकतंत्र के राजनीतिक पहलू में राजनीतिक समानता के आदर्श को स्वीकार किया जाता है और राजनीतिक शक्ति पर किसी एक वर्ग-विशेष का एकाधिकार नहीं माना जाता। इसमें शासन का संचालन जनमत के सिद्धांत के अनुसार होता है और वही विधियाँ लागू की जाती हैं जिन्हें जनता का समर्थन प्राप्त हो। सामाजिक आदर्श के रूप में लोकतंत्र सब मनुष्यों और स्त्रियों की समानता का प्रतिपादन करता है। जिस समाज का संगठन लोकतंत्रात्मक हो, उसमें न तो कोई सुविधासंपन्न वर्ग-विशेष ही हो सकता है और न जाति, धर्म, भाषा, वर्ण, वंश, धन और लिंग के आधार पर व्यक्ति व्यक्ति के बीच भेदभाव की दीवारें खड़ी की जा सकती हैं। लोकतंत्र 'जनता का, जनता के द्वारा, जनता के लिए' शासन है और जनता से अभिप्राय समस्त जनता से है। यह समझना भारी भूल होगी कि लोकतंत्र बहुमत का शासन है। इसमें संदेह नहीं कि जनता के प्रतिनिधियों का चुनाव बहुमत के द्वारा होता है, किंतु एक बार निर्वाचित होने के बाद वे समस्त जनता के प्रतिनिधि हो जाते हैं तथा समस्त जनता के हित के लिए ही शासन करते हैं। लोकतंत्र को अल्पसंख्यकों की सहमति से बहुसंख्यकों का शासन भी कहा गया है। लोकतंत्र के आर्थिक पक्ष का अभिप्राय है कि सार्वभौम मताधिकार के प्रवर्तन से ही लोकतंत्र की स्थापना नहीं हो जाती। लोकतंत्र की वास्तविक स्थापना के लिए आवश्यक है कि समाज में आर्थिक

शक्ति का ऐसा समतायुक्त वितरण हो जिससे प्रत्येक व्यक्ति का जीवन सुखी व समृद्ध हो सके और वह आत्मविकास के लिए पर्याप्त अवसर पा सके। राजनीतिक, सामाजिक और आर्थिक पहलुओं के साथ-साथ लोकतंत्र का नैतिक और मानसिक पक्ष भी कम महत्त्वपूर्ण नहीं। लोकतंत्र इस बात को स्वीकार करता है कि औसतन प्रत्येक नागरिक में इतनी योग्यता होती है कि वह शासन कार्य में हाथ बँटा सके। जेफर्सन के शब्दों में–

> ''लोकतंत्रात्मक शासन का आधार यह विश्वास है कि प्रत्येक व्यक्ति अपना शासन आप करने और औसत नागरिक समाज के हित की दृष्टि से शासन करनेवाले शासकों का चुनाव करने की क्षमता के संपन्न होता है।''

भारतीय संविधान में लोकतंत्र का केवल एक शासन प्रणाली के रूप में ही भावन नहीं किया गया, बल्कि जीवन के संपूर्ण दर्शन के रूप में भावन किया गया है। 'लोकतंत्रात्मक' शब्द 'गणराज्य' के विशेषण के रूप में प्रयुक्त हुआ है। इससे यह संदेह हो सकता है कि संविधान ने केवल राजनीतिक लोकतंत्र का ही प्रवर्तन किया है। पर आगे के शब्द 'न्याय', 'स्वतंत्रता', 'व्यक्ति की गरिमा', 'राष्ट्र की एकता' और 'बंधुता' आदि भलीभाँति प्रमाणित कर देते हैं कि संविधान निर्माताओं का लक्ष्य देश में राजनीतिक लोकतंत्र के साथ-साथ सामाजिक और आर्थिक लोकतंत्र की नींव डालना भी था।

शासन प्रणाली के रूप में लोकतंत्र के भेद माने जाते हैं–प्रत्यक्ष लोकतंत्र और परोक्ष या प्रातिनिधिक लोकतंत्र। प्रत्यक्ष लोकतंत्र के अंतर्गत संपूर्ण वयस्क नागरिक समुदाय शासन कार्यों में सीधे भाग लेता है। इस व्यवस्था में राजनीतिक और विधिक दोनों प्रकार की प्रभुता जनता में निहित मानी जाती है और जनता शासन का संचालन ही नहीं करती, बल्कि अपने सीधे मतदान द्वारा संविधान में संशोधन भी कर सकती है। प्राचीन यूनान के नगर-राज्यों में प्रत्यक्ष लोकतंत्र की प्रणाली प्रचलित थी। आजकल प्रत्यक्ष लोकतंत्र केवल स्विट्जरलैंड के कुछ कैंटनों और अमरीका के कुछ छोटे नगरों में ही प्रचलित है। इसका कारण यह है कि आधुनिक राष्ट्रीय राज्य क्षेत्रफल और जनसंख्या, दोनों की दृष्टि से बहुत बड़े हैं और उनमें प्रत्यक्ष लोकतंत्र के अनुसार शासन चलना असंभव है। आजकल प्रत्यक्ष लोकतंत्र के अनुसार शासन न चलने का एक कारण यह भी है कि आधुनिक राज्यों का कार्यक्षेत्र पहले की अपेक्षा बहुत बढ गया है जिसे निभाने के लिए पूर्णकालिक विधायकों, प्रशासकों तथा न्यायाधीशों की आवश्यकता होती है। अब राज्य 'पुलिस राज्य' न होकर 'लोकहितकारी राज्य' है जिसे जनता की भलाई के लिए और उसकी अनेक समस्याओं के समाधान के लिए अनेकमुखी कार्य करने पड़ते हैं। इस स्थिति में प्रातिनिधिक शासन ही व्यावहारिक शासन हो सकता है।

परोक्ष अथवा प्रातिनिधिक लोकतंत्र की व्यवस्था के अंतर्गत जनता समय-समय पर अपने प्रतिनिधियों का निर्वाचन करती है और प्रतिनिधि विधानसभाओं में जनता

की आकांक्षाओं का प्रतिनिधित्व करते हैं। इस प्रकार विधियों का निर्माण और शासन का संचालन जनता द्वारा प्रत्यक्षतः नहीं, प्रत्युत परोक्षतः जनता के प्रतिनिधियों द्वारा होता है। प्रतिनिध लोकतंत्र इस विचार पर आधारित है कि "जनता के सभी सदस्य राजधानी में स्वयं उपस्थित नहीं हो सकते, किंतु वे अपने प्रतिनिधियों द्वारा उपस्थित माने जा सकते हैं।"

आजकल संसार के प्रायः सभी लोकतंत्रात्मक राज्यों में परोक्ष अथवा प्रतिनिधि लोकतंत्र की व्यवस्था है। हाँ, कुछ संविधानों में यह प्रयत्न किया गया कि प्रतिनिधि लोकतंत्र का प्रत्यक्ष लोकतंत्र के साथ समन्वय किया जाए--भले ही यह अल्प मात्रा में ही हो सके। उदाहरण के लिए फ्रांस के पाँचवें गणराज्य के संविधान (1958) में व्यवस्था की गई कि जब संविधान संशोधन के विधेयक को संसद के दोनों सदन पास कर दें तब उस पर जनमत-संग्रह किया जाए--इसका अपवाद केवल वह स्थिति हो जब कि राष्ट्रपति उसे दोनों सदनों के संयुक्त अधिवेशन में प्रस्तुत करें। (अनुच्छेद-89)।

इसी तरह पश्चिमी जर्मनी के संविधान के अनुच्छेद-20(2) में व्यवस्था की गई थी कि लोग अपने प्राधिकार का प्रयोग निर्वाचनों द्वारा की नहीं, बल्कि लोक-निर्णय द्वारा भी कर सकते हैं। भारतीय संविधान में प्रत्यक्ष लोकतंत्र के विविध साधनों—उपक्रम (इनीशिएटिव)[11], जनमत-संग्रह (रिफ़रेंडम)[12], लोक-निर्देश (प्लेबिसाइट)[13], अथवा प्रत्यावर्त्तन (रिकॉल)[14] की कोई व्यवस्था नहीं है—न साधारण

11. नागरिकों द्वारा विधि-निर्माण के ढंग दो प्रकार के हो सकते हैं : सूत्रबद्धात्मक और सामान्य। मतदाताओं की एक निश्चित संख्या सूत्र रूप में विधान मंडल से प्रार्थना कर सकती है कि वह अमुक विषय पर कानून बनाए। विधान मंडल का दायित्व होता है कि वह उस विषय पर विधि अथवा कानून का मसौदा तैयार करे तथा उस पर जनता का मत ले। मतदाता प्रस्तावित कानून को एक पूर्ण विधेयक के रूप में भी विधान मंडल के समाने प्रस्तुत कर सकते हैं। स्विटजरलैंड में 50,000 मतदाता संवैधानिक संशोधन का प्रस्ताव उपस्थित कर सकते हैं। स्विटजरजैंड के कैंटनों में उपकम का प्रयोग न केवल संवैधानिक संशोधन के लिए ही, प्रस्तुत साधारण कानूनों के लिए भी किया जाता है। अमरीका में उपक्रम 14 राज्यों में संविधान संशोधन के लिए और 19 राज्यों में साधारण कानूनों के लिए होता है। वहाँ संघीय क्षेत्र में इसका प्रयोग नहीं होता।

12. जनमत-संग्रह का अभिप्राय यह है कि संविधान सभा द्वारा पास किए गए विधेयक को अंतिम रूप से तभी स्वीकृत समझा जाए जब कि राज्य के निर्वाचकों का बहुमत उसका समर्थन करे। जनमत-संग्रह को उद्देश्य निषेधात्मक है। इसमें जनता विधान मंडल द्वारा स्वीकृत किसी भी कानून को अस्वीकार कर सकती है। उपक्रम विध्यात्मक है। इसके अनुसार मतदाता विधान मंडल को यह आदेश दे सकते हैं कि वह उनकी इच्छानुसार अमुक कानून या कानूनों का निर्माण करे। जनमत-संग्रह दो प्रकार का होता है—ऐच्छिक और अनिवार्य। यह ऐच्छिक उस समय होता है जब कि मतदाताओं की एक निश्चित संख्या की माँग पर किसी कानून पर मत लिया जाए। स्विटजरलैंड में यह प्रथा है कि जब तक वहाँ का विधान मंडल किसी विषय को अत्यावश्यक घोषित नहीं कर देता, साधारण कानून के ऊपर ऐच्छिक जनमत-संग्रह के लिए या तो 30 हजार नागरिकों के हस्ताक्षर हों या 8 कैंटनों के प्रतिनिधियों के। अनिवार्य जनमत-संग्रह का अभिप्राय यह है कि विधान मंडल द्वारा स्वीकृत कुछ विशिष्ट विधेयकों पर जनता का स्वतः ही मत लिया जाता है--चाहे जनता की माँग हो या नहीं। स्विट्जरलैंड और आस्ट्रेलिया में समस्त संवैधानिक संशोधनों पर अनिवार्य जनमत-संग्रह का विधान है। स्विटजरलैंड के कुछ कैंटनों में साधारण विधियों तक के लिए अनिवार्य जनमत-संग्रह का उपबंध है।

विधियों के लिए और न संवैधानिक परिवर्तनों के लिए।

भारतीय संविधान ने देश में प्रतिनिधि लोकतंत्र की स्थापना की है और 18 वर्ष से अधिक आयु के सभी वयस्क नागरिकों को मतदान का अधिकार दिया है। हमारे देश में मताधिकार संबंधी अधिकारों के ऊपर कई अन्य देशों की भाँति संपत्ति या शिक्षा संबंधी कोई प्रतिबंध आरोपित नहीं है। यह सचमुच गौरव का विषय है कि भारतीय संविधान ने एकबारगी देश में सार्वभौम वयस्क मताधिकार की स्थापना कर दी जब कि संसार के सुसंस्कृत और समुन्नत कहे जानेवाले अनेक राष्ट्रों में स्त्रियों को मतदान का अधिकार काफी संघर्षों के उपरांत प्राप्त हुआ तथा मताधिकार से संबंधित अनेक अन्य प्रतिबंधों का अब तक पूर्णतया अंत नहीं हुआ है।

भारतीय संविधान ने सभी वयस्क स्त्री-पुरुषों को एकबारगी मतदान का अधिकार देकर देश में सामाजिक क्रांति का सबसे सशक्त साधन प्रस्तुत कर दिया। अल्लादी कृष्णस्वामी अय्यर ने संविधान सभा में कहा था--

> "सभा ने वयस्क मताधिकार के सिद्धांत को इसलिए स्वीकार किया है कि उसका जनसाधारण में तथा लोकशासन की चरम सफलता में दृढ़ विश्वास है; साथ ही उसका यह भी पूरा विश्वास है कि वयस्क मताधिकार पर आधारित लोकतंत्रात्मक शासन से जनसाधरण में जागृति आएगी, उसकी भलाई होगी, उसका जीवन-स्तर ऊँचा उठेगा, उसे सुख-सुविधाएँ सुलभ होंगी और वह शिष्ट-सुसंस्कृत जीवन व्यतीत कर सकेगा।"[15]

वर्तमान शताब्दी के दूसरे दशक के बाद से ही कांग्रेस की यह माँग हो गई थी कि देश में वयस्क मताधिकार की स्थापना की जाए। सच पूछा जाए तो यह माँग स्वतंत्रता की माँग के साथ अभिन्न हो गई थी।[16]

संविधान निर्माताओं का विचार था कि प्रत्यक्ष निर्वाचन सामाजिक क्रांति का स्तंभ होगा। इस संबंध में श्री नेहरू ने लिखा था, "इस तरह से निर्वाचित सभा समूची

---

13. जनमत-संग्रह का एक विशेष भेद लोक-निर्देश है। इस पद्धति का प्रयोग केवल ऐसे प्रश्नों पर जनता का मत जानने के लिए किया जाता है जिनका राजनीतिक महत्त्व बहुत अधिक होता है। नए संविधान की स्वीकृति, राज्यों के समायोजन या संबंध-विच्छेद आदि विषय राजनीतिक दृष्टि से अत्यंत आवश्यक होते हैं और उन पर लोक-निर्देश आवश्यक मान जाता है। नेपोलियन ने 1799 में कॉन्सुलेट के संविधान पर लोक-निर्देश का आश्रय लिया था। भारत में काश्मीर के भविष्य-निर्णय के संबंध में इस शब्द का अनेक बार प्रयोग हुआ है।
14. प्रत्यावर्त्तन द्वारा निर्वाचक किसी भी निर्वाचित पदाधिकारी को, चाहे यह कार्यांग का हो या विधानांग का, पुनः बुला सकते हैं अर्थात् पदच्युत करा सकते हैं। यदि मतदाताओं की एक निश्चित संख्या किसी प्रतिनिधि के विरुद्ध आवेदन पत्र भेजे, तो उस पर जनता का मत लिया जाता है। यदि निर्वाचकों का बहुमत प्रतिनिधि की पदच्युति के पक्ष में हो, तो प्रतिनिधि को अपदस्थ कर दिया जाता है। रूस और अमरीका के कुछ राज्यों तथा स्विटजरलैंड के कुछ कैंटनो में इस पद्धति का प्रयोग होता है।
15. **कॉन्स्टीट्यूट असेम्बली डिबेट्स,** जिल्द 1 पृ. 835।
16. ग्रानविल्ले आस्टिन, द **इंडियन कॉन्स्टीट्यूशन, कॉर्नरस्टोन ऑफ ए नेशन,** क्लैरेंडन प्रेस, ऑक्सफोर्ड, 1966, पृ. 46।

जनता का प्रतिनिधित्व करेगी और वह छोटे-मोटे सांप्रदायिक प्रश्नों की अपेक्षा, जो छोटे-छोटे समुदायों पर असर डालते हैं, आर्थिक और सामाजिक समस्याओं में कहीं अधिक दिलचस्पी लेगी।"[17]

संविधान सभा द्वारा वयस्क मताधिकार के सिद्धांत की स्वीकृति का अर्थ था 'लोकतंत्र के सभी निहितार्थों की पूर्ण स्वीकृति।' वयस्क मताधिकार के फलस्वरूप उन लाखों-करोड़ों लोगों को जो सदियों से मूक पड़े हुए थे, वाणी मिल गई। इससे राजनीतिक चेतना गाँव-गाँव में पहुँच गई और जातिगत तथा स्थानीय निष्ठाओं के स्थान पर राष्ट्रीय एकता की भावना का प्रसार करने का प्रयास हुआ। इस संबंध में के. एम. पणिक्कर ने लिखा था कि—

> "वयस्क मताधिकार के सामाजिक परिणाम उसके राजनीतिक परिणामों से कहीं अधिक महत्त्वपूर्ण हैं...जिन अनेक सामाजिक समुदायों को पहले अपनी शक्ति का भान नहीं था और जिन पर राजनीतिक परिवर्तनों का कोई प्रभाव नहीं पड़ा था, उन्हें अचानक यह ज्ञात हुआ कि वे शक्ति का प्रयोग कर सकते हैं।"[18]

'गणराज्य'

अंग्रेजी शब्द 'रिपब्लिक' का हिंदी पर्याय 'गणराज्य' प्राचीन संस्कृत शब्द है। प्राचीन भारत में राजतंत्र के साथ-ही-साथ गणराज्यों की भी सुदीर्घ परंपरा थी। महाभारत में गणराज्य शब्द उस राज्य के अर्थ में प्रयुक्त हुआ है जिसमें शासन सभा के द्वारा संचालित होता हो। महाभारत, कौटिल्य के अर्थशास्त्र और बौद्धसाहित्य में गण-शासन के उत्थान-पतन तथा क्रियाविधि का विस्तार से विवेचन है जो आधुनिक लोकतंत्रात्मक शासनों की क्रियाविधि के इतने अनुरूप है कि सचमुच आश्चर्य होता है।[19] आधुनिक राजनीतिक साहित्य में गणराज्य शब्द का विभिन्न अर्थों में प्रयोग होता है—संकीर्ण अर्थ में भी और व्यापक अर्थ में भी। संकीर्ण अर्थ में गणराज्य शब्द का प्रयोग 'राजतंत्र' के विरोध में होता है और उसका अभिप्राय होता है वह शासन प्रणाली जिसमें राज्य का प्रधान जनता द्वारा चुना जाता है। कूली ने गणराज्य शासन प्रणाली को प्रातिनिधिक शासन प्रणाली से भिन्न माना है—

> "गणराज्य शासन प्रणाली का अभिप्राय है, जनता द्वारा चुने गए प्रतिनिधियों का शासन। एक ओर तो उसका लोकतंत्र से भेद है—लोकतंत्र में जनता या समुदाय संगठित इकाई के रूप में शासन की प्रभुत्व शक्तियों का प्रयोग करते हैं--और दूसरी ओर एक व्यक्ति के शासन से—जैसे राजा, सम्राट्,

17. नेहरू, **यूनिटी ऑफ इंडिया**, पृ. 23। नेहरू ने ये शब्द 1938 में संविधान सभा के प्रसंग में लिखे थे, लेकिन विधान मंडलों के संदर्भ में भी उनकी सार्थकता असंदिग्ध है।

18. के.एम. पणिक्कर, **हिंदू सोसाइटी ऐट क्रॉस रोड्स**, मुंबई, 1995, पृ. 64।

19. इस विषय के विस्तृत विवेचन के लिए देखिए, सुभाष काश्यप, **हिस्ट्री ऑफ द पार्लियामेंट ऑफ इंडिया**, खंड 1, शिप्रा, दिल्ली, 1994, पृ. 1-16।

ज़ार या सुलतान के शासन से या व्यक्तियों के एक वर्ग के शासन से–जैसे कि अभिजाततंत्र से।''[20]

न्यू इंग्लिश ऑक्सफोर्ड डिक्शनरी में गणराज्य शब्द के अंग्रेजी पर्याय **रिपब्लिक** शब्द का यही अर्थ दिया हुआ है–

''गणराज्य का अभिप्राय वह राज्य है जो राजा या इसी तरह के एक शासक द्वारा शासित नहीं होता, बल्कि जिसमें उच्चतम शक्ति लोगों में और उनके निर्वाचित प्रतिनिधियों अथवा अधिकारियों में विहित होती है।''

व्यापक अर्थ में गणराज्य का अभिप्राय वह शासन है जिसमें कोई भी व्यक्ति राजकीय शक्ति का इस प्रकार प्रयोग नहीं करता मानो वह उसकी निजी संपत्ति हो, बल्कि राजकीय शक्ति का प्रयोग एक लक्ष्य को सामने रखकर किया जाता है–'बहुजन हिताय, बहुजन सुखाय' अथवा लोकमंगल के निमित्त।

भारतीय संविधान में 'गणराज्य' शब्द का संकीर्ण अर्थ में भी प्रयोग किया गया है और व्यापक अर्थ में भी। भारत में राज्य का प्रधान कोई आनुवंशिक नरेश नहीं, प्रत्युत निर्वाचित राष्ट्रपति है। देश में कोई विशेषाधिकार-संपन्न वर्ग नहीं। राज्य के सभी पद–छोटे-से-छोटे पद से लेकर राष्ट्रपति के उच्चतम पद तक–जाति, धर्म, प्रदेश या लिंग के बिना किस भेद के सभी नागरिकों के लिए उन्मुक्त हैं (अनुच्छेद-16)। साथ ही, जैसा हम देख ही चुके हैं, हमारे गणराज्य में उच्चतम शक्ति सार्वभौम वयस्क मताधिकार से संपन्न जन-समुदाय में निहित है। (अनुच्छेद-325)।

'न्याय'

न्याय समाज-दर्शन की एक ऐसी बुनियादी धारणा है जिस पर सामाजिक चिंतन के आरंभ से ही विचार होता रहा है।

इतिहास में न्याय की अनेक प्रकार से व्याख्या हुई है। कभी उसे 'जैसी करनी, वैसी भरनी' का पर्याय माना जाता रहा तो कभी ईश्वर की इच्छा और पूर्वजन्म के कर्मों का फल। सत्तारूढ़ व्यक्तियों ने न्याय की परिभाषा सदा ही अपने स्वार्थ की दृष्टि से की। इसलिए भारतीय संविधान की उद्देशिका में न्याय के उल्लेख का विशिष्ट महत्त्व है।

प्लेटो के अनुसार आत्मा–के तीन तत्त्वों बुभुक्षा, उत्साह और विवेक के प्रतिनिधि तीन वर्ग हैं–श्रमजीवी, शूरवीर और ज्ञानी अथवा दार्शनिक। जब समाज में इन तीनों वर्गों का उचित वितरण होता है और वे वर्ग अपनी-अपनी मर्यादाओं के भीतर काम करते हैं और दूसरे के कार्यक्षेत्र में हस्तक्षेप नहीं करते, संक्षेप में, जब समाज के विभिन्न वर्गों के बीच पूर्ण संतुलन की स्थापना हो जाती है तब समाज में न्याय का आविर्भाव होता है। प्लेटो का न्याय-सिद्धांत वैधानिक न्याय का सिद्धांत नहीं है, वह कुछ हद तक सामाजिक न्याय का सिद्धांत है। आधुनिक न्यायशास्त्र में न्याय सामाजिक जीवन

---

20. कुली, **कॉन्स्टीट्यूशनल लॉ**, अध्याय XIX।

की वह अवस्था है जिसमें व्यक्ति के आचरण का समाज के व्यापक कल्याण के साथ समन्वय स्थापित किया गया हो। स्वभाव से प्रत्येक मनुष्य अपने स्वार्थ की पूर्ति के लिए आचरण करता है, पर उसका आचरण न्याययुक्त तभी समझा जा सकता है जबकि उसके आचरण से समाज के अभ्युदय तथा श्रेय की सिद्धि हो।[21] संक्षेप में न्याय का अर्थ है, समाज के समान श्रेय की सिद्धि, उस व्यापक श्रेय की सिद्धि जो व्यक्तियों के अलग-अलग एकांत श्रेयों से भिन्न हो, बहुमत तक के श्रेय से भिन्न हो। आदर्श रूप में न्याय 'अधिकतम संख्या का अधिकतम हित' नहीं, वह तो सबका अधिकतम हित है, 'सर्वोदय' है। भारतीय संस्कृति में न्याय की इस व्यापक संकल्पना का निकटतम वाचक शब्द 'धर्म' है। संस्कृत का 'धर्म' अंग्रेजी के 'रिलीजन' का समानार्थक नहीं। व्युत्पत्ति की दृष्टि से 'धर्म' 'धृ' धातु से निकला है और उसका अर्थ है 'वह जो धारण करता है'। भारतीय दर्शन में धर्म को व्यक्तिगत नैतिकता का भी द्योतक माना गया है और सामाजिक नैतिकता का भी। सामाजिक परिवेश में 'धर्म' की संकल्पना 'न्याय' की आधुनिक संकल्पना के सदृश है जिसका मूल स्वर है—समाज के विभिन्न वर्गों और व्यक्तियों के हितों का सामंजस्य और उनका समान अभ्युदय।

न्याय की संकल्पना में भारत के परंपरागत सामाजिक दर्शन के सर्वश्रेष्ठ तत्त्वों का ही समाहार नहीं हो जाता, प्रत्युत रूसी क्रांति द्वारा प्रसूत समाजवादी और साम्यवादी चिंतन के सर्वश्रेष्ठ तत्त्व भी आ जाते हैं। इस संबंध में श्री नेहरू ने एक बार यह ठीक ही कहा था कि लाखों-करोड़ों लोगों के लिए मार्क्सवाद के प्रति आकर्षण का स्रोत उसका वैज्ञानिक सिद्धांत नहीं है, प्रत्युत सामाजिक न्याय के प्रति उसकी तत्परता है।

संविधान की उद्देशिका में न्याय के आदर्श की वही भूमिका है, जो मंदिर में मंगलकलश की होती है। संविधान में यह भलीभाँति समझ लिया गया है कि सच्चे लोकतंत्र के लिए समानता की ही आवश्यकता नहीं है, बल्कि न्याय की भी आवश्यकता है क्योंकि न्याय के बिना समानता तथा स्वतंत्रता के आदर्श बिलकुल निस्सार हो जाते हैं। संविधान के भाग चार के अंतर्गत अनुच्छेद-38 में न्याय के इस आदर्श का विशेष रूप से उल्लेख किया गया है। इस अनुच्छेद के अनुसार, "राज्य ऐसी सामाजिक व्यवस्था की, जिसमें सामाजिक, आर्थिक और राजनीतिक न्याय राष्ट्रीय जीवन की सभी संस्थाओं को अनुप्राणित करे, भरसक कार्यसाधन के रूप में स्थापना और संरक्षण करके लोक-कल्याण की उन्नति का प्रयास करेगा।" इस अनुच्छेद के अनुसार भारतीय संविधान में न्याय के आदर्श को लोक-कल्याण के आदर्श से अभिन्न माना गया है।

सामाजिक न्याय

सामाजिक न्याय का अभिप्राय यह है कि नागरिक नागरिक के बीच सामाजिक स्थिति के आधार पर किसी प्रकार का भेद न माना जाए और प्रत्येक व्यक्ति को आत्मविकास के पूर्ण अवसर सुलभ हो। सामाजिक न्याय की धारणा में एक निष्कर्ष यह निहित है कि व्यक्ति का किसी भी रूप में शोषण न हो और उसके व्यक्तित्व को एक पवित्र

---

21. सालमंड, ज्यूरिसप्रुडेंस, 1948, पृ. 62।

सामाजिक विभूति माना जाए, किसी लक्ष्य की सिद्धि के लिए साधन-मात्र नहीं। सामाजिक न्याय की व्यवस्था में सुचारु और सुसंस्कृत जीवन के लिए आवश्यक परिस्थितियों का भाव निहित है और इस संदर्भ में समाज की राजनीतिक सत्ता से अपेक्षा की जाती है कि वह अपने विधायी तथा कार्यकारी कार्यक्रमों द्वारा समतायुक्त समाज की स्थापना का प्रयत्न करे।

भारतीय संविधान में सामाजिक न्याय के आदर्श को अनेक रूपों में स्वीकार किया गया है। संविधान के तीसरे भाग (मूल अधिकार) और चौथे भाग (राज्य की नीति के निदेशक तत्त्व) में सामाजिक न्याय की सिद्धि के विविध उपायों का उल्लेख किया गया है। अनुच्छेद-14 में भारत के सभी नागरिकों को विधि के समक्ष समता और अधिनियमों के अंतर्गत समान सुरक्षा प्रदान की गई है और अनुच्छेद-15 में धर्म, मूलवंश, जाति, लिंग या जन्मस्थान के आधार पर विभेद का प्रतिशोध किया गया है। अनुच्छेद-16 के फलस्वरूप राज्याधीन पदों पर नियुक्ति के संबंध में सब नागरिकों को अवसर की समता प्राप्त है। संविधान ने अस्पृश्यता का अंत कर दिया है (अनुच्छेद-17), मानव के पण्य और बलात् श्रम अथवा 'बेगार' का प्रतिरोध किया है (अनुच्छेद-23-1) और कारखानों आदि में बच्चों से काम कराना वर्जित कर दिया है (अनुच्छेद-24)। संविधान में दिए गए शिक्षा और संस्कृति संबंधी अधिकार (अनुच्छेद-29 और 30) भी सामाजिक न्याय के सोपान हैं। संविधान ने नागरिकों का कुछ अवस्थाओं में काम, शिक्षा और लोक-सहायता पाने का अधिकार स्वीकार किया है (अनुच्छेद-41)। अनुच्छेद-42 में संविधान ने राज्यों को यह जिम्मेदारी सौंपी है कि वह "काम की यथोचित और मानवोचित दशाओं को सुनिश्चित करने के लिए तथा प्रसूति सहायता के लिए उपबंध करेगा।" अनुच्छेद-43 (श्रमिकों के लिए निर्वाह, मजूरी का प्रबंध), 44 (नागरिकों के लिए समान व्यवहार-संहिता), 45 (बालकों के लिए निःशुल्क और अनिवार्य शिक्षा का उपबंध), 46 (अनुसूचित जातियों, आदिम जातियों तथा अन्य दुर्बल विभागों के शिक्षा और अर्थ-संबंधी हितों की उन्नति), और 47 (आहार पुष्टि-तल और जीवन-स्तर को ऊँचा करने तथा सार्वजनिक स्वास्थ्य के सुधार करने का राज्य का कर्तव्य) भारत में सामाजिक न्याय का स्वर्ण-विहान लाने में सहायक होंगे, ऐसी संविधान निर्माताओं को आशा थी।

आर्थिक न्याय

आर्थिक न्याय का अभिप्राय यह है कि धन-संपदा के आधार पर व्यक्ति व्यक्ति के बीच विभेद की कोई दीवार खड़ी नहीं होनी चाहिए। संविधान में इस उद्देश्य की सिद्धि के लिए अनेक उपबंध हैं। सबसे प्रमुख उपबंध अनुच्छेद-39 है जिसमें निर्धारित किया गया है कि–

"राज्य अपनी नीति का विशेषतया ऐसा संचालन करेगा कि निश्चय ही–

(क) समान रूप से नर और नारी, सभी नागरिकों को जीविका के पर्याप्त

साधन प्राप्त करने का अधिकार हो।

(ख) समुदाय की भौतिक संपत्ति का स्वामित्व और नियंत्रण इस प्रकार बँटा हो कि जिससे सामूहिक हित का सर्वोत्तम रूप से साधन हो।

(ग) आर्थिक व्यवस्था इस प्रकार चले कि जिससे धन और उत्पादन-साधनों का सर्वसाधारण के लिए अतिकारी केंद्रण न हो।

(घ) पुरुषों और स्त्रियों, दोनों का सामन कार्य के लिए समान वेतन हो।

(ङ) श्रमिक पुरुषों और स्त्रियों के स्वास्थ्य और शक्ति तथा बालकों की सुकुमार अवस्था का दुरुपयोग न हो तथा आर्थिक आवश्यकता से विवश होकर नागरिकों को ऐसे रोजगार में न जाना पड़े जो उनकी आयु तथा शक्ति के अनुकूल न हो।

(च) शैशव तथा किशोर अवस्था का शोषण से तथा नैतिक और आर्थिक परित्याग से संरक्षण हो।"

भारत की विविध पंचवर्षीय योजनाएँ आर्थिक न्याय की स्थापना की प्रबल चेष्टाएँ रही हैं। 'समाजवादी ढंग का समाज', 'लोकहितकारी राज्य' और 'मिश्रित अर्थनीति' जैसे पदों से व्यक्त होता है कि भारतीय राज्य आर्थिक क्षेत्र में किन्हीं अतियों की ओर न जाकर राष्ट्रीय लक्ष्य तक पहुँचने के लिए बीच का मार्ग निकालना चाहता रहा है।

वास्तव में संविधान के भाग 4 में विभिन्न अन्य अनुच्छेदों (अनुच्छेद-36 से 51) का लक्ष्य भी न्याय से अनुप्राणित एक नई सामाजिक तथा आर्थिक व्यवस्था सुनिश्चित करना है। इस प्रकार, इसमें कुछ दशाओं में काम, शिक्षा और लोक सहायता पाने के अधिकार का, काम की न्यायसंगत और मानवोचित दशाओं का तथा प्रसूति सहायता का, कर्मकारों के लिए निर्वाह मजदूरी आदि का, बालकों के लिए निःशुल्क तथा अनिवार्य शिक्षा का, कमजोर वर्गों के शैक्षिक तथा आर्थिक हितों की अभिवृद्धि का और कार्यपालिका से न्यायपालिका के पृथक्करण आदि का उपबंध किया गया है।

राजनीतिक न्याय

राजनीतिक न्याय का अभिप्राय यह है कि राजनीतिक क्षेत्र में नागरिक नागरिक के बीच मनमाना भेद नहीं किया जाएगा तथा सभी को समान राजनीतिक अधिकार उपलब्ध होंगे। कोई अभिजात वर्ग अथवा विशेषाधिकार-प्राप्त वर्ग नहीं होगा। संविधान ने सार्वभौम वयस्क मताधिकार की स्थापना, सांप्रदायिक निर्वाचनों के अंत और अनुच्छेद-19-22 के अंतर्गत विविध स्वातंत्र्य-अधिकारों तथा अनुच्छेद-32 के अधीन संवैधानिक उपचारों के अधिकार द्वारा राजनीतिक न्याय के आदर्श को मूर्त रूप दिया है।

राजनीतिक न्याय का अर्थ है कि जाति, मूलवंश, संप्रदाय, धर्म या जन्मस्थान के आधार पर विभेद के बिना सभी नागरिकों को राजनीतिक प्रक्रिया के भाग लेने के अधिकारों में बराबर का हिस्सा मिले। अनुच्छेद-16 में लोक नियोजन के विषय में

अवसर की समानता की गारंटी दी गई है और अनुच्छेद-325 तथा 326 में सभी वयस्कों को चुनावों में भाग लेने के बराबर के अधिकार दिए गए हैं।

नेहरू तथा अंबेडकर जैसे संविधान निर्माताओं का यह स्पष्ट मत था कि आर्थिक न्याय के बिना राजनीतिक न्याय निरर्थक है। धर्म, जाति एवं संप्रदाय के भेदभाव से ग्रस्त हमारे समाज में आर्थिक न्याय तब तक काफी नहीं है जब तक उसके साथ सामाजिक न्याय जुड़ा न हो। डॉ. अंबेडकर ने कहा था–

"26 जनवरी, 1950 को हम अंतर्विरोधों के जीवन में प्रवेश करने जा रहे हैं। राजनीति में हमें समानता प्राप्त होगी और सामाजिक तथा आर्थिक जीवन में हमें समानता प्राप्त नहीं होगी। राजनीति में, हम 'एक व्यक्ति का वोट' और 'एक वोट, एक मूल्य' सिद्धांत को मान्यता देंगे। सामाजिक तथा धार्मिक जीवन में, हम हमारे सामाजिक तथा आर्थिक ढाँचे के कारण के लिए 'एक व्यक्ति, एक मूल्य' के सिद्धांत को नकारते रहेंगे।"

'स्वतंत्रता'

मानव-व्यक्तित्व के सर्वांगीण विकास के लिए जिन अनेक परिस्थितियों की आवश्यकता होती है, उनमें स्वतंत्रता भी एक है। 'स्वतंत्रता' शब्द अंग्रेजी 'लिबर्टी' का समानार्थक समझा जाता है। अंग्रेजी के 'लिबर्टी' शब्द की व्युत्पत्ति लेटिन 'लिबर' शब्द से हुई है, जिसका शाब्दिक अर्थ है मुक्ति अथवा 'इच्छानुकूल कार्य करने की छूट'। यदि हम 'स्वतंत्रता' का यह अर्थ ग्रहण करते हैं तो स्वतंत्रता स्वछंदता या उच्छृंखलता की पर्यायवाची बन जाती है। पर, यह स्वतंत्रता की निषेधात्मक मान्यता है जो किसी भी सभ्य समाज के लिए स्वीकार्य नहीं हो सकती। वास्तव में स्वतंत्रता एक सकारात्मक, विध्यात्मक साधन है। जिस प्रकार सौंदर्य कुरूपता के अभाव से कुछ बढ़कर है, और आलोक अंधकार का निषेध-मात्र नहीं, उसी प्रकार स्वतंत्रता प्रतिबंधों की अस्वीकृति से ऊपर कुछ और है। टॉमस हिल ग्रीन के शब्दों में स्वतंत्रता का आशय है, "किसी ऐसे कार्य को करने अथवा उपभोग करने की वास्तविक शक्ति जो करने अथवा उपभोग करने योग्य है"। लास्की के मत से "स्वतंत्रता उस वातावरण को तत्पर भाव से बनाए रखने का नाम है जिसमें व्यक्ति को अपने आत्मविकास का अधिकतम सुअवसर प्राप्त हो सके"।

राजनीतिवेत्ताओं ने स्वतंत्रता के अनेक भेद माने हैं जिनमें पाँच मुख्य हैं : प्राकृतिक या नैसर्गिक स्वतंत्रता, नागरिक स्वतंत्रता, राजनीतिक स्वतंत्रता, आर्थिक स्वतंत्रता और राष्ट्रीय स्वतंत्रता। संवैधानिक अध्ययन में दो स्वतंत्रताओं–नागरिक स्वतंत्रता और राजनीतिक स्वतंत्रता–का विशेष महत्त्व है। नागरिक स्वतंत्रता का अर्थ उन अधिकारों एवं सुविधाओं से है जिनका मनुष्य सभ्य समाज के सदस्य की हैसियत से उपयोग करता है। नागरिक स्वतंत्रता में अनेक स्वतंत्रताओं का समावेश है जैसे विचार और भाषण की स्वतंत्रता, संघ बनाने की स्वतंत्रता और संपत्ति के धारण,

व्ययन और अर्जन की स्वतंत्रता। राजनीतिक स्वतंत्रता का अभिप्राय है कि नागरिक राजनीतिक गतिविधियों में किस सीमा तक भाग लेते हैं। नागरिक राजनीतिक स्वतंत्रता का उपयोग केवल लोकतंत्रात्मक शासन प्रणालियों के अंतर्गत कर सकते हैं क्योंकि इन शासन प्रणालियों के अंतर्गत ही शासन का अंतिम सूत्र जनता के हाथों में होता है। अधिनायकवादी अथवा सर्वाधिकारवादी देशों में जनता की राजनीतिक स्वतंत्रता का कोई अर्थ नहीं रहता क्योंकि वहाँ जनता की अपनी स्वतंत्र इच्छा-शक्ति रंचमात्र भी नहीं होती और शासनतंत्र में उसकी स्थिति कठपुतली की ही भाँति रहती है। राजनीतिक स्वतंत्रता के अंतर्गत निम्नलिखित अधिकार सम्मिलित माने जाते हैं–

(क) प्रतिनिधियों को चुनने अथवा मतदान में भाग लेने का अधिकार।

(ख) निर्वाचन में खड़े होने का अधिकार।

(ग) सार्वजनिक पद पर नियुक्ति का अधिकार।

(घ) शासन-नीति की रचनात्मक आलोचना करने का अधिकार।

भारतीय संविधान ने "विचार, अभिव्यक्ति, विश्वास, धर्म और उपासना की स्वतंत्रता" को व्यक्तियों तथा राष्ट्र के आत्मिक उत्कर्ष के लिए आवश्यक माना है और उनका आश्वासन दिया है। संविधान के भाग 3 (मूल अधिकार) के अंतर्गत स्वातंत्र्य-अधिकारों का विस्तार से प्रतिपादन किया गया है।

संविधान ने अनुच्छेद-19-22 द्वारा भारत के सभी नागरिकों को कुछ स्वतंत्रताएँ प्रदान की हैं जिन्हें सामूहिक रूप से 'स्वातंत्र्य अधिकारों' की संज्ञा दी गई है। अनुच्छेद-19 में नागरिकों को ऐसी वैयक्तिक स्वतंत्रताएँ प्रदान की गई हैं जो उदारवादी लोकतंत्र के लिए आवश्यक हैं–उदाहरणार्थ वाक्-स्वातंत्र्य और अभिव्यक्ति-स्वातंत्र्य, शांतिपूर्ण और निरायुध सम्मेलन की स्वतंत्रता, भारत राज्य-क्षेत्र में अबाध संचरण करने और बस जाने की स्वतंत्रता, तथा कोई भी वृत्ति, उपजीविका अथवा कारोबार अपना लेने की स्वतंत्रता आदि। भारतीय संविधान में इन स्वतंत्रताओं को निरपेक्ष नहीं माना गया, प्रत्युत सार्वजनिक हित और राज्य की सुरक्षा की दृष्टि से उनके ऊपर कुछ अंकुश आरोपित कर दिए हैं। उदाहरण के लिए अनुच्छेद-19 (2) में कहा गया है कि यदि संविधान में प्रदत्त स्वातंत्र्य अधिकारों का इस प्रकार उपयोग किया जाए जिससे किसी का अपमान हो, मानहानि हो, न्यायालय-अवमान हो, शिष्टाचार या सदाचार पर आघात हो, राज्य की सुरक्षा दुर्बल को अथवा राज्य के उलटने का खतरा हो, तो राज्य इन अधिकारों पर प्रतिबंध लगा सकता है। अनुच्छेद-20 में अपराधों के लिए दोष-सिद्धि के विषय में संरक्षण दिया गया है।[22] अनुच्छेद-21 के अनुसार "किसी व्यक्ति को अपने प्राण अथवा दैहिक स्वाधीनता से विधि द्वारा

---

22. "20 (1) कोई व्यक्ति किसी अपराध के लिए सिद्धदोष नहीं ठहराया जाएगा जब तक कि उसने अपराधारोपित क्रिया करने के समय किसी प्रवृत्त विधि का अतिक्रमण न किया हो और न वह उससे अधिक दंड का पात्र होगा जो उसे अपराध करने के समय प्रवृत्त विधि के अधीन दिया जा सकता था।
(2) कोई व्यक्ति एक ही अपराध के लिए एक बार से अधिक अभियोजित और दंडित न किया जाएगा।
(3) किसी अपराध में अभियुक्त व्यक्ति को स्वयं अपने विरुद्ध साक्षी होने के लिए बाध्य नहीं किया जाएगा।"

स्थापित प्रक्रिया को छोड़कर अन्य प्रकार से वंचित नहीं किया जाएगा।" अनुच्छेद-22 में बंदियों को कुछ अधिकार प्रदान किए गए हैं–(1) किसी व्यक्ति को बंदीकरण के कारणों से यथाशीघ्र अवगत कराए बिना हवालात में बंद नहीं किया जा सकता; (2) बंदी को अपनी रुचि का वकील करने तथा अपना बचाव कराने का अधिकार होगा; (3) बंदी को बंदीकरण के 24 घंटे के भीतर दंडाधिकारी के समक्ष पेश करना होगा; और (4) 24 घंटे से अधिक किसी व्यक्ति को दंडाधिकारी के प्राधिकार के बिना हवालात में निरुद्ध नहीं रखा जा सकेगा।[23]

भारतीय संविधान स्वातंत्र्य-अधिकारों में धर्म-स्वातंत्र्य के अधिकारों का अपना विशेष महत्त्व है और अनुच्छेद-25-28 में उनका निरूपण किया गया है। अनुच्छेद-25 (1) के अनुसार "सार्वजनिक व्यवस्था, सदाचार और स्वास्थ्य...के उपबंधों के अधीन रहते हुए सब व्यक्तियों को अंतःकरण की स्वतंत्रता तथा धर्म के अबाध रूप से मानने, आचरण करने और प्रचार करने का समान अधिकार" है। लेकिन "इस अनुच्छेद की कोई बात किसी ऐसी वर्तमान विधि के प्रवर्तन पर प्रभाव अथवा राज्य के लिए किसी ऐसी विधि के बनाने में रुकावट" नहीं डाल सकती जो (क) धार्मिक आचरण से संबद्ध किसी आर्थिक, वित्तीय, राजनीतिक अथवा अन्य किसी प्रकार की लौकिक क्रियाओं का विनियमन अथवा निर्बंधन करती हो; (ख) सामाजिक कल्याण और सुधार उपबंधित करती हो, अथवा हिंदुओं की सार्वजनिक प्रकार की धर्म संस्थाओं को हिंदुओं के सब वर्गों और विभागों के लिए खोलती हो।" संविधान ने कृपाण धारण करना अथवा लेकर चलना सिख धर्म का अंग मान लिया है तथा "हिंदुओं के प्रति निर्देश में सिख, जैन या बौद्ध धर्म के माननेवाले व्यक्तियों का भी निर्देश" सम्मिलित कर दिया है। अनुच्छेद-26 में व्यवस्था की है कि "सार्वजनिक व्यवस्था, सदाचार और स्वास्थ्य के अधीन रहते हुए प्रत्येक धार्मिक संप्रदाय अथवा उसके किसी विशेष विभाग को–(क) धार्मिक और पूर्व प्रयोजनों के लिए संस्थाओं की स्थापना और पोषण का; (ख) अपने धार्मिक कार्यों-संबंधी विषयों के प्रबंध करने का; (ग) जंगम और स्थावर संपत्ति की अर्जन और स्वामित्व का; तथा (घ) ऐसी संपत्ति के विधि अनुसार प्रशासन करने का अधिकार होगा"। संविधान ने यह स्पष्ट कर दिया है कि किसी भी व्यक्ति को किसी धर्म-विशेष की बढ़ोत्तरी के लिए कर देने के लिए बाध्य नहीं किया जा सकता। सरकारी शिक्षा संस्थाओं में धार्मिक शिक्षा की मनाही की गई है तथा अन्य (अनुच्छेद-27) शिक्षा संस्थानों में, जहाँ धार्मिक शिक्षा अथवा धार्मिक उपासना होती हो, विद्यार्थियों को उपस्थिति होने अथवा न होने के विषय में पूरी स्वतंत्रता प्रदान की गई है (अनुच्छेद-28)। संविधान के धार्मिक स्वतंत्रता संबंधी उपबंध पंथनिरपेक्ष अथवा असांप्रदायिक राज्य की आधारशिला हैं। पंथनिरपेक्ष राज्य न तो धार्मिक होता है, न अधार्मिक, न धर्म विरोधी। वास्तव में वह तो धर्म के मामले में पूरी तरह से तटस्थ

23. विदेशी शत्रुओं के एजेंटों तथा निवारक निरोध अधिनियम के अधीन पकड़े गए बंदियों को ये सुविधाएँ सुलभ नहीं हैं।

होता है और उसकी न तो किसी धर्म विशेष में आस्था होती है और न किसी प्रकार से धार्मिक विश्वास में बँधा हुआ होता है।''

पंथनिरपेक्ष राज्य किसी पंथ या धर्म-विशेष को प्रोत्साहन नहीं देता और न वह किसी धर्म के साथ कठोरता ही बरतता है। संक्षेप में, पंथनिरपेक्ष राज्य के अंतर्गत धर्म को नितांत वैयक्तिक मामला समझा जाता है और उसे राजनीति पर हावी नहीं होने दिया जाता। भारत जैसे देश में, जहाँ अनेक धर्म फल-फूल रहे हैं, पंथनिरपेक्षता का आदर्श अत्यंत आवश्यक है। भारत में धार्मिक अल्पसंख्यकों के हित में निरपेक्षता का आदर्श ही सबसे बड़ा और कारगर-संरक्षण है।

'समता'

राजनीति सिद्धांत में समानता का यह अभिप्राय कदापि नहीं कि सब मनुष्य सब शर्तों में एक-दूसरे के समान हैं। स्पष्टतः शारीरिक, मानसिक और आर्थिक समताओं की दृष्टि से सब मनुष्य न तो एक-दूसरे के समान कभी रहे हैं और न हो सकते हैं। संभवतः प्रकृति को एकता में नहीं, विविधता में सुख मिलता है। राजनीति विज्ञान में समानता के सिद्धांत का अभिप्राय केवल यह है कि अपनी-अपनी मनःशक्तियों का समुचित विकास करने के लिए प्रत्येक मनुष्य को समान अवसर सुलभ होने चाहिएँ। इसी सिद्धांत को ध्यान में रखते हुए संविधान निर्माताओं ने प्रस्ताव में मात्र 'समता' शब्द नहीं कहा और न ही समता—सामाजिक, आर्थिक एवं राजनीतिक—ही कहा, उन्होंने स्पष्टतः 'स्थान और अवसर की समता' पर बल दिया।

स्थान और अवसर की समता के कई पहलू हैं—विधिक, सामाजिक, राजनीतिक और आर्थिक। विधिक रूप से विधि के समक्ष सब नागरिकों को समान होना चाहिए। सामाजिक पहलू में स्थान और अवसर की समता का आशय यह है कि धन, जाति, बिरादरी और वंशादि के आधार पर मनुष्य मनुष्य में अंतर नहीं होना चाहिए। राजनीतिक क्षेत्र में स्थान और अवसर की समता का आशय यह है कि सभी नागरिकों को—अपराधियों तथा पागलों को छोड़कर—देश के शासन में समान भाग मिलना चाहिए। लिंग, नस्ल अथवा धन के आधार पर राजनीतिक अधिकारों का निषेध राजनीतिक समता का उल्लंघन करना है। आर्थिक संदर्भ में समता का अभिप्राय यह नहीं है कि सबके वेतन समान हों, इसका अभिप्राय है कि समान योग्यता और समान श्रम के लिए वेतन भी समान हो। आर्थिक समता में यह बात भी निहित है कि मनुष्य को दूसरे मनुष्य को अथवा एक वर्ग को दूसरे वर्ग का आर्थिक शोषण करने का कोई अधिकार नहीं है। चरम रूप से आर्थिक समता का निहितार्थ यह है कि उत्पादन और वितरण के साधनों पर संपूर्ण समाज का नियंत्रण हो और उसका प्रयोग जनसाधरण के कल्याण के लिए किया जाए।

फ्रांसीसी क्रांति के जनकों द्वारा स्वीकृत ''मानव तथा नागरिकों के अधिकारों की घोषणा'' में समता के आदर्श का प्रशस्तिगान किया गया है—

> "अधिकारों की दृष्टि से मनुष्य समान और स्वतंत्र उत्पन्न होते हैं, तथा बने रहते हैं। सामाजिक भेदभावों का एक ही आधार हो सकता है–सार्वजनिक उपयोगिता...विधि सामान्य इच्छा की अभिव्यक्ति है...यह सबके लिए एक जैसी होनी चाहिए चाहे वह रक्षा करे या रंज दे। चूँकि सभी नागरिक विधि की दृष्टि में समान होते हैं, इसलिए वे अपनी-अपनी क्षमताओं के अनुसार समस्त सार्वजनिक गौरवों, स्थानों और रोजगारों के अधिकारी होते हैं और इस संबंध में उनके साथ गुण तथा प्रतिभा के अतिरिक्त अन्य कोई भेदभाव नहीं किया जाना चाहिए।"

संविधान की उद्देशिका ने नागरिकों को 'प्रतिष्ठा और अवसर' की यही समता प्रदान की है। संविधान के अनुच्छेद-14-17 का उद्देश्य इस समता-अधिकार को व्यावहारिक रूप देना है। अनुच्छेद-14 के अनुसार 'भारत राज्य-क्षेत्र में किसी व्यक्ति को विधि के समक्ष समता से अथवा विधियों के समान संरक्षण' से राज्य द्वारा वंचित नहीं किया जा सकता। इस उपबंध में 'विधि के समक्ष समता' का अभिप्राय है अमूर्त विधि-तत्त्व की दृष्टि से सभी नागरिकों की समता तथा 'विधियों के समान संरक्षण' का अभिप्राय है विधि-विशेष अथवा मूर्त विधियों के संदर्भ में नागरिकों के साथ समान व्यवहार। अनुच्छेद-15 ने व्यवस्था की है कि राज्य किसी नागरिक के विरुद्ध केवल धर्म, मूलवंश, जाति, लिंग, जन्मस्थान अथवा इनमें से किसी के आधार पर कोई विभेद नहीं करेगा। अनुच्छेद-16 के संदर्भ में "राज्याधीन नौकरियों या पदों पर नियुक्ति के संबंध में सब नागरिकों के लिए अवसर की समता" सुलभ है और "केवल धर्म, मूलवंश, जाति, लिंग, उद्भव, जन्मस्थान, निवास अथवा इनमें से किसी के आधार पर किसी नागरिक के लिए राज्याधीन किसी नौकरी या पद के विषय में न अपात्रता होगी और न विभेद किया जाएगा।" अनुच्छेद-17 ने भारतीय समाज की एक बड़ी कुरीति अस्पृश्यता का अंत कर दिया है जो सामाजिक समता की दिशा में एक बहुत बड़ा कदम है।

'बंधुता'

भारतीय संविधान के आदर्शों में बंधुता का आदर्श भी महत्त्वपूर्ण है। भारतीय जीवन के संदर्भ में बंधुता के दो पहलू हैं–आंतरिक और बाह्य। आंतरिक संदर्भ में बंधुता का मंतव्य यह है कि भारत में विभिन्न क्षेत्रों, भाषाओं, जातियों और रीति-रिवाजों के बावजूद एक बुनियादी एकता है और इस एकता को दृढ़ आधार प्रदान करना राष्ट्र का सर्वसम्मत लक्ष्य है। संविधान ने सांप्रदायिक निर्वाचनों और अस्पृश्यता का अंत कर भारतीय समाज के विविध तत्त्वों को एक-दूसरे के निकट लाने का प्रयास किया है। संविधान ने भारत को राज्यों का संघ माना है और देश में शक्तिशाली केंद्र की स्थापना की है। भारत संघ और राज्यों के लिए एक ही संविधान है और जहाँ आपातकालों में तो भारत का संविधान एकात्मक बन ही सकता है (अनुच्छेद-352),

वहाँ सामान्य कालों में भी केंद्रीय सरकार की शक्तियाँ बढ़ाई जा सकती हैं और राज्यों को उनकी परिधि में लिया जा सकता है। (उदाहरणतः देखिए अनुच्छेद-249)। संविधान ने सारे देश में एक न्यायपालिका, एक दीवानी और फौजदारी कानून की व्यवस्था और अखिल भारतीय सेवाओं की स्थापना द्वारा समूचे देश में एकता के सूत्र को दृढ़ करने का प्रयास किया है जो राष्ट्रीय बंधुता की दिशा में उपयोगी चरण है। बाह्य क्षेत्र में बंधुता की भावना का अभिप्राय यह है कि भारत संसार के विभिन्न देशों को एक-दूसरे के निकट लाने तथा विश्व-शांति और सौहार्द्र की स्थापना करने की दिशा में अपना पूर्ण योगदान करना चाहता है। विश्व-बंधुत्व अथवा 'वसुधैव कुटुंबकम्' भारत का परंपरागत मंत्र रहा है और संविधान के अनुच्छेद-53 में इसकी साकार अभिव्यक्ति हुई है। इस अनुच्छेद के अनुसार "राज्य (क) अंतर्राष्ट्रीय विधि और संधि बंधनों के प्रति आदर बढ़ाने का तथा (घ) अंतर्राष्ट्रीय विवादों के मध्यस्थता द्वारा निपटारे के लिए प्रोत्साहन देने का प्रयास करेगा। स्वतंत्र भारत की विदेश-नीति विश्व-शांति और मैत्री के उदात्त आदर्शों से प्रेरित रही है और पंचशील, अंतर्राष्ट्रीय सहयोग, शांतिपूर्ण सह-अस्तित्व, प्रतिबद्धता तथा निर्बद्धता के सूत्रों ने विश्व-राजनीति में पारस्परिक सौहार्द्र के नित्य-नूतन क्षितिजों का उद्घाटन किया है।

उद्देशिका का भविष्य

उद्देशिका के विविध महत्त्वूपर्ण शब्दों की व्याख्या से यह स्पष्ट हो जाता है कि संपूर्ण संविधान, कम-से-कम संविधान का अंतर्व्याप्त दर्शन, उद्देशिका का ही बृहद् रूप होना था। जिस प्रकार प्लेटो ने रिपब्लिक में न्याय के स्वरूप की खोज करते समय सबसे पहले उसका भावन लघु रूप में व्यक्ति-आत्मा के अंतर्गत किया है और फिर अपने आदर्श राज्य में उसके बृहद रूप की अवधारणा की है, उसी प्रकार संविधान निर्माताओं ने संविधान का सारा निचोड़, दर्शन, मूलतंत्र, उद्देशिका में निबद्ध कर दिया है और संविधान के विविध उपबंधों द्वारा उन्हें मूर्त रूप देने का प्रयास किया। उद्देशिका के दार्शनिक और सैद्धांतिक आयाम इतने उदात्त, व्यापक और सार्वजनिक हैं कि किसी को उनसे मतभेद हो ही नहीं सकता।

संविधान निर्माताओं ने आशा की थी कि आगे आनेवाली कितनी ही पीढ़ियाँ युगों तक इन्हीं आदर्शों से अपने-अपने समयानुकूल नई प्रेरणा ग्रहण करती रहेंगी। किंतु भारतीय संविधान की उद्देशिका के अध्ययन-अध्यापन और प्रचार-प्रसार को जितना महत्त्व मिलना चाहिए था, वह नहीं मिला। हमारे स्कूलों-कॉलिजों के पाठ्यक्रमों में देश के संविधान की इस महान् उद्देशिका का तथा उसके महत्त्व के अध्ययन का अनिवार्य रूप से समावेश होना चाहिए था और राष्ट्रीय गीत की भाँति ही इसे सबकी जबान पर होना चाहिए था। इसमें निहित पावन आदर्श हमारे राष्ट्रीय आदर्श थे और जहाँ वे एक ओर हमें अपने गौरवमय अतीत से जोड़ते थे वहाँ भविष्य की आकांक्षा को भी सँजोते थे, जिसकी कभी विश्व कवि रवींद्रनाथ ठाकुर ने इन शब्दों

में कल्पना की थी–

'चित जहाँ भय-शून्य
उच्च है शीश जहाँ पर
जहाँ मुक्त है ज्ञान
और दीवारें घर की जहाँ
नहीं विच्छिन्न किए हैं
अखिलविश्व से आँगन अपने
जहाँ वचन के स्रोत
हृदय से फूटा करते
जहाँ कर्मधारा अजस्र
बहती रहती है और
किया करती है बहकर
अंचल-अंचल दिशा-दिशा में
सार्थक सपने
जहाँ तुच्छ आचार मरुस्थल
सोख नहीं लेते
विचार की गंगा-यमुना
जहाँ नहीं पुरुषार्थ
पटककर सिर
रह पाता
करो कठिन आघात
जगाओ
ऐसे किसी स्वर्ग में
भारत को
हे कर्म वचन चिंतन
आनंद विधाता।'[24]

यह देश का दुर्भाग्य है कि उद्देशिका में सँजोए गए मूल्य संविधान के लगभग अर्द्धशती के कार्यकरण में पूरे नहीं हुए और संविधान निर्माताओं के देखे सपने सपने ही रह गए। (देखिए, अध्याय 1)

---

24. भवानीप्रसाद मिश्र का मूल बंगला से अनुवाद, अनुवाद त्रैमासिक, अगस्त 68-जनवरी 69, वर्ष 5, अंक 17-18 (संयुक्तांक), दिल्ली, पृ. 1।

3

राज्यपालों की भूमिका

विभिन्न राज्यों में घट रहे घटनाक्रम भावी राजनीतिक गतिविधियों की ओर संकेत करते हैं और आगे आनेवाली उथल-पुथल की बानगी प्रस्तुत करते हैं। साथ ही उनके परिप्रेक्ष्य में कुछ महत्त्वपूर्ण संवैधानिक प्रश्न भी उठते हैं। हमारी राज्य-व्यवस्था में उच्च पदाधिकारियों की व्यक्तिगत भूमिकाओं के संबंध में अभी तक स्थिति स्पष्ट नहीं हो पाई है। कोई आचार-संहिता और निर्देशिका भी नहीं है और इन पदों को सुशोभित करने वाले आज के लोगों का बौद्धिक और नैतिक स्तर भी प्रायः ऐसा नहीं है कि उनके स्वविवेक पर विश्वास किया जा सके। ऐसी स्थिति में संसदीय-संघीय राज्य-व्यवस्था का सारा भविष्य कुछ संवैधानिक प्रश्नों की यथोचित समझ और समाधान पर निर्भर करता है।

संसदीय लोकतंत्र को प्रायः परंपराओं और पूर्वदृष्टांतों पर आधारित शासन कहा जाता है, किंतु कोई दो स्थितियाँ नितांत एक जैसी नहीं होतीं। हर स्थिति नई होती है और नए दृष्टांत को जन्म देती है। नई स्थिति में लिखित संविधान के शब्दों को भी नए अर्थ मिलते रहते हैं। हालाँकि पिछले कुछ वर्षों में सरकारों की अस्थिरता और कुछ संवैधानिक सुधारों की वांछनीयता पर विभिन्न मंचों और माध्यमों से चर्चा हुई है फिर भी इस सच्चाई की ओर यथोचित ध्यान नहीं गया कि वर्तमान चिंताजनक स्थिति के लिए बहुत कुछ प्रवर्तन और निर्वचन के दौरान संविधान के उपबंधों के साथ की गई छेड़खानी जिम्मेदार है। राज्यपालों, विधानसभाओं के अध्यक्षों आदि ने बिना किसी औचित्य और अधिकार के ऐसी बहुत सी शक्तियों पर अपना स्वत्व जमा लिया है जिनकी संविधान के जनकों ने कभी कल्पना भी नहीं की होगी।

संविधान के अनुच्छेद-164(1) के अधीन, मुख्यमंत्री की नियुक्ति राज्यपाल द्वारा की जाती है। अन्य मंत्रियों की नियुक्ति राज्यपाल मुख्यमंत्री के परामर्श पर करते हैं। मंत्री राज्यपाल के प्रसाद-पर्यंत पद धारण करते हैं जिसका अभिप्राय यह है कि उन्हें मुख्यमंत्री के परामर्श पर हटाया जा सकता है। अनुच्छेद-164 के खंड (1) के ठीक बाद खंड (2) में स्पष्ट रूप से कहा गया है कि पूरी मंत्रिपरिषद् सामूहिक रूप से विधानसभा के प्रति उत्तरदायी होगी। साफ है कि संविधान निर्माताओं ने 'मंत्रियों' तथा

मंत्रिपरिषद् के बीच एक बहुत ही सार्थक और सोचा-समझा अंतर किया है। जबकि राज्यपाल मुख्यमंत्री के परामर्श पर किसी मंत्री को पदच्युत कर सकता है, मंत्रिपरिषद् को बर्खास्त करने का कोई प्राधिकार संविधान कहीं भी राज्यपाल को नहीं देता। आश्चर्य है कि सरकारिया आयोग सहित किसी आयोग ने या उच्चतम न्यायालय ने भी इस प्रमुख मुद्दे को महत्त्व नहीं दिया और इसका विश्लेषण नहीं किया।

अनुच्छेद-164(2) का अभिप्राय यह है कि जब भी विधानसभा की बैठक हो तब सरकार अपने सारे कृत्यों के लिए सदन के प्रति उत्तरदायी होगी और यदि किसी समय मंत्रिपरिषद् अपने आपको उत्तरदायी अथवा जिम्मेदार सिद्ध करने में असफल हो जाए और सदन का विश्वास खो बैठे, तो उसे त्यागपत्र दे देना चाहिए।

ब्रिटेन में, किसी मंत्रिपरिषद् के सदन में पराजित होने के बाद भी प्रधानमंत्री को यह हक प्राप्त रहता है कि वह सदन को भंग करने तथा नए सिरे से जनता का आदेश प्राप्त करने की सिफारिश करे। 1783 से लेकर आज तक कोई भी ऐसा स्पष्ट दृष्टांत उपलब्ध नहीं है जब सम्राट् ने किसी मंत्रिपरिषद् को बर्खास्त किया हो। भारत में, राज्यपाल ऐसे मुख्यमंत्री के परामर्श को मानने के लिए बाध्य नहीं है जिसने सदन का विश्वास खो दिया हो अथवा सदन का बहुमत जिसके विरुद्ध हो। राज्यपाल को यह प्रत्याशा करने का पूरा अधिकार है कि अविश्वास प्रस्ताव पास होने पर मुख्यमंत्री अपनी मंत्रिपरिषद् का त्यागपत्र तुरंत सौंप देंगे। यदि कोई मुख्यमंत्री इतना दुराग्रही हो कि सदन में अविश्वास की अभिव्यक्ति के बाद भी त्यागपत्र देने से इनकार करे, तो राज्यपाल अनुच्छेद-356 के अधीन राष्ट्रपति शासन लागू किए जाने कि सिफारिश कर सकता है। राष्ट्रपति की उद्घोषणा के बाद ही मंत्रिपरिषद् को बर्खास्त किया जा सकता है।

राज्यपालों को ऐसी कोई शक्ति नहीं दी गई जिसके द्वारा वह मुख्यमंत्री को कभी भी कह दें कि उनकी सरकार को सदन का बहुमत प्राप्त होने के विषय में संदेह पैदा हो गया है। अतः सदन का एक आपात अधिवेशन अमुक अवधि के अंदर बुलाया जाए जिसमें तथाकथित 'विश्वास प्रस्ताव' के द्वारा नए सिरे से यह सिद्ध किया जाए कि सरकार को बहुमत का समर्थन प्राप्त है। संविधान का यह मंतव्य कभी नहीं रहा होगा कि राज्यपाल तथा विधानसभा अध्यक्ष सदैव राजनीति खेलते रहें अथवा विधायक गण निरंतर रात-दिन इसी जोड़-तोड़ और साँठ-गाँठ में लगे रहें कि उन्हें मंत्री पद आदि मिल जाए और वे उसी को अपना समर्थन दें जो उनकी ज्यादा-से-ज्यादा ऊँची बोली लगा सकता हो और उन्हें खरीदने की क्षमता रखता हो। संविधान निर्माताओं ने ऐसा भी कभी नहीं सोचा होगा कि मुख्यमंत्रियों और उनकी सरकारों को हमेशा, हर पल, ऐसे असमंजस और अनिश्चितता की अवस्था में लटकाए रखा जाए जिससे अपनी सत्ता को बनाए रखने के लिए संघर्ष में ही वह हर समय जुटे रहें तथा जनता की सेवा करने या उसकी समस्याओं की ओर ध्यान देने का समय ही न बचे। क्या यह उचित है कि मुख्यमंत्री विधायकों की बदलती-बिकती निष्ठाओं

पर तथा अपने समर्थकों को एकजुट रखने और अपराधीकरण एवं भ्रष्टाचार के जरिए अनुचित कमाई करने तथा लाभ उठाने के साधनों का वितरण करके नए समर्थक जीतने की तकनीक पर निर्भर रहें ? यदि सरकार का स्थायित्व अथवा मुख्यमंत्री (या प्रधानमंत्री) की कुरसी सलामत रखने के लिए विधायकों को खरीदना पड़े तो ऐसे स्थायित्व और ऐसी कुरसी का कोई मूल्य नहीं रहता और हमारे संविधान का दर्शन उसकी इजाजत नहीं देता।

एक बार यदि मतदाता किसी दल, किसी नेता तथा किसी कार्यक्रम के पक्ष में अपना स्पष्ट फैसला दे देते हैं तथा सरकार विधिवत् गठित हो जाती है और सदन में अपना बहुमत सिद्ध कर देती है तो सामान्यतः यह आशा की जाती है कि वह पाँच वर्ष के अपने पूरे कार्यकाल के लिए चलती रहेगी। राज्यपाल, अध्यक्ष और विधायकों को अपने-अपने विधिसम्मत संवैधानिक कार्यों और कर्तव्यों की ओर पूरा ध्यान देना चाहिए। जब तक विधानसभा द्वारा सदन के अंदर अविश्वास प्रस्ताव पारित नहीं किया जाता तब तक जनादेश के अनुसार सरकार द्वारा शासन चलाने के मार्ग में कोई बाधा नहीं खड़ी की जानी चाहिए। विश्वास-अविश्वास अथवा बहुमत की परीक्षा भी रोज-रोज का किस्सा नहीं हो सकता। जब सदन की बैठक न चल रही हो तब तो यह प्रश्न कदापि नहीं उठना चाहिए। इस समय संवैधानिक और नियमगत स्थिति यही है कि अविश्वास प्रस्ताव तभी रखा जा सकता है जब विधानसभा का अधिवेशन चल रहा हो। नियमों में यह भी व्यवस्था है कि किसी मामले पर किसी एक सत्र में केवल एक बार चर्चा की जा सकती है। अतः एक सत्र में एक बार से अधिक अविश्वास प्रस्ताव नहीं लाया जा सकता।

मंत्रिपरिषद् की विधानसभा के प्रति सामूहिक जिम्मेदारी को सुनिश्चित करने के लिए, लोकतंत्र के इस मूल सिद्धांत को पुष्ट करने के लिए कि सरकार जनता की राय की अवहेलना नहीं कर सकती तथा सदन के प्रति अपने दायित्वों के निर्वहन में कोताही नहीं कर सकती, संविधान के अनुच्छेद-174 में पहले ही यह प्रावधान है कि सदन के दो सत्रों के बीच का अंतराल कभी भी छः मास से अधिक का नहीं हो सकता।

'विश्वास प्रस्ताव' जैसी किसी प्रक्रिया का न तो संविधान में और न ही नियमों में कोई उपबंध है। वस्तुतः जब तथाकथित विश्वास प्रस्ताव पेश किए जाते हैं तो उन्हें साधारण सारभूत प्रस्तावों की सामान्य श्रेणी के अंतर्गत ही माना जाता है। केवल 'अविश्वास प्रस्ताव' के लिए एक विशिष्ट श्रेणी में विशिष्ट नियम हैं।

यह खेद की बात है कि हमारे राज्यपाल-राजनीतिज्ञों ने अपनी मरजी से या फिर दिल्ली में बैठे अपने आकाओं के आदेश पर एक नितांत हास्योत्पादक, संविधानेतर तथा अवैध परिपाटी आरंभ कर दी है जिसके अनुसार मामूली-से-मामूली बात की आड़ लेकर मुख्यमंत्रियों को कह दिया जाता है कि वह चंद दिनों के अंदर—ये 5-7 दिन भी हो सकते हैं और 25-30 दिन भी, जैसा भी राज्यपाल अपने मनमाने ढंग से नियत

करें—सदन की बैठक बुलाकर उसका विश्वास मत प्राप्त करे। पिछले कुछ वर्षों में यह किस्सा कई राज्यों में कई बार दोहराया जा चुका है। इस परिपाटी ने सरकारों को शाश्वत अस्थिरता के वातावरण तथा विधायकों की कभी पूरी न होनेवाली अवैध माँगों को बढ़ावा दिया है। विधायकों के क्रय-विक्रय और पैसे की थैलियों के जोर पर सरकारों को गिराने की धमकियाँ दी जाती हैं सरकारों को बनाने या गिराने के लिए माफिया शक्ति का प्रयोग खुलेआम किया जाता है।

समय रहते हमें चाहिए कि संविधान व्यवस्था के उस सत्यनिष्ठ निर्वचन को अंगीकार करें जिसके अधीन विधायकों से केवल अधिवेशन के दिनों में राजधानी में उपस्थित रहने की अपेक्षा की जाती है। शेष समय उन्हें अपने-अपने निर्वाचन क्षेत्रों में अथवा आम जनता के बीच बिताना चाहिए जहाँ वे लोगों की समस्याओं और शिकायतों को सुन सकें और रचनात्मक कार्यक्रमों में सकारात्मक योगदान के द्वारा उनकी कुछ सेवा कर सकें।

विधायकों को यह शोभा नहीं देता कि वह हमेशा राजधानी में ही जमे रहें और और राजनीतिक पैंतरेबाजी करके तथा निजी हितों के लिए सत्ता के दलालों की भूमिका निभाकर नगर के सामाजिक जीवन को दूषित करें या फिर प्रशासन के कार्य में दखलंदाजी करें या गड़बड़ पैदा करें।

राज्यपाल को ऐसा कोई अधिकार नहीं है और न होना चाहिए जिसके अतंर्गत वह अपने से मंत्रिपरिषद् को बर्खास्त कर सके। दिन-प्रतिदिन इस बात की निगरानी रखना कि सरकार को, सत्तारूढ़ दल को अथवा उसके नेता को बहुमत का समर्थन मिल रहा है या नहीं, न तो राज्यपाल का काम है और न ही अध्यक्ष का। राजनीतिक दल के भीतर प्रतिस्पर्धाओं और मदभेदों के निपटारे करने का मंच स्वयं दल ही हो सकता है। सरकार को विधानसभा के बहुमत का समर्थन प्राप्त है या नहीं, इस प्रश्न का निर्णय विधानसभा के अधिवेशन के दौरान अविश्वास प्रस्ताव के द्वारा अथवा प्रमुख नीति विषयक मुद्दों या अनुदान माँगों पर मतदान के आधार पर सदन में ही किया जा सकता है।

अंततः सदन का प्रत्येक सदस्य जो स्वतंत्र सदस्य के रूप में निर्वाचित न हुआ हो, उस दल से संबंधित माना जाता है जिसके चुनाव चिह्न पर उसने चुनाव लड़ा हो। अध्यक्ष की इसमें कोई भूमिका नहीं होती। संविधान में राजनीतिक दलों का उल्लेख केवल दसवीं अनुसूची में किया गया है और इसके अनुसार किसी सदस्य की सदस्यता केवल इसलिए स्वतः समाप्त नहीं हो जाती कि वह अपने दल के निदेशों के विरुद्ध गया। अध्यक्ष भी अवज्ञा के प्रश्न पर तभी ध्यान दे सकता है जब उसे इस संबंध में कोई याचिका प्राप्त हो। उसके बाद भी, भले अध्यक्ष कितनी ही लंबी-चौड़ी जाँच, साक्ष्य और दलीलों के आधार पर अपना निर्णय दे, फिर भी निरर्हता या अर्हता के प्रश्न पर उच्च न्यायालयों तथा उच्चतम न्यायालय में न्यायिक पुनरीक्षण हो सकता है।

4

राष्ट्रपति शासन और अनुच्छेद-356

राज्यपालों की स्थिति और भूमिका पर कुछ भी चिंतन करने से पहले यह नितांत आवश्यक है कि हम अपनी सवैधानिक व्यवस्था और उसके मूलभूत आधारों को समझ लें। संविधान के अनुसार भारत एक संपूर्ण प्रभुत्व-संपन्न लोकतंत्रात्मक गणराज्य और राज्यों का संघ है। प्रभुसत्ता का निवास भारत के लोगों में है। भारत के लोग एक हैं, संविधान एक है, ध्वज एक है, नागरिकता एक है, न्यायपालिका एक है, हम सब एक लोकतंत्रात्मक गणराज्य हैं। भारत विभिन्न गणराज्यों का संघ नहीं है, वरन् विभिन्न राज्यों में बँटा और उनसे बना एक गणराज्य है। राज्यों के नाम, राज्य-क्षेत्र, सीमाएँ आदि सब बदल सकते हैं, नए राज्य बन सकते हैं, पुराने लोप हो सकते हैं, किंतु संघ अटूट है और गणराज्यात्मक व्यवस्था संघ के लिए निर्दिष्ट है, उसकी विभिन्न इकाइयों अर्थात् राज्यों के लिए नहीं। हमारे गणराज्य का एक निर्वाचित राष्ट्रपति है और पूरे संघ के लिए पूरे देश के लिए जनता द्वारा चुने प्रतिनिधियों के प्रति उत्तरदायी एक लोकतंत्रात्मक सरकार की व्यवस्था है। इसमें संदेह नहीं कि संविधान ने प्रशासन और विधायन के सुभीते के लिए संघ और राज्यों के बीच शक्तियों का वितरण किया है, किंतु यह भी निश्चित है कि संघ से बाहर किसी राज्य को कोई निजी सवैधानिक अस्तित्व नहीं है। राज्य 'पूर्ण' संघ के एक 'अंग' अथवा 'भाग' के रूप में ही हैं अन्यथा नहीं। संघ और राज्य के बीच संबंध वही हो सकते हैं जो शरीर के एक अंग से पूरे शरीर के साथ होते हैं अथवा जो एक भाग और पूर्ण इकाई के बीच होते हैं।

कई बार हम 'केंद्र' और राज्यों के बीच संबंधों की बात करते हैं, 'केंद्रीय' सरकार का जिक्र किया जाता है। प्रायः सरकारी दस्तावेजों में भी 'केंद्र' और 'केंद्रीय' जैसे शब्दों का प्रयोग किया जाता है, किंतु सच यह है कि संविधान में इन शब्दों का कहीं प्रयोग नहीं किया गया। हमारे नेताओं, मंत्रियों, प्रशासकों और लेखकों ने इन शब्दों का प्रयोग कर बड़ी भारी भ्रांतियाँ पैदा कर दी हैं और इस भ्रामक स्थिति को अब ठीक करना सरल नहीं है। संविधान में प्रावधान है 'संघ और राज्यों के बीच' संबंधों का। संघ में भावना है पूर्ण की, सब कुछ को मिलाकर अथवा सब कुछ के मिलने

से बने एक पूरे वृत्त अथवा घेरे की; जबकि 'केंद्र' से जो चित्र सामने आता है वह है वृत्त के बीचोबीच एक 'बिंदु' का। भारत का संघ किसी वृत्त के बीच का बिंदु नहीं है वह तो सारा वृत्त है। केंद्रीय कही जानेवाली वस्तुतः सारे देश की, संघ की, सरकार है, न कि विदेशी शासन के दिनों की अथवा 1919 के अधिनियम के अंतर्गत बनी केंद्रीय सरकार। यदि यह अंतर समझ लिया और मान लिया जाए तो हमारे संवैधानिक ढाँचे में राज्यपालों की स्थिति और भूमिका को सही परिप्रेक्ष्य में देखा जा सकता है।

राज्यपाल पद के विषय में संवैधानिक प्रावधानों पर दृष्टि डालें तो हम देखेंगे कि प्रत्येक राज्यपाल की नियुक्ति राष्ट्रपति करते हैं तथा प्रत्येक राज्यपाल राष्ट्रपति (अर्थात् संघ सरकार) प्रसाद पर्यंत ही अपने पद पर बना रह सकता है। वैसे पद धारण की साधारण अवधि पाँच वर्ष है (अनुच्छेद-155-156)। राज्यपाल का पद एक संवैधानिक पद है, किंतु उस पर नियुक्त किए जाने अथवा उस पर बने रहने का किसी को कोई अधिकार नहीं है। प्रशासनिक सेवा के अधिकारियों अथवा न्यायाधीशों आदि की तरह राज्यपालों को सेवा की कोई सुरक्षा उपलब्ध नहीं है। यह याद रखने की बात है कि हमारे संविधान निर्माताओं ने राज्यपालों के निर्वाचन का प्रावधान भी नहीं रखा, क्योंकि जैसा जवाहरलाल नेहरू ने संविधान सभा में कहा था, निर्वाचित राज्यपाल होने से 'संकीर्ण प्रांतीय ढंग से सोचने और काम करने की प्रवृत्ति को बढ़ावा मिलता' जबकि राष्ट्रपति द्वारा नियुक्ति से राज्यपाल राज्य की मंत्रिपरिषद् के 'एक मित्र और मध्यस्थ' का काम कर सकेगा। मुख्यतः राज्यपाल का पद राजनीतिक है। ऐसा भी नहीं है कि किसी व्यक्ति को जिस राज्य का राज्यपाल नियुक्त किया जाए वहीं पर पाँच वर्ष तक या किसी अवधि-विशेष तक बनाए रखना जरूरी है। यह नितांत राष्ट्रपति (संघ सरकार) के निर्णय पर निर्भर है किस को कहाँ रखा जाए, तबादला किया जाए या मुक्त किया जाए। किसी भी राज्यपाल को उसके पद से हटाने या उसका तबादला करने के लिए कोई भी कारण देने की आवश्यकता नहीं है। जब भी राष्ट्रपति अपना प्रसाद वापस ले लें, तभी व्यक्ति विशेष का राज्यपाल पद पर कार्यकाल समाप्त हो जाता है और उसे इस विषय में कोई शिकायत नहीं होनी चाहिए, क्योंकि संवैधानिक स्थिति ऐसी है, इसलिए परिपक्वता और आचार-सौष्ठव इसी में है कि जैसे ही संघ सरकार की ओर से किसी राज्यपाल को इशारा किया जाए कि अब उसकी सेवाओं की आवश्यकता नहीं रही, उसे तुरंत अपना त्यागपत्र उपस्थित कर देना चाहिए और प्रायः ऐसी ही होता भी रहा है। क्योंकि यह किसी को भी शोभा नहीं देता कि इतने उच्च पद पर बैठे व्यक्ति को हटाया जाए अथवा हटाना पड़े।

राज्य की कार्यपालिका शक्ति राज्यपाल में निहित है और वह अपने कृत्यों का निर्वहन प्रायः मंत्रिपरिषद् की सलाह और सहायता से करता है, किंतु कुछ मामलों में यह भी अपेक्षित है कि राज्यपाल अपने विवेकानुसार काम करें। राज्यपाल को शपथ लेनी होती है कि वह 'संविधान और विधि का परिरक्षण, संरक्षण और प्रतिरक्षण' करेगा और जनता की सेवा के कल्याण में निरत रहेगा (अनुच्छेद-154, 159, 163)। बिना

राज्यपाल के राज्य की विधानपालिका भी अधूरी है। राज्यपाल राज्य विधान मंडल का एक प्रमुख अंग है और विधायी प्रक्रिया में उसकी महत्त्वपूर्ण भूमिका है।

यह स्पष्ट कर देना जरूरी होगा कि राज्यपाल की भूमिका बहु-आयामी है और उसे केवल कार्यपालिका का प्रमुख अथवा विधान मंडल का अंग आदि कहकर सीमित नहीं किया जा सकता। और बातों के साथ-साथ राज्यपाल राज्य में संघ का—संघ के उस भाग विशेष में पूरे संघ का और भारत गणराज्य की पूरी जनता का—प्रतिनिधि है और उसका विशेष कर्तव्य है कि वह देश के उस भाग में जहाँ उसे संघ सरकार ने भेजा है पूरे देश के हितों का ध्यान रखे; जबकि आमतौर पर राज्यपाल राज्य के संविधानप्रमुख के नाते राज्य की मंत्रिपरिषद् की सलाह पर ही काम करेगा, जहाँ कभी भी और जब कभी भी पूरे देश के—संघ के—हितों के साथ संघर्ष की स्थिति उत्पन्न होगी, निस्संदेह किसी भी राज्यपाल का पावन कर्तव्य होगा कि वह संघ के हितों की रक्षा करे; गणराज्य के राष्ट्रपति द्वारा राज्य-विशेष में उसके प्रतिनिधि के रूप में अपने को पूरे देश के साथ जुड़ा समझे; पूरे देश के हितों का प्रतिनिधि बने; न कि उस राज्य-विशेष का। यदि संघर्ष की स्थिति में राज्यपाल भी मुख्यमंत्री की ही भाषा बोलने लगे तो संभवतः राज्यपाल के पद की कोई उपादेयता ही न रह जाए। जहाँ तक विधान मंडल के समक्ष राज्यपाल के अभिभाषण का प्रश्न है, यह एक सर्वमान्य परंपरा है कि अभिभाषण सरकार की ओर से तैयार किया जाता है और उसमें सरकार की नीतियों, कार्यक्रमों, उपलब्धियों आदि का ब्यौरा होता है। उसकी पूरी जिम्मेदारी भी सरकार की होती है और राज्यपाल केवल उसको शासन के प्रमुख के नाते पढ़ता है। इस सबका यह अर्थ नहीं कि राज्यपाल मंत्रिपरिषद् को समझा नहीं सकता अथवा कोई अनुचित बात कहलाना चाहे तो वह रोक नहीं सकता। अंततः अभिभाषण पढ़ना तो राज्यपाल को ही होता है और राज्यपाल कोई निर्जीव मशीन तो है नहीं। अगर अभिभाषण में कोई ऐसी बात है जो देश के हित के विरुद्ध है--स्वयं राज्यपाल की अथवा राष्ट्रपति की आलोचना करती है अथवा राज्य सरकार के अधिकार क्षेत्र से बाहर है--तो राज्यपाल को पूरा अधिकार है, अपितु उससे यह अपेक्षा की जाती है, कि वह कम-से-कम उस अंश को न पढ़े। ऐसा ही बंगाल के गवर्नर श्री धर्मवीर ने किया था।

गत 47-48 वर्षों के इतिहास से यह स्पष्ट है कि जब-जब संसद में किसी राज्यपाल के बारे में चर्चा का मौका आया है, संघ सरकार ने हमेशा राज्यपाल का पक्ष लिया है। स्वाभाविक है कि जब-जब किसी राज्य में संघ और राज्य के हितों में संघर्ष हो, राज्यपाल संघ के हितों का पक्ष ले और उनकी सुरक्षा करे। यह स्पष्ट करने की जरूरत नहीं होनी चाहिए कि संघ के हितों का अर्थ सत्ताधारी दल के हितों से नहीं हो सकता। और यदि संघ के स्तर पर सत्ताधारी दल अपने दलगत स्वार्थों के लिए राज्यपाल का इस्तेमाल करें तो यह नितांत अनुचित, निंदनीय और अमान्य होना चाहिए।

संविधान का अनुच्छेद-356

अनुच्छेद-356 ही वह स्रोत है जो राष्ट्रपति को किसी राज्य में राष्ट्रपति शासन लागू करने की शक्ति देता है। इसमें प्रावधान है कि यदि राष्ट्रपति की संतुष्टि हो जाए कि किसी राज्य में सरकार संविधान के अनुसार नहीं चलाई जा सकती तो वह 6 माह तक के लिए राज्यपाल की सिफारिश पर अथवा अन्यथा राष्ट्रपति शासन लागू कर सकते हैं तथा राज्य में सरकार और उसकी शक्तियों को अपने में समाहित कर सकते हैं। राष्ट्रपति शासन को एक बार फिर 6 महीने के लिए बढ़ाया जा सकता है, किंतु किसी दशा में इसका कुल काल तीन साल से अधिक नहीं हो सकता।

परंपरा के अनुसार प्रत्येक राज्यपाल संघ सरकार को हर पखवाड़े अथवा अन्य नियत अवधि पर नियमपूर्वक एक प्रतिवेदन या रपट भेजता है जिसके द्वारा संघ को प्रत्येक राज्य में स्थिति के विषय में सूचना मिलती रहती है। समय-समय पर आवश्यकता पड़ने पर वे विशेष प्रतिवेदन भी भेज सकते हैं।

संघ राज्य के पास राज्य की स्थिति की जानकारी रखने के अनेक साधन हैं जिनमें राज्यपाल से प्राप्त प्रतिवेदन एक है। लेकिन अनुच्छेद-356 स्वयं ही यह स्पष्ट कर देता है कि राष्ट्रपति शासन लागू करने के लिए राज्यपाल का प्रतिवेदन अनिवार्य नहीं है। प्रश्न राष्ट्रपति के समाधान का है जो राज्यपाल के प्रतिवेदन से 'अन्यथा' भी हो सकता है। अतः जहाँ तक संविधान और विधि की बात है, राज्यपाल के प्रतिवेदन के बिना राष्ट्रपति शासन लागू करने में कोई अनौचित्य की बात नहीं बनती। शेष बहस राजनीति और राजनीतिक दलों की परिधि में आती हैं।

संविधान के 44वें संशोधन के माध्यम से अनुच्छेद-356 के दायरे को कुछ सीमित करने का प्रयास किया गया है। इस संशोधन के बाद, एक वर्ष से आगे किसी राज्य में राष्ट्रपति शासन को केवल तभी बढ़ाया जा सकता है जब देश भर में या देश के किसी भाग में आपातकालीन स्थिति चल रही हो और निर्वाचन आयोग ऐसा प्रमाणित करे कि चुनाव करने में कठिनाई है तथा संसद के दोनों सदन संकल्प द्वारा ऐसा निर्णय लें कि राष्ट्रपति शासन बढ़ाया जाए।

अनुच्छेद-356 भारत के संविधान के सबसे अधिक विवादास्पद प्रावधानों में से रहा है। इसकी कड़ी और व्यापक आलोचना हुई है। इस समय भी इसे लेकर जोरदार बहस चल रही है। हाल ही में अंतरराज्यीय परिषद् की बैठक में कई मुख्यमंत्रियों की राय थी कि इस अनुच्छेद को ही संविधान से हटा दिया जाना चाहिए। कुछ अन्य मुख्यमंत्री इस पक्ष में थे कि इसे बरकरार रखा जाना चाहिए, पर इसका दुरुपयोग रोकने के लिए इसमें संशोधन किया जाना चाहिए। फिलहाल इस अनुच्छेद में कई संशोधन प्रस्तावित हैं। संविधान सभा में भी इस पर भारी विवाद हुआ था जिसके उत्तर में एक बार कहा गया कि राज्यपाल इस अनुच्छेद के अंतर्गत निरंकुश व्यवहार नहीं कर पाएँगे क्योंकि उनके लिए संविधान में एक दिशा-निर्देश पत्र शामिल किया जानेवाला था। बाद में जब कोई ऐसा निर्देश पत्र नहीं आया और अनुच्छेद पर पुनः

चर्चा हुई तो डॉ. अंबेडकर ने आश्वासन दिया कि इस अनुच्छेद का उपयोग, और सब की कोशिशें बेकार हो जाने के बाद, अंतिम विकल्प के रूप में किया जाएगा और हो सकता है कि इसे इस्तेमाल करने का मौका कभी भी आए ही नहीं।

पिछले वर्षों का अनुभव दुर्भाग्यवश बिलकुल इस आश्वासन के विपरीत रहा है। लगभग 100 से भी अधिक बार इस अनुच्छेद का उपयोग अथवा दुरुपयोग किया गया है। संघीय व्यवस्था पर प्रश्नचिह्न लगाया गया है। राज्यों के अधिकार क्षेत्रों का अतिक्रमण किया गया है। प्रातिनिधिक शासन व्यवस्था और लोकतंत्र पर बार-बार चोट की गई है और राष्ट्रपति शासन लागू किया गया है। अधिकांशतः ऐसा दलगत और सत्तापरक राजनीति के तहत केंद्र में सत्तारूढ़ दल अथवा दलों द्वारा राज्यों के स्तर पर अपने विरोधी दलों की सरकारों को बर्खास्त करने के लिए किया गया है। ऐसा करने में प्रायः सभी मूल्यों, मानकों और मान्यताओं को तिलांजलि दी गई है।

सारी लोकतांत्रिक मान्यताओं की धज्जियाँ उड़ाकर धारा-356 के प्रयोग का एक उदाहरण 15 दिसंबर, 1992 को तीन राज्यों—हिमाचल प्रदेश, मध्य प्रदेश और राजस्थान—की यथावत् निर्वाचित और बहुमत समर्थित प्रातिनिधिक सरकारों को बर्खास्त किया जाना था। राष्ट्रपतीय उद्घोषणा के माध्यम से इन राज्यों की विधानसभाएँ भंग कर दी गई थीं। ऐसा भी नहीं था कि संबद्ध तीनों राज्यों के राज्यपालों ने राष्ट्रपति को कोई ऐसी रिपोर्ट दी थी कि इन राज्यों में संवैधानिक तंत्र असफल हो गया था, अतः वहाँ की विधानसभाओं को भंग कर राष्ट्रपति शासन लागू कर दिया जाना चाहिए। यदि समाचार पत्रों में छपी खबरों पर विश्वास किया जाए तो उनके अनुसार सबसे पहले तत्कालीन सत्तारूढ़ दल कांग्रेस के कुछ नेताओं ने यह आवाज उठाई। उसके बाद कांग्रेस कार्यकारी परिषद् ने यह निर्णय लिया कि सरकार भाजपा-शासित राज्यों में राष्ट्रपति शासन लागू करे। इसके बाद ही मंत्रिपरिषद् द्वारा ऐसा निर्णय लेने की नौबत आई। कहते हैं कि निर्णय पहले ले लिया गया और राज्यपालों की रिपोर्ट बाद में आई। इससे पहले समाचार माध्यमों से एक खबर राज्यपालों तक पहुँचा दी गई कि उन्हें हटाने पर भी विचार चल रहा है। हमारे देश में कुरसी का जो मूल्य है, उसे देखते हुए परिणाम अन्यथा नहीं हो सकता था। यह स्पष्ट नहीं हो सका कि राज्यपालों की उपरोक्त रिपोर्ट नई दिल्ली में ही तैयार करके राज्यपालों के हस्ताक्षर के लिए भेजी गई अथवा उन्हें तैयार करने में स्वयं राज्यपालों अथवा उनके सचिवालयों की भी कोई भूमिका थी। जितने भी तथ्य सामने आए, वे स्पष्टतौर पर इस बात की गवाही दे रहे थे कि केवल दलगत आधार पर तीन राज्य सरकारों को बलिवेदी पर चढ़ा दिया गया। कहा जा रहा था कि भाजपा-शासित राज्यों में कानून-व्यवस्था की स्थिति इतनी बिगड़ गई थी कि वहाँ की सरकारें संविधान के अनुसार प्रशासन चला सकने की स्थिति में नहीं थीं, लेकिन कानून-व्यवस्था की स्थिति बिगड़ने और संवैधानिक तंत्र असफल होने में काफी अंतर है। आवश्यक है कि राष्ट्रपति पहले संतुष्ट हों कि कानून-व्यवस्था की स्थिति इतनी बदतर है कि राज्य सरकारें उसे

संविधान की धाराओं के अनुसार नियंत्रण में नहीं ले सकतीं; तभी भारत सरकार धारा-356 के अंतर्गत हस्तक्षेप करने की सोच सकती है। वस्तुतः भाजपा-शासित राज्यों की कानून-व्यवस्था कई कांग्रेस-शासित, जनता दल-शासित, वामपंथी मोर्चा-शासित तथा केंद्र-शासित राज्यों से अधिक संतोषजनक थी। कांग्रेस-शासित राज्यों में आजादी के बाद के वर्षों में कई सांप्रदायिक और जातिगत दंगे हुए, पर इस आधार पर किसी राज्य सरकार या विधानसभा को भंग नहीं किया गया। जो तथ्य सामने आए हैं, उनके अनुसार कांग्रेस और कई अन्य राजनीतिक शक्तियाँ बहुत समय से भाजपा सरकारों को समाप्त करने के लिए कृतसंकल्प थीं। अप्रैल 1992 में कांग्रेस के तिरुपति अधिवेशन में जो राजनीतिक प्रस्ताव पारित हुआ था, उसमें कहा गया था सांप्रदायिक राजनीतिक दलों को राजनीति में भाग लेने का अधिकार नहीं होना चाहिए। कांग्रेस और वामपंथी दलों के अनुसार सांप्रदायिक का अर्थ है केवल भाजपा। 6 दिसंबर, '92 को अयोध्या में हुए कांड के बाद इन दलों को अपनी आकांक्षा को साकार करने का एक बहाना मिल गया। यह सही है कि बाद में न्यायालय ने इस तीन राज्य सरकारों की बर्खास्तगी को अवैध ठहराया, पर इससे जो अनर्थ हो चुका था, उसकी भरपाई तो नहीं हो सकती थी। न तो भंग विधानसभाएँ ही फिर कायम हो सकीं और न ही लोकतंत्र के माथे पर लगा धब्बा मिट सका।

अनुच्छेद-356 के गंभीर दुरुपयोग का एक और नमूना पिछले दिनों तब देखने को मिला जब विधानसभा के लिए चुनाव संपन्न होने और जनादेश आने के बाद भी उत्तर प्रदेश में राष्ट्रपति शासन की अवधि बढ़ा दी गई जबकि राज्य में पहले ही एक वर्ष के राष्ट्रपति शासन की अवधि पूरी हो चुकी थी। संविधान में 44वें संशोधन के बाद इस समय अनुच्छेद-356 का जो प्रभावी स्वरूप है, उसके अनुसार राष्ट्रपति शासन को एक वर्ष से आगे वहाँ के मामले में बढ़ाया नहीं जा सकता था क्योंकि देश में कहीं भी आपातकालीन स्थिति नहीं चल रही थी। ऐसी स्थिति में भारत की संसद को भी यह शक्ति प्राप्त नहीं थी कि वह राष्ट्रपति शासन-संबंधी अधिसूचना की अवधि बढ़ा सके, पर उत्तर प्रदेश में देवगौडा सरकार ने यह किया जो संसद भी नहीं कर सकती थी। शब्दजाल का सहारा लिया गया और कहा गया कि पुराने राष्ट्रपति शासन को खत्म किया जा रहा है और फिर से नया, ताजा राष्ट्रपति शासन लगाया जा रहा है, लेकिन वास्तविकता यही थी कि राष्ट्रपति शासन की अवधि 6 माह और बढ़ाई गई जो नितांत असंवैधानिक था।

वैसे भी राज्यपाल ऐसी सिफारिश कैसे कर सकते हैं कि राज्य में सरकार संविधान के अनुसार नहीं चलाई जा सकती जब तक कि पहले वह सरकार बनने न दें, मुख्यमंत्री की नियुक्ति न करें और उन्हें सदन के समक्ष जाकर अपने मंत्रिमंडल का सामूहिक उत्तरदायित्व निभाने और सिद्ध करने का मौका न दें। लेकिन राज्यपाल का तर्क था कि उन्होंने सरकार बनाने का पूरा प्रयास किया, किंतु वह सफल नहीं हो सके क्योंकि कोई भी दल बहुमत में होने का और स्थायी सरकार बना सकने का

विश्वास उन्हें नहीं दिला सका। वस्तुतः यह राज्यपाल का न काम है और न अधिकार कि वह राजभवन में अथवा दूरभाष पर बहुमत और अल्पमत का निर्णय करें अथवा सदस्यों की गिनती करें। यह काम तो सदन का है और सदन में ही होना चाहिए। मुख्यमंत्री की नियुक्ति और मंत्रिमंडल के गठन के बाद, राज्यपाल की इस मामले में कोई भूमिका नहीं रहती क्योंकि संविधान में स्पष्ट कहा गया है कि मंत्रिमंडल सामूहिक रूप से विधानसभा के प्रति उत्तरदायी है, राज्यपाल के प्रति नहीं (अनुच्छेद-164 (2))।

ऐसा कहना भी नितांत भ्रामक था कि राज्यपाल के सामने और कोई रास्ता नहीं था, कोई विकल्प नहीं था। भाजपा को सबसे अधिक मत भी मिले थे और सबसे अधिक स्थान भी, साथ ही उसके नेता सरकार बनाने को तैयार थे। आखिर राज्यपाल सबसे बड़े दल के नेता को न्यौता क्यों नहीं दे सकते थे ? अगर उन्हें सदन से अविश्वास मिलता तो वह हट जाते और कोई दूसरा नेता उनका स्थान ले सकता था। राज्यपाल को एक और विकल्प भी उपलब्ध था, संविधान के अनुच्छेद-175(2) अंतर्गत के विधानसभा को एक संदेश भेजकर अपना नेता निर्वाचित करने को कह सकता था और जिसे सदन बहुमत से नेता निर्वाचित करता, उस ही मुख्यमंत्री नियुक्त कर सकता था। अगर फिर भी सरकार न चल पाती तो राज्यपाल अपनी राष्ट्रपति शासन लागू करने की सिफारिश भेज सकते थे। ऐसा मार्ग नितांत संवैधानिक होता और यदि कुछ दिन के लिए भाजपा की सरकार रह भी जाती तो कोई पहाड़ टूटनेवाला नहीं था। आखिर जब दिल्ली में श्री अटलबिहारी बाजपेयी की सरकार 13 दिन के लिए बनी तो किसी का या राष्ट्र का क्या बिगड़ गया। प्रश्न यह नहीं है कि कोई दल सांप्रदायिक है, राजनीतिक 'अछूत' है अथवा हमें पसंद नहीं है, प्रश्न संवैधानिक विधि और औचित्य का है।

अनुच्छेद-356 के निरंतर दुरुपयोग को देखकर ही सुप्रसिद्ध न्यायविद् और प्रगतिशील विचारक श्रीकृष्ण अय्यर का कहना है कि संविधान के अनुच्छेद-356 और 357 को तो संविधान से बिलकुल निकाल ही देना चाहिए क्योंकि नई दिल्ली के मुगलों ने प्रायः इनका दुरुपयोग ही किया है और राजभवनों में बैठनेवाले बेपेंदी के लोटों ने भी केंद्र की हाँ-में-हाँ मिलाने और उसके हाथों की कठपुतली बनने के सिवाय और कोई भूमिका नहीं निभाई है। मजेदार बात यह है कि ऐसा दिल्ली में सत्तारूढ़ लगभग प्रत्येक दल ने किया है। केंद्र में सरकार बनाने से पहले जो दल अनुच्छेद-356 और उनके दुरुपयोग के घोर विरोधी और आलोचक थे और जिन्होंने इस अनुच्छेद को बिलकुल हटाए जाने की जोरदार माँगें कीं, वे भी जब संघ स्तर पर सत्ता में हावी हुए तो उन्होंने भी निर्वाचित राज्य सरकारों के साथ अन्याय किया। वर्तमान में भी 13 दलों की अल्पसंख्यक साझा सरकार, जो केंद्र में आसीन है, उसके लगभग सभी घटक अनुच्छेद-356 के कटु आलोचक और उसे निरस्त किए जाने के समर्थक रहे हैं। साझा कार्यक्रम में भी इन विचारों का समावेश है और संयुक्त मोर्चे की उच्चस्थ समिति में भी पुरजोर माँग की गई थी कि अनुच्छेद-356 को हटाया जाए या सक्षम ढंग से

मर्यादित-संशोधित किया जाए।

राजस्थान राज्य वाले मामले में उच्चतम न्यायालय ने निर्णय दिया था कि न्यायालय इस तथ्य पर परीक्षण कर सकते हैं कि अनुच्छेद-356 में अपेक्षित राष्ट्रपति की संतुष्टि क्या सचमुच में हुई है और क्या वह सभी आवश्यक और तथ्यपरक सामग्री के आधार पर हुई है। इस प्रकार राष्ट्रपति शासन लागू करने की शक्ति के प्रयोग को न्यायिक पुरावलोकन के अधीन कर दिया गया था। एस. आर. बोम्मईवाले मामले में उच्चतम न्यायालय ने इसकी और भी पुष्टि कर दी तथा साथ ही इस सिद्धांत का प्रतिपादन किया कि सरकार के बहुमत का मामला विधानसभा के सदन में ही तय होना चाहिए, राजभवनों आदि में नहीं। सरकारिया आयोग ने भी इसी सिद्धांत की जोरदार वकालत की थी।

राज्यपालों को यह भलीभाँति समझना होगा कि वे भारत सरकार द्वारा मनोनीत राज्य के संवैधानिक प्रमुख तो हैं, पर उनकी भूमिका सीमित और परिभाषित है। वे पुराने लाट साहब की तरह स्वविवेक से निरंकुश आचरण नहीं कर सकते।

जब संघ और राज्यों में भिन्न-भिन्न अथवा परस्पर-विरोधी दलों की सरकारें हों तो राज्यपालों की नियुक्ति, तबादलों, बर्खास्तगी आदि को लेकर कुछ मतभेद होना स्वाभाविक है, किंत यदि राज्यपाल जैसे महत्त्वपूर्ण और ऊँचे पदों पर नियुक्ति करते समय संघ सरकार दलगत राजनीति और संकीर्ण हितों तथा सत्ता स्वार्थों से ऊपर उठकर सचमुच कुछ कुशल, सक्षम और विशेष सम्माननीय व्यक्तियों को ही चुने और सरकार परिवर्तन पर जहाँ तक संभव हो नई सरकार भी उन्हें न बदले एवं राज्यपाल लोग भी तनिक-सा इशारा पाते ही पद त्याग के लिए तत्पर रहें, तो कुछ स्वस्थ परंपराएँ पनप सकती हैं और राज्यपाल पद को उसकी खोई गरिमा संभवतः फिर मिल सकती है।

भाग तीन

भारत की संसद

1

संसद की बहु-आयामी भूमिका

संसद आज मात्र कानून बनानेवाली संस्था नहीं रह गई। यह अधिकाधिक विविध प्रकार के कार्य करनेवाली संस्था बनती जा रही है और विभिन्न प्रकार की भूमिकाएँ निभा रही है–जिनमें से अनेक परस्पर संबद्ध हैं और प्रायः एक-दूसरे में गुंथी हुई हैं। बहरहाल, प्रायः इस बात की सराहना नहीं की जाती और संसद के कार्यसंचालन के केवल एक या दो पहलुओं पर ही आवश्यकता से अधिक्र जोर दिया जाता है। आधुनिक संसदीय राजनीति विज्ञान की भाषा में वर्तमान संसद की भूमिका की व्यापक पहचान करने और इसके कृत्यों का विश्लेषण करने का कोई भी प्रयास भ्रामक सिद्ध हो सकता है और बाल की खाल निकालने के समान भी लग सकता है। हो सकता है कि उससे विषय अस्पष्ट अधिक हो जाए और उस पर प्रकाश कम पड़ पाए। फिर भी, संकल्पनात्मक स्पष्टीकरण के लिए संसद की कुछ प्रमुख भूमिकाओं का विवरण इस प्रकार दिया जा सकता है–

संसद के कार्य

- राजनीतिक और वित्तीय नियंत्रण
  (या कार्यपालिका का उत्तरदायित्व)
- प्रशासन पर निगरानी
  (या प्रशासनिक उत्तरदायित्व)
- सूचना-संबंधी कार्य
  (सूचना प्राप्त करने का अधिकार)
- प्रतिनिधित्व, शिकायतों की अभिव्यक्ति, शैक्षिक तथा परामर्शदायी कार्य
- संघर्ष-समाधान और राष्ट्रीय एकीकरण-संबंधी कार्य
- विधि निर्माण, विकास, सामाजिक निर्माण और वैधीकरण का कार्य
- संविधायी कार्य (संविधान का संशोधन)
- नेतृत्व-संबंधी कार्य (भरती और प्रशिक्षण)

राजनीतिक और वित्तीय नियंत्रण (या कार्यपालिका का उत्तरदायित्व) : संसद के

प्रति कार्यपालिका का या मंत्रालयीय उत्तरदायित्व, या जिसे प्रायः कार्यपालिका या सरकार पर संसदीय नियंत्रण कहा जाता है, निम्नलिखित व्यवस्था पर आधारित है :

(1) संसद के जन निर्वाचित सदन के प्रति मंत्रिपरिषद् के सामूहिक उत्तरदायित्व के बारे में संवैधानिक उपबंध,

(2) बजट संसद का नियंत्रण।[1]

दोनों ही मामलों में कार्यपालिका पर संसदीय नियंत्रण का स्वरूप राजनीतिक है। कार्यपालिका का जवाबदेही प्रत्यक्ष, निरंतर, सहगामी और दैनंदिन है। जब संसद का सत्र चल रहा होता है तो सरकार का सत्ता में बने रहना पल-पल पर इस बात पर निर्भर करता है कि उसमें लोकसभा का विश्वास बना रहे। यह सदन अपने बहुमत से किसी भी समय सरकार को सत्ता से हटाने का निर्णय ले सकता है अर्थात् यदि सत्तारूढ़ दल सदन के सदस्यों का समर्थन खो दे तो उस दल की सरकार को हटना पड़ेगा। इसके लिए कोई कारण, तर्क, प्रमाण या औचित्य जरूरी नहीं है।[2] जब सदन स्पष्ट और निर्णायक रूप से यह घोषणा कर दे कि वर्तमान सरकार को उसका समर्थन प्राप्त नहीं है तो सरकार को त्यागपत्र देना पड़ेगा। सरकार में संसद के अविश्वास की अभिव्यक्ति लोकसभा इस प्रकार कर सकती है–

(क) मंत्रिपरिषद् में अविश्वास का मूल प्रस्ताव पारित करके;[3]

(ख) नीति-संबंधी किसी प्रमुख विषय पर सरकार को पराजित करके;

(ग) स्थगन प्रस्ताव पारित करके;[4] और

(घ) अनुदानों के पक्ष में मतदान करने से मना करके अथवा किसी वित्तीय उपाय पर सरकार को पराजित करके।

कार्यपालिका को बजट बनाने का अधिकार प्राप्त है। संविधान में यह व्यवस्था है कि अनुमानित आय और व्यय का वार्षिक विवरण संसद के समक्ष रखा जाना चाहिए। कार्यपालिका अपने व्यय की सीमा के बारे में सुझाव देने और जिन प्रयोजनों के लिए विभिन्न धनराशियों की जरूरत हो, उनका विवरण देने के लिए पूरी तरह स्वतंत्र है। उसे यह सुझाव देने की भी पूरी स्वतंत्रता है कि उस व्यय को पूरा करने के लिए राजस्व किस प्रकार जुटाया जाए। इस प्रकार वित्तीय मामलों में पहल पूरी तरह से सरकार करती है फिर भी, सार्वजनिक वित्त पर संसदीय नियंत्रण–कर लगाने या उनमें संशोधन करने और आपूर्तियों तथा अनुदानों का मतदान करने–की शक्ति संसद के पास है। कार्यपालिका द्वारा कानून के माध्यम से स्पष्ट अधिकार प्राप्त किए बिना कानूनी तौर पर कोई भी कर नहीं लगाया जा सकता है और राजकोष से कोई

---

1. भारत के संविधान के अनुच्छेद-75, 114-116 और 265।
2. देखिए–अंतरसंसदीय संघ (सं.), **पार्लियामेंट ऑफ दि वर्ल्ड, लंदन,** 1976, पृष्ठ 801-802 और 825-827।
3. लोकसभा प्रक्रिया कार्य संचालन नियम, छठा सं., 1980, नियम 198।
4. नियम 56।

व्यय नहीं किया जा सकता।[5]

वस्तुतः, बजट-संबंधी नियंत्रण या अविश्वास प्रस्ताव की अंततः स्वीकृति के सैद्धांतिक स्वरूप को छोड़कर, सरकार पर संसदीय नियंत्रण कथन मात्र ही है। 19वीं शताब्दी में कार्यपालिका पर संसदीय नियंत्रण के बारे में ब्रिटेन की जो धारणा थी वह अब 'संसदों की जननी' में भी मान्य नहीं रह गई है। संसद सरकार को नियंत्रित नहीं करती। व्यवहार में तो सरकार ही लोकसभा में अपने बहुमत के बल पर और राष्ट्रपति द्वारा सदन को भंग कराने तथा नए चुनाव कराने के आदेश दिलाने की अपनी शक्ति द्वारा संसद पर नियंत्रण रखती है। जैसा कि अन्यत्र कहा गया है—

> "आज राजनीति की व्यावहारिक सच्चाई यह है कि वास्तविक शक्ति प्रधानमंत्री और उसके मंत्रिमंडल के पास रहती है, न कि संसद के पास। प्रधानमंत्री लोकसभा में बहुमत का नेता और सरकार का प्रमुख ही होता है। मंत्रिपरिषद्, जिसका मुखिया प्रधानमंत्री होता है, सरकार और विधान मंडल, दोनों पर नियंत्रण रखती है, क्योंकि उसके पास व्यापक और निर्णय लेने तथा उन्हें कार्यान्वित करने की शक्ति होती है।"[6]

"प्रधानमंत्री की शक्ति का खंडन नहीं किया जाना चाहिए, क्योंकि ऐसा किए जाने से मंत्रिमंडलीय सरकार कार्य नहीं कर सकती। आखिर प्रधानमंत्री धुरी होता है। वह अपने दो या तीन सहयोगियों से सलाह करके आगे चल सकता है। इसीलिए मंत्रिमंडलीय समितियों की प्रणाली की व्यवस्था की गई है। अंततः प्रधानमंत्री ही सरकार द्वारा अनुसरण की जानेवाली नीतियों के लिए संसद और राष्ट्र के प्रति उत्तरदायी होता है।"[7]

प्रशासन पर निगरानी (या प्रशासनिक उत्तरदायित्व) : प्रशासनिक उत्तरदायित्व का तात्पर्य है संसद के प्रति प्रशासन का उत्तरदायित्व। प्रशासन स्थायी सिविल सेवा के अधिकारी चलाते हैं। संसद दिन-प्रतिदिन के प्रशासन में हस्ताक्षेप नहीं करती और न ही वह प्रशासन पर नियंत्रण रखती है। उसके प्रति उत्तरदायित्व तकनीकी और अप्रत्यक्ष है अर्थात् मंत्रियों के माध्यम से है और वह कार्योत्तर है यानी कुछ काम किए जाने के बाद, काम के समाप्त हो जाने के पश्चात। इसके अतिरिक्त वह विशिष्ट कारणों पर आधारित भी होना चाहिए। हमारी प्रणाली के अंतर्गत, किसी नीति के निर्धारित हो जाने, किसी कानून के पारित कर दिए जाने या धनराशि की मंजूरी दे दिए जाने के पश्चात, निष्पादन और कार्यान्वयन का काम प्रशासन को ही करना होता है। न तो संसद स्वयं और न ही मंत्रिगण ही उसका प्रशासन कर सकते हैं। इसलिए यदि कार्यान्वयन के दौरान कोई गलती हो जाती है तो उसके लिए अधिकारियों को

5. अनच्छेद-114-116 और 265।
6. सुभाष काश्यप 'कमेटीज इन द इंडियन लोकसभा', जान डी. लीस तथा मेल्काम शा के ग्रंथ 'कमेटीज इन लेजिसलेचर्स' में, ड्यूक यूनिवर्सिटी प्रेस, डरहम, 1979, पृष्ठ 291।
7. एम. एन. कौल, **पार्लियामेंटरी इंस्टीट्यूशंस एंड प्रासीजर्स**, नेशनल, नई दिल्ली, 1978, पृष्ठ 14।

ही स्पष्टीकरण देना होता है, मंत्रियों को नहीं।

संसदीय राजनीतिक व्यवस्था में, चूँकि संसद लोगों की इच्छा को मूर्त रूप देती है, अतः संसद को इस बात पर निगरानी रखने योग्य होना चाहिए कि सरकारी नीति किस प्रकार कार्यान्वित की जा रही है जिससे कि यह सुनिश्चित किया जा सके कि वह समग्र रूप से सामाजिक-आर्थिक प्रगति, कुशल प्रशासन और लोगों की आकांक्षाओं के अनुरूप कार्यान्वित होती रहे। सार रूप में प्रशासन पर संसदीय निगरानी का उद्देश्य यही है। संसद को प्रशासन के व्यवहार पर निगरानी रखनी होती है। कार्य के हो जाने के पश्चात् संसद यह पूछ सकती है तथा इस बात की जाँच कर सकती है कि क्या प्रशासन ने स्वीकृत नीतियों के अंतर्गत अपने उत्तरदायित्वों के अनुरूप कार्य किया है या नहीं; जिन प्रयोजनों के लिए प्रशासन को शक्तियाँ दी गई थीं उसने उन्हीं के लिए उनका उपयोग किया या नहीं और धन का व्यय संसद की स्वीकृति के अनुरूप किया गया है या नहीं। इससे यह बात सुनिश्चित होती है कि अधिकारीगण इस बात के प्रति पूरी तरह से सचेत रहकर कार्य करेंगे कि अंततः उनके कार्य की संसद द्वारा जाँच हो सकती है और जो कार्य वे करेंगे अथवा करने में असफल रहेंगे उसके लिए वे ही उत्तरदायी होंगे, लेकिन सार्थक रूप से जाँच करने और प्रशासन के उत्तरदायित्व को परखने के लिए संसद के पास तकनीकी संसाधन और जानकारी प्राप्त करने के साधन होने चाहिए।[8]

संसदीय समितियाँ, प्रश्न, ध्यानाकर्षण सूचनाएँ, आधे घंटे की चर्चाएँ आदि जैसे विभिन्न प्रक्रियात्मक तरीके भी, जिनके माध्यम से संसद को सूचनाएँ मिलती हैं, प्रशासनिक कार्यवाही पर संसदीय निगरानी रखने के अत्यंत प्रभावशाली साधन हैं। राष्ट्रपति के अभिभाषण पर धन्यवाद प्रस्ताव, बजट, माँगें और सरकारी नीति अथवा स्थितियों के विशेष पहलुओं पर चर्चाओं द्वारा प्रशासन की समीक्षा के महत्त्वपूर्ण अवसर उपलब्ध होते हैं। इनके अलावा, अविलंबनीय लोक-महत्त्व के विषयों से संबंधित प्रस्तावों, गैर-सरकारी सदस्यों के संकल्पों और अन्य मूल प्रस्तावों के जरिए भी विशिष्ट मामलों पर चर्चा की जा सकती है।

सूचना-संबंधी कार्य (सूचना प्राप्त करने का अधिकार) : सूचना प्राप्त करना संसद के लिए बहुत महत्त्वपूर्ण है। उसके किसी भी कृत्य का प्रभावी ढंग से निर्वाह करने के लिए यह पहली अनिवार्य आवश्यकता है। संसद को कई तरीकों से—बहुत प्रकार के स्रोतों से—सूचना प्राप्त होती है, लेकिन सरकार के सूचना देनेवाली सबसे बड़ी संस्था होने के कारण संसद तथा इसके सदस्यों को अपनी सूचना-संबंधी आवश्यकताओं के लिए सरकारी विभागों पर बहुत अधिक निर्भर रहना पड़ता है।[9] जानकारी की माँग

---

८. इसे भी देखिए—एस. एल. शकधर **'ग्लिंपसेज ऑफ दि वर्किंग ऑफ पार्लियामेंट'**, मेट्रापालिटन, नई दिल्ली, 1977, पृष्ठ 180-184.

९. सुभाष काश्यप, सांसदों के लिए सूचना प्रबंधन, **'मंथली पब्लिक ओपिनियन सर्वेज**, XVIII 6, 1975 और संसद सदस्यों को सूचना के उपलब्ध स्रोतों पर उसकी रिपोर्ट, **'दि मेंबर ऑफ पार्लियामेंट : हिज रिक्वायरमेंटस फार इन्फार्मेशन इन दि माडर्न वर्ल्ड'**, खंड I और II, अंतर्संसदीय संघ, जिनेवा, 1973 (अंतर्राष्ट्रीय संगोष्ठी के शोधपत्र तथा कार्यवाही वृत्तांत) में।

करना शायद संसद की सबसे बड़ी शक्ति है। संसद का सूचना प्राप्त करने का अधिकार असीमित है। केवल उस स्थिति में जब किसी सूचना को देने से महत्त्वपूर्ण राष्ट्रीय हित अथवा देश की सुरक्षा पर प्रतिकूल प्रभाव पड़ने की संभावना हो, इस पर आग्रह नहीं किया जा सकता। जहाँ तक सरकार के कार्यकलापों का संबंध है, स्वयं सरकार का यह कर्तव्य है कि वह संसद को ऐसी सूचना दे जो पूर्ण, सत्य तथा सुस्पष्ट हो और समय पर उपलब्ध कराई जाएँ। सभा में वक्तव्य देकर, सभापटल पर प्रतिवेदन और अन्य दस्तावेज रखकर अथवा संसद ग्रंथालय में दस्तावेज रखकर मंत्री यह कार्य करते हैं। इसमें प्रचुर मात्रा में सूचना प्राप्त हो जाती है जो तत्काल सार्वजनिक हो जाती है और सभा में चर्चाएँ उठाने के लिए उसका उपयोग किया जा सकता है।

संसद के सदनों में प्रश्न पूछना एक अत्यंत सुविदित और प्रभावी व्यवस्था है जिसके माध्यम से सदस्य अपने आप जानकारी प्राप्त करते हैं। यह ठीक ही कहा गया है कि संसद में प्रश्नकाल के दौरान "प्रशासन के अतिव्यापक क्षेत्र के हर कोने पर बड़ी गहराई से प्रकाश डाला जाता है और संसद की संवीक्षा से बाहर कुछ भी नहीं बच रहता है।" अन्वेषी अनुपूरक प्रश्नों के द्वारा, जो इस प्रकार से पूछे जाते हैं जिससे कि प्रशासन की कमजोरी का पता चल सके, मंत्री की कष्ट-साध्य परीक्षा ली जा सकती है। सदस्यों द्वारा पूछे गए प्रश्नों के जरिए कभी-कभी संबंधित मंत्रियों को अपने नियंत्रणाधीन विभागों के बारे में बेहतर जानकारी प्राप्त हो जाती है और उन्हें उन विभागों में व्याप्त ऐसी कमजोरियों का पता चल जाता है जिन पर प्राथमिकता देकर ध्यान दिए जाने की आवश्यकता होती है। यदि किसी प्रश्न का उत्तर अधूरा प्राप्त हो तो अनुवर्ती कार्यवाही के रूप में कोई सदस्य उस पर आधे घंटे की चर्चा की माँग कर सकता है। अविलंबनीय लोक-महत्त्व के विषयों पर सदस्य मौखिक उत्तर के लिए अल्प सूचना प्रश्न पूछ सकते हैं। इसके अलावा एक अन्य प्रक्रियात्मक साधन ध्यानाकर्षण सूचना का है। अध्यक्ष की पूर्वानुमति से कोई सदस्य मंत्री का ध्यान अविलंबनीय लोक-महत्त्व के किसी विषय की ओर दिला सकता है और मंत्री महोदय से उस विषय पर एक वक्तव्य देने के लिए अनुरोध कर सकता है। सदस्य संबंधित मंत्रियों को पत्र भी लिख सकते हैं और उनसे ऐसी जानकारी देने के लिए कह सकते हैं जिसकी उन्हें आवश्यकता है और प्रायः ऐसी जानकारी दी जाती है।[10]

संस्थागत स्तर पर, संसद के लिए स्वयं को स्थिति से अवगत कराने के लिए आवश्यक जानकारी प्राप्त करने का एक अन्य साधन विभिन्न संसदीय समितियों के प्रतिवेदन हैं। किसी विषय की जाँच करने की अपनी प्रक्रिया में समितियाँ जाँचाधीन सरकारी मंत्रालयों और विभागों, सरकारी उपक्रमों आदि से अन्वेषी प्रश्न पूछती हैं और व्यापक तथा महत्त्वपूर्ण जानकारी एकत्र करती हैं। अविलंबनीय लोक-महत्त्व के विषयों पर जानकारी प्राप्त करने के लिए यह प्रक्रियात्मक तरीका भी एक महत्त्वपूर्ण साधन

---

10. शकधर, **'ग्लिंपसेज'**, उपर्युक्त, पृष्ठ 186-187.

बन गया है और सदन के दोनों पक्षों के सदस्यों में अत्यंत लोकप्रिय हो गया है।

कुछ राजनीतिक दलों के अपने स्वयं के अनुसंधान और संदर्भ कर्मचारी होते हैं जो अपने सदस्यों को आवश्यक जानकारी देते हैं, विशेष रूप से दलीय स्थिति के दृष्टिकोण से। निर्वाचन क्षेत्र तथा अन्य दौरे, अपने निर्वाचन क्षेत्र के मतदाताओं तथा अन्य लोगों के साथ पत्र-व्यवहार, सरकारी परामर्शदात्री अथवा अन्य सरकारी समितियों, बोर्डों आदि की सदस्यता, सरकारी तथा गैर-सरकारी प्रकाशनों, सामयिक साहित्य और जन-संचार माध्यमों—आकाशवाणी, दूरदर्शन, समाचार पत्रों—से भी सदस्यों को विकास-संबंधी गतिविधियों की जानकारी प्राप्त करने में सहायता मिलती है तथा सदस्य प्रशासन और सरकारी नीति के मामलों के बारे में प्रचुर मात्रा में सूचित रहते हैं।

संसदीय जीवन में प्रेस विशेष रूप से महत्त्वपूर्ण सूचनात्मक भूमिका निभाती है। लेकिन इससे प्रेस पर यह भारी दायित्व भी पड़ जाता है कि वह अपनी आचार संहिता का पालन करे, सनसनीखेज समाचारों के आगे झुकने की प्रवृत्ति से अपने को बचाए, पत्रकारिता-संबंधी तुच्छ लाभों के लिए राष्ट्रीय हित का बलिदान न करने के परमोच्च कर्तव्य को याद रखे, समाचारों की तथ्यात्मक सत्यता और विश्वसनीयता को सुनिश्चित करे और सर्वोपरि बात यह है कि वह ईमानदार तथा यथार्थपरक रहे तथा मुख्यतः आम जनता की सेवा के प्रति समर्पित रहे। प्रायः प्रेस प्रशासनिक खामियों, कांडों और त्रुटियों का पता लगाने के लिए संघर्ष करती है, लोक शिकायतों तथा कठिनाइयों को अभिव्यक्त करती है और इस संबंध में समाचार देती है कि नीतियाँ किस प्रकार चलाई जा रही हैं। संसदीय प्रश्नों, प्रस्तावों और वाद-विवादों के लिए अधिकांश मूल सामग्री दैनिक समाचार पत्रों से मिलती है और यह एक महत्त्वपूर्ण साधन है जिस पर संसद सदस्य निर्भर रहते हैं। इसके साथ ही समाचार पत्र लोगों को यह भी सूचित करते रहते हैं कि संसद में क्या हो रहा है। इस दोतरफा आदान-प्रदान से प्रेस जनता और संसद के बीच महत्त्वपूर्ण और सुदृढ़ संपर्क बनाए रखती है। इन मामलों के लिए समाचार पत्रों में जो स्थान दिया जाता है और जितनी मात्रा में जानकारी दी जाती है, उसे देखते हुए यह कहा जा सकता है कि हमारे देश में प्रेस एक भारी आवश्यकता को पूरा करती है जिसे जनता और संसद सदस्य समान रूप से महसूस करते हैं।

हालाँकि इतने प्रकार के स्रोतों से इतनी सारी जानकारी संसद को उपलब्ध होती है, फिर भी वह पर्याप्त नहीं है। सरकारी स्रोतों द्वारा दी गई जानकारी दक्षतापूर्वक एकत्र और तैयार की जाती है, लेकिन कभी-कभी यह जाने या अनजाने में किसी विशेष ओर झुकाव लिये हुए अथवा पक्षपातपूर्ण हो जाती है और यह आवश्यक नहीं है कि वह हमेशा एकदम पूर्ण, तथ्यात्मक और यथार्थ ही हो। जन-संचार माध्यमों, राजनीतिक दलों, स्वहित साधकों या स्वहित प्रसारकों जैसे अन्य स्रोतों से मिलनेवाली जानकारी के मामले में इसकी संभावना और भी अधिक होती है। अतः संसद के लिए अपने निजी संस्थागत सूचना स्रोत, एक स्वतंत्र सूचनागार और विशेषीकृत प्रसार प्रक्रियाएँ विकसित करने की आवश्यकता है। इसे संसदीय ग्रंथालय और इसकी

अनुसंधान, संदर्भ, प्रलेखन तथा सूचना-सेवाओं के माध्यम से पूरी करने का प्रयत्न किया जाता है। ये सेवाएँ सदस्यों के उपयोग के लिए तत्पर रहती हैं और माँग किए जाने पर तत्काल और प्रायः अल्प सूचना पर तथा सदस्यों के संसदीय कर्तव्यों का निर्वाह करने में उनकी आवश्यकताओं का पूर्वानुमान लगाकार निष्पक्ष, यथार्थपरक और पूर्णतः संगत सूचना देती हैं। चूँकि विधायक व्यस्त व्यक्ति होते हैं और उन पर समय-संबधी विविध दबाव होते हैं, अतः उनको दी जानेवाली सूचना सुस्पष्ट, सारगर्भित और आसानी से ग्राह्य तथा तुरंत उपयोग में लाई जा सकने योग्य होनी चाहिए।[11]

प्रतिनिधित्व, शिकायतों की अभिव्यक्ति, शैक्षिक तथा परामर्शदायी कार्य : आधुनिक लोकतंत्र में संसद का प्रमुख कार्य लोगों का प्रतिनिधित्व करना है। हाल के दशकों में प्रतिनिधित्व और शिकायतों की अभिव्यक्ति-संबंधी संसद की भूमिका पर अधिकाधिक जोर अंतरित हो गया है। संसद लोगों की सर्वोत्कृष्ट संस्था है। यह सर्वोच्च संस्था है जिसके माध्यम से लोग अपनी आकांक्षाओं, इच्छाओं और आशाओं की पूर्ति करने तथा अपनी शिकायतों और कठिनाइयों को प्रकाश में लाने और साथ ही अपने मनोभावों, चिंताओं और निराशा की भावनाओं को अभिव्यक्ति देने का प्रयास करते हैं। संसद लोगों के बदलते हुए मनोभावों और आवश्यकताओं का चित्रण करती है। संसद देश की जनता का न केवल लघु रूप और दर्पण है, अपितु उसके मनोभावों और सोचने की दिशा का ज्ञान कराने वाला यंत्र भी है।

यह जानना रोचक होगा कि संसद सदस्य अपनी भूमिका के बारे में क्या सोचते हैं, अर्थात् इस बात को देखना कि स्वयं संसद सदस्यों का इस बारे में क्या विचार है कि उनकी वैध भूमिका कैसी और किस प्रकार की होनी चाहिए और क्या संसद की दोनों सभाओं के स्वरूप में होनेवाला परिवर्तन संसद सदस्यों की अपनी भूमिका और दोनों सभाओं के वास्तविक कार्यचालन में किसी प्रकार से परिलक्षित होता है ? व्यापक अनुभव के आधार पर यह कहा जा सकता है कि स्वतंत्रता से पूर्व केंद्रीय विधान मंडल बुद्धिजीवियों की एक संस्था थी, जबकि प्रत्येक चुनाव के साथ लोकसभा जनता का प्रतिनिधित्व करनेवाली संस्था अधिक होती जा रही है। पहले किए गए एक अध्ययन में किया गया विश्लेषण इस प्रकार है—

> "...भारतीय संसद भारतीय समाज की रचना को अधिकाधिक सही रूप में प्रतिबिंबित करती है। संसद भारत के लोगों का, उनकी राजनीतिक चेतना के स्तर का, उनमें कृत्रिमता की कमी का तथा उनकी समस्याओं, आशाओं और आकांक्षाओं का प्रतिनिधित्व अधिक करने लगी है। बुद्धिजीवियों की राजनीति के स्थान पर धीरे-धीरे एक स्वस्थ ग्राम्य राजनीति आ रही है। कानून और संसदीय प्रक्रिया की बारीकियों से परिचित, नगर के सुसंस्कृत वकील का स्थान अब ग्रामीण किसान या राजनीतिक सामाजिक कार्यकर्ता ले रहा है जिसमें स्वाभाविक सूझ-बूझ है और जो लोगों की आवश्यकताओं

---

11. काश्यप, इन्फार्मेशन मैनेजमेंट, उपर्युक्त।

> से गहराई से परिचित है। विदेशों में शिक्षित, पब्लिक या कॉन्वेंट स्कूलों में प्रशिक्षित उच्च मध्यमवर्गीय शहरी बुद्धिजीवी को गाँवों में पढ़ा-लिखा देशी बुद्धिजीवी पीछे छोड़ रहा है।"[12]

इसके साथ ही एक औसत संसद सदस्य स्वयं यह अपना मुख्य कर्तव्य समझता है कि वह अपने लोगों का प्रतिनिधित्व करे और उनकी कठिनाइयों, समस्याओं और शिकायतों को अभिव्यक्त करके उनका निराकरण करने का प्रयास करे। क्योंकि यदि कार्यपालिका संसद के प्रति उत्तरदायी है तो संसद तथा उसके सदस्य भी लोगों के प्रति उत्तरदायी हैं। संसद सदस्य जिन लोगों का प्रतिनिधित्व करता है, वह उन लोगों के और संसद तथा सरकार के बीच संबंध संपर्क स्थापित करने का प्रमुख साधन और कड़ी है। इसके अतिरिक्त, संसद सदस्य की शैक्षिक भूमिका भी है। संसद में जो कुछ हो रहा है, संसद सदस्य को उसे समझना और स्वयं को उससे संबद्ध रखना होता है ताकि वह लोगों को संसद के बारे में बता सके तथा उन्हें सामान्यतः अपेक्षित जानकारी प्रदान कर सके। क्योंकि यदि उसे संसद में लोगों का प्रतिनिधित्व करना है तो उसे संसद, उसके कार्यकरण और उसकी समस्याओं का सही चित्र भी जनता के सम्मुख रखना होगा। उसे अपने निर्वाचन क्षेत्र के मतदाताओं से और उनकी समस्याओं तथा आवश्यकताओं से निश्चित रूप से परिचित होना चाहिए और उनके कल्याण में अपना योगदान करने के लिए उसे भरसक प्रयत्न करना चाहिए। प्रक्रिया-संबंधी उपलब्ध विभिन्न साधनों के जरिए और सभा में उपलब्ध प्रत्येक संभव अवसर का लाभ उठाकर और याचिका समिति तथा अन्य संसदीय समितियों के माध्यम से संसद सदस्य उपर्युक्त उद्देश्य को प्राप्त करने का प्रयत्न कर सकता है।

वैधानिक प्रस्तावों या वित्त-विधेयकों, सरकारी नीतियों पर विचार करने और उन्हें स्वीकृत करने के प्रस्तावों, राष्ट्रपति के अभिभाषण पर धन्यवाद प्रस्ताव, बजट आदि पर वाद-विवाद और चर्चा के दौरान सदस्य खुलकर अपने विचार व्यक्त कर सकते हैं और कह सकते हैं कि देश के लिए क्या अच्छा है और वर्तमान नीति में किन परिवर्तनों की जरूरत है। सरकार संसद की राय के प्रति संवेदनशील होती है; अधिकांश मामलों में वह इसका पूर्वानुमान लगा लेती है; कुछ मामलों में वह इसके आगे झुक जाती है और कुछ अन्य मामलों में सरकार यह महसूस कर सकती है कि वह अपनी वचनबद्धता, दायित्वों और राजनीतिक विचाराधारा को दृष्टिगत रखते हुए कोई परिवर्तन करने की स्थिति में नहीं है। फिर भी चर्चाओं के दौरान सदस्यों को इस बात की पूरी आजादी है कि वे प्रशासन के पिछले कार्य-निष्पादन के संबंध में उसकी आलोचना करें और यह सुझाव दें कि उन्हें भविष्य में कैसे व्यवहार करना चाहिए या किसी उपाय विशेष को किस प्रकार लागू किया जाना चाहिए। ये चर्चाएँ महत्त्वपूर्ण हैं। क्योंकि उनसे संसदीय मनोभावों का पता चलता है और जनता की विचारधारा का प्रभाव प्रशासनिक ढाँचे पर पड़ता है, अन्यथा तो वह लोगों की

---

12. काश्यप, कमेटीज, उपर्युक्त, पृष्ठ 296।

भावनाओं के प्रति उदासीन ही पड़ा रह सकता है। साथ ही संसदीय वाद-विवादों से प्रशासन को उसके कर्तव्यों और दायित्वों की याद भी दिलाई जाती है संसदीय वाद-विवादों का प्रशासन की विचारधारा और उसकी कार्यवाहियों पर अनेक प्रकार से प्रभाव पड़ता है और प्रशासन के उच्च और निम्न, सभी स्तरों पर अप्रत्यक्ष प्रभाव बना रहता है जिसे प्रत्यक्ष रूप से मापा नहीं जा सकता। यद्यपि प्रशासन संसद द्वारा स्वीकृत नीतियों को यथासंभव उस ढंग से लागू करने के लिए पूरी तरह आजाद है जिसे वह सर्वोत्तम समझे, फिर भी सदन में अभिव्यक्त किए गए विभिन्न विचारों से वह अपना मार्गदर्शन प्राप्त करता रहता है। और इसी को संसद की परामर्शदायी भूमिका कहा जा सकता है।

संघर्ष-समाधान और राष्ट्रीय एकीकरण-संबंधी कार्य : संघर्ष करना मुनष्य का स्वाभाविक गुण है—विभिन्न प्रतियोगी तत्त्वों के बीच विचारों, हितों और शक्ति के लिए संघर्ष। राष्ट्रीय राजनीति में संघर्षों का समाधान करने के लिए एक सशक्त तंत्र तथा मध्यस्थता करनेवाली प्रमुख शक्ति के रूप में संसद का उद्‌भव भारतीय राजनीतिक जीवन का एक स्वीकृत तथ्य बना चुका है। संसदीय लोकतंत्र को एक बेहतर तथा अधिक सभ्य व्यवस्था समझा जाता है क्योंकि इस प्रणाली में, गलियों में शारीरिक रूप से संघर्ष करने या रणक्षेत्र में युद्ध करने के स्थान पर, विधान मंडल में वाद-विवाद और चर्चाएँ की जाती हैं। समाज में व्याप्त तनाव और असंतोष राजनीतिक गतिविधियों को निश्चित रूप देने के लिए अथवा परस्पर विरोधी भूमिका निभाने के लिए एक वैध अखाड़ा बन जाता है, जिनका समाधान अंततः नियमों तथा प्रक्रियाओं की सहायता से किया जाता है। संसदीय लोकतंत्र में परस्पर विरोधी पक्ष एक-दूसरे को जड़-मूल से समाप्त करने की बजाय, एक-दूसरे से असहमत होने या एक-दूसरे के प्रति सहनशील होने के लिए सहमत हो जाते हैं। कुछ अत्यंत नाजुक समस्याएँ भी विधान मंडल में सुलझा ली जाती हैं। प्रतिस्पर्धी शक्तियाँ अपनी बात के लिए संघर्ष करती हैं और अंततः समझौता कर लेती हैं। संघर्ष समाधान की इस भूमिका का निर्वाह करते हुए संसद राष्ट्रीय एकता की स्थापना करनेवाली एक महान् संस्था तथा मध्यस्थ के रूप में कार्य करती है। संघर्षों का समाधान करने और राष्ट्रीय एकता स्थापित करने की संसद की यह भूमिका हमारे बहुविधी समाज के संदर्भ में विशेष रूप से महत्त्वपूर्ण है।

औपचारिक संसदीय मंचों और संसदीय प्रक्रियाओं द्वारा निभाई जानेवाली भूमिका के अतिरिक्त, संसद भवन के केंद्रीय कक्ष की ओर भी ध्यान दिलाया जा सकता है जो अपने आप में लगभग एक संस्था बन गया है। यह एक बड़े क्लब और महान् शोधन स्थान का रूप ले चुका है। जाति, पंथ, क्षेत्रीयता या धर्म का कोई विचार किए बिना देश के सभी भागों से आए संसद सदस्य यहाँ अनौपचारिक रूप से मिलते हैं और ग्रुपों में अथवा अलग से अन्य सदस्यों के साथ उन समस्याओं पर चर्चा करते हैं जिनसे समूचा देश ग्रस्त है। इससे ऐसी ऊँची राष्ट्रीय एकीकरण की भावनाएँ पैदा

होती हैं जो किसी अन्य मंच पर पैदा नहीं की जा सकतीं। यहाँ तक कि वे लोग भी जो इसके प्रवेशद्वारों में घुसने से पूर्व अलगाववादी, क्षेत्रीयता अथवा धार्मिक संकीर्णता के विचार रखते हैं, इस केंद्रीय कक्ष-रूपी शोधन स्थान में प्रवेश करके शुद्धमना हो जाते हैं और वह अपने को एक ही देश के लोग समझने लगते हैं। यदि कोई विघटनकारी प्रवृत्ति हो भी तो उसकी भी प्रखरता समाप्त हो जाती है। राज्यों की राजधानियों में जो बात बिलकुल ठीक और पूर्णतः स्वीकार्य--यहाँ तक कि प्रशंसनीय भी समझी जाती हो--वह भी केंद्रीय कक्ष के अंदर आकर हास्य का विषय बन जाती है। यहाँ का वातावरण ही ऐसा है कि वह व्यापक राष्ट्रीय हित को दृष्टिगत रखते हुए सोचने पर विवश कर देता है।

विधि निर्माण, विकास, सामाजिक निर्माण और वैधीकरण का कार्य : विधि निर्माण विधान मंडल का पारंपरिक कृत्य है। भारत के संविधान के अंतर्गत राष्ट्रीय स्तर पर संसद सर्वोच्च वैधानिक निकाय है। संविधान की सप्तम अनुसूची में दी गई संघ और समवर्ती सूचियों में जो बहुत से विषय उल्लिखित हैं, उनके संबंध में संसद कानून बना सकती है।[13] क्योंकि अवशिष्ट शक्तियाँ संसद में निहित हैं, अतः संसद उन विषयों के संबंध में भी कानून बना सकती है जो राज्यों को विशेष रूप से नहीं सौंपे गए हैं। यहाँ तक कि विशिष्ट रूप से सौंपे गए क्षेत्रों के अंतर्गत आनेवाला विषय भी कतिपय परिस्थितियों में आरक्षित नहीं रहता और संसद उस विषय पर भी कानून बना सकती है।

विधान बनाने का सबसे महत्त्वपूर्ण पहलू इस बात में निहित है कि उसके सामाजिक प्रभाव क्या होते हैं। कानून केवल शांति और व्यवस्था की स्थिति बनाए रखने, देश को बाह्य खतरों और आंतरिक गड़बड़ियों से बचाने, स्वच्छ और कुशल प्रशासन सुनिश्चित करने के लिए ही आवश्यक नहीं है, अपितु आर्थिक और सामाजिक परिवर्तनशील समाज में एकमात्र संसद ही सामाजिक परिवर्तन के लिए आधार और उत्प्रेरक माध्यम प्रदान कर सकती है। विधायी कार्यकलाप में मुख्य रूप से बल सामाजिक विधान पर देना होता है, अर्थात् ऐसे विधान पर जिसका लक्ष्य सामाजिक परिवर्तन और आर्थिक विकास करना हो। सामाजिक-आर्थिक परिवर्तन को मूर्त एवं दृढ़ रूप प्रदान करने के लिए वर्तमान संस्थाओं का पुनर्गठन करना पड़ सकता है और विभिन्न सामाजिक शक्तियों तथा परस्पर विरोधी सामूहिक हितों के बीच एक नया संतुलन लाना पड़ सकता है। ऐसा केवल संसद द्वारा विधान बनाकर ही किया जा सकता है। वास्तव में संसद सामाजिक सुधारों के मामले में आगे रही है। संविधान के लागू होने के समय से ही संसद ने अनेक सामाजिक सुधारों से संबंधित कानून पास किए हैं, उदाहरणार्थ स्थानों के आरक्षण, सामाजिक सुरक्षा, न्यूनतम मजदूरी, वृद्धावस्था पेंशन, आवास आदि की व्यवस्था के रूप में पिछड़े हुए, दलित या समाज के उन वर्गों के लिए, जिनके साथ परंपरा से दुर्व्यवहार होता चला आ रहा है,

---

13. अनुच्छेद-245-246 और सप्तम अनुसूची।

विशेष सम्मान, गारंटियों और सुविधाओं का उपबंध करनेवाले कानून।[14]

जहाँ कानून बनाने में संसद की भूमिका–अर्थात् प्रस्तावित विधान की समीक्षा करने, उस पर विचार करने, चर्चा करने और संभवतः उसके अंतिम रूप को निश्चित करने–का भारी महत्त्व है, वहीं इसका एक दूसरा पहलू भी है। संसद कानून नहीं बनाती। इस प्रयोजन के लिए उसके पास न तो समय है और न ही आवश्यक जानकारी। विधान बनाने के बारे में पहल करने की बात लगभग पूर्णतः कार्यपालिका और प्रशासन के विभागों पर डाल दी गई है।

"विधायी प्रस्ताव तैयार करने का अर्थ है तकनीकी स्तर पर इसकी तैयारी और अनेक प्रतिस्पर्धी दावों तथा बातों का तालमेल करना, जिसे विधान मंडल में नहीं किया जा सकता, क्योंकि विधान बनाने के लिए महत्त्वपूर्ण साधन–तकनीकी आधार सामग्री और आँकड़े, संचित प्रशासकीय अनुभव और प्रवीणता–केवल कार्यपालिका के पास ही उपलब्ध है।"[15]

संसद कार्यपालिका द्वारा तैयार किए गए विधायी प्रस्तावों–विधेयकों, नियमों और विनियमों, आदि–पर केवल चर्चा करती है, उनकी संवीक्षा करती है और उन पर अपनी स्वीकृति की मोहर लगाकर उनका वैधीकरण करती है। इस प्रकार इसकी भूमिका कानून बनाने की भूमिका की अपेक्षा वैधीकरण करने की ही अधिक है।

एक ओर तो संसद ऐसा बहुत सा कार्य करती है जो कानून बनाने का नहीं है--संसद का लगभग 1/5 समय ही कानूनों पर लगता है–दूसरी ओर कानून बनाने के कार्य में केवल संसद का ही हाथ नहीं होता। इस कार्य को करने में लगे बहुतों में से यह एक है। कानून की आधुनिक संकल्पना यह नहीं है कि कानून सामान्य प्रयोग के लिए किसी प्राधिकरण द्वारा स्थापित नियमों का निकाय है, आदि। कानून तो एक प्रक्रिया है–एक लंबी और पेंचीदा प्रक्रिया–जो सामाजिक इच्छाओं के उत्पन्न होने से पहले शुरू हो जाती है, यह प्रथम अनुभूत आवश्यकता और कार्यवाही हेतु माँग है, नीति-निर्माताओं की संकल्पना और राजनीतिक शक्तियों और विभिन्न स्वहित साधक समूहों की गतिविधि है, जिसमें विधेयक का प्रारूप तैयार करने में संबंधित विभाग तथा विधि विभाग, सत्तारूढ़ दल, संबंधित मंत्री और मंत्रिमंडल, संसद के दोनों सदनों और उनकी समितियों तथा राष्ट्रपति की भूमिका; और नियम तथा विनियम बनाना और फिर प्रशासन द्वारा वास्तविक रूप से लागू करना और किसी विवाद की स्थिति में न्यायालयों द्वारा इसकी व्याख्या और न्यायिक समीक्षा शामिल है। वस्तुतः प्रत्येक चरण पर कानून बनता रहता है और उसमें रूपभेद होता रहता है। इस प्रकार कानून बनाने का कार्य व्यक्तियों के किसी एक निकाय अथवा राज्य

---

14. सुभाष काश्यप, **ह्यूमन राइट्स एंड पार्टियामेंट**', मेट्रोपॉलिटन, नई दिल्ली, 1978, अध्याय 9–'पार्लियामेंट एंड सोशो-इकोनामिक लेजिस्लेशन', पृष्ठ 124-133।

15. सुभाष काश्यप, '**हू लेजिस्लेटर्स इन दि माडर्न वर्ल्ड**', अंतर्संसदीय संघ (सं.), जिनेवा, 1976, पृष्ठ 68।

के किसी एक संवैधानिक घटक का नहीं माना जा सकता; राज्य के तीनों अंग—कार्यपालिका, विधान मंडल और न्यायपालिका—विधान बनाने में अपनी-अपनी भूमिका निभाते हैं।[16]

संविधायी कार्य (संविधान का संशोधन) : संविधान के अनुच्छेद-368 के अंतर्गत, जिसमें संविधान के संशोधन से संबंधित विशेष उपबंध किया गया है, संसद संघ की सवैधानिक शक्ति का आगार है। इस अनुच्छेद में उल्लिखित संविधान के संशोधन की प्रक्रिया में कतिपय विशिष्ट बातों का उल्लेख है जो संसद की संवैधानिक शक्ति का विधान मंडल के रूप में उसकी साधारण भूमिका से स्पष्टतः पृथक् रूप में निरूपण करती हैं। पहली बात यह है कि संविधान के संशोधन का आरंभ संसद के किसी सदन में इस प्रयोजन के लिए विधेयक पुनर्स्थापित करके ही किया जा सकता है और इस प्रकार संवैधानिक संशोधन के मामले में सूत्रपात करने की बात एकमात्र संसद के लिए ही सुरक्षित रखी गई है। दूसरे, अधिकांशतः संविधान के उपबंधों में संशोधन संसद द्वारा एक विशेष बहुमत से, अर्थात् प्रत्येक सदन में उस सदन की कुल सदस्य संख्या के बहुमत द्वारा तथा उस सदन के उपस्थित और मतदान करनेवाले सदस्यों के कम-से-कम दो-तिहाई बहुमत द्वारा किया जा सकता है। केवल कुछ ही प्रकार के सवैधानिक उपबंधों (अर्थात् सातवीं अनुसूची में दी गई सूचियों, संसद में राज्यों के प्रतिनिधित्व, अनुच्छेद-368 के उपबंध, आदि) के मामले में ऐसा होता है, जबकि संसद की दोनों सभाओं द्वारा निर्धारित विशेष बहुमत से पारित किए गए संशोधन विधेयक का कम-से-कम आधे राज्यों के विधान मंडलों द्वारा अनुसमर्थन किए जाने की आवश्यकता होती है। तीसरे, संविधान संशोधन पर, विधिवत् पारित अनुसमर्थित रूप में, राष्ट्रपति के पास भेजे जाने पर राष्ट्रपति का अनुमति देना अनिवार्य है और वह साधारण विधेयकों की तरह उस पर अपनी अनुमति देने से मना नहीं कर सकते या विधेयक को उस पर सदन में पुनः विचार किए जाने के लिए लौटा नहीं सकते।[17] और अंत में एक महत्त्वपूर्ण बात यह है कि संविधान का कोई भी उपबंध ऐसा नहीं है जिसका 'संशोधन न किया जा सके', क्योंकि संसद संविधान के किसी भी उपबंध का किसी भी प्रकार से संशोधन, परिवर्तन या निरसन कर सकती है और ऐसे संशोधनों को किसी भी आधार पर किसी न्यायालय में चुनौती नहीं दी जा सकती, जब तक कि इन संशोधनों से संविधान के मूलभूत सिद्धांतों में परिवर्तन या उनका उल्लंघन न होता हो।

1950-1972 की अवधि के दौरान मूल अधिकारों में संशोधन किए जा सकने का प्रश्न उच्चतम न्यायालय के समक्ष तीन भिन्न-भिन्न वादों में आया, अर्थात् **शंकरी प्रसाद** बनाम **भारत संघ**[18], **सज्जन सिंह** बनाम **राजस्थान राज्य**[19] तथा **गोकलनाथ**

16. देखिए वही, पृष्ठ 65-69।
17. काश्यप, **'ह्यूमन राइट्स'**, उपर्युक्त, अध्याय 10, कॉन्सीटयूएंट पावर ऑफ पार्लियामेंट एंड जुडिशियल रिव्यू, पृष्ठ 134-143।

बनाम पंजाब राज्य[20]। गोकलनाथ वाले वाद में उच्चतम न्यायालय का निर्णय आने तक कानून इस प्रकार था—

(1) संविधान संशोधन अधिनियम साधारण कानून नहीं है और संसद अपनी साधारण विधायी शक्तियों से भिन्न अपनी संवैधानिक शक्तियों का प्रयोग करती हुई इन्हे पारित करती है। संविधान में संशोधन करने के प्रयोजन के लिए कोई अलग संविधान निकाय नहीं है, अतः संवैधानिक शक्ति भी 'संसद' में ही निहित है।

(2) संशोधन करने की शक्ति पर कोई सीमा नहीं लगाई गई है, अर्थात् संविधान का कोई उपबंध ऐसा नहीं है जिसमें संशोधन न किया जा सके। अनुच्छेद-368 के उपबंध पूर्णतया सामान्य हैं और वे संसद को, बिना किसी भी अपवाद के, संविधान में संशोधन करने की शक्ति प्रदान करते हैं।

(3) संविधान (भाग 3) के अधीन जिन मूल अधिकारों की गारंटी दी गई है उनमें भी संसद की संविधान संशोधन करने की शक्ति के अधीन संशोधन किया जा सकता है।

गोकलनाथ संबंधी वाद में, उच्चतम न्यायालय ने 6 : 5 के बहुमत से अपने पहले के निर्णयों को उलट दिया और यह निर्णय दिया कि संविधान में दिए गए मूल अधिकार सर्वातिशायी और अपरिवर्तनीय हैं, यह कि संविधान के अनुच्छेद-368 में केवल संशोधन करने की प्रक्रिया ही निर्धारित की गई है और उसके द्वारा संसद को संविधान में संशोधन करने की कोई मूल शक्ति अथवा इसकी साधारण विधायी शक्ति से भिन्न कोई संवैधानिक शक्ति नहीं दी गई है, यह कि संविधान संशोधन अधिनियम भी अनुच्छेद-13 के अंतर्गत कानून ही है और इस तरह से संसद अनुच्छेद-368 के अंतर्गत पारित किए गए संविधान अधिनियम के द्वारा भी मूल अधिकारों को छीन नहीं सकती है या उन्हें कम नहीं कर सकती।

1973 में उच्चतम न्यायालय ने **केशवानंद भारती** बनाम **केरल राज्य**[21] वाले वाद में **गोकलनाथ संबंधी वाद** में दिए गए निर्णय की पुनरीक्षा की। तेरह में से सात न्यायाधीशों का यह निर्णय था कि अनुच्छेद-368 में ही संविधान को संशोधित करने की शक्ति दी गई है और यह कि अनुच्छेद-13 (2) में उल्लिखित 'विधि' में अनुच्छेद-368 के अंतर्गत किया जानेवाला संवैधानिक संशोधन नहीं आता। इस प्रकार **गोलकनाथ संबंधी वाद** में दिए गए निर्णय को रद्द कर दिया गया। इस प्रश्न पर कि क्या अनुच्छेद-368 के अंतर्गत प्रदत्त संशोधनकारी शक्ति पूर्ण और असीमित है, सात न्यायाधीशों के बहुमत ने यह निर्णय दिया कि अनुच्छेद-368 के अधीन प्रदत्त संशोधनकारी शक्ति की एक अंतर्निहित सीमा है और यह सीमा 'संविधान में संशोधन'

---

18. ए. आई. आर. 1951, उच्चतम न्यायालय, 458।
19. ए. आई. आर. 1965, उच्चतम न्यायालय, 845।
20. ए. आई. आर. 1967, उच्चतम न्यायालय, 1643।
21. ए. आई. आर. 1973, उच्चतम न्यायालय, 1461।

करने की शक्ति के आवश्यक निहितार्थ से उत्पन्न होती है। न्यायालय ने 7 : 6 के बहुमत से यह निर्णय दिया कि "अनुच्छेद-368 संसद को संविधान के मूल ढाँचे या स्वरूप में परिवर्तन की शक्ति प्रदान नहीं करता।" परंतु उन न्यायाधीशों के बहुमत ने यह स्पष्ट नहीं किया कि मूल ढाँचा क्या है और यह एक अनिर्णीत प्रश्न ही रह गया।[22]

केशवानंद भारती संबंधी वाद में दिए गए इस निर्णय के बाद संविधान (42वाँ संशोधन) अधिनियम, 1976 के द्वारा अनुच्छेद-368 में खंड (4) और (5) अंतःस्थापित किए गए, ताकि संसद की संशोधनकारी शक्ति पर लगाई गई 'मूल ढाँचे संबंधी सीमा को समाप्त किया जा सके। उपर्युक्त खंडों में यह कहा कि (क) अनुच्छेद-368 (1) के अंतर्गत संसद की संशोधनकारी शक्ति पर, जो एक 'संविधायी शक्ति' है, कोई स्पष्ट या अंतर्निहित सीमाएँ लागू नहीं हैं, और यह कि (ख) इसलिए किसी भी संविधान संशोधन अधिनियम की किसी भी आधार पर न्यायिक पुनर्परीक्षा नहीं की जा सकेगी। परंतु उच्चतम न्यायालय **मिनरवा मिल्स** बनाम **भारत संघ वाद** में मूल ढाँचे के सिद्धांत को लागू किए जाने की पुनः पुष्टि कर दी और खंड (4) और (5) को इस आधार पर अमान्य ठहरा दिया कि इस संशोधन के द्वारा न्यायिक पुनरीक्षा को, जो कि संविधान की मूल विशेषता है, पूर्णतः समाप्त करने का प्रयत्न किया गया है।

मूलभूत विशेषता के सिद्धांत के संबंध में वर्तमान स्थिति यह है कि जब तक **केशवानंद संबंधी वाद** में दिए गए निर्णय को उच्चतम न्यायालय की एक पूर्ण पीठ द्वारा उलट नहीं दिया जाता, तब तक न्यायालय संविधान में किए गए किसी भी संशोधन में इस आधार पर हस्तक्षेप कर सकता है कि उससे संविधान की कोई-न-कोई मूलभूत विशेषता प्रभावित होती है।

केशवानंद संबंधी वाद में न्यायमूर्ति सीकरी ने संविधान की मूलभूत विशेषताओं को निम्नलिखित ढंग से सारणीबद्ध करने का प्रयास किया।[23]

(1) संविधान की सर्वोच्चता;
(2) गणतांत्रिक और लोकतांत्रिक सरकार;
(3) संविधान का धर्मनिरपेक्ष स्वरूप;
(4) शक्तियों का पृथक्करण; और
(5) संविधान का संघीय स्वरूप।

उसी मुकदमे में न्यायमूर्ति हेगड़े और न्यायमूर्ति मुकर्जी ने संविधान के मूल ढाँचे के तत्त्वों में भारत की प्रभुत्व-संपन्नता तथा एकता, हमारे राज्यतंत्र के लोकतांत्रिक स्वरूप और वैयक्तिक स्वातंत्र्य को भी शामिल कर दिया। उनका यह मत था कि

---

22. सुभाष काश्यप, पार्लियामेंट एंड रिसेंट कॉन्सटीट्यूशनल डेवलपमेंट इन इंडिया, 'द टेबल', (लंदन). XXIV, 1976, पृष्ठ 15-18।

23. केशवानंद बनाम केरल राज्य, ए. आई. आर. 1973 उच्चतम न्यायालय; 1461. पैरा 302।

कल्याणकारी राज्य और समतावादी समाज का निर्माण करने के लिए दिए गए जनादेश को रद्द करने का संसद का कोई अधिकार नहीं है।[24] न्यायमूर्ति खन्ना ने भी यह कहा कि संसद हमारी लोकतांत्रिक शासन प्रणाली को तानाशाही अथवा वंशानुगत राजशाही में परिवर्तित नहीं कर सकती और न ही लोकसभा और राज्यसभा को समाप्त करना अनुमतेय होगा। इसी प्रकार देश के धर्मनिरपेक्ष स्वरूप को भी समाप्त नहीं किया जा सकता।[25]

इंदिरा गाँधी बनाम **राजनारायण वाद में** न्यायमूर्ति चंद्रचूड़ ने संविधान के मूलभूत ढाँचे के निम्नलिखित मूल तत्त्व बताए[26]—

(1) भारत एक संपूर्ण प्रभुत्व-संपन्न लोकतंत्रात्मक गणराज्य;

(2) पद और अवसर की समानता;

(3) पंथनिरपेक्षता और अंतःकरण की स्वतंत्रता; और

(4) विधि का शासन

इसी न्यायाधीश ने **मिनरवा मिल्स वाद** में संविधान के मूलतत्त्वों की सूची में 'संसद की संशोधनकारी शक्तियों', 'न्यायिक पुनरीक्षा' तथा 'मूल अधिकारों और निदेशक सिद्धांतों के बीच संतुलन' को जोड़ दिया।[27]

कुछ मामलों में न्यायाधीशों में इस बात को लेकर परस्पर मतभेद है कि अमुक तत्त्व मूल विशेषता के तत्त्वों के अंतर्गत आता है या नहीं। उदाहरणार्थ, मुख्य न्यायाधीश रे ने स्वतंत्र और निष्पक्ष चुनावों की विचाराधारा को मूल ढाँचे में सम्मिलित करना ठीक नहीं समझा, जबकि न्यायमूर्ति खन्ना ने उसी मुकदमे में इस सिद्धांत को संविधान की मूल विशेषताओं का एक मूलतत्त्व माना।[28] न्यायमूर्ति चंद्रचूड़ इस विचार से सहमत नहीं थे कि संविधान की प्रस्तावना में उसके मूल ढाँचे की कुंजी दी हुई है।[29] दूसरी ओर न्यायमूर्ति बेग का वह विचार था कि न्यायालय मुख्यतः संविधान की प्रस्तावना से ही किसी विधान की संवैधानिक वैधता का पता लगा सकता है। उनके विचार से संविधान संशोधन की वैधता का भी प्रस्तावना से ही पता लगाया जा सकता है।[30]

इस प्रकार यह स्पष्ट है कि इस संबंध में न्यायाधीशों में अभी तक मतैक्य नहीं रहा और है न ही बहुमत से दिया गया कोई ऐसा निर्णय उपलब्ध है जिसमें संविधान की उन विशेषताओं को बताया गया हो जिन्हें 'मूलभूत' माना जा सकता है।

---

24. देखिए, वही, पैरा 682।
25. देखिए, वही, पैरा 1437।
26. इंदिरा गाँधी बनाम राजनारायण, ए. आई. आर., 1975 उच्चतम न्यायालय, 2299, पैरा 665।
27. मिनर्वा मिल्स लि. बनाम भारत सरकार, ए. आई. आर. 1980, उच्चतम न्यायालय, 1789।
28. इंदिरा गाँधी मामला, उपर्युक्त पैरा 55 और 213।
29. देखिए, वही, पैरा 665।
30. देखिए, वही, पैरा 623।

न्यायालय ने विभिन्न न्यायाधीशों द्वारा विभिन्न मामलों में बताई गई मूल विशेषताओं की सूची को यहीं समाप्त नहीं कर दिया है। **इंदिरा गाँधी वाद** में न्यायाधीश चंद्रचूड़ ने यह कहा कि "मूलभूत ढाँचे के सिद्धांत पर प्रत्येक मामले में पृथक् से विचार करना होगा और यह विचार काल्पनिक रूप में नहीं, अपितु ठोस समस्या के संदर्भ में करना होगा।[31]

1950 में संविधान के लागू होने के बाद अब तक जितने भी संविधान संशोधन किए गए हैं, वे सब संसद की संवैधानिक शक्तियों का प्रयोग करते हुए और प्रायः न्यायालयों के निर्णयों और संवैधानिक उपबंधों की उनके द्वारा की गई व्याख्याओं के परिणामस्वरूप उत्पन्न हुई अप्रत्याशित कठिनाइयों और स्थितियों का मुकाबला करने के लिए किए गए हैं। कभी-कभी ये संशोधन संविधान के आशय को—किन्हीं विशेष उपबंधों के पीछे संविधान निर्माताओं के आशय को—स्पष्ट करने के लिए तथा संविधान को स्वीकृत राष्ट्रीय लक्ष्यों और उद्देश्यों के और निकट लाने लिए आवश्यक हो गए।

नेतृत्व-संबंधी कार्य (भरती और प्रशिक्षण) : अंत में, संसद का एक महत्त्वपूर्ण कार्य देश के लिए राजनीतिक नेतृत्व उपलब्ध कराना और उस नेतृत्व को परिपक्व बनाना है। संसद मंत्रियों की भरती और प्रशिक्षण का केंद्र है। संसद की दोनों सभाओं में से सर्वश्रेष्ठ को चुनने में सहायता मिलती है। विभिन्न संसदीय समितियों में कार्य करते हुए सदस्य पर्याप्त ज्ञान अर्जित कर लेते हैं और कुछ क्षेत्रों में विशेषज्ञता प्राप्त कर लेते हैं और वे प्रायः अच्छे मंत्री सिद्ध होते हैं।

---

31. देखिए, वही, पैरा 2465।

2

पीठासीन अधिकारी

आज विश्व में प्रचलित सभी प्रकार की शासन प्रणालियों में से भारत ने अपने लिए संसदीय प्रणाली को चुना। यह प्रणाली देश की जनतंत्रात्मक प्राचीन परंपराओं के अनुरूप है और विशाल जनसंख्या, अनेक धर्म, जाति, भाषा, वेशभूषा आदि को ध्यान में रखते हुए अनुभव के आधार पर प्रचलित प्रणालियों में सर्वोत्तम है।

भारतीय संसद राष्ट्रपति तथा दो सदनों, राज्यसभा व लोकसभा, से मिलकर निर्मित होती है। हमारी संसद अद्वितीय है, क्योंकि यह ऐसे संविधान के आधार पर कार्य करती है, जिसमें विश्व के सभी आधुनिक लोकतंत्रों के अच्छे सिद्धांतों का समावेश है। भारत में संसद की गरिमा भलीभाँति बनाए रखी गई है और इसका श्रेय काफी हद तक पीठासीन अधिकारियों को है।

किसी सदन को यदि व्यवस्थित और कुशल ढंग से कोई कार्य करना हो तो उसके लिए किसी प्राधिकारी का होना आवश्यक है जो उसकी कार्यवाहियों को और कार्यकरण को नियमित करे। संविधान में लोकसभा के लिए अध्यक्ष और उपाध्यक्ष का और राज्यसभा के लिए सभापति और उपसभापति का इसी उद्देश्य से उपबंध किया गया है। लोकसभा में अध्यक्ष जब उपस्थित न हो तो सदन में उसके दायित्व का निर्वहन उपाध्यक्ष करता है। इसी तरह, सभापति जब अनुपस्थित हो तो राज्यसभा में उपसभापति पीठासीन अधिकारी के रूप में कार्य करता है। प्रत्येक सदन में सभापति-तालिका भी बनाई जाती है। उस तालिका के सदस्य अपने-अपने सदन की बैठक की उस समय अध्यक्षता करते हैं, जब वहाँ दोनों पीठासीन अधिकारियों में से कोई भी उपस्थित न हो। दो पीठासीन अधिकारियों के बाद, प्रत्येक सदन में महत्त्वपूर्ण अधिकारी महासचिव होता है जो सदन का गैर-निर्वाचित स्थायी अधिकारी होता है।

ब्रिटेन में अध्यक्ष का पद वहाँ के संवैधानिक इतिहास में विकास के लंबे और गहन संघर्ष के परिणामस्वरूप बना। पुराने दिनों में जब हाउस ऑफ कॉमन्स विधि का निर्माण करनेवाला निकाय न होकर याचिका प्रस्तुत करनेवाला निकाय हुआ करता था तो अध्यक्ष का मुख्य कृत्य वाद-विवाद के अंत में दोनों पक्षों के तर्कों का निष्कर्ष निकालना और सदन के विचार 'क्राउन' के समक्ष प्रस्तुत करना हुआ करता था। इस

प्रकार वह सम्राट् के समक्ष कॉमन्स का प्रवक्ता या 'स्पीकर' हुआ करता था। उसके विपरीत आज का अध्यक्ष यदा-कदा ही बोलता है और जब भी बोलता है तो सदन से नहीं, बल्कि सदन के लिए बोलता है। वह सदन की कार्यवाही में भाग नहीं लेता, वह केवल सदन की बैठकों की अध्यक्षता करता है। सामान्य रूप से, भारत में अध्यक्ष की स्थिति लगभग वैसी ही है जैसी कि हाउस ऑफ कॉमन्स के अध्यक्ष की है। उसका पद प्रतिष्ठा, गौरव और प्राधिकार का पद है। वह लोकसभा का प्रमुख है। उसका मुख्य दायित्व सदन का कार्य शांत एवं व्यवस्थित ढंग से चलाना है। सदन के भीतर और सदन से संबंध रखनेवाले सब मामलों में अंतिम प्राधिकार उसी का है।

देश की संसद हो अथवा राज्यों की विधानसभाएँ, अध्यक्ष अथवा पीठासीन अधिकारी ही सदन की मान-मर्यादा का रक्षक माना जाता है। उसका सर्वोपरि दायित्व यही है कि शांतिपूर्ण ढंग से सदन की कार्यवाही का संचालन करता रहे। स्वतंत्रता और निष्पक्षता अध्यक्ष पद के दो महत्त्वपूर्ण गुण हैं। यह उद्देश्य कई प्रकार से सुनिश्चित होता है। वरीयता के क्रम में अध्यक्ष को बहुत उच्च स्थान दिया गया है। इस क्रम में उसका स्थान राष्ट्रपति, उपराष्ट्रपति और प्रधानमंत्री के बाद आता है। उसका स्थान, सिवाय प्रधानमंत्री के, मंत्रिमंडल के अन्य सब मंत्रियों से ऊँचा होता है। उसके वेतन और भत्ते भारत की संचित निधि पर प्रभारित हैं, अर्थात् उनके लिए संसद की स्वीकृति आवश्यक नहीं होती। उसके आचरण पर अविश्वास प्रस्ताव अथवा सारभूत (सबस्टांटिव) प्रस्ताव, जो अविश्वास प्रस्ताव नहीं होता है, द्वारा ही चर्चा की जा सकती है, अन्यथा किसी भी प्रकार नहीं। वह सदन में, सिवाय उस स्थिति के जब किसी प्रस्ताव पर दोनों पक्षों के समान मत हों, मतदान नहीं करता। और जब समान मत होने की ऐसी स्थिति में वह अपना निर्णायक मत देता हो तो ऐसा सदा सुस्थापित संसदीय सिद्धांतों और प्रथाओं के अनुरूप ही किया जाता है। यह संयोग की बात है कि स्वतंत्रता-प्राप्ति के पश्चात् भारत में एक भी अवसर नहीं आया जब कि अध्यक्ष को अपने निर्णायक मत का प्रयोग करना पड़ा हो। अध्यक्ष चुने जाने पर, वह अपने दल की सक्रिय गतिविधियों से अपने को अलग कर लेता है। वह किसी दल का बेशक होकर रहे, परंतु दल की किसी राजनीति में उसका दखल नहीं रहता। वह किसी दल का पद धारण नहीं करता, किसी दल की बैठकों में या क्रियाकलापों में भाग नहीं लेता और राजनीतिक विवादों से और दल के अभियानों से दूर रहता है।

अध्यक्ष सदन के कार्य का संचालन करता है और उसकी कार्यवाहियों को निर्धारित करता है। वह संविधान के उपबंधों और लोकसभा के प्रक्रिया तथा कार्य संचालन नियमों के अनुसार ही इन कृत्यों का निर्वहन करता है। सदन के भीतर संविधान के उपबंधों और प्रक्रिया नियमों की जो व्याख्या वह करे, वही अंतिम होती है। सब संसदीय मामलों में उसका फैसला अंतिम होता है। जिन मामलों के बारे में नियमों में विशेष रूप से उपबंध न किया गया हो, उनके संबंध में निर्देश देने की अवशिष्ट शक्तियाँ अध्यक्ष को प्राप्त हैं। ऐसा करते समय, वह किसी सदस्य से या

सरकार से कह सकता है कि ऐसे तथ्य, साक्ष्य एवं सूचना उसे उपलब्ध कराई जाए जो वह किसी फैसले पर पहुँचने के लिए आवश्यक समझता हो। किसी मामले पर पुनर्विचार करने के लिए उससे निवेदन तो किया जा सकता है, परंतु उसके फैसले को न तो चुनौती दी जा सकती है और न ही उसकी आलोचना की जा सकती है।

सदन में शांति-व्यवस्था सुनिश्चित करने के लिए अध्यक्ष को अनेक शक्तियाँ प्राप्त हैं, जैसे कोई सदस्य सदन में तब तक नहीं बोल सकता जब तक अध्यक्ष अथवा पीठासीन अधिकारी उसे बोलने के लिए न कहे। इस बात का फैसला अध्यक्ष करता है कि सदस्य किस क्रम से बोलेंगे और किसी सदस्य को कितने समय तक बोलने दिया जाए। वह किसी भी सदस्य को अपना भाषण तुरंत समाप्त करने और अपना स्थान ग्रहण करने के लिए आदेश दे सकता है और यह आदेश भी दे सकता है कि वह सदस्य ऐसे शब्द या अभिव्यक्ति को वापस ले ले जो अध्यक्ष के विचार में असंसदीय या अभद्र हों। वह यह आदेश भी दे सकता है कि उसकी अनुमति के बिना किसी सदस्य द्वारा कही गई कोई बात कार्यवाही-वृत्तांत में सम्मिलित नहीं की जाएगी और असंसदीय पाई गई किसी बात को कार्यवाही-वृत्तांत से निकाल दिया जाएगा। जिन शब्दों या भाषण के अंशों के बारे में यह आदेश दिया गया हो वे 'रिकार्ड न किए जाएँ' या असंसदीय होने के कारण कार्यवाही-वृत्तांत से निकाल दिए जाएँ, उन्हें समाचार पत्रों द्वारा या अन्य लोगों द्वारा प्रकाशित नहीं किया जा सकता क्योंकि संसद के सदनों की कार्यवाही-वृत्तांतों को प्रकाशित करने का अधिकार असीमित अधिकार नहीं है।

अव्यवस्था पैदा करने के कारण अध्यक्ष किसी सदस्य से किसी एक दिन के लिए या दिन के किसी भाग के लिए सदन से चले जाने के लिए कह सकता है या भारी अव्यवस्था पैदा करने के कारण उचित प्रस्ताव पेश किए जाने पर किसी सदस्य को सदन से निलंबित भी कर सकता है। सदस्यों को अनुशासन में रखना अध्यक्ष का ही काम है और उसके साथ उचित सम्मान से पेश आने में और उसके विनिर्णयों एवं फैसलों को मानने में सदस्यों को बड़ी सावधानी बरतनी पड़ती है। जब कभी वह बीच में बोलता है या प्रस्ताव का प्रश्न विचारार्थ या मतदान के लिए रखने के उद्देश्य से खड़ा होता है, कुछ टिप्पणियाँ करता है या अपने विनिर्णय देता है तो उसे शांति से सुनना अनिवार्य है। यह फैसला भी अध्यक्ष करता है कि क्या विशेषाधिकार भंग या सदन की अवमानना से संबंधित किसी विषय में प्रथम दृष्टया मामला बनता है या किसी सदस्य के आचरण का मामला जाँच-पड़ताल के लिए किसी समिति को निर्दिष्ट किया जाना चाहिए। यदि वह अपनी सम्मति प्रदान नहीं करता तो उस मामले पर आगे कार्यवाही नहीं की जाती। सदन में आरोपात्मक, मानहारिकारक या दोषारोपण करनेवाले वक्तव्यों से व्यक्तियों के सम्मान की रक्षा भी अध्यक्ष करता है और वह किसी सदस्य को ऐसा वक्तव्य देने से रोक सकता है, यदि ऐसे वक्तव्य के स्वरूप के बारे में या जिस साक्ष्य पर वे आधारित हैं, उसकी पूर्व सूचना उसे न दे दी गई हो।

अध्यक्ष सदन के वातावरण के प्रति संवेदनशील होता है। कभी-कभी जब सदन

में उत्तेजना, कोलाहल या निरंतर अंतर्बाधा होती है तब उसे स्थिति को सँभालने, तनाव दूर करने और ऐसा वातावरण पैदा करने के लिए जिसमें व्यवस्थित एवं शांत ढंग से वाद-विवाद हो सके, बड़ी होशियारी, सूक्ष्म बुद्धि एवं स्वस्थ विनोद से काम लेना पड़ता है। ऐसा गुण स्वाभाविक भी हो सकता है और अर्जित भी किया जा सकता है, परंतु कुशल अध्यक्ष के लिए निश्चित रूप से यह प्रभावी उपाय होता है।

अध्यक्ष को प्राप्त होनेवाले विभिन्न प्रस्तावों, प्रश्नों आदि की सूचनाओं को गृहीत करने या न करने के बारे में विचार करते समय वह अपने इस मूल कर्तव्य को सदा ध्यान में रखता है कि उसे इस तरह कार्य करना है कि समय-समय पर उत्पन्न होनेवाले महत्त्व के विभिन्न मामलों पर सदन विचार कर सके और उनके बारे में फैसला कर सके। जब कभी अध्यक्ष को संदेह हो तो वह आमतौर पर सदन को अपने विचार व्यक्त करने का अवसर प्रदान करता है। वह अपने कर्तव्यों को या अपनी शक्तियों को इस रूप में नहीं लेता कि जैसे वह सदन से अलग है या सदन के निर्णय को रद्द कर सकता है। वह सदन का अंग होता है और सदन के बेहतर कार्यकरण के लिए सदन से ही शक्तियाँ प्राप्त करता है। वह सदन का सेवक होता है, स्वामी नहीं।

सदन की ओर से संदेश अध्यक्ष के प्राधिकार से भेजे जाते हैं और उसी के प्राधिकार से प्राप्त होते हैं। राष्ट्रपति की अनुमति के लिए कोई विधेयक प्रस्तुत किए जाने से पूर्व अध्यक्ष ही अपने हस्ताक्षर द्वारा प्रमाणित करता है कि वह विधेयक सदन द्वारा पास किया गया है। वह कोई विधेयक सदन द्वारा पास कर दिए जाने के पश्चात् उसमें प्रत्यक्ष गलतियों की शुद्धि कर सकता है और उसमें ऐसे अन्य परिवर्तन कर सकता है जो सदन द्वारा स्वीकृत संशोधनों के परिणामी परिवर्तन हों। सदन को भेजे गए दस्तावेज, याचिकाएँ और संदेश वही प्राप्त करता है और सदन के सब आदेश उसी के द्वारा कार्यान्वित किए जाते हैं। वह सदन के फैसलों की सूचना संबद्ध प्राधिकारियों को देता है और उनसे कहता है कि ऐसे फैसलों का पालन किया जाए।

लोकसभा की सभी संसदीय समितियाँ अध्यक्ष द्वारा या सदन द्वारा गठित की जाती हैं। वे अध्यक्ष के नियंत्रण में और निर्देशाधीन कार्य करती हैं। सब समितियों के सभापति अध्यक्ष द्वारा नियुक्त किए जाते हैं। वह समितियों के कार्यकरण-संबंधी मामलों में समय-समय पर निर्देश जारी करता है और यह भी निर्देश देता है कि वे क्या प्रक्रिया अपनाएँ। सब विवादास्पद मामले मार्गदर्शन के लिए उसके पास भेजे जाते हैं और उन पर उसके फैसलों का पालन किया जाता है। कार्य मंत्रणा समिति, सामान्य प्रयोजन समिति और नियम समिति सीधे उसी की अध्यक्षता में कार्य करती हैं।

जहाँ तक कुछ मामलों में सदनों के आपसी संबंधों का प्रश्न है, संविधान के अनुसार अध्यक्ष को एक विशेष स्थान दिया गया है। यह वही निर्धारित करता है कि वित्तीय मामले कौन-कौन से हैं जो लोकसभा के संपूर्ण अधिकार-क्षेत्र में आते हैं। यदि वह प्रमाणित कर देता है कि अमुक विधेयक 'धन विधेयक' है, तो उसका फैसला अंतिम होता है। किसी विधेयक पर दोनों सदनों में असहमति की स्थिति में जब दोनों

सदनों की संयुक्त बैठक बुलाई जाती है तो अध्यक्षता वही करता है और इस बैठक में सब प्रक्रिया-नियम उसके निर्देशों और आदेशों से लागू होते हैं।

सदस्यों के लिए ग्रंथालय, आवास, टेलीफोन, वेतन तथा भत्तों की अदायगी, संसद भवन में जलपान और विश्रामकक्षों, संसदीय पत्रों के मुद्रण और उनकी सप्लाई आदि जैसी विभिन्न प्रकार की सुविधाओं की व्यवस्था करने का उत्तरदायित्व अध्यक्ष का होता है। अध्यक्ष गैलरियों में दर्शकों और प्रेस संवाददाताओं के प्रवेश को नियमित करता है और इस संबंध में सुरक्षा-प्रबंधों के लिए उत्तरदायी है। उसके आदेशों के उल्लंघन की स्थिति में, वह सदन के आदेश के अनुसार दर्शकों को आवश्यक दंड दे सकता है। यदि किसी व्यक्ति की सदन का विशेषाधिकार भंग करने या उसकी अवमानना करने के आरोप में सदन के समक्ष उपस्थिति अपेक्षित हो तो वह उसे सम्मन जारी कर सकता है। यदि सदन के किसी सदस्य या बाहर के किसी व्यक्ति को कारावास का दंड देने के लिए सदन द्वारा प्रस्ताव स्वीकृत किया जाता है तो उसके विरुद्ध गिरफ्तारी का वारंट भी अध्यक्ष जारी कर सकता है।

संसदीय दलों को मान्यता प्रदान करने के लिए मार्गदर्शी सिद्धांत अध्यक्ष निर्धारित करता है। लोकसभा में विपक्ष के किसी दल के नेता को विपक्ष के नेता के रूप में मान्यता है। किसी सदस्य का त्यागपत्र स्वीकार करने से पूर्व अध्यक्ष का इस बारे में संतुष्ट हो जाना आवश्यक है कि त्यागपत्र सही है और स्वेच्छा से दिया गया है। यदि जाँच के पश्चात् वह संतुष्ट हो जाता है कि त्यागपत्र स्वेच्छा से नहीं दिया गया या सही नहीं है तो वह उसे स्वीकार करने से इनकार कर सकता है।

कोई भी सदस्य अध्यक्ष से उसके कक्ष में मिल सकता है। दल बदलने के कारण लोकसभा के किसी सदस्य की अनर्हता से संबंधित सब प्रश्नों का फैसला करने की पूर्ण शक्ति अध्यक्ष को प्राप्त है। वह सदस्यों के विचार, उनकी शिकायतें और सुझाव सुनता है और आवश्यक कार्यवाही करता है।

कोई भी सदस्य या मंत्री पहले समय निश्चित करके, अध्यक्ष के कक्ष में उससे मिल सकता है। उसकी निष्पक्षता, योग्यता, चरित्र या आचरण पर आक्षेप करना विशेषाधिकार भंग करना है। उसके फैसलों की सदन के भीतर या बाहर आलोचना नहीं की जा सकती। उसका उल्लेख सम्मानपूर्वक किया जाना चाहिए। सदन की गरिमा की रक्षा के लिए ऐसा करना आवश्यक है।

यदि लोकसभा का कोई सदस्य किसी अपराध में गिरफ्तार किया जाता है या उसे कारावास का दंड दिया जाता है या कार्यपालिका के किसी आदेश से नजरबंद किया जाता है तो ऐसे तथ्य की सूचना दंडाधिकारी या कार्यपालक प्राधिकारी द्वारा तुरंत अध्यक्ष को दी जानी अनिवार्य है। किसी सदस्य की रिहाई की स्थिति में भी ऐसी सूचना का दिया जाना अनिवार्य है। अध्यक्ष की अनुमति प्राप्त किए बिना सदन के परिसर में किसी व्यक्ति को गिरफ्तार नहीं किया जा सकता और न ही उसके विरुद्ध दीवानी या आपराधिक कानूनी आदेशिका तामील की जा सकती है।

अध्यक्ष सदन में निधन संबंधी उल्लेख करता है, सदन की कार्यविधि समाप्त होने पर बिदाई भाषण देता है और महत्त्वपूर्ण राष्ट्रीय व अंतर्राष्ट्रीय घटनाओं का औपचारिक उल्लेख भी करता है। 1985 में अधिनियमित दल-बदल विरोधी कानून संविधान (52वाँ संशोधन) विधेयक, 1985 के अंतर्गत अध्यक्ष को यह निर्धारित करने का अधिकार दिया गया है कि क्या लोकसभा का कोई सदस्य, सदस्यता के लिए निरर्हता से ग्रस्त हो गया है या नहीं। उक्त अधिनियम अध्यक्ष को अनुसूची के उपबंधों को क्रियान्वित करने के लिए नियमावली की शक्ति भी प्रदान करता है।

अध्यक्ष भारतीय संसदीय ग्रुप का, जो भारत में अंतर्संसदीय संघ के राष्ट्रीय ग्रुप के रूप में और राष्ट्रमंडल संसदीय संघ की मुख्य शाखा के रूप में कार्य करता है, पदेन प्रेजीडेंट होता है। वह, राज्यसभा के सभापति के परामर्श से, विदेशों में जानेवाले विभिन्न संसदीय प्रतिनिधि मंडलों को नेतृत्व स्वयं करता है। अध्यक्ष भारत में विधायी निकायों के पीठासीन अधिकारियों के सम्मेलन का सभापति भी होता है।

लोकसभा सचिवालय अध्यक्ष के निर्देश और नियंत्रण में कार्य करता है। उसे सचिवालय के कर्मचारियों पर, सदन के परिसर पर और संसद भवन संपदा पर सर्वोच्च प्राधिकार प्राप्त है। वह अपने इस प्राधिकार का प्रयोग लोकसभा के महासचिव की सहायता से करता है।

अध्यक्ष के इतने महत्त्वपर्ण और वृहत् उत्तरदायित्वों को देखते हुए, प्रधानमंत्री जवाहरलाल नेहरू ने 8 मार्च, 1958 को अध्यक्ष विट्ठलभाई पटेल के चित्र का अनावरण करते हुए कहा था–

> "अध्यक्ष सदन का प्रतिनिधित्व करता है। वह सदन की गरिमा, सदन की स्वतंत्रता का प्रतिनिधित्व करता है और सदन क्योंकि राष्ट्र का प्रतिनिधित्व करता है अतः अध्यक्ष एक प्रकार से राष्ट्र की स्वतंत्रता का प्रतीक बन जाता है। इसलिए, यही उचित है कि यह पद सम्मान का पद हो, स्वतंत्र हो और यह सदा ऐसे व्यक्तियों से सुशोभित हो जो असाधारण योग्यता रखते हों और असधारण रूप से निष्पक्ष हों।"

वर्ष 1921 से पहले, भारत के गवर्नर-जनरल विधानपरिषद् की बैठकों की अध्यक्षता किया करते थे। भारत में अध्यक्ष की संस्था की उद्भव 1921 में तब हुआ जब मांटेगू-चेम्सफोर्ड सुधारों के अधीन केंद्रीय विधानसभा पहली बार गठित हुई थी। गवर्नर-जनरल द्वारा सर फ्रेडरिक ह्वाइट को 3 फरवरी, 1921 को सभा का प्रथम अध्यक्ष नियुक्त किया गया।

श्री विट्ठलभाई जे. पटेल प्रथम गैर-सरकारी व्यक्ति थे जो 24 अगस्त, 1925 को सभा के अध्यक्ष चुने गए। 20 फरवरी, 1927 को वह पुनः निर्वाचित हुए और अपने पदत्याग कि तिथि 28 अप्रैल, 1930 तक बने रहे। श्री पटेल को केंद्रीय विधान मंडल का प्रथम भारतीय और प्रथम निर्वाचित अध्यक्ष होने का गौरव प्राप्त था। श्री जी. वी. मावलंकर को स्वतंत्रता-प्राप्ति के पश्चात् प्रथम आम चुनावों के परिणामस्वरूप

गठित प्रथम संसद के प्रथम अध्यक्ष के रूप में चुना गया। वह संविधान सभा (विधायी) में इसी पद पर आसीन रह चुके थे और संविधान के प्रारंभ होने पर अस्थायी संसद के अध्यक्ष बने रहे थे।

संसदीय व्यवस्था में अध्यक्ष की भूमिका सबसे ज्यादा नाजुक है। अध्यक्ष की ओर अंगुली उठानेवाले सैकड़ों होते हैं, मगर उसकी निष्पक्षता, निर्भीकता की तारीफ करनेवाले थोड़े ही होते हैं। वह कितना ही सँभलकर क्यों न चले, कहीं-न-कहीं उसकी निष्पक्षता पर आँच आने की संभावना बनी ही रहती है। अतः अध्यक्ष को संसदीय नियमों और मर्यादाओं का पालन करते हुए राष्ट्रहित को सर्वोपरि रखना पड़ता है। इससे उसके पद की प्रतिष्ठा भी बनी रहती है और निष्पक्षता भी कायम रहती है।

उपाध्यक्ष

1950 में संविधान के लागू होने के बाद उपाध्यक्ष के पद का महत्त्व बढ़ गया है और उसकी स्थिति अधिक प्रमुख हो गई है। वह अध्यक्ष के अधीन नहीं है, बल्कि उसकी स्वतंत्र स्थिति है और वह केवल सभा के प्रति उत्तरदायी है।

केंद्रीय विधानसभा के दिनों में, सभा की बैठक कम अवधि के लिए होती थी और वह भी लंबे अंतराल के बाद। आजकल लोकसभा के बैठक साल में लगभग सात महीने तक होती है और प्रत्येक बैठक लगभग सात घंटे तक चलती है। अध्यक्ष के लिए यह व्यवहार्य नहीं है कि वह बैठक के दौरान सारा समय सभा में रहे। बहुधा जब उसे अपने दूसरे कर्तव्यों का निर्वहन करना होता है वह अपने आसन से उठ जाता है और उसकी अनुपस्थिति में सामान्यतया उपाध्यक्ष ही बैठक की अध्यक्षता करता है। इसके अतिरिक्त जब भी अध्यक्ष का पद रिक्त हो तो उपाध्यक्ष को उस पद के कर्तव्यों का निर्वहन करना पड़ता है।

संघ के राज्य मंत्रियों, योजना आयोग के सदस्यों और राज्यसभा के उपसभापति की तरह उपाध्यक्ष को पूर्वताक्रम में सोलहवाँ स्थान प्राप्त है। उपाध्यक्ष उस बजट समिति का सभापति होता है जो सचिवालय के बजट प्रस्ताव सामान्य बजट में सम्मिलित करने के लिए वित्त मंत्रालय को भेजे जाने से पूर्व उनका अनुमोदन करती है। इसके अतिरिक्त, लोकसभा सचिवालय, उसके अधिकारियों और कर्मचारियों के संबंध में उपाध्यक्ष के न तो कृत्य होते हैं, न कोई उत्तरदायित्व। इस प्रकार, उपाध्यक्ष पीठासीन उप-अधिकारी होता है, परंतु सचिवालय के या सदन के सर्वोच्च अधिकारी या प्रशासनिक प्रमुख के रूप में अध्यक्ष का कनिष्ठ अधिकारी नहीं होता।

सदन की बैठकों के अधिकांश समय में, सदन की अध्यक्षता उपाध्यक्ष करता है जबकि अध्यक्ष अपने कक्ष में अन्य संसदीय मामलों में व्यस्त रहता है। आमतौर पर, अध्यक्ष मध्याह्न पूर्व, विशेष रूप से प्रश्नकाल के दौरान और प्रश्नकाल के तुरंत बाद अदि कठिनाई के समय पीठासीन रहता है। वह दिन में किसी समय जब यह देखे कि किसी विशेष महत्त्ववाले विषय पर चर्चा हो रही है या सदन में ऐसी विशेष स्थिति

उत्पन्न हो गई जिसमें उसकी उपस्थिति आवश्यक है तो सदन में आकर उसकी अध्यक्षता कर सकता है। जिन विचाराधीन मामलों में संबंध में उपाध्यक्ष विनिर्णय देता है, वह उन मामलों में तो अंतिम होता है, परंतु अध्यक्ष प्रक्रिया की निश्चितता एवं प्रथा की समरूपता की दृष्टि से; भविष्य में वैसी ही परिस्थितियों के पालन के लिए सामान्य मार्गदर्शन कर सकता है। कभी-कभी उपाध्यक्ष अध्यक्ष के विनिर्णय के लिए कोई मामला रक्षित रख सकता है या निर्णय देने से पूर्व उससे परामर्श कर सकता है।

उपाध्यक्ष को सदन में बोलने का, उसके विचार-विमर्श में भाग लेने का, सदन के समक्ष किसी प्रस्ताव पर सदस्य के रूप में मतदान करने का अधिकार होता है, परंतु ऐसा वह तभी कर सकता है जब अध्यक्ष पीठासीन हो, जब उपाध्यक्ष स्वयं पीठासीन हो तो वह सिवाए उस स्थिति के जब किसी मामले पर दोनों पक्षों के समान मत हों, मतदान नहीं कर सकता। जब अध्यक्ष संसद के दोनों सदनों की संयुक्त बैठ से अनुपस्थित हो तो बैठक की अध्यक्षता भी उपाध्यक्ष करता है और उसमें वह अध्यक्ष की शक्तियों का वैसे ही प्रयोग करता है जैसे कि सदन के विचार-विमर्श के दौरान करता है।

उपाध्यक्ष अपने दल की राजनीति में भाग तो ले सकता है, परंतु व्यवहार में वह सदन में अपनी निष्पक्षता बनाए रखने के लिए जहाँ तक हो सके विवादास्पद मामलों से अपने को अलग रखता है।

उपाध्यक्ष के पद के साथ जो प्रथाएँ और परंपराएँ विकसित हुई हैं उनके अनुसार यदि किसी संसदीय समिति का सदस्य मनोनीत या नियुक्त किया जाए तो उसी को सभापति भी नियुक्त किया जाता है। इसके अतिरिक्त, उपाध्यक्ष के पद के लिए सामान्यतः विपक्ष के किसी सदस्य को ही चुना जाता है।

1953 में अध्यक्षता करनेवाले अधिकारियों के सम्मेलन में यह प्रश्न उठाया गया कि उपाध्यक्ष 'चर्चाओं' में भाग लेने, सरकार पर आक्षेप या उसकी आलोचना करने और सभा के मत विभाजनों में भाग लेने के सामान्य सदस्यों के अधिकारों का प्रयोग कर सकता है या नहीं। इस प्रश्न पर विभिन्न विचार प्रकट किए गए। सम्मेलन के सभापति (अध्यक्ष श्री मावलंकर) ने इस प्रश्न पर वाद-विवाद समाप्त करते हुए कहा—

> "उपाध्यक्ष का प्रश्न ऐसा प्रश्न है जिस पर प्रत्येक उपाध्यक्ष को स्वयं सोचना और फैसला करना पड़ेगा। इसमें संदेह नहीं कि वह सदस्य है। परंतु मैं समझता हूँ कि उसे यह भी याद रखना चाहिए कि उसे सभा की अध्यक्षता करनी पड़ती है और इसलिए उस पर यह जिम्मेदारी आती है कि वाद-विवाद में इस ढंग से आचरण करे कि दलों के सदस्य उसे किसी दल का सदस्य ही न समझ लें और यह बंधन केवल उसके द्वारा सभा से बाहर राजनीति में भाग लेने पर ही लागू नहीं होता, बल्कि उस भाषा पर भी लागू होता है, जिसका प्रयोग वह अपने विचार व्यक्त करने के लिए करता है। यह ऐसा प्रश्न है जिस पर उसे अपने विवेक का प्रयोग करना पड़ता है।"

सभापति-तालिका

अध्यक्ष और उपाध्यक्ष यदि दोनों ही किसी बैठक में उपस्थित न हों तो सभापति-तालिका के छः सदस्यों में से, जिन्हें अध्यक्ष समय-समय पर मनोनीत करता है, कोई एक सदन की अध्यक्षता करता है। यदि ऐसी स्थिति उत्पन्न हो जाए कि अध्यक्ष, उपाध्यक्ष और सभापति-तालिका का कोई भी सदस्य सदन में उपस्थित न हो तो सभापति के रूप में कार्य करने के लिए सदन द्वारा सदन का कोई अन्य सदस्य चुन लिया जाता है और वह तब तक अध्यक्षता करता है जब तक कि सभापति-तालिका का कोई सदस्य या उपाध्यक्ष या अध्यक्ष पीठासीन होने के लिए सदन में नहीं आ जाता।

जैसा कि उपाध्यक्ष के मामले में होता है, सदन की अध्यक्षता करते समय किसी भी सभापति को वे सब शक्तियाँ प्राप्त होती हैं जो अध्यक्ष को प्राप्त हैं।

सभापति द्वारा जिस मामले में और जिस बात पर विनिर्णय दिया जाए वह उस मामले में उस बात पर वैसे ही अंतिम और बंधनकारी होता है जैसे अध्यक्ष द्वारा दिया गया विनिर्णय होता है। परंतु सभापति कोई महत्त्वपूर्ण मामला अध्यक्ष के निर्णय के लिए सुरक्षित रख सकता है। सभापति जब तक पीठासीन हो तब तक उसके आचरण की निंदा करना सदन की अवमानना है, उसे ऐसा ही पूरा सम्मान दिया जाना अनिवार्य है जो सदन के पीठासीन अधिकारी को दिया जाना होता है।

सभापति सदन की सब चर्चाओं में पूरी तरह और विवादास्पद मामलों सहित सदन के समक्ष आनेवाले सब मामलों में सक्रिय भाग लेने के लिए मुक्त होता है। वह अपने दल की बैठकों में उपस्थित होता है और सामान्यतः अपने दल का सक्रिय सदस्य होता है। अध्यक्ष सभापति-तालिका के लिए सदस्य सदा दोनों पक्षों में से चुनता है—सत्तारूढ़ दल या दलों में से और विपक्षी दलों में से भी, और यह भी ध्यान रखता है कि उसमें महिला सदस्य भी हों। सभापति-तालिका के सदस्य की पदावधि सामान्यतः एक वर्ष की होती है, परंतु एक ही व्यक्ति को बार-बार मनोनीत किया जा सकता है। यह चयन केवल अध्यक्ष करता है, परंतु चयन करने के पूर्व वह सदन के राजनीतिक दलों के नेताओं से परामर्श कर सकता है।

महासचिव/सचिव

लोकसभा के महासचिव/सचिव की स्थिति बहुत असाधारण है, बल्कि यह कहा जा सकता है कि उसकी स्थिति अनन्य है। उससे यह आशा की जाती है कि लोकसभा और उसके कार्य के संबंध में जिस बात का ज्ञान भी आवश्यक हो, उसे उसका पता होगा, चाहे यह बात किसी अमूर्त संवैधानिक विषय में हो या कि कुछ परिस्थितियों में कुछ विषयों की पूर्ववर्तिता के बारे में। जैसी भी समस्या हो, सदस्य महासचिव/सचिव से यह आशा करते हैं कि वह उन्हें फौरन अधिकृत राय देगा। सच तो यह है कि सभा का सुचारु रूप से चलना बहुत हद तक महासचिव/सचिव पर निर्भर है।

वह सभी संसदीय कृत्यों और क्रियाकलापों में और प्रक्रिया एवं प्रथा-संबंधी सभी मामलों में अध्यक्ष का, सदन का और सदस्यों का सलाहकार होता है। महासचिव सभापटल का प्रमुख अधिकारी होता है और परिवर्तनशील विभिन्न सदनों और अध्यक्षों के बीच निरंतर कड़ी का काम करता है, सदन के स्थायी अधिकारी के रूप में संसदीय प्रथाओं एवं परंपराओं का रक्षक होता है और पहले अनेक सदनों, पीठासीन अधिकारियों और अपने पूर्वाधिकारियों की संचित बुद्धिमत्ता एवं अनुभव का भंडार होता है।

महासचिव अपने अधिकार से बहुत से विधायी, प्रशासनिक एवं कार्यपालिका कृत्यों का निर्वहन करता है और सदस्यों को सेवाएँ एवं सुविधाएँ उपलब्ध कराता है। वह आरक्षीगण संगठन और संसद संपदा के परिसर में सुरक्षा के लिए सर्वोच्च प्रभारी अधिकारी होता है। संसद ग्रंथालय, शोध, संदर्भ, प्रलेखन और सूचना सेवाएँ भी उसी के अधीन कार्य करती हैं। वह संसद भवन, संसदीय सौध और संसद की अन्य संपत्तियों के रख-रखाव और मरम्मत के लिए उत्तरदायी है। संसदीय संग्रहालय और अभिलेखागार के सर्वोच्च अधिकारी के रूप में वह संसद की विरासत का रक्षक और संसदीय अभिलेखों का परिरक्षक है। वह विधायी सेवाओं और सदन के सचिवालय का प्रमुख अधिकारी है और उसके प्रशासन के लिए, उसमें अनुशासन बनाए रखने के लिए और यह सुनिश्चित करने के लिए उत्तरदायी होता है कि सदन और उसकी समितियों का सचिवीय कार्य समुचित ढंग से, कुशलतापूर्वक एवं सुचारु रूप से किया जाए। वह सब संसदीय समितियों को सचिवीय सहायता और कर्मचारी उपलब्ध कराता है और स्वयं उन्हें मंत्रणा देने के लिए उपलब्ध रहता है। सदस्यों और समितियों के लिए उसकी भूमिका मित्र, विचारक और मार्गदर्शक की होती है। मंत्री तथा विभिन्न राजनीतिक दलों के सदस्य परामर्श के लिए उसके पास आते हैं। उसे निष्पक्षता की वही भूमिका निभानी होती है जो अध्यक्ष निभाता है। वह पूरी तरह जागरूक और शीघ्र निर्णय लेनेवाला व्यक्ति होना चाहिए। संसदीय कार्यों के लिए राष्ट्रीय और अंतर्राष्ट्रीय घटनाचक्रों की पर्याप्त और नवीनतम जानकारी रखना और उसे उचित रूप से आत्मसात् करना अपेक्षित है। अतः जो व्यक्ति महासचिव सचिव के पद पर आसीन होता है, उसके लिए आवश्यक है कि वह प्रतिभावान हो और संसद के बहुमुखी कृत्यों में निपुण हो। जो कार्य उसे सौंपा जाता है वह इतना अधिक तकनीकी और जटिल है कि उसे विभिन्न श्रेणियों के अनेक योग्य और विद्वान् अधिकारियों की सहायता जरूरी होती है। कार्य का आयोजन इस रीति से किया जाता है कि प्रत्येक इकाई संसदीय जीवन के किसी विषय या पहलू विशेष से संबंधित कार्य करे और उसमें ऐसी प्रतिभावाले कर्मचारी रखे जाएँ जो तकनीकी तौर पर योग्य हों और जो अपने कर्तव्यों का निर्वहन कुशलता से करें। यह देखना महासचिव/सचिव का कर्तव्य है कि समय-समय पर रिक्त होनेवाले पदों को भरने के लिए पर्याप्त कर्मचारियों को प्रशिक्षित किया जाए और संसदीय कार्य की कुशलता का एक उच्च स्तर सदा बना रहे। अतः

सदन के सचिवालय के संगठन का स्वरूप महासचिव का पद धारण करनेवाले व्यक्ति के व्यक्तित्व और दृष्टिकोण पर काफी निर्भर करता है।

महासचिव/सचिव राजनीति से कोई संबंध नहीं रखता। उसका दृष्टिकोण और परिप्रेक्ष्य सदा दलगत स्वार्थों से रहित रहता है। उसे उन अधिकारियों में से चुना जाना चाहिए जिन्होंने सदन के सचिवालय में विभिन्न पदों पर सदन की सेवा में सराहनीय कार्य किया हो। उसे चुनने और नियुक्त करने का प्राधिकार अध्यक्ष को प्राप्त है। एक बार नियुक्त हो जाने पर वह निर्धारित सेवानिवृत्ति की आयु, जो इस समय 60 वर्ष है, प्राप्त होने तक अपने पद पर बना रहता है। सदन में उसकी आलोचना नहीं की जा सकती। वह केवल अध्यक्ष के प्रति उत्तरदायी होता है। उसके लिए सेवा की सुरक्षा तथा स्वतंत्रता प्रदान करने की दृष्टि से पर्याप्त रक्षात्मक उपायों की व्यवस्था की गई है, ताकि वह अपने कर्तव्यों का निर्वहन न्यायोचित ढंग से और जनहित में कर सके। लोकसभा सचिवालय पूर्णतः पृथक् है और अध्यक्ष के सर्वोच्च नियंत्रणाधीन है, ताकि संसद का स्वतंत्र परामर्श मिल सके और उसके निर्देशों को किसी बाहरी हस्तक्षेप या आंतरिक दबाव के बिना उचित रूप से कार्यरूप दिया जा सके।

महासचिव/सचिव राष्ट्रपति की ओर से, सदन के अधिवेशन में उपस्थित होने के लिए सदस्यों को 'आमंत्रण' जारी करता है। अध्यक्ष की अनुपस्थिति में विधेयकों को प्रमाणित करता है, सदन की ओर से संदेश भेजता और प्राप्त करता है। सदन को संबोधित या सदन के लिए अभीष्ट सूचनाएँ, याचिकाएँ, दस्तावेज और अन्य पत्र प्राप्त करता है। सदन के समक्ष या उसकी समितियों के समक्ष उपस्थित होने के लिए साक्षियों को सम्मन जारी करता है। अध्यक्ष की ओर से सदस्यों, मंत्रियों तथा अन्यों के साथ पत्र-व्यवहार करता है। दीर्घाओं के लिए प्रवेश पत्र जारी करता है, सदन और उसके सचिवालय के वित्त एवं लेखाओं पर नियंत्रण रखता है। कार्य सूचियाँ, बुलेटिन और संशोधनों की सूचनाएँ परिचालित करता है। सदन के सामान्य कार्यवाही-सारांश और शब्दशः कार्यवाही वृत्तांत तैयार करता है। जिन विभिन्न विषयों में सदस्य रुचि रखते हों, उन्हें उनके बारे में जानकारी भेजने की व्यवस्था करता है। सदस्यों और अन्य लोगों के उपयोग के लिए बहुत सी पत्रिकाओं और अन्य संसदीय प्रकाशनों अर्थात् सामाजिक विषयों पर प्रकाशित साहित्य का सारांश, पत्रिकाएँ, पुस्तिकाएँ, तथ्यात्मक पत्र, पृष्ठाधार जानकारी, शोध पत्र, पुस्तकें आदि का संपादन करता है और उन्हें प्रकाशित कराता है। संसदीय अध्ययन तथा प्रशिक्षण केंद्र का प्रमुख होने के नाते वह नए संसद सदस्यों और राज्य विधान मंडलों के नए सदस्यों, भारतीय प्रशासनिक सेवा, भारतीय विदेश सेवा और अनेक अन्य अखिल भारतीय सेवाओं के परिवीक्षाधीन अधिकारियों के लिए, भारत सरकार के वरिष्ठ अधिकारियों के लिए, विश्वविद्यालयों के अध्यापकों और देश एवं विदेशों से आए संसदीय अधिकारियों के लिए संसदीय संस्थाओं और प्रक्रियाओं में अध्ययन पाठ्यक्रम, विचार-गोष्ठियाँ, प्रशिक्षण और प्रबोधन कार्यक्रम इत्यादि आयोजित करता है। भारतीय संसदीय ग्रुप के महासचिव के नाते,

वह राष्ट्रमंडल संसदीय संघ और अंतर्संसदीय संघ की भारत शाखा की गतिविधियों का भी आयोजन करता है। वह संसदीय प्रतिनिधि मंडलों के साथ विदेशों में जाता है और संसद के अनेक अन्य कार्य करता है। जब राष्ट्रमंडल अध्यक्षों का देश में सम्मेलन होता है तो लोकसभा का महासचिव उस सम्मेलन का पदेन महासचिव होता है। वह भारत में विधायी निकायों को पीठासीन अधिकारियों के सम्मेलन के लिए, भारत में विभिन्न विधान मंडलों और संसदीय समितियों के सम्मेलनों के लिए, सचिवीय कर्तव्यों के विवरण तैयार करने और आयोजन के लिए उत्तरदायी होता है और संसदीय कार्यों की भिन्न क्रियाकलापों के लिए प्रबंध करने हेतु अर्थात् विदेशी प्रतिष्ठित व्यक्तियों द्वारा सदस्यों के समक्ष भाषण, स्वागत-समारोह, संसदीय सद्भावना मिशन विदेशों में भेजने या विदेशों से भारत आनेवाले ऐसे मिशन का स्वागत करने से संबंधित कार्य करने के लिए उत्तरदायी होता है।

लोकसभा के महासचिव के इन विस्तृत कर्तव्यों और अपने अधिकार से निर्वहन किए जानेवाले दायित्वों के अतिरिक्त, बहुत से अन्य कृत्य भी हैं जिनका वह निर्वहन करता है, जिन्हें वह अध्यक्ष की ओर से और उसके नाम से करता है। अध्यक्ष और महासचिव का आपसी संबंध एक विशेष प्रकार का संबंध है। उदाहरणार्थ, प्रश्नों, प्रस्तावों आदि की विभिन्न प्रकार की सूचनाओं की अनुमति देने या अनुमति न देने के मामले में अध्यक्ष की जिन शक्तियों का प्रयोग महासचिव करता है, वे प्रत्यायोजित शक्तियाँ नहीं हैं। वास्तव में, अध्यक्षों की ये शक्तियाँ प्रत्यायोजित की ही नहीं जा सकती हैं। ये शक्ति केवल अध्यक्ष में निहित है और वही इनका प्रयोग कर सकता है। इसलिए, यही कहा जा सकता है कि अध्यक्ष स्वयं विभिन्न सूचनाओं आदि की अनुमति दे रहा है या नहीं। जो कुछ उसके नाम से, उसकी ओर से और सामान्य निर्देशों के अधीन किया जाता है, उसकी वह स्वयं पूरी जिम्मेदारी लेता है।

महासचिव को जिन कर्तव्यों का पालन करना पड़ता है, उनके लिए अत्यधिक योग्यता, प्रखर बुद्धि, विवेक और विचारशीलता की आवश्यकता है। महासचिव द्वारा किए जानेवाले कठिन और नाजुक कार्यों को सुचारु रूप से करने के लिए संसद की संस्था के प्रति अगाध प्रेम और श्रद्धा की आवश्यकता है और उसका संपादन कई बार बड़ी कठिन परिस्थितियों में करना पड़ता है। अपनी अपूर्व योग्यता, लगन, सेवा और शिष्टता के कारण महासचिव सभा के दिल में इस हद तक घर कर लेता है कि किसी महासचिव/सचिव के सेवानिवृत्त होने पर 'एक संसदीय अध्याय की समाप्ति' हो जाती है।

राज्यसभा का सभापति

भारत का उपराष्ट्रपति राज्यसभा का पदेन सभापति होता है। वह उपराष्ट्रपति होने के नाते राज्यसभा की अध्यक्षता करता है। जब उपराष्ट्रपति राष्ट्रपति के रूप में कार्य करता है या जब वह राष्ट्रपति के कृत्यों का निर्वहन करता है तब वह राज्यसभा में

सभापति पद के कर्तव्यों का निर्वहन नहीं करता। उपराष्ट्रपति का निर्वाचन संसद के दोनों सदनों के सदस्यों द्वारा आनुपातिक प्रतिनिधित्व पद्धति के अनुसार एकल संक्रमणीय मत द्वारा किया जाता है और ऐसे निर्वाचन में मतदान गुप्त होता है। उपराष्ट्रपति संसद के दोनों सदनों में से किसी सदन का या किसी राज्य के विधान मंडल के किसी सदन का सदस्य नहीं होता। वह अपना पद ग्रहण करने की तिथि से पाँच वर्ष की अवधि तक या अपना पदत्याग करने तक या राज्यसभा के ऐसे संकल्प द्वारा अपने पद से हटाए जाने तक जिसे राज्यसभा के तत्कालीन समस्त सदस्यों के बहुमत ने पास किया हो और जिससे लोकसभा सहमत हो गई हो, पद धारण करता है।

पीठासीन अधिकारी के रूप में और अपने सदन के सचिवालय के प्रमुख के रूप में राज्यसभा के सभापति के कृत्य और कर्तव्य लगभग वही हैं जो लोकसभा में अध्यक्ष के हैं।

उपसभापति

राज्यसभा का उपसभापति, जो राज्यसभा द्वारा अपने सदस्यों में से चुना जाता है, राज्यसभा का सदस्य बने रहने तक या अपना पदत्याग करने तक या राज्यसभा के ऐसे संकल्प द्वारा अपने पद से हटाए जाने तक जिसे राज्यसभा के सदस्यों के बहुमत ने पास किया हो, पद धारण करता है।

उपसभापति, राज्यसभा के पीठासीन अधिकारी के रूप में, सभी प्रकार के उन्हीं कर्तव्यों, कृत्यों और शक्तियों का प्रयोग करता है और जैसे कि लोकसभा का उपाध्यक्ष करता है।

सभापति-तालिका और महासचिव

राज्यसभा का सभापति सदस्यों की एक तालिका बनाता है जिसके सदस्यों को वाइस चेयरमैन कहा जाता है। इसमें से एक सदस्य सभापति और उपसभापति की अनुपस्थिति में राज्यसभा की बैठक की अध्यक्षता करता है। राज्यसभा का वाइस चेयरमैन और महासचिव राज्यसभा के संबंध में लगभग उन्हीं कृत्यों और कर्तव्यों का पालन करते हैं, जिनका पालन लोकसभा के संबंध में सभापति-तालिका के सदस्य और महासचिव करते हैं।

पीठासीन अधिकारियों का प्रमुख कर्तव्य यह सुनिश्चित करना है कि सदन में दोनों पक्षों के प्रति न्याय हो और प्रत्येक पक्ष के विचारों को सुना जाए। उनके सभी कर्तव्य निष्कपट होने चाहिए। भारतीय संसद का गत 47 वर्षों के दौरान संसदीय संस्थाओं के योग्य उत्कृष्ट परंपराएँ स्थापित करने में अनुपम रिकार्ड रहा है। संसद के दोनों सदनों में ऐसे पीठासीन अधिकारी रहे हैं जो बड़े कर्तव्यनिष्ठ थे और जिनका संसदीय लोकतंत्र के पावन सिद्धांतों में अटूट विश्वास था।

3

प्रश्नकाल

संसदीय लोकतंत्र में सरकार विधानपालिका के प्रति उत्तरदायी होती है। इसका स्पष्ट प्रमाण और दृष्टांत मिलता है प्रश्न काल में, जब विधायक प्रश्न पूछते हैं और मंत्रियों को उत्तर देना होता है।

विधायिका की एक प्रमुख भूमिका है प्रशासन पर नियंत्रण रखना। इस दायित्व को निभाने में संसदीय प्रश्न एक महत्त्वपूर्ण और सशक्त साधन सिद्ध होते हैं। प्रशासन से असंतुष्ट कोई भी नागरिक अपने प्रतिनिधि के माध्यम से संसद का द्वार खटखटा सकता है और अपनी गुहार कर सकता है। नागरिक द्वारा की गई शिकायत के आधार पर जब विधायक प्रश्न करता है और मंत्री सदन के सम्मुख उत्तर देता है तो एक प्रकार से प्रश्नोत्तर काल में प्रत्येक नागरिक विधायिका के साथ जुड़ जाता है और यह साबित हो जाता है कि सरकार न केवल विधायिका के प्रति उत्तरदायी है, वरन् उसके माध्यम से आम जनता के प्रति भी।

प्रशासन के सभी कृत्यों, उनके निर्वहन में हुई कमियों और मूल्यों के बारे में जानकारी माँगने का प्रत्येक सदस्य को—जो मंत्री नहीं है—पूर्ण अधिकार प्राप्त है। इस दायित्व को पूरा करने के लिए आवश्यक है कि सदस्य सरकार के प्रत्येक क्रियाकलाप पर पैनी दृष्टि रखे और कोई भी ऐसा अवसर न चूके जो जनहित को प्रभावित करता हो। मूलतः प्रश्नकाल का उद्देश्य सदस्यों द्वारा सरकार से जनहित के मामलों में जानकारी प्राप्त करना और तत्संबंधी तथ्यों को जानना है। जिन विषयों में प्रश्न पूछे जा सकते हैं, वह क्षेत्र उतना ही व्यापक है जितना विधायिका का अधिकार क्षेत्र।

कहीं किसी स्थान पर किसी सरकारी अधिकारी ने जनता के साथ दुर्व्यवहार किया, सरकारी आदेशों या नीतियों का पालन नहीं हुआ, भ्रष्टाचार या अन्य किसी कारण से जन-जीवन को किसी प्रकार की क्षति पहुँची, तो मामला प्रश्न के रूप में मंत्री के समाने आ जाता है। मंत्री को सदन में उत्तर देना पड़ता है। अधिकारी भी सचेत हो जाते हैं। कई बार उनके अपने ही दिमाग में हो रहे घोटाले और त्रुटियाँ मंत्रियों की जानकारी में प्रश्नों के कारण ही आती हैं और उनकी जाँच-पड़ताल और निराकरण से प्रशासन में सुधार होता है।

प्रश्नकाल में सामने आई बातों का सीधा प्रभाव पड़ता है। वह समाचार पत्रों में छपती हैं और उनका व्यापक प्रचार-प्रसार होता है। वस्तुतः प्रश्नकाल संसदीय कार्यवाहियों का सबसे महत्त्वपूर्ण अंग है। इसमें क्या जनता जनार्दन, क्या पत्रकार और स्वयं सदस्य, सभी गहरी रुचि लेते हैं। प्रश्नकाल में सदस्यों और मंत्रियों, दोनों को ही अपनी-अपनी कार्यकुशलता, पटुता, जागरूकता और प्रतिभा एवं विषय की पकड़ को प्रदर्शित करने का और हाजिरजवाबी का अवसर मिलता है। प्रश्नकाल का महत्त्व इससे भी उजागर होता है कि इसके चलते सदन में न केवल सदस्य और मंत्रिगण बड़ी संख्या में उपस्थित रहते हैं, बल्कि दर्शक एवं प्रेस दीर्घाएँ आदि भी खचाखच भरी रहती हैं।

जहाँ एक ओर प्रश्नकाल सदस्यों को नागरिकों की बहुत सी शिकायतों और परेशानियों को सरकार के सम्मुख विधायिका के माध्यम से प्रभावी ढंग से प्रस्तुत करने का अवसर प्रदान करता है, वहीं दूसरी ओर इन प्रश्नों द्वारा सरकार की गतिविधियों और कार्यक्रमों की, नीतियों और उपलब्धियों की जानकारी भी जनता तक पहुँचती है। एक ओर संसदीय प्रश्नों से प्रशासन की त्रुटियाँ उभरकर सामने आती हैं और उन पर कुछ रोक लगती है तो दूसरी ओर विधायिका द्वारा अनुमोदित सरकारी नीतियों पर जनता का क्या प्रभाव पड़ रहा है, यह जानने में भी प्रश्नकाल की कार्यवाही से काफी सहायता मिलती है।

प्रश्न पूछना एक कला है। प्रश्न पूछने के इच्छुक सदस्य को तत्संबंधी प्रक्रिया नियमों का आवश्यक ज्ञान होना जरूरी है। किंतु बहुत सी बातें ऐसी हैं जो नियमों और संसदीय प्रक्रिया की पुस्तकों में नहीं मिलतीं, लेकिन जिनके विषय में अत्यंत सावधानी बरतने की आवश्यकता है। सदस्यों को सबसे अधिक खेद और कष्ट तब होता है जब उनके द्वारा दिए गए अधिसंख्य प्रश्न अध्यक्ष द्वारा अग्राह्य घोषित हो जाते हैं। यह अनिवार्य है कि प्रश्न ग्राह्यता नियमों के अनुरूप हो। प्रश्नों का प्रारूप स्पष्ट हो, भाषा सीधी हो, जो कुछ पूछा जाए, विषय से संबंधित हो, किसी की अवमानना अथवा किसी पर मानहानिकारक आरोप न हों, प्रश्न तथ्यों पर आधारित हों, मामला संबद्ध सरकार के अधिकार क्षेत्र में आता हो, पूछी गई जानकारी पहले से ही प्रकाशित रूप में उपलब्ध न हो और प्रश्न जानकारी लेने के लिए पूछा जा रहा हो न कि जानकारी देने के लिए।

व्यवहार में सच यह है कि कई बार प्रश्न मंत्रीजी के सामने, सदन के सामने और सारी जनता के सामने कोई नई जानकारी उजागर करने के लिए पूछे जाते हैं। प्रश्नकर्ता सदस्य के पास प्रायः जानकारी होती है, कभी-कभी उठाए गए मामले में उसके पास देने के लिए मंत्री से अधिक मसाला और अंदरुनी सूचना होती है। किंतु यदि वह प्रश्न का प्रारूप ऐसा बनाए जिससे वह जानकारी देता हुआ दिखाई दे तो निश्चय ही प्रश्न अग्राह्य हो जाएगा, अतः कौशल इस बात में है कि प्रश्न ऐसे रखा जाए मानो जानकारी माँगी जा रही है। उदाहरण के लिए, किसी सदस्य को जानकारी

मिलती है कि सरकारी विभाग ने कोई बड़ा ठेका देने में धाँधली की है; नियमों का, प्रस्तावित प्रक्रिया का पालन नहीं किया; टेंडर आमंत्रित नहीं किए गए आदि। सदस्य इस मामले को प्रश्न द्वारा उठाना चाहता है, ताकि सरकार की अथवा संबद्ध मंत्री की खिंचाई की जा सके। ग्राह्य होने के लिए उसे प्रश्न कुछ इस प्रकार पूछना होगा "क्या वर्ष...में...अमुक क्षेत्र में कोई ठेके दिए गए हैं ? यदि हाँ तो विवरण, क्या प्रत्येक ठेके से पहले टेंडर की प्रक्रिया का पालन किया गया, यदि नहीं तो क्यों ?"

अगर प्रश्न पूरी तैयारी और तथ्यों की जानकारी पर आधारित नहीं है और तारांकित रूप में आ जाता है तो सदस्य कोई भी सार्थक पूरक प्रश्न नहीं पूछ पाएगा। मंत्री जो उत्तर दे, वही मानना होगा पड़ेगा। वस्तुतः प्रश्नकाल का सही लाभ उठाने के लिए यह जरूरी है कि प्रश्नकर्ता के पास पूरी जानकारी और पूरी सामग्री हो।

सदस्यों को प्रश्नों द्वारा जानकारी माँगने का अधिकार है और सरकार का यह लोकतांत्रिक कर्तव्य है कि वह पूछी गई जानकारी सही-सही, पूरी और स्पष्ट दे। किंतु होता यह है कि किसी भी दल की सरकार हो, वह कम-से-कम जानकारी देना चाहती है। प्रश्न का उत्तर कुछ ऐसी पटुता से तैयार किया जाता है कि कहने को पूरा, सही और स्पष्ट हो, लेकिन वस्तुतः सरकार जो जानकारी आम न करना चाहती हो, उसे छिपा ले जाए। प्रश्नकर्ता सदस्य की दक्षता इसमें है कि वह मंत्री को पूरी जानकारी देने के लिए मजबूर कर दे। मंत्री और सदस्यों के बीच यह सतत संघर्ष ही संसदीय जीवन को रोचक बनाता है।

कई बार कोई-कोई मंत्री पूरक प्रश्न का सीधा उत्तर देने के बजाय, लंबा सा भाषण देने लगता है, वह मूल प्रश्न का उत्तर देता ही नहीं या फिर जाने-अनजाने में बिन माँगी कुछ ऐसी जानकारी दे बैठता है जिससे उसके लिए नई समस्याएँ पैदा हो जाती हैं। दोनों ही स्थितियों में कहना पड़ेगा कि मंत्री का उत्तर देना नहीं जानता क्योंकि पूछी गई जानकारी दी जानी चाहिए, न कम, न ज्यादा।

प्रश्न के माध्यम से विधायक अपनी कोई बात जनता तक पहुँचाना चाहता है, उसका प्रचार करना चाहता है अथवा उसके द्वारा सरकार पर यह दबाव डालना चाहता है कि किसी मामले में या उसके निर्वाचन क्षेत्र की भलाई के लिए कुछ करने के लिए वह मजबूर हो, लेकिन फिर नियमों के अंतर्गत ग्राह्यता की बात आ जाती है। कार्यवाही के लिए कोई सुझाव प्रश्न-प्रक्रिया से ग्राह्य नहीं हो सकता। यहाँ फिर प्रश्न पूछने की कला की सार्थकता सामने आती है। प्रश्न की भाषा और शब्द-विन्यास ऐसा हो कि लगे कि सदस्य कार्यवाही के बारे में केवल जानकारी माँग रहे हैं। उदाहरण के लिए यदि उद्देश्य है कि कहीं पर पुल बनवाने का सुझाव दिया जाए और उसके लिए प्रश्नकाल में सरकार पर दबाव डाला जाए तो प्रश्न कुछ इस प्रकार पूछना होगा कि क्या मंत्री महोदय बताएँगे कि अमुक क्षेत्र में कितने और कहाँ-कहाँ पुल बनाने की योजना है, क्या अमुक जनपद में भी कोई पुल प्रस्तावित है, यदि नहीं तो क्यों ?

इसी प्रकार कभी हो सकता है कि सदस्य प्रश्न के माध्यम से किसी सरकारी

विभाग में हो रही धाँधली या घोटाले को जनहित में उछालना चाहे और उसके पास ऐसे तथ्य हों जिनमें किन्हीं अधिकारियों का या स्वयं मंत्री का दोष सामने आता हो। किंतु, नियमों के अंतर्गत प्रश्न के द्वारा किसी पर आरोप नहीं लगाया जा सकता और प्रश्न की भाषा से आरोप का आभास होगा तो प्रश्न अग्राह्य हो जाएगा। कला इसमें है कि आरोप लग जाए, दोष उजागर हो जाए, लेकिन भाषा जानकारी माँगने की ही हो।

जब सदन में प्रश्न पूछा जाता है और प्रश्न पूछने के बहाने कोई सदस्य भाषण देने लगे अथवा कई सारे प्रश्न पूछने लगे तो अध्यक्ष कह सकता है कि केवल एक ही प्रश्न पूछा जा सकता है। ऐसी स्थिति में अनुभवी सदस्य कई बार बात को यह कहकर घुमा देते हैं कि श्रीमान् मेरा प्रश्न एक ही है, उसके तीन भाग हैं : क, ख और ग। इसी तरह अगर अध्यक्ष कहे कि केवल एक वाक्य में अपनी बात करें तो प्रखर बुद्धि सदस्य अपने वाक्य को ही लंबा करता चला जाता है और हँसी-हँसी में अपनी पूरी बात कह जाता है। ये सब कलाएँ हैं जो प्रश्नकाल में सदस्यों को अपनी बात कहने में सहायक सिद्ध होती हैं।

अंततः प्रश्न करना एक भारी दायित्व का काम है। एक-एक प्रश्न का उत्तर तैयार करने में कभी-कभी हजारों-लाखों रुपए का खर्च आता है जो जनता की गाढ़ी कमाई का पैसा होता है। सदस्यों को किसी भी प्रश्न का नोटिस देने से पहले गंभीरतापूर्वक विचार करना चाहिए कि क्या सचमुच जो वह पूछना चाह रहा है, उसमें कोई जन हित है, क्या स्वयं सदस्य ने उस विषय में आवश्यक खोज की है। साथ ही जो भी प्रश्न पूछा जाए उसकी पूरी जिम्मेदारी प्रश्नकर्ता सदस्य को लेने के लिए तैयार रहना चाहिए। ऐसा नहीं होना चाहिए कि किसी के भी कुछ कह देने या समाचार पत्र मात्र के आधार पर प्रश्न दे दिए जाएँ या किन्हीं दूसरे लोगों द्वारा बनाकर दिए गए प्रश्न को बगैर तथ्यों की स्वयं जाँच किए पूछ लिया जाए।

कभी-कभी ऐसा भी देखा गया है कि अपना काम आसान करने के लिए या किसी व्यक्ति, संस्था, व्यापारी संस्थान अथवा अन्य निहित स्वार्थ की सहायता करने के लिए विधायक कोरे प्रश्न प्रपत्रों पर अपने हस्ताक्षर करके दे देते हैं और वे जो चाहें प्रश्न लिखकर नोटिस ऑफिस में डलवा देते हैं। सदस्य को पता भी नहीं चलता कि उसके नाम से क्या-क्या प्रश्न भेजे गए। जब छपी हुई प्रश्नसूची उसके पास पहुँचती है। तभी उसे पता चलता है और कभी ऐसा भी होता है उनमें से किसी प्रश्न से स्वयं सदस्य को भारी मुसीबत का सामना करना पड़ जाए। कई बार अपने ही तारांकित प्रश्नों से बचते हुए सदस्यों को देखा गया है।

किसी बिजनेस लॉबी के लिए अथवा किसी व्यापारिक प्रतिष्ठान आदि के हित में प्रश्न पूछना भी कई बार प्रश्न प्रक्रिया का दुरुपयोग हो सकता है और सदस्यों से पूरी सावधानी आपेक्षित है। विशेषकर कोरे प्रश्न प्रपत्र पर कभी भी हस्ताक्षर करके दूसरे किसी को नहीं देना चाहिए क्योंकि यह उतना ही खतरनाक साबित हो सकता

है जितना कि कोरे कागज पर हस्ताक्षर करके देना।

इधर कुछ ऐसी बाजारू एजेंसियाँ भी पनप रही हैं, बहुत कुछ चोरी-छिपे, जो एक ओर सदस्यों को उनके लिए प्रश्न बनाकर देने का प्रलोभन देती हैं और दूसरी ओर जो लोग अपने मामले संसद में उठवाना चाहते हैं या कोई प्रश्न पुछवाना चाहते हैं, उनसे भी बने-बनाए प्रश्न और पैसे, दोनों ले लेती हैं। यह सब नितांत अनुचित है और सदस्यों को ऐसी एजेंसियों से सावधान रहना चाहिए।

प्रश्नकाल के माध्यम से ही कई बार सत्ता और सरकारी धन के दुरुपयोग तथा कानून के उल्लंघन के कई मामले प्रकाश में आए हैं। मूँदड़ा कांड, जीप कांड, इंपोर्ट लाइसेंस घोटाला एवं वनस्पति घी में चर्बी घोटाला प्रश्नकाल के ही माध्यम से जनता के समक्ष लाए जा सके। प्रश्नकाल का यदि उचित उपयोग किया जाए तो संसदीय लोकतंत्र की, जनहित की और देश की महती सेवा हो सकती है, लेकिन यह सब निर्भर करता है सदस्यों की गंभीरता, सत्यनिष्ठा, श्रम, कार्यकुशलता, पटुता और दायित्व की भावना पर।

4

गिलोटिन

डॉ. जौसेफ गिलोटिन एक ऐतिहासिक व्यक्ति थे। पेशे से वे चिकित्सक थे, किंतु 1789 में उन्होंने एक ऐसी मशीन के प्रयोग का सुझाव दिया जिसके द्वारा मनुष्य की गरदन को बड़ी शीघ्रता के साथ काटा जा सकता था और सिर को बड़े प्रभावी ढंग से धड़ से अलग किया जा सकता था। डॉ. गिलोटिन के नाम पर इस मशीन का नाम ही गिलोटिन पड़ गया। इसमें मनुष्य की गरदन को लोहे के एक शिकंजे में फँसाकर ऊपर से एक भारी तेज धारवाला ब्लेड गिराया जाता था जिससे एकदम सिर कटकर अलग जा पड़ता था। मशीन का विशेष महत्त्व समय की बचत करने में था, खासतौर से जब बहुत से लोगों को मृत्युदंड दिया गया हो और बिना समय खोए उन्हें मौत के घाट उतारना हो। गिलोटिन का प्रयोग फ्रांसीसी क्रांति के दिनों में व्यापक रूप में किया गया।

संसदीय परिप्रेक्ष्य में 'गिलोटिन' शब्द का प्रयोग समयाभाव में किसी बहस को काटने अथवा रोकने के लिए किया जाता है। हमारे देश की संसद में, पिछले चार दशकों से अधिक से, हर वर्ष ही बजट सत्र में अनेक मंत्रालयों और विभागों की अनुदान माँगों पर बहस का कत्लेआम होता आ रहा है। नियत तिथि और समय पर गिलोटिन लगा दिया जाता है और जन-निधि का करोड़ों-अरबों रुपया मिनटों में, बिना किसी वाद-विवाद के, बिना किसी आलोचना और जवाबदेही के, बिना किसी प्रकार की संसदीय जाँच-पड़ताल के, सरकार द्वारा खर्च किए जाने के लिए उसकी झोली में डाल दिया जाता है। एक समय ऐसा आया अब स्थिति इतनी लज्जाजनक हो गई कि केवल दो मंत्रायलों की माँगों पर बहस हो सकी और शेष सब गिलोटिन के शिकार हो गए। इसका जनता के सामने भंडा-फोड़ होना नितांत आवश्यक था। संसद और संसद के सदस्य यदि इन विषयों में चिंतित न भी रहे हों तब भी हमारे लोकतंत्र में जन-साधारण और जागरूक नागरिकों को इतना अधिकार तो है ही कि वे खड़े होकर सफाई माँगें और स्थिति में अविलंब सुधार पर जोर दें। इस माँग का ही नतीजा था कि विभागीय संसदीय स्थायी समितियों का विकास हुआ।

प्रातिनिधिक संसदीय लोकतंत्रात्मक व्यवस्था में रुपए-पैसे पर संसद का नियंत्रण

पूर्ण माना जाता है। वस्तुतः अंततोगत्वा इसी शक्ति के द्वारा संसद यह सुनिश्चित कर पाती है कि सरकार जन प्रतिनिधियों के प्रति उत्तरदायी और उसकी भावनाओं के प्रति सचेत रहे। हमारे संवैधानिक सिद्धांतों और प्रावधानों के अंतर्गत, सरकार बिना संसदीय अनुमति के, न तो कोई कर वसूल कर सकती है और न ही कोई पैसा खर्च कर सकती है। किंतु ये सिद्धांत और प्रावधान एक क्रूर उपहास और धोखा बनकर रह जाते हैं, यदि अनुदान माँगें किसी भी प्रकार की संसदीय जाँच से पूर्णतया उन्मुक्त रहें और अक्षरशः कुछ क्षणों में बिना किसी वाद-विवाद के लोकसभा द्वारा पारित कर दी जाएँ। वर्षों तक कम-से-कम 21 मंत्रालयों/विभागों की माँगें हर वर्ष गिलोटिन का शिकार होती रहीं, जब कि लगभग 15 से अधिक मंत्रालयों/विभागों पर बहस कभी नहीं हो पाई। हो सकता है कि यह आश्चर्यजनक और अविश्वासनीय लगे, किंतु सच है कि भारत सरकार के बहुत से महत्त्वपूर्ण मंत्रालय/विभाग ऐसे हैं जिनकी अनुदान माँगों पर, संसद में बहस के माध्यम से, पिछले 47 वर्षों में कोई बहस, छानबीन, जाँच अथवा आलोचना नहीं हो पाई और वह बराबर गिलोटिन का शिकार बनते रहे।

बजट सत्र प्रत्येक वर्ष संसद का सबसे लंबा सत्र होता है। इस सत्र में प्रमुख कार्यवाही आर्थिक और वित्तीय ही होती है। प्रायः फरवरी मास के अंतिम कार्यकारी दिन एक वार्षिक वित्तीय विवरण लोकसभा के सामने पेश किया जाता है। इसी को बजट की संज्ञा दी जाती है। बजट की रूपरेखा, आर्थिक नीतियों और सिद्धांतों पर आम बहस होती है और फिर विभिन्न मंत्रालयों और विभागों की अनुदान माँगों पर अलग-अलग वाद-विवाद और मतदान होता है। क्योंकि सदन के पास समय की सदैव कमी रहती है, विभिन्न दलों के नेताओं के सुझाव पर कार्यवाही परामर्श समिति द्वारा केवल कुछ विशेष मंत्रालयों/विभागों को बहस के लिए चुना जाता है, किंतु होता यह है कि इन थोड़े से मंत्रालयों/विभागों में से भी अधितर पर बहस गिलोटिन के ब्लेड के नीचे आकर कट जाती है।

संसार के बहुत से देशों में प्रावधान है कि संसद में बजट पर वोट लिये जाने से पहले उसकी संसदीय समितियों द्वारा, पूरी बारीकी के साथ, जाँच-पड़ताल कर ली जाए और उसके प्रस्तावों को, विभिन्न अनुदान माँगों का गहन विश्लेषण करके संसद के समाने पेश किया जाए। हमारे देश में भी इस दिशा में सुझावों और प्रयासों की कमी नहीं रही। सातवीं और आठवीं लोकसभाओं के कार्यकाल में तदर्थ बजट समितियों के गठन के लिए एक गंभीर प्रयास किया गया। लोकसभा की नियम समिति ने सुझावों पर विचार किया, किंतु कोई अंतिम सर्वमान्य निर्णय नहीं लिया जा सका। पीठासीन अधिकारियों के सम्मेलन ने अपने कलकत्ता अधिवेशन में अक्तूबर 1984 में बजट समितियों संबंधी प्रस्ताव का समर्थन किया। बाद में सम्मेलन द्वारा गठित एक विशेष समितियों ने सिफारिश की कि विधान मंडलों में विषयपरक जाँच समितियों की स्थापना की दिशा में आगे बढ़ने के लिए, एक पहले कदम के रूप में तदर्थ बजट समितियाँ बनाई जाएँ। 1985 में पीठासीन अधिकारियों के लखनऊ अधिवेशन में

समिति की सिफारिशों को पूर्ण स्वीकृति मिली। किंतु मामला वहाँ से आगे नहीं बढ़ा। लगता है कि शायद कोई भी सरकार—कांग्रेस की हो या गैर-कांग्रेसी दलों की—नहीं चाहती थी कि उसके बजट प्रस्तावों पर कोई गहरी छानबीन करे और उसके लिए संसदीय बजट समितियों जैसा कोई झमेला खड़ा किया जाए।

यदि हमें संसद में विश्वास है, संसदीय पद्धति में आस्था है तो फिर संसदीय परीक्षण से किसी प्रकार डरने की आवश्यकता और औचित्य नहीं है। वस्तुतः बजट सीमितियों की स्थापना से बहुमूल्य संसदीय समय की बचत होती, वित्तीय मामलों में अधिक सक्रिय और सार्थक अंकुश लगता और प्रशासनिक खर्चों में काफी कमी होती। सदन का प्रत्येक सदस्य किसी-न-किसी बजट समिति का सदस्य होता और इससे सदस्यों में भी अधिक जागरूकता और प्रशासन में भागीदार होने की भावना जन्मती-पनपती और उसके दैनिक भत्तों आदि में भी कुछ बढ़ोत्तरी ही होती।

इसमें कोई संदेह नहीं कि यदि विभिन्न मंत्रालयों की अनुदान माँगों पर वाद-विवाद के लिए कार्यवाही परामर्श समिति के द्वारा दिया गया पूरा समय उसी काम में लिया जाए तो हर वर्ष ही कहीं अधिक मंत्रालयों पर बहस पूरी हो सकती है, किंतु ऐसा संभव नहीं है। सदन की और सदस्यों की रुचि और प्राथमिकताएँ और हैं।

अतः समस्या का निदान यह नहीं हो सकता था कि सदन का अधिक समय बजट पर अथवा अनुदान माँगों की बहस पर लगाया जाए। आवश्यकता इस बात की थी कि बजाय सदन के खुले प्रांगण के यह काम सदन की समितियों को सौंपा जा सके। यह न स्वाभाविक था और न संभव ही कि 545 सदस्योंवाला सदन, अपने समय पर विभिन्न प्रकार के दबावों के होते हुए तथा सदन में अपने-अपने दल की नीतियों का अनुसरण करने की अनिवार्यता के परिप्रेक्ष्य में, अनुदान माँगों की कोई समुचित जाँच कर सके। यह दायित्व तो थोड़े से संसद सदस्यों का समूह समिति के ही माध्यम से निभा सकता है। इतने बड़े सदन में अनुदान माँगों का कोई सार्थक परीक्षण हो ही नहीं सकता।

जब तदर्थ बजट समितियों का प्रस्ताव विचाराधीन था और कोई अंतिम निर्णय नहीं हो पा रहा था, उसी बीच स्थायी विषयगत अथवा विभागीय समितियों की स्थापना का एक सुझाव आठवीं लोकसभा की नियम समिति के सामने पेश किया गया। सुझाव यह था प्रारंभ केवल तीन समितियों से किया जाए। यह समितियाँ हों—(क) विज्ञान और प्रौद्योगिकी समिति, (ख) कृषि समिति, (ग) वन और पर्यावरण समिति। आठवीं लोकसभा के कार्यकाल के अंतिम महीनों में नियम समिति ने इन समितियों की स्थापना के पक्ष में संस्तुति की जो लोकसभा ने मानी और तीन समितियाँ बना दी गईं। ये समितियाँ विशेषज्ञों की सहायता भी ले सकती थीं और अन्य कामों के अलावा इनसे यह भी अपेक्षा की जाती थी कि यह अपने क्षेत्र से संबंधित मंत्रालयों/विभागों की अनुदान माँगों का भी गहन अध्ययन, विश्लेषण और परीक्षण कर सदन को अपनी सिफारिशें देंगी। दसवीं लोकसभा (1991-96) के कार्यकाल में

तीन समितियाँ बढ़कर 17 हो गईं और भारत सरकार के सभी मंत्रालय और विभाग उनके बीच बाँट दिए गए। इन समितियों के दायित्वों में संबंधित मंत्रालयों और विभागों की अनुदान माँगों की जाँच करना विशेषरूप से शामिल है, किंतु लगता है कि समितियों की संख्या इतनी अधिक हो जाने से तथा उनका संगठन इतना विशालकाय हो जाने से मूल उद्‌देश्य कहीं खो गया। अन्य समितियों की तरह इन समितियों के भी सभापति होते हैं, सदस्य होते हैं, कर्मचारी हैं, अफसर हैं, दफ्तर हैं, दौरे हैं, खर्चे हैं। 'भारत के लोग' यह जानने के सचमुच अधिकारी हैं कि गिलोटिन के प्रभाव को कम करने में, अनुदान माँगों की जाँच करने में अथवा अन्य किन्हीं क्षेत्रों में इन समितियों ने गत वर्षों में क्या योगदान किया। यदि सरकार संसद के प्रति उत्तरदायी है तो संसद भी जनता के प्रति उत्तरदायी है अंततः स्वामी तो जनता ही है।

इसमें संदेह नहीं कि सरकार के ऊपर संसद का वित्तीय अंकुश रखने के लिए समितियाँ ही सर्वश्रेष्ठ माध्यम हो सकती हैं, किंतु ये भी बेकार सिद्ध होंगी, अगर वह भी पदों और पदलाभों के बँटवारे का विषय बन जाती हैं, अगर उन्हें कुशल और निष्ठावान कर्मचारियों की सहायता और सहयोग नहीं मिलता और अगर सदस्यगण स्वयं आवश्यक मेहनत नहीं करते और जनहित को अपने निहित स्वार्थों से ऊपर नहीं रखते।

5

लोकसभा का विघटन

प्रातिनिधिक संसदीय संस्थाओं के इतिहास के साथ 'विघटन' की अवधारणा का अटूट संबंध है। कोई जनसभा, चाहे कितनी ही लोकप्रिय ढंग से निर्वाचित क्यों न हो, हमेशा के लिए जनता का प्रतिनिधित्व करती रहेगी, ऐसा संभव नहीं हो सकता। इसलिए इस बात की आवश्यकता है कि वह निश्चित अवधि के उपरांत पुनः जनादेश प्राप्त करे। सामान्यतः सभा का कार्यकाल संवैधानिक दस्तावेज में निर्धारित होता है अथवा विधायी अधिनियम द्वारा निर्धारित किया जाता है। पिछले आम चुनाव में निर्वाचित उसके सदस्यों के कार्यकाल के समाप्त होने के साथ-साथ उसकी अवधि भी समाप्त हो जाती है। 'विघटन' संसद अथवा उसकी जन-प्रतिनिधि सभा के कार्यकाल की समाप्ति का द्योतक होता है। अपनी निर्धारित कार्यविधि पूरी कर लेने पर सामान्यतः एक निर्वाचित विधानसभा स्वतः ही विघटित हो जाती है जबकि सभा का इस प्रकार विघटित होना एक सुविदित संवैधानिक प्रक्रिया है, लेकिन बारीकी से देखने पर ज्ञात होगा कि कार्यपालिका द्वारा विधान मंडल का कार्यकाल पूरा होने से पूर्व उसे समाप्त करने की कोई कार्यवाही करना भी 'विघटन' का द्योतक है। ऐसी कार्यवाही का उद्देश्य निर्वाचक मंडल से नया जनादेश प्राप्त करना अथवा तात्कालिक संसदीय बहुमत के विचारों के विरुद्ध अंतिम निर्णायक जनता जनार्दन से अपील करना हो सकता है। निर्धारित कार्यकाल पूरा होने के पश्चात् सभा का स्वतः विघटन हो अथवा राज्य प्रमुख द्वारा उसकी कार्यावधि पूरी होने से पूर्व उसे भंग किया जाना हो, दोनों ही मामलों में यह विघटन पूरी तरह से युक्तियुक्त, वैध और संवैधानिक होता है क्योंकि संविधान और देश की विधियों के अंतर्गत इसकी विशेष रूप से अनुमति होती है तथा उनमें ऐसा उपबंध होता है।[1]

संवैधानिक स्थिति

भारत के संविधान के अनुच्छेद-83(2) में उल्लिखित है–

1. देखिए, बी. एस. मार्केसिनिस : **द थ्यूरी एंड प्रेक्टिस ऑफ डिसोल्यूशन ऑफ पार्लियामेंट, कैंब्रिज यूनिवर्सिटी प्रेस, कैंब्रिज, 1972, अध्याय–1।**

"लोकसभा, यदि पहले ही विघटित न कर दी जाए, तो अपने प्रथम अधिवेशन के लिए नियुक्त तारीख से पाँच वर्ष तक चालू रहेगी और इससे अधिक नहीं तथा पाँच वर्ष की उक्त कालावधि की समाप्ति का परिणाम लोकसभा का विघटन होगा :

परंतु उक्त कालावधि को, जब तक आपात की उद्घोषणा प्रवर्तन में है, संसद विधि द्वारा, किसी कालावधि के लिए बढ़ा सकेगी, जो एक बार में एक वर्ष से अधिक न होगी तथा किसी अवस्था में भी उद्घोषणा के प्रवर्तन का अंत हो जाने के पश्चात् छः मास की कालावधि से अधिक विस्तृत न होगी।"[2]

संविधान के अनुच्छेद-85(2) (ख) में उपबंधित है कि राष्ट्रपति समय-समय पर लोकसभा का विघटन कर सकेगा। इस प्रकार—

(1) लोकसभा की सामान्य कालावधि पाँच वर्ष है,

(2) लोकसभा के प्रथम अधिवेशन के लिए नियुक्त तारीख से पाँच वर्ष की कालावधि समाप्ति स्वतः ही इसका विघटन होगी,

(3) राष्ट्रपति सभा को कालावधि से पूर्व भी विघटित कर सकेगा,

(4) आपातकाल के दौरान, संसद, विधि द्वारा लोकसभा की कालावधि बढ़ा सकेगी जो एक बार में एक वर्ष की होगी।[3]

यदि कुछ भिन्न क्रम में रखे जाएँ तो इन संवैधानिक उपबंधों का तात्पर्य बदलता नजर आता है। उदाहरणार्थ यह कहा जा सकता है कि

(1) 'समय-समय पर' सभा को विघटित करना राष्ट्रपति का काम है,

(2) परंतु, यदि राष्ट्रपति पाँच वर्ष की अवधि तक सभा को विघटित नहीं करता है तो पाँच वर्ष की समाप्ति पर, यदि इस बीच आपातकाल के दौरान संसद द्वारा उसका कार्यकाल बढ़ा न दिया गया हो, वह अपने आप विघटित हो जाएगी।

इस उदाहरण से अभिप्राय है कि पाँच वर्ष की कालावधि समाप्त होने से पूर्व लोकसभा का विघटन होना एक सामान्य बात है, और इस पाँच वर्ष की अवधि का निर्धारण केवल बाह्य सीमा अथवा सामान्य काल के दौरान अधिकतम कालावधि के रूप में किया गया है, किसी निश्चित कालावधि के रूप में नहीं।[4] इसका यह अर्थ

---

2. संविधान (42वाँ संशोधन) अधिनियम, 1976 द्वारा लोकसभा की अवधि 6 वर्ष तक दी गई थी। परंतु 1978 में 44वें संशोधन द्वारा इसे पुनः पाँच वर्ष कर दिया गया।

3. इस प्रकार की वृद्धि की कोई सीमा नहीं है। अभिप्राय यह है कि प्रत्येक बार लोकसभा की कालावधि एक वर्ष के लिए बढ़ाने हेतु बार-बार विधि पारित करना संभव होगा, ताकि आपातकाल की संपूर्ण अवधि के लिए लोकसभा का अधिवेशन चालू रखा जा सके और राष्ट्रीय महत्त्व के कार्यों से राष्ट्र का ध्यान न हटाना पड़े, परंतु जैसे ही आपातकाल समाप्त हो, सभा के नए निर्वाचन आयोजित किए जाने चाहिए और तत्पश्चात् लोकसभा की कालावधि छः मास से अधिक काल के लिए बढ़ाई नहीं जा सकेगी।

4. इस मत पर विस्तारपूर्वक चर्चा के लिए देखिए, बी. जी. वर्गीज द्वारा 'डिसोल्यूशन ऑफ लोकसभा-व्यूज एंड नोट्स', **जनरल ऑफ कॉन्स्टीट्यूशन एंड पर्लियामेंटरी स्टडीज**, वाल्यूम 5, नं. 3।

हुआ कि भारत के संविधान के अधीन लोकसभा के विघटन से अभिप्राय होगा सभा की कालावधि की समाप्ति जो अनुच्छेद-85(2) (ख) के अधीन राष्ट्रपति द्वारा जारी आदेश के अथवा पाँच वर्ष की कालावधि या अनुच्छेद-83(2) के अधीन इसके प्रथम अधिवेशन के लिए नियत तारीख से बढ़ाई गई किसी कालावधि की समाप्ति द्वारा होगी। आम निर्वाचन के पश्चात् संयुक्त रूप से समवेत दोनों सभाओं को जिस दिन राष्ट्रपति उद्घाटन भाषण द्वारा संबोधित करते हैं, उस दिन से सभा का प्रथम अधिवेशन चालू माना जाता है। इस प्रकार विधिवत् रूप से उद्घाटित होने से पूर्व सभा द्वारा कोई कार्य निष्पादित नहीं किया जा सकता है। जिन दिनों सदस्य शपथ आदि ग्रहण करते हैं अर्थात् सभा के गठित होने और इसकी प्रथम बैठक आयोजित होने के बीच की अवधि इस उद्देश्य के लिए गिनती में नहीं ली जाती है।

निर्वाचन विधि

विघटन के पश्चात् लोक प्रतिनिधित्व अधिनियम, 1951 के अंतर्गत नई लोकसभा का गठन करना होता है। उक्त अधिनियम में उपबंधित है कि–

> नई लोकसभा गठित करने प्रयोजन के लिए साधारण निर्वाचन वर्तमान सदन की अस्तित्वावधि के अवसान पर या उसके विघटन कर किया जाएगा। और यह भी कि–
>
> उक्त प्रयोजन के लिए राष्ट्रपति ऐसी तारीख या तारीखों को, जिनकी सिफारिश निर्वाचन आयोग द्वारा की जाए, भारत के राजपत्र में प्रकाशित एक या अधिक अधिसूचनाओं द्वारा सब संसदीय निर्वाचन क्षेत्रों से अपेक्षा करेगा कि वे इस अधिनियम के उपबंधों के अनुसार सदस्य निर्वाचित करें। परंतु जहाँ वर्तमान लोकसभा के विघटन के कारण नहीं, अन्यथा साधारण निर्वाचित होता है। वहाँ ऐसी कोई अधिसूचना उस तारीख से, जिसको सदन की अस्तित्वावधि का अवसान होता, पूर्व के छह मास के पहले न निकाली जाएगी।[5]

लोक प्रतिनिधित्व अधिनियम, 1951 की धारा-30 के अंतर्गत लोकसभा के लिए साधारण निर्वाचन विद्यमान सभा की कालावधि की समाप्ति से छः मास पूर्व आयोजित किए जा सकते हैं यद्यपि नई सभा का गठन केवल विद्यमान सभा के विघटन के पश्चात् ही होता है। यह ब्रिटेन में अपनाई जा रही प्रथा से भिन्न है जहाँ पहले विद्यमान संसद का विघटन होता है और तत्पश्चात् नए हाउस ऑफ कॉमन्स के गठन के लिए आम निर्वाचन आयोजित होते हैं।[6]

लोक प्रतिनिधित्व अधिनियम, 1951 की धारा-73 में अन्य बातों के साथ-साथ उपबंधित है कि निर्वाचन आयोग द्वारा सभा के लिए निर्वाचित सदस्यों के नाम

5. लोक प्रतिनिधित्व अधिनियम, **1951**, धारा-**14**।

6. एल. ए. अब्राहम एंड एस. सी. हावटरे : **पार्लियामेंटरी डिक्शनरी**, लंदन, 1956, पृ. 82।

शासकीय राजपत्र में अधिसूचित किए जाने पर, समझा जाएगा कि लोकसभा 'सम्यक रूप से गठित हो गई है' और इस प्रकार एक बार जब सभा का गठन हो जाता है तो यह विघटन योग्य बन जाती है, अर्थात् इसको अधिवेशन के लिए आहूत करने या कार्य संचालन आरंभ करने से पूर्व विघटित किया जा सकता है। **के. के. आबू** बनाम **भारत संघ और अन्य** के मामले में न्यायालय द्वारा यह निर्णय दिया गया था कि संविधान के किसी भी उपबंध के अधीन यह अनिवार्य नहीं कि इसकी प्रथम बैठक की तिथि नियत की जानी चाहिए। "एक बार जब सभा गठित हो जाती है, यह विघटन योग्य बन जाती है। और, एक बार जब इसका विघटन हो जाता है, इसको अधिवेशन के लिए आहूत नहीं किया जा सकता है क्योंकि तत्काल ही इसके सदस्यों की प्रतिनिधित्व करने की हैसियत समाप्त हो जाती है।"[7]

विघटित करने की शक्ति

संविधान के अनुच्छेद-75(3) में उपबंधित है कि मंत्रिपरिषद् लोकसभा के प्रति सामूहिक रूप से उत्तरदायी होगी। अतः लोकसभा अविश्वास प्रस्ताव द्वारा सरकार को गिरा सकती है। किंतु परिणामस्वरूप, कार्यपालिका के हाथ में भी तत्समान प्रभावकारी शक्ति होती है और वह शक्ति है 'समय-समय पर' अर्थात् निर्धारित पाँच वर्ष की कालावधि समाप्त होने के पूर्व किसी भी समय लोकसभा को विघटित कर सकने की। संसदीय राज्य-व्यवस्था में, संसद को विघटित करने की शक्ति कार्यपालिका के पास उसी तरह है जिस तरह संसद के पास लोकसभा के प्रति मंत्रिपरिषद् की जवाबदेही सुनिश्चित करने का अधिकार है। ये दोनों पक्ष परस्पर संतुलन बनाते हैं। लोकसभा यदि सरकार को बर्खास्त कर सकती है तो सरकार लोकसभा को विघटित कर सकती है। तथापि, विघटन लोकसभा को सरकार की इच्छाओं के अधीन नहीं बनाता है, वह उसे सर्वोच्च स्वामियों अर्थात् स्वयं जनता-जनार्दन की इच्छाओं के अधीन बनाता है।

संविधान के अनुच्छेद-53 में उपबंधित है कि संघ की कार्यपालिका शक्ति राष्ट्रपति में निहित है। अनुच्छेद-74(1) के अधीन राष्ट्रपति को अपने सभी कृत्यों का संपादन प्रधानमंत्री की अध्यक्षता में क्रियाशील मंत्रिपरिषद् की सहायता और मंत्रणा से करना होगा। अनुच्छेद-85(2) द्वारा राष्ट्रपति को दी गई लोकसभा को विघटित करने की शक्ति, राष्ट्रपति पद का कार्यपालक कृत्य है और इसलिए इसे मंत्रिपरिषद् की सहायता और मंत्रणा से संपादित करना होता है। इंग्लैंड की तरह राष्ट्रपति को विघटन की शक्ति किसी विशेषाधिकार से प्राप्त नहीं होती है, अतः **प्रथम दृष्ट्या** इसका संपादन केवल मंत्रिपरिषद् की मंत्रणा से ही किया जा सकता है, जैसा कि संविधान में उपबंधित है, राष्ट्रपति 'अपने कृत्यों का संपादन ऐसी मंत्रणा के अनुसार करेगा।' संविधान (42वाँ संशोधन) अधिनियम, 1976 द्वारा अनुच्छेद-74(1) में शब्द 'करेगा' जोड़े जाने से पूर्व जो स्थिति थी उसके अंतर्गत मंत्रिपरिषद् की मंत्रणा के

---

7. ए. आई. आर., 1965, केरल 229।

बंधनकारी स्वरूप के संबंध में कुछ संदेह व्यक्त किए गए थे और कभी-कभी यह भी कहा गया था कि राष्ट्रपति ऐसा विघटन करने से इनकार कर सकता है जिसकी माँग अनुपयुक्त हो, या जहाँ इस प्रकार की मंत्रणा, प्रधानमंत्री द्वारा शक्ति का दुरुपयोग किए जाने की आशंका उत्पन्न करती हो। संविधान (44वाँ संशोधन) अधिनियम, 1978, राष्ट्रपति को इस संबंध में जो एकमात्र विशेषाधिकार देता है, वह यह है कि वह मंत्रिपरिषद् को इस प्रकार की मंत्रणा पर पुनः विचार करने के लिए कह सकेगा, किंतु यदि मंत्रिपरिषद् पुनर्विचार के उपरांत अपनी मंत्रणा को दोबारा प्रस्तुत करती है तो वह उसके अनुसार कार्य करने से इनकार नहीं कर सकेगा।[8]

दिसंबर 1970 में प्रधानमंत्री श्रीमती इंदिरा गाँधी ने राष्ट्रपति को लोकसभा विघटित करने का इस आधार पर परामर्श दिया था कि कुछ गंभीर समस्याएँ हैं जिनका समाधान किया जाना है; विभाजित हो जाने से कांग्रेस दल कमजोर पड़ गया है और इसलिए उन्हें जनता से नवीन आदेश प्राप्त करना जरूरी हो गया है। चूँकि मंत्रणा मंत्रिपरिषद् द्वारा नहीं दी गई थी, बल्कि प्रधानमंत्री ने दी थी, इसलिए राष्ट्रपति ने प्रधानमंत्री को यह मामला सर्वप्रथम मंत्रिपरिषद् के सम्मुख रखने को कहा था। अंत में, यद्यपि राष्ट्रपति ने मंत्रिपरिषद् की मंत्रणा स्वीकार कर ली थी, परंतु उनके सचिवालय द्वारा जारी की गई विज्ञप्ति में यह स्पष्ट रूप में उल्लिखित था कि राष्ट्रपति ने, 'मामले की बारीकी के साथ जाँच करने के पश्चात्' लोकसभा को विघटित करने के लिए उसको मंत्रणा देने के 'मंत्रिपरिषद् के निर्णय' को स्वीकार किया है।[9] यह बात नोट करने योग्य है कि उक्त बात, संविधान (42वाँ संशोधन) अधिनियम, 1976 द्वारा मंत्रिपरिषद् की मंत्रणा को राष्ट्रपति के लिए कानूनी तौर पर बाध्यकर बनाए जाने से पूर्व घटी थी।

42वाँ संशोधन लागू हो जाने के पश्चात् विघटन करने की शक्ति को प्रयोग करने का पहला अवसर 19 जनवरी, 1977 को आया था जब राष्ट्रपति ने लोकसभा कालावधि, जिसे आपातकाल के दौरान मार्च, 1976 में सामान्य कालावधि समाप्त

---

8. अनुच्छेद-78 (ग) भी देखें जिसमें लिखा है : "यह प्रधानमंत्री का कर्तव्य होगा कि किसी विषय को, जिस पर किसी मंत्री ने विनिश्चय कर दिया हो, किंतु मंत्रिपरिषद् ने विचार नहीं किया हो, राष्ट्रपति के अपेक्षा करने पर परिषद् के सम्मुख विचार के लिए रखे।"

9. 27 दिसंबर, 1970 को जारी विज्ञप्ति का पाठ इस प्रकार है :

"24 दिसंबर को प्रधानमंत्री राष्ट्रपति से मिली थीं और उसके सम्मुख लोकसभा विघटित करने का प्रस्ताव रखा था। उन्होंने कहा कि उक्त सिफारिश करने का एक मात्र उद्देश्य लोगों से नवीन जनादेश प्राप्त करने की सरकार की इच्छा है, ताकि वह अपने समाजवादी और धर्मनिरपेक्ष कार्यक्रमों और नीतियों को कारगर ढंग से लागू कर सके। तदुपरांत, कुछ विपक्षी नेता भी उसी दिन राष्ट्रपति से मिले थे।

इस सायं प्रधानमंत्री दोबारा राष्ट्रपति से मिली थीं और उन्हें लोकसभा विघटित करने के मंत्रिपरिषद् के निर्णय से अवगत कराया। मामले की बारीकी से जाँच करने के पश्चात् राष्ट्रपति ने सिफारिश स्वीकार कर ली है।

हो जाने के पश्चात् एक वर्ष के लिए बढ़ाया गया था, समाप्त होने से पूर्व ही लोकसभा को विघटित कर दिया था। राष्ट्रपति ने ऐसा प्रधानमंत्री की सिफारिश पर किया था; जिसका आधार, राष्ट्र को 'स्वथ्य' बनाने के लिए उन्होंने जो आंतरिक आपातकाल की घोषणा की थी, उन उपायों के समर्थन में लोगों से जनादेश प्राप्त करने के पश्चात् पुनः सामान्य प्रशासन लागू करना था। उक्त मामले में सभा विघटित करते समय राष्ट्रपति ने प्रधानमंत्री की सिफारिश को मात्र स्वीकार कर लिया था।[10]

इस प्रकार का दूसरा अवसर 22 अगस्त, 1977 को आया था जब प्रधानमंत्री श्री चरण सिंह ने, जिन्होंने सभा का सामना न कर पाने के कारण अपना त्यागपत्र प्रस्तुत कर दिया था, राष्ट्रपति को लोकसभा तथा विघटित करने का परामर्श दिया था। इस प्रकार के कार्यवाहक प्रधानमंत्री की अध्यक्षतावाली मंत्रिपरिषद् का परामर्श भी राष्ट्रपति ने स्वीकार कर लिया था और तदानुसार कार्यवाही की थी। तथापि, इस बार जारी की गई विज्ञप्ति में अन्य पहलुओं का भी उल्लेख किया गया था।[11]

---

10. प्रधानमंत्री के आकाशवाणी से 18-1-1977 को राष्ट्र के नाम से प्रसारित भाषण में संगत उद्धरण नीचे दिए गए हैं :

"प्रत्येक व्यक्ति यह देख सकता है कि पिछले एक लंबे काल की अपेक्षा आज राष्ट्र अधिक स्वस्थ्य, कुशल और गतिशील बन गया है। हमारे सामने अब यह सवाल है कि जिन राजनीतिक प्रक्रियाओं पर मजबूर होकर हमें प्रतिबंध लगाने पड़े थे उनको पुनः स्थायित्व किस प्रकार प्रदान किया जाए।...

"हमारी शासन प्रणाली इस विश्वास पर टिकी है कि सरकार अपनी शक्ति जनता से प्राप्त करती है, और लोग हर बार कुछ वर्षों के बाद, स्वतंत्रतापूर्वक और बिना किसी रुकावट के अपने द्वारा वांछित सरकार निर्वाचित करके और नीतियों के प्रति अपनी पसंद व्यक्त करके, अपनी सार्वभौमिक इच्छा को अभिव्यक्त रूप देते हैं।"

"किंतु हमारा यह भी पक्का विश्वास है कि संसद और सरकार को वापस जनता के पास जाना चाहिए और उनसे राष्ट्र की शक्ति और कल्याण के कार्यक्रमों और नीतियों के बार में स्वीकृति प्राप्त करनी चाहिए..."

"जनता की शक्ति में इस प्रकार के अटूट विश्वास के कारण ही मैंने राष्ट्रपति को वर्तमान लोकसभा का विघटन करने और निर्वाचन आयोजित करने का परामर्श दिया है। उन्होंने इसे स्वीकार कर लिया है..."

11. 22 अगस्त, 1979 को जारी की गई विज्ञप्ति का पाठ इस प्रकार है :

"राष्ट्रपति ने 22 अगस्त, 1979 को प्रधानमंत्री श्री चरण सिंह और उनके मंत्रिपरिषद् का त्यागपत्र स्वीकार करते हुए उन्हें तब तक पद पर बने रहने को कहा है जब तक कोई अन्य व्यवस्था नहीं हो जाती। उन्होंने विभिन्न राजनीतिक दलों के नेताओं, संवैधानिक और विधि विशेषज्ञों से परामर्श किया।"

"मंत्रिपरिषद् ने 20 अगस्त, 1979 को आयोजित अपनी बैठक में सर्वसम्मति से यह परामर्श देने का निर्णय किया कि जनता से नए जनादेश प्राप्त करने के लिए प्रबंध किए जाएँ। जनता दल को छोड़कर लगभग सभी राजनीतिक दल इस बात के लिए सहमत थे कि निर्वाचकों से नवीन जनादेश प्राप्त किए जाएँ। राष्ट्रपति ने, स्थिति के सभी संगत पहलुओं पर विचार करने के पश्चात्, लोकसभा को विघटित करने का निर्णय किया। संविधान के अनुच्छेद-85 के खंड (2) के उपखंड (ख) के अधीन लोकसभा विघटित करने के बादे में एक राष्ट्रपतीय आदेश जारी कर दिया गया है।"

→

यह आम मान्यता है कि संवैधानिक प्रमुख होने के नाते राष्ट्रपति को कोई स्व-विवेकशक्ति प्राप्त नहीं है। पिछले 47 वर्षों के दौरान ऐसा कोई दृष्टांत नहीं मिलता जहाँ राष्ट्रपति ने विघटन के मामले में मंत्रिपरिषद् की सहायता और मंत्रणा की उपेक्षा की हो या अपनी इच्छा से प्रेरित होकर कार्यवाही की हो। संविधान में उल्लिखित होने के बावजूद कि मंत्रिपरिषद् की मंत्रणा राष्ट्रपति पर बंधनकारी होगी, इस प्रश्न पर, विशेष रूप से विद्वानों में, कुछ विवाद बना हुआ है कि क्या राष्ट्रपति के लिए मंत्रिपरिषद् की सहायता और मंत्रणानुसार कार्य करना सदैव अनिवार्य है या कुछ ऐसे मामले अथवा परिस्थितियाँ हैं जहाँ वह स्वविवेक से कार्यवाही कर सकता है या मंत्रिपरिषद् द्वारा दी गई मंत्रणा की उपेक्षा कर सकता है।[12]

संविधान प्रारूप समिति के सभापति डॉ. भीमराव अंबेडकर ने संविधान सभा में कहा था कि जबकि राज्य का संवैधानिक प्रमुख होने के नाते राष्ट्रपति के लिए मंत्रिपरिषद् की मंत्रणा मानना बंधनकारी है, लेकिन दो विशेषाधिकार भी हैं जिनका राज्य प्रमुख उपयोग कर सकेगा, प्रथम प्रधानमंत्री को नियुक्त करना, दूसरा 'संसद का

→

"राष्ट्रपति ने प्रधानमंत्री और उनके मंत्रिपरिषद् के कुछ सहयोगियों से परामर्श किया था। जिन्होंने आश्वासन दिया कि :

(1) निर्वाचन शांतिपूर्वक, स्वतंत्र और निष्पक्ष होंगे। निर्वाचक नामावलियों का पुनरीक्षण तत्काल शुरू हो जाएगा और अक्तूबर तक इसे पूरा कर लिया जाएगा। निर्वाचन समय-सारणी नवंबर में शुरू होगी और दिसंबर, 1979 तक इसको पूरा कर लिया जाएगा। यह सुनिश्चित बनाया जाएगा कि अनुसूचित जातियों और अनुसूचित जनजातियों के लिए स्थानों का आरक्षण और लोकसभा में आंग्ल-भारतीय समुदाय को प्रतिनिधित्व देने के बारे में संवैधानिक उपबंध लागू रहें।

(2) इस अवधि के दौरान सरकार कोई भी निर्णय नहीं लेगी जिससे नई नीति का निर्धारण हो अथवा पर्याप्त मात्रा में नया व्यय हो या व्यापक प्रशासनिक कार्यकारी निर्णय हों। तथापि, तत्कालिक महत्त्व का कार्य, जिसमें राष्ट्रीय हित संलग्न हो, रोका नहीं जाएगा।"

12. क्या सभा को विघटित करने के बारे में मंत्रिपरिषद् की दी गई मंत्रणा राष्ट्रपति पर बंधनकारी है, इस प्रश्न पर शमशेर सिंह के मामले में चर्चा की गई थी। न्यायालय ने दृष्टांत स्वरूप एक आपवादिक स्थिति का उल्लेख किया जहाँ ऐसा प्रतीत होता था कि राष्ट्रपति मंत्रिपरिषद् की मंत्रणा के अनुसार कार्य नहीं कर सकता है। क्या 42वें संशोधन द्वारा पुरःस्थापित आज्ञापक पाठ के समक्ष यह अपवाद ठहर सकता है, इस प्रश्न का समाधान निर्वाचन के सिद्धांतों को लागू करके निकालना होगा। मंत्रिपरिषद् की मंत्रणा के प्रश्न पर इसको लागू करने पर यह प्रतीत होगा कि जहाँ इस प्रकार की मंत्रणा उपलब्ध नहीं होती है अथवा जहाँ कृत्य अंतर्निहित रूप से इस प्रकार का हो कि उसे विद्यमान मंत्रिपरिषद् की मंत्रणा से संपन्न न किया जा सकता हो वहाँ राष्ट्रपति के लिए मंत्रिपरिषद् की मंत्रणा के अनुसार कार्य करना अनिवार्य नहीं हो सकता है।

विस्तृत जानकारी के लिए देखिए शमशेर सिंह बनाम पंजाब राज्य, 1974 उ. न्या. 2192, पैरे 66-32। श्री जैल सिंह के राष्ट्रपतित्व काल के अंतिम समय के दौरान, विशेष रूप से डाक-विधेयक, जिसे राष्ट्रपति ने स्वीकृति प्रदान नहीं की थी और स्वीकृति प्रदान करने के बारे में दी गई मंत्रणा को कथित रूप में पुनर्विचार के लिए लौटा दिया गया था, यह प्रतिवाद कुछ अधिक मुखर हो गया था। बाद में राष्ट्रपति वेंकटरमन ने भी संसद सदस्यों के पेंशन आदि से संबंधित विधेयक को बिना स्वीकृति प्रदान करे लौटा दिया था।

विघटन करना'। बाद में अपने मत को स्पष्ट करते हुए डॉ. अंबेडकर ने पुनः कहा—

> "भारत संघ का राष्ट्रपति सभा की भावनाओं के बारे में यह जाँच करेगा कि क्या सभा यह स्वीकार करती है कि विघटन कर दिया जाना चाहिए अथवा क्या सभा यह स्वीकार करती है कि कार्य का संचालन सभा को विघटित किए बना किसी अन्य नेता द्वारा किया जाना चाहिए। यदि वह यह पाता है कि विघटन करने के अतिरिक्त कोई दूसरा विकल्प प्राप्त नहीं है, तो निस्संदेह संवैधानिक राष्ट्रपति होने के नाते वह सभा को विघटित करने संबंधी प्रधानमंत्री की मंत्रणा स्वीकार करेगा।"[13]

विघटन की शक्ति-संबंधी उपबंध को स्पष्ट करने के लिए समय-समय पर विभिन्न सुझाव दिए गए हैं, 1970 में एक सुझाव यह उपबंधित करने के लिए दिया गया था कि राष्ट्रपति के लोकसभा का विघटन करने की अपनी शक्ति का उपयोग केवल उस समय करना चाहिए जब संसद इस प्रकार के प्रस्ताव के स्वीकार करे, स्वतः ही प्रधानमंत्री या मंत्रिपरिषद् की मंत्रणा पर विघटन नहीं करना चाहिए। श्री श्रीनिवास मिश्र, संसद सदस्य द्वारा इस संबंध में 27 फरवरी, 1970 को लोकसभा में एक संविधान (संशोधन) विधेयक पुरःस्थापित किया गया था। विधेयक में यह जोड़कर अनुच्छेद-85(ख) के संशोधन की व्यवस्था की गई थी राष्ट्रपति समय-समय पर लोकसभा का विघटन कर सकेगा यदि :

(1) सभा एक संकल्प द्वारा ऐसे विघटन को स्वीकृति प्रदान करती है, या

(2) सभा या तो अनुदान-संबंधी ऐसी माँग को स्वीकृति प्रदान करने से इनकार करती है या ऐसे विनियोग विधेयक को अस्वीकार कर देती है तो तीन उत्तरोत्तरी मंत्रिपरिषदों की सहायता और मंत्रणा से रखा गया हो अथवा पुरःस्थापित किया गया हो।

मंत्रिपरिषद् को जब तक लोकसभा सदस्यों के बहुमत का समर्थन प्राप्त है, इसमें कदापि कोई संदेह नहीं हो सकता कि राष्ट्रपति सभा को विघटित करने के लिए दी गई प्रधानमंत्री या मंत्रिपरिषद् की मंत्रणा को अस्वीकार नहीं कर सकता। क्या सभा का विघटन किया जाए और नवीन निर्वाचन कराए जाएँ और ऐसा कब किया जाए, ये ऐसे मामले हैं जो प्रधानमंत्री की राजनीतिक सूझ-बूझ पर निर्भर करते हैं। यह भी कि जब सभा में पेश किसी मूल प्रस्ताव पर प्रधानमंत्री हार जाता है या ऐसी हार का उसको भय होता है, तो उसे निर्वाचकों से अपील करने और उनसे दोबारा जनादेश प्राप्त करने का अधिकार है। राष्ट्रपति सभा का विघटन करने संबंधी उसका अनुरोध अस्वीकार नहीं करेगा। प्रधानमंत्री का दल जहाँ निर्वाचन में पूर्ण बहुमत प्राप्त करने में असफल रहता है, वहाँ भी राष्ट्रपति यह बात ध्यान रखेगा कि सभा को विघटित करने को प्रधानमंत्री की मंत्रणा अस्वीकार करने से पूर्व, वैकल्पिक सरकार ढूँढ़ने का दायित्व स्वयं उसका है और उसे इस बात पर विचार करना होगा कि क्या किसी दूसरे

---

13. **संविधान सभा वाद-विवाद**, खंड 7, पृ. 1158 और खंड, पृ. 107.

व्यक्ति के लिए सक्षम वैकल्पिक सरकार बनाना संभव होगा क्योंकि संघ स्तर पर राष्ट्रपति शासन लागू करने संबंधी कोई उपबंध नहीं है और केंद्र में सदैव मंत्रिपरिषद् होना अनिवार्य है।

शायद एक प्रश्न यह उत्पन्न होगा कि राष्ट्रपति के लिए स्वीकार्य अथवा बंधनकारी होने के लिए मंत्रणा प्रधानमंत्री से नहीं, बल्कि मंत्रिपरिषद् से आनी चाहिए क्योंकि संविधान के अनुच्छेद-74(1) में यह वंछित है कि राष्ट्रपति मंत्रिपरिषद् की सहायता और मंत्रणा पर कार्य करें और न कि एकमात्र प्रधानमंत्री की मंत्रणा पर। अनुच्छेद-78 (ग) इस तर्क को सुदृढ़ बनाता है, जिसमें राष्ट्रपति को शक्ति प्रदान की गई है कि वह किसी विषय को, जिस पर किसी मंत्री ने निर्णय कर दिया हो, किंतु मंत्रिपरिषद् ने विचार न किया हो, मंत्रिपरिषद् के विचार के लिए लौटा दे। तथापि, इससे यह तथ्य उपेक्षित हो जाता है कि प्रधानमंत्री न केवल मंत्रिपरिषद् का प्रमुख है, बल्कि मंत्रिपरिषद् के सभी सदस्य उसकी मंत्रणा से नियुक्त किए जाते हैं और मंत्रिपरिषद् के सामूहिक दायित्व के संदर्भ में भी वे केवल तब तक परिषद् के सदस्य बने रह सकते हैं जब तक वे प्रधानमंत्री के विश्वासपात्र हैं। ऐसी स्थिति में, मंत्रिपरिषद् की मंत्रणा शायद ही प्रधानमंत्री की मंत्रणा से भिन्न होगी क्योंकि अंततोगत्वा प्रधानमंत्री के विचार ही सर्वमान्य होते हैं। अतः ऐसा प्रतीत होता है कि केवल ऐसी अपवादस्वरूप स्थिति को छोड़कर जिसमें कोई विपक्षी दल स्पष्ट बहुमत प्राप्त कर ले और वैकल्पिक सरकार बनाने के लिए कोई सक्षम नेता उपलब्ध हो, अन्य स्थिति में राष्ट्रपति लोकसभा का विघटन करने के बारे में प्रधानमंत्री की मंत्रणा को मानने से कभी इनकार नहीं कर सकेगा। बहुमत प्राप्त दल के नेता के नाते, प्रधानमंत्री को, जब भी वह चाहे, जनता से नवीन जनादेश प्राप्त करने की अनुमति होनी चाहिए। इनकार से, राष्ट्रपति पर पक्षपात और राजनीतिक षड्यंत्र में शामिल होने का दोष लग सकेगा, वह भी ऐसे समय में जब कि सरकार सुदृढ़ न रही हो, सभा का विघटन करने से इनकार करने से विधायकों तथा राजनीतिक दलों में जोड़-तोड़, दल-बदल तथा विधायकों को धन-प्रलोभन से अपने पक्ष में लेने की प्रवृत्ति को प्रोत्साहन मिलेगा।[14]

संविधान में इस बारे में कुछ भी उपबंधित नहीं है कि कब, किन बातों में और किन हालात में लोकसभा को विघटित करने की शक्ति का उपयोग किया जा सकेगा ऐसा प्रतीत होता है कि प्रत्येक मामले में स्थिति की अत्यावश्यकता को देखते हुए निर्णय लेने का पूरा उत्तरदायित्व कार्यपालिका पर छोड़ दिया गया है। शायद संविधान के निर्माताओं ने विघटन करने की शक्ति के बड़े व्यापक दायरे की परिकल्पना की है।

विघटन की प्रक्रिया

लोकसभा के 'सामान्य' अर्थात् उसकी पाँच वर्ष की कालावधि की समाप्ति पर विघटन के बारे में प्रक्रिया यह है कि लोकसभा के अंतिम सत्र की समाप्ति के कुछ दिन पूर्व

14. देखिए, एम. पी. जैन 'प्रोप्राइटी ऑफ डिसोल्यूशन ऑफ लोकसभा', **जनरल ऑफ कॉन्स्टीट्यूशनल एंड पार्लियामेंटरी स्टडीज,** खंड 5 सं. 3।

महासचिव संसदीय कार्यमंत्री (या सदन के नेता) के माध्यम से प्रधानमंत्री से पूछता है और सभा को विघटित करने के लिए प्रधानमंत्री द्वारा सुझाई गई तारीख के संबंध में स्वयं एक पत्र जारी करता है। प्रधानमंत्री का प्रस्ताव, अध्यक्ष द्वारा स्वीकृत रूप में, महासचिव द्वारा राष्ट्रपति को प्रस्तुत किया जाता है। नोट के साथ-साथ आदेश का प्रारूप भी भेजा जाता है जिसमें सभा को विघटित करने की प्रस्तावित तारीख बताई गई होती है। राष्ट्रपति उस दिन आदेश पर हस्ताक्षर करते हैं जिस दिन लोकसभा विघटित की जानी होती है। राष्ट्रपति द्वारा आदेश दिए जाने पर इसको, जिस दिन लोकसभा सचिवालय में आदेश प्राप्त होता है, उस दिन असाधारण राजपत्र में अधिसूचित कर दिया जाता है। इसके साथ-साथ लोकसभा सचिवालय आदेश के व्यापक प्रचार के लिए एक प्रेस विज्ञप्ति जारी करता है और इसको आकाशवाणी और दूरदर्शन पर भी प्रसारित करता है। लोकसभा के विघटन की जानकारी सदस्यों को देने के लिए एक पैरा लोकसभा के बुलेटिन में भी निकाला जाता है।

जहाँ प्रधानमंत्री लोकसभा की सामान्य कालावधि की समाप्ति से पूर्व उसे विघटित करने की सिफारिश राष्ट्रपति को करने का निर्णय लेता है, वह राष्ट्रपति को प्रस्ताव भेजता है और राष्ट्रपति के विघटन-संबंधी आदेश की जानकारी अध्यक्ष को देता है। तत्पश्चात् महासचिव इस आदेश को राजपत्र में अधिसूचित करता है और लोकसभा बुलेटिन के माध्यम से सदस्यों को सूचित करता है। प्रेस और अन्य समाचार माध्यमों से इसका प्रचार भी किया जाता है।

विघटन के प्रभाव

लोकसभा को विघटन किए जाने के परिणाम निरपेक्ष और अनिवर्तनीय हैं। विघटन से सभा की कालावधि समाप्त हो जाती है। यह आभारमुक्त हो जाती है, इसकी सत्ता समाप्त हो जाती है और तत्पश्चात् नई सभा का गठन होता है। किसी ने ठीक ही कहा है, इससे वस्तुतः 'संसदीय स्लेट का स्पंज फिर जाता है', और इसके समक्ष तथा इसकी सभी समीतियों के समक्ष लंबित पड़े सभी कार्य व्यपगत हो जाते हैं। इसमें विधेयकों-संबंधी कार्य, जिसको लोकसभा ने तो निष्पादित कर दिया होता है, किंतु जो विघटन की तारीख को राज्यसभा में लंबित हों, भी शामिल हैं। विघटित सभा के रिकार्ड का कोई भी भाग आगे नहीं ले जाया जा सकता है और नई सभा के रिकार्ड या रजिस्टरों में सम्मिलित नहीं किया जा सकता, तथापि इसमें संसदीय समितियों की रिपोर्टें और मंत्रियों द्वारा संसद में दिए गए आश्वासन शामिल नहीं होते हैं जिन्हें आगे ले जाया जा जाता है कि नई सभा के रिकार्ड और रजिस्टरों में शामिल किया जा सकता है। संक्षेप में, विघटन द्वारा विद्यमान सभा का अंतिम पटाक्षेप हो जाता है।[15]

मार्केसिनिसि के अनुसार लंबित पड़े सभी कार्यों का इस प्रकार व्यपगत हो जाना

15. एम. एन. कौल, इफेक्ट ऑफ डिसोल्यूशन अपॉन पेंडिंग बिजिनिस इन पार्लियामेंट, **जनरल ऑफ पार्लियामेंटरी इन्फारमेशन**, खंड-4, सं. 1, पृ. 19।

तर्क और राजनीतिक दृष्टि से न्यायसंगत है। 'तर्क की दृष्टि से इसलिए क्योंकि नई संसद अपनी पूर्वगामी सभा की गतिविधियों के लिए उत्तरदायी नहीं ठहराई जा सकती है जिनके लिए उसका तनिक भी योगदान नहीं होता है। राजनीतिक दृष्टि से इसलिए, क्योंकि ऐसा विश्वास है कि पूर्व सभा का लंबित पड़ा कार्य नई संसद में अभिव्यक्त राष्ट्रीय विचारधारा के विपरीत जा सकता है। यह उचित ही है कि नई सभा को यह निर्णय करने का अवसर दिया जाए कि वह किन विषयों के संबंध में विधायी कार्य करगी।[16]

संविधान के अनुच्छेद-107 में लोकसभा का विघटन होने पर संसद के प्रत्येक सदन के समक्ष पड़े विधायकों पर पड़नेवाले विघटन के प्रभाव का उपबंध किया गया है। लंबित पड़े विधेयकों के प्रभाव के संबंध में वर्तमान स्थिति इस प्रकार है–

> लोकसभा में, विघटन के समय लंबित पड़े सभी विधेयक, चाहे सभा में पुरःस्थापित हुए हों अथवा राज्यसभा द्वारा भेजे गए हों, व्यपगत हो जाते हैं; और राज्यसभा में, लोकसभा द्वारा पारित विधेयक, किंतु विघटन की तारीख को जो राज्यसभा द्वारा पारित न किए गए हों और राज्यसभा में लंबित हों, व्यपगत हो जाते हैं। केवल राज्यसभा में पुरःस्थापित किए गए विधेयक, जो लोकसभा द्वारा पारित न किए गए हों और अभी राज्यसभा में लंबित हों, व्यपगत नहीं होते हैं। राज्यसभा में पुरःस्थापित कोई विधेयक, जो लोकसभा को भेजे जाने के पश्चात् और लोकसभा द्वारा संशोधनों के साथ लौटा दिए जाने के पश्चात् उस सभा में लंबित हो, वह भी व्यपगत हो जाता है।

तथापि, यदि किसी विधेयक पर दोनों सदनों में असहमति हो और राष्ट्रपति ने सभा का विघटन हो जाने से पूर्व विधेयक पर विचार करने के लिए दोनों सदनों को संयुक्त बैठक में अधिवेषित होने के लिए आहूत करने के अपने अभिप्राय को अधिसूचित कर दिया हो, तो उक्त विधेयक व्यपगत नहीं होता, इस बात के होते हुए भी कि राष्ट्रपति के दोनों सदनों को संयुक्त बैठक में अधिवेषित होने के लिए आहूत करने का अपना अभिप्रायः अधिसूचित कर दिया था और सभा का विघटन बीच में हो चुका है, उक्त विधयेक दोनों सदनों की बैठक में पारित हो सकेगा[17]। संसद के दोनों सदनों द्वारा पारित और राष्ट्रपति के लिए भेज दिए गए विधेयक पर विघटन के प्रभाव के बारे में संविधान में कोई विशेष-उपबंध नहीं है। तथापि, न्यायालय द्वारा *पुरुषोत्तमन नंबूदरी बनाम केरल*[18] राज्य के मामले में यह निर्णय दिया गया था कि ऐसा विधेयक जो स्वीकृति के लिए लंबित है, सभा के विघटन के पश्चात् व्यपगत नहीं होता है। यह भी कि यदि ऐसा विधेयक राष्ट्रपति द्वारा पुनर्विचार के लिए लौटा

---

16. मार्केसिनिस, पूर्वोल्लिखित, पृ. 17-18।
17. संविधान का अनुच्छेद-108(5)।
18. ए. आई. आर. 1962, उच्चतम न्या. 694।

दिया जाता है, तो उत्तरवर्ती सभा उस पर पुनर्विचार कर सकती है और यदि उत्तरवर्ती सभा द्वारा इसको (संशोधन के साथ अथवा बिना संशोधन) पारित कर दिया जाता है, 'इसको पुनः पारित हुआ माना जाएगा।' लोकसभा में लंबित शेष सभी मामले यथा प्रस्ताव, संकल्प, संशोधन अनुपूरक अनुदान माँग इत्यादि, चाहे कार्यवाही के किसी भी स्तर पर हों, विघटन होने पर व्यपगत हो जाते हैं। सदन में प्रस्तुत याचिकाओं, जो याचिका समिति को भेजी गई मानी जाती हैं, के मामले में भी ऐसा ही माना जाएगा। किसी अधिनियम के उपबंधों के अधीन दोनों सदनों के सभा-पटलों पर रखे गए संवैधानिक नियमों के अनुमोदन या रूपभेद करने के लिए लोकसभा द्वारा पारित और असहमति के लिए राज्यसभा को भेजा गया कोई प्रस्ताव और इसी राज्यसभा के प्राप्त ऐसा कोई प्रस्ताव भी लोकसभा का विघटन होने पर व्यपगत हो जाता है।

लोकसभा की संसदीय समितियों के समक्ष लंबित सभी कार्य लोकसभा का विघटन होने पर व्यपगत हो जाता है। लोकसभा का विघटन होने पर समितियाँ भी भंग हो जाती हैं। तथापि, कोई समिति, जो सभा के विघटन से पूर्व अपना कार्य पूरा करने में असमर्थ रहती है, इस बारे में सदन को सूचित कर सकती है, ऐसे मामले में जब समिति ने कोई प्रारंभिक ज्ञापन या नोट तैयार किया हो अथवा इसके द्वारा कोई साक्ष्य लिया गया हो, नई समिति के नियुक्त हो जाने पर उसे यह उपलब्ध करा दिया जाता हैं। इसी प्रकार, जब सभा का सत्र नहीं होता है तब यदि किसी समिति द्वारा तैयार की गई रिपोर्ट उसके सभापति द्वारा अध्यक्ष को प्रस्तुत की जाती है और सभा के अगले सत्र में इसको सभा में प्रस्तुत किए जाने से पूर्व लोकसभा का विघटन हो जाता है जो प्रथम सुविधायुक्त अवसर पर महासचिव द्वारा रिपोर्ट नई सभा के सभा पटल पर रखी जाती है। रिपोर्ट प्रस्तुत करते समय महासचिव इस संबंध में एक वक्तव्य देता है कि पिछली लोकसभा के विघटन के पूर्व यह रिपोर्ट उस सभा के अध्यक्ष को प्रस्तुत की गई थी, जहाँ अध्यक्ष द्वारा यह आदेश दिया गया हो कि रिपोर्ट को नियम-280 के अधीन मुद्रित अथवा परिचालित किया जाए, महासचिव सभा को इस तथ्य से भी अवगत कराता है।[19]

विघटन के मामले

प्रथम लोकसभा, जिसका प्रथम अधिवेशन 13 मई, 1952 को हुआ था, राष्ट्रपति द्वारा 14 अप्रैल, 1957 को, उसकी पाँच वर्ष की सामान्य कालावधि से 1 मास और 9 दिन पूर्व विघटित कर दी गई थी।

दूसरी लोकसभा को, जिसका प्रथम अधिवेशन 10 मई, 1957 को हुआ था, 31 मार्च, 1962 को उसकी सामान्य कालावधि से 40 दिन पूर्व विघटित कर दिया गया था।

तीसरी लोकसभा का प्रथम अधिवेशन 16 अप्रैल, 1962 को हुआ था। और

---

19. कौल, **जे. पी. आई.**, (खंड 4, सं. 1), पूर्वोल्लिखित।

उसको 3 मार्च, 1967 को उसकी सामान्य कालावधि के 44 दिन पूर्व विघटित कर दिया गया था।

चौथी लोकसभा को जिसका प्रथम अधिवेशन 16 मार्च, 1967 को हुआ था 27 दिसंबर, 1970 को उसकी पाँच वर्ष की पूरी कालावधि से 1 वर्ष 79 दिन पूर्व विघटित कर दिया गया था।

संसद ने 4 फरवरी, 1976 को लोकसभा (कालावधि विस्तार) अधिनियम 1976 पारित किया था जिसमें पाँचवीं लोकसभा की कालावधि एक वर्ष के लिए बढ़ा दी गई थी, जबकि उसकी सामान्य कालावधि 18 मार्च, 1976 को समाप्त हो जानी थी। इसकी कालावधि को दूसरी बार 18 मार्च, 1978 को एक वर्ष के लिए बढ़ा दिया गया किंतु उसकी बढ़ी हुई दूसरी कालावधि समाप्त होने से पूर्व उसको 18 जनवरी, 1977 को विघटित कर दिया गया था। यह उस समय किया गया था जब आपातकाल-संबंधी दो घोषणाएँ एक, 3 दिसंबर, 1971 को (बंगलादेश के संकट के दौरान) 'बाह्य आक्रमण' के आधार पर और दूसरी, 25 जून, 1975 को 'अंतरिक अशांति' के आधार पर साथ-साथ लागू थीं।

छठी लोकसभा का प्रथम अधिवेशन 25 मार्च, 1977 को आयोजित हुआ और लगभग ढाई वर्ष पश्चात् असाधारण राजनीतिक घटनाक्रम के मध्य, राष्ट्रपति ने 22 अगस्त, 1979 को इसका विघटन कर दिया था।

सातवीं लोकसभा का प्रथम अधिवेशन 21 जनवरी, 1980 को हुआ था। इसको दिसंबर 1984 के अंतिम दिन, इसकी सामान्य कालावधि समाप्त होने के लगभग 20 दिन पूर्व विघटित कर दिया गया था।

आठवीं लोकसभा का प्रथम अधिवेशन 15 जनवरी, 1985 को हुआ। इसकी कालावधि सामान्यतः 14 जनवरी, 1990 को समाप्त होनी थी, किंतु 27 नवंबर, 1989 को ही इसका विघटन कर दिया गया।

नौवीं लोकसभा की प्रथम बैठक 18 दिसंबर, 1989 को हुई। पाँच का कार्यकाल 17 दिसंबर, 1994 को पूरा होनेवाला था, किंतु इसे 13 मार्च 1991 को ही विघटित कर दिया गया। इस प्रकार नौवीं लोकसभा का कुल जीवन केवल 1 वर्ष, 2 माह और 26 दिन का रहा।

इसी प्रकार दसवीं लोकसभा भी अपना 5 वर्ष का कार्यकाल पूरा करने से कुछ दिन पहले ही राष्ट्रपति द्वारा विघटित कर दी गई। दसवीं लोकसभा की प्रथम बैठक 9 जुलाई, 1991 को हुई और साधारणतया 5 वर्ष का कार्यकाल 8 जुलाई, 1995 को पूरा होना था, किंतु सदन का विघटन राष्ट्रपति ने 12 मार्च, 1995 को अर्थात् 3 माह और 27 दिन पहले ही कर दिया।

अतः यह जानना बड़ा रुचिकर है कि जब से संविधान लागू हुआ है, राष्ट्रपति द्वारा संविधान के अनुच्छेद-85(2) (ख) के अधीन पाँचवीं लोकसभा को छोड़कर जिसको भी उसकी बढ़ी हुई कालावधि पूर्ण होने से पूर्व विघटित कर दिया गया था,

लोकसभा को हर बार उसकी पूरी कालावधि समाप्त होने से पूर्व विघटित कर दिया गया। प्रत्येक बार राष्ट्रपति का आदेश निम्नलिखित शब्दों में जारी किया गया—

> "संविधान के अनुच्छेद-85 के खंड (2) के उपखंड (ख) द्वारा मुझे प्रदत्त शक्तियों का अनुपालन करते हुए मैं एतद्द्वारा लोकसभा को विघटित करता हूँ।"

दूसरी लोकसभा के 31 मार्च, 1962 को समयपूर्व विघटित किए जाने और तीसरी लोकसभा को 16 अप्रैल, 1962 को आहूत किए जाने के प्रश्न को न्यायालय में उठाया गया। दिल्ली स्थिति पंजाब उच्च न्यायालय को क्षेत्र न्यायपीठ के समक्ष श्री एम. सी. सामंतसिंहार ने अनुच्छेद-226 के अधीन एक याचिका पेश की कि समयपूर्व विघटन को अप्रवर्तनीय और निष्क्रिय घोषित करने के लिए एक प्रारंभिक आदेश जारी किया जाए और बीच प्रतिवादियों को निर्देश दिए जाएँ कि तीसरी लोकसभा को आहूत करने की कार्यवाही न करें। परंतु उच्च न्यायालय ने 4 अप्रैल, 1962 को याचिका रद्द कर दी।

तकनीकी अथवा विधिक दृष्टि से कहा जाए तो प्रथम से दसवीं लोकसभा अनुच्छेद-83(2) के अधीन पाँच वर्ष की सामान्य कालावधि समाप्त होने के आधार को लेकर स्वतः ही विघटित कभी नहीं हुई है। परंतु पहली, दूसरी, तीसरी, सातवीं, और आठवीं लोकसभाओं के मामलों में विघटन नई लोकसभा के लिए आम निर्वाचन पूरा हो जाने के पश्चात् हुआ। इन विघटनों को वास्तविक अर्थों में समयपूर्व विघटन होना नहीं माना जा सकता है। इसको लोकसभा के 'सामान्य विघटन' के वर्ग में रखा जाना चाहिए।

चौथी लोकसभा का विघटन : 1967 के साधारण निर्वाचनों ने कांग्रेस दल को पूरी तरह से हिलाकर रख दिया गया था और उसे इस बात के लिए पुनर्विचार करने पर मजबूर कर दिया था कि असमानताएँ कम करने तथा एक समतावादी सामाजिक व्यवस्था का निर्माण करने के लिए समाजवादी दृष्टिकोण अपनाने की आवश्यकता है। अखिल भारतीय कांग्रेस कमेटी के जून 1967 में एक दस सूत्रीय कार्यक्रम अपनाया था जिसमें बैंकों का राष्ट्रीयकरण, भूतपूर्व राजाओं व राजकुमारों के विशेषाधिकारों और प्रिवी पर्सेज जैसे पेंशन भत्तों का उन्मूलन आदि विभिन्न प्रगतिशील उपायों पर कार्यवाही करने को कहा गया था। अखिल भारतीय कांग्रेस कमेटी के जुलाई 1969 में बंगलौर में हुए अधिवेशन में प्रधानमंत्री श्रीमती इंदिरा गाँधी ने दस सूत्री, कार्यक्रम को क्रियान्वित करने और आर्थिक नीतियों को नया रूप देने के लिए तुरंत कार्यवाही करने का सुझाव दिया। उन्होंने भूमि सुधारों, एकाधिकारों पर प्रतिबंध लगाने, बैंकों के राष्ट्रीयकरण, प्रिवी पर्सेज एवं विशेषाधिकारों इत्यादि के उन्मूलन पर जोर दिया। उनके सुझावों को अखिल भारतीय कांग्रेस कमेटी द्वारा पारित संकल्प में शामिल किया गया था।

वर्ष 1969 की शेष अवधि में घटनाएँ बड़ी तेजी से घटीं। उपप्रधानमंत्री

श्री मोरारजी देसाई से वित्त विभाग लिये जाने पर उन्होंने मंत्रिमंडल से त्यागपत्र दे दिया। चौदह बड़े बैंकों का राष्ट्रीयकरण कर दिया। कांग्रेस पार्टी के आधिकारिक उम्मीवार श्री एन. संजीव रेड्डी को पराजित कर श्री वी. वी. गिरी राष्ट्रपति निर्वाचित हुए। तत्पश्चात् पार्टी का विभाजन हो गया। कांग्रेस पार्टी के 62 सदस्यों द्वारा दल-बदल करने के परिणामस्वरूप जो शासक कांग्रेस दल बचा रह गया उसे लोकसभा में पूर्ण बहुमत का समर्थन प्राप्त नहीं रहा। सत्ताधारी कांग्रेसी घटकर एक मात्र बड़ी पार्टी की स्थिति में आ गई। तथापि, श्रीमती इंदिरा गाँधी को लोकसभा में सदस्यों के बहुमत का समर्थन प्राप्त रहा। उनको भारतीय साम्यवादी दल तथा अन्य विपक्ष के ग्रुपों और कुछ स्वतंत्र सदस्यों ने अपना समर्थन दिया। बंगलौर संकल्प में उल्लिखित आर्थिक नीति के अनुसरण में लोकसभा 18 मई, 1970 को तीन खंडोंवाला एक संक्षिप्त संविधान (24वाँ संशोधन) विधेयक पुरःस्थापित किया गया।

विधेयक में अनुच्छेद-29 और 362 तथा अनुच्छेद-366 के खंड (22) को हटाने का उपबंध किया गया था जिससे कि भारत में राजाशाही के अंतिम चिह्नों को समाप्त किया जा सके। विधेयक के उद्देश्यों और कारणों के कथन में कहा गया था—

> "राजाशाही की अवधारणा, जिसके साथ किन्हीं वर्तमान कृत्यों और सामाजिक उद्देश्यों से असंबद्ध पेंशन भत्ते और विशिष्ट विशेषाधिकार जुड़े हैं, सभतावादी सामाजिक व्यवस्था के साथ मेल नहीं खाती। अतः सरकार ने भूतपूर्व भारतीय रियासतों के शासकों के पेंशन भत्ते और विशेषाधिकार समाप्त करने का निर्णय लिया है।"

लोकसभा में विधयेक पर 1 सितंबर, 1970 का विचार आरंभ हुआ। स्वयं प्रधानमंत्री ने विधेयक पर विचार करने का प्रस्ताव पेश किया। शासक दल ने सभी सदस्यों को तीन पंक्तियों का 'व्हिप' जारी किया, जिसमें उन्हें अनिवार्य रूप में सदन में उपस्थित रहने और मतदान करने को कहा गया था तथा किसी प्रकार से 'आत्मा की आवाज पर मतदान करने' की पूर्ण मनाही की गई थी।

लोकसभा में 1 से 2 सितंबर, 1970 को दो दिन विधेयक पर चर्चा हुई। दूसरे दिन शासन पक्ष और विपक्ष के एक बड़े भाग के समर्थन के बीच अध्यक्ष डॉ. जी. एस. ढिल्लो ने घोषणा की कि श्रीमती गाँधी द्वारा पेश किए गए सरकारी संशोधन संशोधित रूप में विधेयक 154 मतों की तुलना 336 मतों अर्थात् वांछित दो-तिहाई बहुमत से 9 मत अधिक से पारित हुआ।

खचाखच भरी सभा में (सदस्यों की उपस्थिति 98.5 प्रतिशत थी) विधेयक पर बोलते हुए प्रधानमंत्री के सदस्यों से अपील की कि समानता और साभाजिक न्याय के लिए प्रयत्न कर रहे एक गतिशील समाज की आवश्यकता के संदर्भ में वे ऐतिहासिक सूझ-बूझ प्रदर्शित करें। उन्होंने कहा कि राजाओं के पेंशन भत्ते और विशेषाधिकार लोकतंत्रात्मक संविधान, समय की माँग और परिवर्तन की इच्छा के साथ

मेल नहीं खाते।[20]

लोकसभा द्वारा पारित रूप में विधेयक विचारार्थ राज्यसभा में प्रस्तुत किया गया और उस पर 4 और 5 सितंबर, 1970 को चर्चा हुई। प्रधानमंत्री ने जिन शब्दों में लोकसभा में अपील की थी, लगभग उन्हीं शब्दों में विधेयक को स्वीकृति प्रदान करने की राज्यसभा में अपील की और घोषणा की कि इतिहास के प्रवाह को पीछे नहीं मोड़ा जा सकता और परिवर्तन अवश्यंभावी है। विधेयक पर जब मतदान हुआ तो उसे पक्ष में 149 मत प्राप्त हुआ तथा 75 सदस्यों ने उसका विरोध किया। तथापि, उसे वांछित दो-तिहाई मतों का बहुमत प्राप्त नहीं हो सका और उसमें एक मत की कमी रह गई। इस प्रकार विधेयक के पारित होने में अवरोध हो गया।[21]

राज्यसभा में संविधान (24वाँ संशोधन) विधेयक, 1970 अस्वीकार किए जाने के पश्चात् प्रधानमंत्री ने केंद्रीय मंत्रिमंडल की एक आपातकालीन बैठक बुलाई। मंत्रिमंडल ने राष्ट्रपति को यह परामर्श देने का निर्णय लिया कि वह संविधान के अनुच्छेद-366(22) के अधीन, जिसमें राजा से अभिप्राय, ऐसे किसी व्यक्ति से था जिसे अन्य बातों के साथ-साथ उस समय राष्ट्रपति ने ऐसी मान्यता दी गई हो, एक आदेश जारी करके सभी 278 राजाओं की ऐसी मान्यता समाप्त कर दें। अगली प्रातः से पूर्व श्री वी. वी. गिरी ने, जो उस समय दक्षिण में हैदराबाद में निवास कर रहे थे, ऐसे राष्ट्रपतीय आदेश पर हस्ताक्षर कर दिया। मान्यता वापस लेने का अवश्यंभावी परिणाम था प्रिवी पर्सेज और विशेषाधिकारों का स्वतः ही उन्मूलन। मान्यता वापस लेने के आदेश जारी किए जाने के चार दिनों के भीतर भूतपूर्व राजाओं में से पाँच राजाओं ने राष्ट्रपतीय आदेश को चुनौती देते हुए और उसके कार्यान्वयन पर एकतरफा रोक लगाने के लिए उच्चतम न्यायालय में एक याचिका दायर कर दी। उच्चतम न्यायालय ने 15 दिसंबर, 1970 को अपना निर्णय दिया और 2 की तुलना में 9 के बहुमत से मान्यता वापल लेने के राष्ट्रपति के आदेश को असंवैधानिक, अवैध और अप्रवर्तनीय करार दिया और इस आधार पर उसका कार्यान्वयन रोक दिया।"

उच्चतम न्यायालय के निर्णय की प्रतिक्रियास्वरूप उद्वेलित एवं क्रोधित सदस्यों की पूछताछ पर प्रधानमंत्री श्रीमती इंदिरा गाँधी ने लोकसभा और राज्यसभा को क्रमशः 15 और 16 दिसंबर, 1970 को बताया कि सरकार को, प्रगति की ओर हमारे कूच और हमारे लोगों को बेहतर जीवन-यापन प्रदान करने के हमारे प्रयासों में, प्रत्येक पग पर अड़चनें मिलने की आशी थी। न्यायालय का निर्णय सरकार की 'हार' नहीं और न ही सरकार के रास्ते में यह कोई 'अड़चनें' पैदा करेगा, क्योंकि सरकार 'उचित संवैधानिक उपायों द्वारा प्रिवी पर्सेज उन्मूलन की अपनी नीति के प्रति वचनबद्ध है।'

---

20. लोकसभा वाद-विवाद, 1-2 सितंबर, 1970।

21. सरकार को न्यूनतम 149 1/3 मतों (240 सदस्यों में से उपस्थित और मतदान करनेवाले 224 सदस्यों के दो-तिहाई) की आवश्यकता थी। देखिए, सुभाष काश्यप, 'द इंडियन प्रिंसिज एंड द कॉन्स्टिट्यूशन, **दे टेबल** (लंदन) खंड 40, 1971(1972)।

27 दिसंबर, 1970 को संविधान के अनुच्छेद 85 के खंड (2) के उपखंड (ख) द्वारा प्रदत्त शक्तियों का प्रयोग करते हुए राष्ट्रपति ने लोकसभा का विघटन कर दिया। इस घटनाक्रम का अंतिम राष्ट्रपति द्वारा आदेश जारी किया जाना था। राष्ट्रपति भवन की विज्ञप्ति में स्वीकार किया गया था कि यह काफी महत्त्वपूर्ण था। विज्ञप्ति का ध्यानपूर्वक पठन करने से यह पूरी तरह से स्पष्ट हो जाता है कि 24 दिसंबर, 1970 को प्रधानमंत्री की राष्ट्रपति के साथ प्रथम भेंट, जब उन्होंने लोकसभा के विघटन के संबंध में प्रस्ताव रखा था, की तारीख और 27 दिसंबर, 1970 को हुई दूसरी भेंट, जब उन्होंने इस संबंध में मंत्रिमंडल के निर्णय से राष्ट्रपति को अवगत कराया था, की तारीख के बीच चार दिन का अंतराल था। इससे पता चलता है कि :–

(I) विघटन, मंत्रिमंडल की मंत्रणा पर स्वीकार किया गया था और न कि केवल-प्रधानमंत्री की मंत्रणा पर, और

(II) राष्ट्रपति ने मामले के सभी पहलुओं, जिसमें विपक्ष के नेताओं, जो इस दौरान उनसे मिले थे, के दृष्टिकोण भी शामिल हैं, पर 'ध्यानपूर्वक विचार करने' के पश्चात् ही मंत्रणा स्वीकार की थी।

इससे यह भी पता चलता है कि राष्ट्रपति ने यद्यपि वह मंत्रिपरिषद् की 'सहायता और मंत्रणा' मानने के लिए वाध्य थे, संवैधानिक महत्त्व के ऐसे पहलुओं पर 'ध्यानपूर्वक विचार' किया।

लोकसभा के विघटन के बारे में 27 दिसंबर, 1970 को राष्ट्रपतीय आदेश जारी करने के तत्काल पश्चात् प्रधानमंत्री ने राष्ट्र के नाम अपने प्रसारण में सामाजिक-आर्थिक परिवर्तनों-संबंधी अपने समाजवादी कार्यक्रमों और नीतियों–यथा बैंकों का राष्ट्रीयकरण, एकाधिकार और प्रतिबंधित व्यापार प्रथा पर नियंत्रण–आदि को कार्यान्वित करने में उनकी सरकार के आड़े आ रही कठिनाई का उल्लेख किया और बताया कि किस प्रकार राज्यसभा में एक मत के अपूर्णांक से भूतपूर्व राजाओं के पेंशन भत्ते और विशेषाधिकार उन्मूलन करने संबंधी संवैधानिक संशोधन गिर गया और किस प्रकार उच्चतम न्यायालय द्वारा भूतपूर्व राजाओं की मान्यता समाप्त करने संबंधी राष्ट्रपतीय आदेश को रद्द कर दिया गया। प्रधानमंत्री ने कहा कि यद्यपि सरकार को संसद में बहुमत का समर्थन प्राप्त है, परंतु उनकी सरकार ने जनता से नया जनादेश प्राप्त करने का निर्णय किया है जिससे कि "समाजवादी और धर्मनिरपेक्ष कार्यक्रमों और नीतियों को कारगर ढंग से लागू किया जा सके।" उन्होंने लोकसभा के समयपूर्व विघटन को "भारत में एक अभूतपूर्व पग कहा यद्यपि यह कोई असमान्य संसदीय प्रथा नहीं है।"

लोकसभा में विघटन के समय पार्टीवार स्थिति इस प्रकार थी–

> कांग्रेस-221, भारतीय साम्यवादी दल (मार्क्सवादी)-19, भा. सा. द.-24, द्र. मु. क.-24, जनसंघ-33, कांग्रेस (ओ)-63, स्वतंत्र-35, एस. एस. पी.-17, पी. एस. पी.-15, यू. आई. पी. जी.-25, बी. के. डी.-10, निर्दलीय-24, रिक्त स्थान-3

यह दोहराना आवश्यक है कि राष्ट्रपति को लोकसभा का विघटन करने की मंत्रणा देते समय, श्रीमती गाँधी को लोकसभा के सदस्यों के बहुमत का निर्विवाद समर्थन प्राप्त था। यद्यपि सत्तारूढ़ कांग्रेस दल को सभा में पूर्ण बहुमत प्राप्त नहीं था, वह तब भी सबसे बड़ा दल था और उसकी सरकार को अनेक विपक्ष के समूहों और निर्दलीय सदस्यों का बिना शर्त समर्थन प्राप्त था। इस पर भी प्रधानमंत्री ने विघटन को प्राथमिकता दी क्योंकि जैसा कि उन्होंने 27 दिसंबर, 1970 को राष्ट्र के नाम अपने प्रसारण में कहा था–

> "राष्ट्र के जीवन में एक समय ऐसा आता है जबकि तत्कालीन सरकार को कठिनाइयों पर काबू पाने के लिए असामान्य कदम उठाने पड़ते हैं जिससे कि राष्ट्र के सम्मुख पेश आई गंभीर समस्याओं का समाधान निकाला जा सके। अब वह समय आ गया है...यह इसलिए नहीं कि हम केवल सत्ता में बने रहना चाहते हैं, बल्कि उस सत्ता का उपयोग अपनी जनता के एक विशाल बहुमत के लिए जीवनयापन के बेहतर साधन सुनिश्चित करने और एक न्यायपूर्ण सामाजिक व्यवस्था-संबंधी उसकी इच्छाओं को पूरा करने के लिए करना चाहते हैं...समय हमारी प्रतीक्षा नहीं करेगा। करोड़ों ही लोग, जो अन्न, आवास और रोजगार की माँग कर रहे हैं, कार्यवाही करने की जोरदार माँग कर रहे हैं। लोकतंत्र में सत्ता जनता के हाथ में होती है। इसीलिए हमने अपनी जनता के पास जाने और उससे नया जनादेश प्राप्त करने का निर्णय किया है।[22]

मार्च 1971 में आयोजित लोकसभा के नए आम निर्वाचनों से प्रधानमंत्री श्रीमती गाँधी के कार्यक्रमों और नीतियों की जीत हुई। उसके शासक कांग्रेस दल ने न केवल अपने आप में निरपेक्ष बहुमत प्राप्त किया, बल्कि उसे स्पष्ट रूप से दो-तिहाई बहुमत प्राप्त हुआ।

छठी लोकसभा का विघटन : निर्वाचनों में श्रीमती इंदिरा गाँधी के कांग्रेस दल की पराजय के पश्चात् जनता पार्टी, जो कांग्रेस का विकल्प उपलब्ध कराने के लिए विभिन्न पार्टियों को मिलाकर बनी थी, ने सरकार का गठन किया और मोरारजी देसाई प्रधानमंत्री बने। जनता पाटी में तत्काल ही बिखराव के चिह्न दिखाई देने लगे, और नीति-संबंधी महत्त्वपूर्ण मामलों में मंत्रिपरिषद् का सामूहिक दायित्व लागू करना कठिन हो गया। श्री राजनारायण, जो एक मंत्री थे, ने सरकार पर सर्वप्रथम खुला आक्रमण किया, जिन्होंने 7 सदस्यों के साथ पार्टी छोड़ दी और एक नई पार्टी जनता (एस) का गठन किया। तत्पश्चात् कुछ और सदस्य दल बदलकर जनता (एस) में शामिल हो गए। बाद में श्री चरण सिंह भी दल बदलकर उस पार्टी में शामिल हो गए और उसके नेता निर्वाचित हुए। कांग्रेस, जो अधिकृत विपक्षी दल बना, के नेता

---

22. द ईअर्स ऑफ एंडीवर, सिलेक्टिड स्पीचेज ऑफ इंदिरा गाँधी, अगस्त, 1966 से अगस्त, 1972, नई दिल्ली, पृ. 75-76।

श्री वाई. बी. चव्हाण ने सरकार के विरुद्ध एक अविश्वास प्रस्ताव रखा। श्री मोरारजी देसाई ने 16 जुलाई, 1979 को जनता सरकार का त्यागपत्र प्रस्तुत किया। राष्ट्रपति ने उनका त्यागपत्र स्वीकार कर लिया और जब तक कोई वैकल्पिक व्यवस्था नहीं हो जाती, उनको तब तक के लिए सरकार में बने रहने को कहा।

राष्ट्रपति ने श्री चव्हाण को सरकार बनाने के लिए आमंत्रित किया। उनके द्वारा अपनी असमर्थता व्यक्त किए जाने पर राष्ट्रपति ने सर्वश्री मोरारजी देसाई और चरण सिंह को अपने समर्थकों की अलग-अलग सूचियाँ प्रस्तुत करने को कहा। दोनों सूचियाँ विधिवत् प्रस्तुत की गईं। बाद में, श्री देसाई की सूची में सम्मिलित कुछ सदस्यों ने कहा कि वे उनका समर्थन नहीं कर रहे हैं। श्री देसाई ने जनता पार्टी के नेतृत्व से त्यागपत्र दे दिया और श्री जगजीवन राम को इसका नेता चुन लिया गया।

राष्ट्रपति ने श्री चरण सिंह को सरकार का गठन करने के लिए आमंत्रित किया क्योंकि उनके द्वारा प्रस्तुत की गई सूची में सदस्यों की संख्या अधिक थी, यद्यपि उनको पूर्ण बहुमत प्राप्त नहीं था। उनको अधिक-से-अधिक 20 अगस्त, 1979 तक सभा में अपना बहुमत सिद्ध करने को कहा गया। तथापि, श्री चरण सिंह ने जिस दिन प्रातः सभा की बैठक होनी थी और उनको सभा का विश्वास प्राप्त करना था, सदन के समक्ष एक दिन के लिए भी आए बिना प्रधानमंत्री के पद से त्यागपत्र दे दिया।

त्यागपत्र देते समय श्री चरण सिंह ने राष्ट्रपति को लोकसभा का विघटन करने और नए निर्वाचनों का आदेश जारी करने की मंत्रणा दी। श्री जगजीवन राम ने सरकार का गठन करने को आमंत्रित किए जाने के लिए अपना दावा पेश किया। तथापि, राष्ट्रपति इससे सहमत नहीं हुए, बल्कि उन्होंने लोकसभा का विघटन करने की श्री चरण सिंह की मंत्रणा स्वीकार कर ली और चरण सिंह को, जब तक निर्वाचनों के पश्चात् नई मंत्रिपरिषद् गठित नहीं हो जाती, कार्यवाहक प्रधानमंत्री के रूप में कार्य करते रहने को कहा।

लोकसभा के विघटन के लिए उत्तरदायी उक्त घटनाओं के दौरान जो अत्यंत महत्त्वपूर्ण प्रश्न उत्पन्न हुआ, वह था—

> ''क्या राष्ट्रपति लोकसभा के विघटन की प्रधानमंत्री श्री चरण सिंह की मंत्रणा को अस्वीकार कर सकते थे। इस पर भिन्न-भिन्न मत थे। एक पक्ष यह था कि राष्ट्रपति श्री चरण सिंह की मंत्रणा स्वीकार करने के लिए बाध्य नहीं थे, विशेष रूप से ऐसे समय जबकि उनकी नियुक्ति सशर्त की गई थी और उनको बहुमत का समर्थन प्राप्त नहीं था। वास्तव में इन सभी शंकाओं का समाधान करने के लिए श्रीमती गाँधी की सरकार पहले ही संविधान में 42वाँ संशोधन कर चुकी थी जिसके द्वारा अनुच्छेद-74(1) में शब्द 'करेगा' जोड़ा गया और राष्ट्रपति के लिए मंत्रिपरिषद् की मंत्रणा करना अनिवार्य बना दिया गया। तथापि, संवैधानिक मामलों में कभी भी कोई बात पत्थर की लकीर नहीं होती है।''

6

संसदीय विशेषाधिकार

'स्वतंत्रता' की देवी की प्रतिमा के सामने खड़े, रक्तरंजित फ्रांसीसी क्रांति के एक प्रमुख नायक के मुख से अनायास ही निकल पड़ा था, ''हे स्वतंत्रता ! कौन से अपराध हैं जो तेरा नाम लेकर नहीं किए जाते ?''

आज हमारे देश में ऐसा ही कुछ विधायी संस्थाओं के बारे में कहा जा सकता है। इसके सदस्य—हमारे विधायक गण—जनता के प्रतिनिधि होने के नाम पर 'जनता के लिए' न होकर अपने को एक नए अभिजात वर्ग का अंग समझने लगे हैं। एक नई सर्वोच्च जाति पैदा हो गई है। चाहे सत्ताधारी दल के हों अथवा विपक्ष के, जब सदस्यों के अपने लिए बेहतर, अनेक प्रकार की सुविधाओं, कर-मुक्त भत्तों और तथाकथित संसदीय अधिकारों का प्रश्न आता है तो सब एक हो जाते हैं।

स्वाधीनता के बाद देशी राज्यों के पूर्व शासकों के विशेषाधिकार आदि समाप्त करनेवाले विधेयक पर चर्चा पर समापन होते समय लोकसभा में किसी ने साथी संसद सदस्यों की ओर इंगित करते हुए ठीक कटाक्ष किया था : ''महाराजा मर गए, अब ये नए महाराजा चिरायु हों।''

हम एक स्वाधीन राष्ट्र हैं। संविधान ने हमें जो स्वतंत्रताएँ प्रदान की हैं, हमें उन पर गर्व है। इनमें सबसे प्रमुख है विचार और अभिव्यक्ति की स्वतंत्रता जिसमें प्रेस की स्वतंत्रता में हस्तक्षेप करने के परिणाम भयंकर और पूरी व्यवस्था के लिए घातक हो सकते हैं। किंतु यह देश का दुर्भाग्य है कि गरीब जनता के खून-पसीने की कमाई का करोड़ों रुपया—सत्र के दिनों में प्रत्येक सैकेंड पर हजारों रुपया* खर्च कर, हमारे सम्माननीय प्रतिनिधि जो भद्दा प्रदर्शन और असभ्य व्यवहार अपने-अपने सदनों के भीतर करते हैं, यदि उस पर समाचार पत्र जनता की भावना को वाणी देने की दिशा में निष्पक्ष और दोटूक टिप्पणी करें तो उन्हें विशेषाधिकार के उल्लंघन के नाम पर डराने-धमकाने और धर-दबोचने का प्रयास किया जाता है। आएदिन देश के किसी-न-किसी कोने से लोकतंत्र के मंदिरों से ही समाचार पत्रों और जनता को संसदीय विशेषाधिकारों के हनन के नाम पर तरह-तरह की चेतावनी और धमकियाँ मिलती

* लोकसभा अध्यक्ष श्री संगमा के अनुसार प्रत्येक मिनट पर सात हजार रुपया खर्चा आता है।

रहती हैं जबकि यह कोई नहीं जानता, कोई नहीं बताता कि आखिर ये विशेषाधिकार हैं क्या ? देश की जनता और समाचार माध्यम सभी यह जानना चाह रहे हैं कि इन विशेषाधिकारों का क्षेत्र-विस्तार क्या है और इनकी सीमाएँ क्या हैं ?

हमारे संविधान निर्माताओं ने संघ और राज्यों के विधायी सदनों, उनकी समितियों और सदस्यों की शक्तियों, विशेषाधिकारों और उन्मुक्तियों का संविधान की धारा-105 और 194 में प्रावधान किया था। जिन विशेषाधिकारों का स्पष्टतया संविधान में ही उल्लेख किया गया वे मुख्यतः थे (i) विधान मंडल के अंदर वाक् स्वातंत्र्य (ii) सदन में अथवा उसकी किसी समिति में कहीं किसी बात के लिए अथवा दिए गए मत के लिए कानूनी उन्मुक्ति। अन्य मामलों के लिए कहा गया था कि प्रत्येक सदन की तथा उसके सदस्यों और समितियों की शक्तियाँ, विशेषाधिकार और उन्मुक्तियाँ ऐसी होंगी जो संसद, समय-समय पर, विधि द्वारा, परिनिश्चित करे और जब तक वे परिनिश्चित नहीं की जातीं तब तक वे वही होनी थीं जो ब्रिटिश हाउस ऑफ कॉमन्स में उपलब्ध थीं।

संसदीय विशेषाधिकारों के संबंध में कुछ आम भ्रांतियाँ हैं जिनका निराकरण आवश्यक है। सबसे पहली बात यह कि संसदीय विशेषाधिकार वस्तुतः संसद के नहीं होते। संसद बनती है राष्ट्रपति, लोकसभा और राज्यसभा को मिलाकर जबकि विशेषाधिकार हैं केवल सदनों के, उनकी समितियों और सदस्यों के।

हमारे संविधान के दर्शन तथा मूल प्रावधानों के अनुसार सभी नागरिक बिना किसी भेदभाव के एक-दूसरे के बराबर हैं। कोई छोटा-बड़ा नहीं, कोई अभिजात वर्ग अथवा विशेषाधिकार प्राप्त वर्ग नहीं है। संसद अथवा विधान मंडलों के सदनों और उनकी समितियों और सदस्यों को कुछ विशेषाधिकार देने का औचित्य केवल इतना है कि वह बिना किसी बाधा के, पूरी स्वतंत्रता के साथ अपने संसदीय कर्तव्यों का निर्वहन कर सकें। अगर कोई उनके काम में बाधा डालता है तो वह विशेषाधिकारों का हनन करता है। व्यक्तिगत रूप से सदस्यों को विशेषाधिकार केवल उसी सीमा तक उपलब्ध हैं जहाँ तक सदन के संबंधित कृत्यों में उनकी आवश्यकता हो। वे सदस्यों को समाज के प्रति कर्तव्यों से मुक्त नहीं करते और न ही उन्हें अन्य नागरिकों से अतिरिक्त कोई और अधिकार प्रदान करते हैं। काननू की दृष्टि में सभी नागरिक बराबर हैं। किसी भी सदस्य को किसी प्रकार की आक्रामक, परेशान अथवा बदनाम करनेवाली कार्यवाही के विरुद्ध विशेषाधिकार तभी उपलब्ध होता है जबकि उसके किसी संसदीय दायित्व के निर्वहन में बाधा डाली गई हो। भाव केवल यह है कि सदस्य अपनी बात कहते हुए सदन या समिति में मत देते समय डरें-दबें नहीं और अपने संसदीय कर्तव्यों को स्वतंत्रता के साथ पूरा कर सकें।

संविधान निर्माताओं ने अवश्य ही आशा की कि संसद और राज्यों के विधान मंडल यथाशीघ्र विधि द्वारा विशेषाधिकार परिनिश्चित कर लेंगे, किंतु हमारी विधानपालिकाओं ने आज तक कोई तत्संबंधी विधि नहीं बनाई। स्वाधीनता के पचास

वर्ष बाद, आज भी ऐसे आसार नहीं दिखाई देते कि इन विशेषाधिकारों को अधिनियमित किया जाएगा। वस्तुतः सारी समस्या की जड़ में यही स्थिति है कि हमारे विधायक मंत्री हों या केवल सदस्य–सत्ता पक्ष के हों अथवा विपक्ष के–वे शायद नहीं चाहते कि उनके विशेषाधिकारों को सूचीबद्ध या संहिताबद्ध किया जाए। उनका निहित स्वार्थ इसी में है कि पूरे विशेषाधिकार-संबंधी मामले अस्पष्ट, अपरिभाषित, अनिश्चित और अपरिसीमित बने रहें तथा न्यायालयों के अधिकार क्षेत्र से बाहर रहें। वे मानते हैं कि संसद का एक महत्त्वपूर्ण विशेषाधिकार यह है कि विशेषाधिकारों को संहिताबद्ध न किया जाए। वे वैसे ही अपरिभाषित रहने चाहिए जैसे कि आज हैं और जैसे कि वे सदा रहे हैं। इस विषय पर विधान बनाने का प्रश्न 1921 से भारत में संसद के तथा राज्यों के विधान मंडलों के पीठासीन अधिकारियों के विचाराधीन रहा है। परंतु अधिसंख्य लोगों का सदा यही विचार रहा है कि उन्हें संहिताबद्ध करने से संसद/राज्य विधान मंडलों की प्रतिष्ठा और प्रभुसत्ता को हानि पहुँचने की ज्यादा संभावना है और प्रेस को उससे कोई लाभ नहीं मिलेगा। इस संबंध में एम. हिदायतुल्ला, भारत के भूतपूर्व मुख्य न्यायाधीश और राज्यसभा के भूतपूर्व सभापति का यह कथन प्रायः दोहराया जाता है :

> "यदि संसद और न्यायालय एक-दूसरे के प्रति विश्वास और सम्मान की भावना रखते हैं तो विशेषाधिकारों के विषय पर विधि को संहिताबद्ध करने की कोई आवश्यकता नहीं रहती। संहिताबद्ध विधि से उन लोगों को अधिक लाभ होगा जो संसद, उसके सदस्यों और समितियों को बदनाम करने पर तुले होते हैं और न्यायालयों को अधिकाधिक मामलों में हस्तक्षेप करने के लिए कहा जाएगा। आज जो स्थिति है उसमें अगर दोनों तरफ उचित सूझ-बूझ हो तो अधिक संभावना यही है कि संसदीय विशेषाधिकार भंग करने और उसकी अवमानना करने के मामलों में दंड देने के संसदीय अधिकार को न्यायालयों का समर्थन मिलेगा, न कि इससे विपरीत रुख अपनाया जाएगा। लिखित रूप में विधि होने से संसद के लिए तथा न्यायालयों के लिए वह गरिमा बनाए रखना कठिन होगा जो वैध रूप से संसद की है और जिसे न्यायालय सदा उत्साहपूर्वक वैसे ही बनाए रखेंगे जैसे कि वे अपनी गरिमा बनाए रखते हैं।"।

दूसरी ओर आम नागरिक के लिए तथा प्रेस के लिए यह स्थिति बहुत असंतोष जनक है। संविधान निर्माताओं ने विशेषाधिकारों को नियंत्रित करने के लिए विधि-निर्माण का प्रावधान किया तो स्पष्ट ही वह चाहते थे कि संसदीय विशेषाधिकार नागरिकों के मूल अधिकारों के अंतर्गत रहें तथा न्यायिक पुनरावलोकन के क्षेत्र में रहें। यह तभी संभव हो सकता है जब विधान मंडल अपने विशेषाधिकारों और उन्मुक्तियों को अनियंत्रित रखने का दुराग्रह छोड़ दें और उनके संहिताकरण की माँग स्वीकार कर लें। जब तक ऐसा नहीं होगा न्यायालय और विधान मंडलों, प्रेस और विधान मंडलों

तथा जन-साधारण और विधान मंडलों के बीच की खाई और तनाव बढ़ते ही जाएँगे, समस्याएँ और जटिल होती जाएँगी। संसदीय विशेषाधिकार को सूचीबद्ध और संहिताबद्ध किया जाना और उसके लिए आवश्यक अधिनियम बनाना आज की परिस्थितियों में अनिवार्य हो गया है।

साथ ही हमें यह भी नहीं भूलना चाहिए कि प्रेस के अधिकारों और सीमाओं को भी संहिताबद्ध करना होगा। स्वतंत्रता की भी सीमाएँ होती हैं और नागरिक की, व्यक्ति की स्वतंत्रता और गरिमा सर्वोपरि हैं। प्रेस, संसद और सारी राजनीतिक-सवैधानिक-सामाजिक व्यवस्था अंततः व्यक्ति के लिए है। यह आवश्यक है कि सभी को अपनी स्वतंत्रताओं और अधिकारों की सीमाओं का स्पष्ट ज्ञान हो और यह विधि द्वारा संभव है।

व्यक्ति की स्वतंत्रता की रक्षा के लिए और लोकतंत्र के प्रहरी के रूप में प्रेस का बड़ा विशिष्ट स्थान है। उसकी रक्षा करना विधानपालिका के लिए उतना ही जरूरी है जितना अपने विशेषाधिकारों की रक्षा करना।

प्रेस के दो मुख्य कार्य हैं—समाचार प्रकाशित करना और जनमत बनाना। जनता को जागरूक और राजनीतिक रूप से शिक्षित करने के साथ-साथ प्रेस प्रजातंत्र के दोषों को दूर करने में भी सहायता करता है।

संसद की कार्यवाही (प्रकाशन का संरक्षण) अधिनियम के अंतर्गत, सदनों की कार्यवाही के मूलतः सच्चे वृत्तांत के समाचार पत्रों में प्रकाशन को संरक्षण दिया गया है। सदन के विशेषाधिकार हनन अथवा अवमानना का प्रश्न केवल तब उठता है जब वृत्तांत के छापने में कोई कदाशय हो अथवा जानबूझकर वाद-विवाद को गलत ढंग से पेश किया गया हो। ऐसा कोई संसदीय विशेषाधिकार नहीं जिसके अंतर्गत संसद-सदस्यों के व्यवहार अथवा सदन की कार्यवाही पर टिप्पणी और न्यायोचित एवं सद्भावनापूर्ण आलोचना पर कोई रोक हो।

लोकसभा की विशेषाधिकार समितियों ने बार-बार यह बात कही है कि प्रेस को अथवा किसी भी नागरिक को न्यायोचित टिप्पणी करने के अधिकार से वंचित नहीं किया जा सकता। किंतु जैसा प्रेस आयोग ने भी कहा है "अशिष्ट या अपमानजनक भाषा में की गई टिप्पणी अनुचित है"। समिति के अनुसार "विचारों की निर्बाध अभिव्यक्ति या न्यायोचित टिप्पणी में कोई रुकावट नहीं आनी चाहिए और उसे निरुत्साहित नहीं किया जाना चाहिए।" "लोकतंत्रात्मक प्रणाली में शक्ति का प्रयोग संयम से किया जाए तो उससे सभी की गरिमा बढ़ती है।"

प्रेस से अपेक्षा की जाती है कि विधायी सदनों में सम्मान और गरिमा की रक्षा करे, किंतु प्रेस भी यह आशा करता है कि उसकी स्वतंत्रता और गरिमा की रक्षा की जाए और विधायक स्वयं अपने कर्तव्यों की चिंता करें और अपने आचरण को कुछ इस तरह सुधारें कि सदनों के सम्मान की रक्षा हो सके। अंततः प्रेस और विधायी संस्थाएँ, दोनों के लिए जरूरी है कि वे अपनी समस्त स्वतंत्रताओं और अधिकारों का प्रयोग जनता के लिए, जनता के हित में, जन-साधारण के मूल अधिकारों और स्वतंत्रताओं की रक्षा के लिए करें।

7

सचेतक या प्रताड़क

संसदीय लोकतंत्र में सचेतक की एक प्रमुख भूमिका होती है। किंतु इस विषय में अधिक कुछ लिखा नहीं गया है और आमतौर पर जानकारी बहुत सीमित है। संसदीय विशेषाधिकारों के परिप्रेक्ष्य में तथा दल-बदल निरोधक कानून बनाने के बाद स्थिति और भी जटिल हो गई है। ब्रिटिश हाउस ऑफ कॉमन्स की परंपराएँ भी सहायक सिद्ध नहीं हो सकतीं क्योंकि अब तक हम ऐसा बहुत कुछ करने में दक्ष हो चुके हैं जिसकी ब्रिटिश संसद और संसदीय लोकतंत्र में कल्पना भी नहीं की जा सकती।

अंग्रेजी शब्द 'व्हिप' का शाब्दिक अर्थ है 'कोड़ा' अथवा 'चाबुक'। कोश के अनुसार इसका प्रयोग घोड़े को तेजी के साथ बढ़ाने या हाँकने के लिए अथवा किसी अपराधी को सजा देने के लिए किया जाता है। शिकारी की भाषा में व्हिप करनेवाले कर्मचारी का काम होता है शिकारी कुत्तों के समूह को उनके सही स्थान पर रखना। राजनीतिक दलों और संसद के संदर्भ में इसका विशेष अर्थ ब्रिटेन के संसदीय इतिहास की उपज है। व्हिप संसद में राजनीतिक दल के एक प्रमुख अधिकारी को कहते हैं। उसके द्वारा अपने दल के सदस्यों के नाम जारी किए गए संदेशों-आदेशों को भी व्हिप की संज्ञा दी जाती है। इसी आधार पर सचेतक शब्द का प्रयोग भी इन दोनों अर्थों में किया जाता है।

राजनीतिक दलों के संसदीय जीवन में सचेतक दलों और उनके सदस्यों के बीच एक कड़ी का काम करता है। सचेतक दल के नेताओं और सदस्यों के बीच सूचना के आदान-प्रदान का माध्यम बनते हैं। वे अपने-अपने दल के सदस्यों की सदन में उपस्थिति निश्चित करने, संसद के सामने आनेवाले विभिन्न मुद्दों पर दल की स्थिति और दृष्टिकोण स्पष्ट करने, समय-समय पर आवश्यक आदेश जारी करने और मतदान करते समय दल के अनुशासन की सुरक्षा के लिए जिम्मेदार होते हैं। दूसरी ओर सचेतक का यह भी काम है कि विभिन्न मामलों में दल के सदस्यों के विचार जानने का प्रयास करें और उन्हें एकत्र कर दल में नेताओं तक पहुँचाएँ।

ब्रिटिश संसद के इतिहास में पहले सैकड़ों वर्षों तक सदनों के अंदर मत-विभाजन राजनीतिक दलों के आधार पर नहीं होता था। जैसे-जैसे यह दलों के अनुसार होने

लगा, वैसे-वैसे ही सचेतक का महत्त्व भी बढ़ने लगा।

हमारे देश में प्रत्येक संसदीय दल अथवा समूह का एक सचेतक अथवा मुख्य सचेतक और अन्य सचेतक तथा उपसचेतक होते हैं। सत्ताधारी दल का मुख्य सचेतक सरकार में संसदीय मामलों का मंत्री भी होता है तथा सत्ताधारी दल के दोनों सदनों में अन्य सचेतक संसदीय राज्य मंत्री अथवा उपराज्य मंत्री होते हैं। सत्ताधारी दल के मुख्य सचेतक की यह भी जिम्मेदारी है कि वह देखे कि सदनों में बराबर कोरम रहे और कार्य संचालन हो सके। मुख्य सचेतक सत्ताधारी दल के और सदन के नेता की आँखों और कानों का काम करता है। संसद के सत्र के दिनों में उसे निरंतर प्राधनमंत्री के निकट संपर्क में रहना होता है। दल को मजबूत रखने और टूटने न देने की तथा सरकार को आवश्यक बहुमत में रखने और स्थित रखने में भी उसे प्रभावी भूमिका निभानी होती है।

सत्ताधारी दल और विपक्षी दलों के सचेतकों को एक-दूसरे के साथ मिल-जुलकर बातचीत द्वारा सदन के संचालन में आवश्यक योगदान देना होता है। समान हित के मामलों में एक-दूसरे की आवश्यकताओं और कठिनाइयों को समझकर अधिकांश मतभेदों और समस्याओं का कोई-न-कोई हल निकल आता है और आपसी समझौते के आधार पर सदन की कार्यवाही आसानी से आगे बढ़ पाती है। सत्ताधारी दल का मुख्य सचेतक अन्य सभी दलों के सचेतकों की राय लेकर, सदन की कार्यवाही का आयोजन करता है। वह सदन के दोनों सदनों के बीच, दोनों सदनों के पीठासीन अधिकारियों के वीच तथा दोनों सदनों के सचिवालयों एवं मंत्रियों और उनके विभागों के बीच संपर्क माध्यम का काम करता है।

ब्रिटिश हाउस ऑफ कॉमन्स में सचेतक का इतिहास लगभग 350 वर्ष पुराना है। सचेतक (व्हिप) शब्द का प्रयोग एडमंड बर्क ने पहली बार 1769 में किया था। दल के आदेशों के रूप में जारी किए गए सचेतकों को तीन श्रेणियों में बाँटा जा सकता है—एक रेखा, दो रेखा और तीन रेखा सचेतक। ऐसा इसलिए कहा जाता है क्योंकि हर सचेतक के पाठ के नीचे एक, दो या तीन रेखाएँ खींची होती हैं जिनसे सचेतक के महत्त्व की श्रेणी का आभास हो सकता है। सबसे साधारण होता है एक रेखा अथवा एक लाईन का सचेतक जिसमें दल के सदस्य को संदेश दिया जाता है कि वह अमुक तारीख और समय पर सदन में उपस्थित रहे। एक रेखांकित सचेतक से यह भी स्पष्ट होता है कि सदन में विभाजन की संभावना नहीं है। दो रेखांकित सचेतक इससे कुछ अधिक बाध्यकर और सख्त आदेश होता है। यह किसी ऐसी महत्त्वपूर्ण कार्यवाही के सिलसिले में ही जारी किया जाता है जिसमें मत-विभाजन की संभावना हो। सदस्यों के लिए अत्यंत आवश्यक है कि वह इस सचेतक की अवहेलना न करें और यथासमय सदन में मौजूद रहें। तीन रेखा सचेतक सबसे अधिक महत्त्वपूर्ण और कठिन स्थितियों में जारी किया जाता है और इसकी अवज्ञा का परिणाम निश्चय ही सदस्य के विरुद्ध अनुशासनात्मक कार्यवाही हो सकता है।

यद्यपि इन तीन प्रकार के सचेतकों के बारे में भारत और ब्रिटेन में स्थिति एक जैसी ही है, अगर हम अपने यहाँ के और हाउस ऑफ कॉमन्स में वहाँ के प्रमुख दलों द्वारा जारी किए गए सचेतकों की भाषा का तुलानात्मक अध्ययन करें तो पाएँगे कि वहाँ पर केवल उपस्थिति के लिए 'निवेदन' या 'विशेष निवेदन' किया जाता है अथवा उपस्थिति को 'अनिवार्य' घोषित किया जाता है, यह कभी नहीं कहा जाता कि सदस्य किसी मामले में किस ओर अपना मत दें क्योंकि ऐसा कुछ भी कहना वहाँ सदस्यों के मतदान की स्वाधीनता के संसदीय विशेषाधिकार का हनन माना जाएगा। इसके विपरीत हमारे यहाँ सचेतक न केवल सदस्यों को उपस्थित रहने का आदेश देते हैं, वरन् यह भी जोर देकर कहते हैं कि उन्हें अनिवार्य रूप से अपने दल का पक्ष लेना होगा अथवा दल के प्रत्याशी को ही अपना मत देना होगा। यद्यपि ब्रिटेन में भी सचेतक जारी होने का अर्थ सभी समझते हैं कि मतदान भी दल के निर्णयों के अनुसार ही होना होगा, किंतु वहाँ सचेतक की भाषा में कभी भी 'समर्थन' अथवा 'मतदान' का उल्लेख नहीं किया जाता, केवल सदन में उपस्थिति की बात की जाती है।

ब्रिटेन में सचेतक पाना दल के सदस्यों का विशेषाधिकार समझा जाता है और सिद्धांततः दल का प्रत्येक सदस्य सचेतक प्राप्ति के लिए मनाही करने के लिए स्वतंत्र है। सचेतक का जारी किया जाना वहाँ नितांत एक दल का आंतरिक मामला है और सदन की कार्यवाही से उसका कोई औपचारिक अथवा वैधिक संबंध नहीं। सचेतक सदैव विभिन्न दलों द्वारा सदन से बाहर ही जारी किया जाता है। यह कल्पना भी नहीं की जा सकती कि सदन के भीतर, सदन की कार्यवाही के बीच कोई लिखित अथवा मौखिक सचेतक जारी किया जाए अथवा सदन में उसकी घोषणा की जाए। वस्तुतः सदन में इस प्रकार कोई सचेतक जारी करना अथवा किसी सदस्य को सचेतक का आदेश न मानने पर कड़ी चेतावनी देना, सदन की घोर अवमानना मानी जाएगी। अगर एक सदस्य—भले की वह मुख्य सचेतक और संसदीय मंत्री हो—किसी दूसरे सदस्य को बोलने से रुकने का आदेश देता है अथवा अपनी बात नहीं कहने देता है तो हाउस ऑफ कॉमन्स में तो उसे संसद सदस्य के उत्पीड़न का दोषी माना जाएगा। यदि कोई सदस्य नियम-विरुद्ध अथवा अध्यक्ष की आज्ञा के बिना बोलता है तो उसे रोकने, अनुशासित करने अथवा दंडित करने का अधिकार भी अध्यक्ष का है। सत्ताधारी या अन्य किसी दल के सचेतक अध्यक्ष के ऐसे अधिकारों को अपने हाथों में नहीं ले सकते। अध्यक्ष द्वारा दिए गए किसी निर्णय को चुनौती देने के विरुद्ध भी सदन में कोई सचेतक जारी नहीं किया जा सकता क्योंकि वह संसदीय विशेषाधिकारों की अवहेलना और सदन की अवमानना होगा। ब्रिटिश हाउस ऑफ कॉमन्स के लंबे इतिहास में एक भी मौका ऐसा नहीं आया जब सदन में कार्यवाही के बीच कोई सचेतक जारी किया गया हो अथवा किसी दल के मुख्य सचेतक ने अपने दल के किसी व्यक्ति-विशेष को चुनकर सचेतक जारी किया हो। सिद्धांततः भी सचेतक की भाषा धमकी और चेतावनी नहीं हो सकती। यह अलग बात है कि दल के सचेतकों की

अवहेलना करने का परिणाम फटकार, दल की सदस्यता से निलंबन अथवा दल की सदस्यता खोना तक हो सकता है। किंतु अनेक वर्षों में इधर कभी भी ब्रिटेन में किसी दल ने सचेतक की अवहेलना के अपराध में किसी को दल की सदस्यता से वंचित करने के बारे में नहीं सोचा यद्यपि ऐसे मौके अवश्य आए जब किन्हीं सदस्यों ने किन्हीं मामलों में अपने दल के साथ मत नहीं दिया।

भारत के संविधान ने संसद के दोनों सदनों, उनकी समितियों और सदस्यों के विशेषाधिकारों को परिभाषित करने का उत्तरदायित्व संसद को सौंपा है और कहा है कि संसद विधि द्वारा ऐसा कर सकती है और जब तक वह ऐसा न करे तब तक वही संसदीय विशेषाधिकार भारत में लागू माने जाएँ जो ब्रिटिश हाउस ऑफ कॉमन्स में मान्य थे। ऐसा स्पष्ट प्रावधान करने के बाद भी संविधान निर्माताओं ने दो संसदीय विशेषाधिकारों को इतना अधिक महत्त्वपूर्ण समझा कि उन्हें संविधान में ही स्पष्टतः शामिल किया । संविधान के अनुच्छेद-105 में दिए गए विशेषाधिकार हैं संसद सदस्यों का वाक् स्वातंत्र्य और मत देने की स्वतंत्रता और सदन में अथवा उसकी समिति में कही किसी बात के लिए अथवा दिए गए किसी मत के लिए किसी भी न्यायालय की किसी कार्यवाही से उन्मुक्ति।

संसद में अपने विचारों की अभिव्यक्ति और मतदान जैसे कर्मों के लिए संसद सदस्य पूर्णतया स्वतंत्र हैं और उन पर केवल वही बंधन लागू हो सकते हैं जो संविधान के किन्हीं अनुच्छेदों में अथवा सदन के अपने नियमों में दिए गए हों। प्रश्न उठता है कि दल व्यवस्था और दलों के सचेतकों के परिप्रेक्ष्य में यह स्वतंत्रता कहाँ तक सीमित की जा सकती है ? लोकसभा में जब एक बार यह प्रश्न उठा तो अध्यक्ष ने निर्णय दिया था कि "सदस्यों को अपने दल के भीतर वे जो भी चाहें कहने-सुनने का अधिकार है, दल के नेतृत्व को यह भी अधिकार है कि वह अपने सदस्यों को आदेश दे, किंतु यदि लोकसभा का कोई सदस्य ऐसे किसी आदेश से असंतुष्ट हो और अध्यक्ष को कहे कि अमुक मामले में दल न केवल आदेश दे रहा है, अपितु उसके स्वतंत्रतापूर्वक अपने संसदीय कर्तव्यों के निर्वहन में बाधा उत्पन्न कर रहा है तो अध्यक्ष उस पर अवश्य विचार करेंगे।"

सचेतक के पद का संविधान में अथवा लोकसभा और राज्यसभा के नियमों में कहीं उल्लेख नहीं है। वस्तुतः दल-बदल निरोधक कानून अर्थात् संविधान की दसवीं अनुसूची आने से पहले राजनीतिक दलों को भी कोई संवैधानिक उल्लेख अथवा मान्यता प्राप्त नहीं थी। दल-बदल निरोधक कानून बनने के बाद से सचेतक के पद का महत्त्व बहुत बढ़ गया क्योंकि 52वें संविधान-संशोधन अधिनियम, 1985 के अंतर्गत स्पष्ट प्रावधान है कि यदि किसी राजनीतिक दल का कोई सदस्य, अपने दल के निर्देश के विरुद्ध किसी मामले में मतदान करता है अथवा मतदान से अलग रहता है अथवा स्वेच्छा से दल की सदस्यता त्यागता है तो वह जिस सदन का सदस्य है, उसकी सदस्यता के अयोग्य हो जाएगा।

इस प्रकार अब राजनीतिक दलों को संवैधानिक मान्यता प्राप्त हो गई है और दलों के नेतृत्व द्वारा दिए गए निर्देशों का वैधिक अस्तित्व हो गया है। दल के निर्देश सदस्यों तक पहुँचानेवाले पदाधिकारी के रूप में सचेतक की भी एक नई भूमिका हो गई है क्योंकि सचेतक की अवहेलना करने से नए कानून के अंतर्गत सदस्यता समाप्त की जा सकती है। यहाँ विशेष ध्यान देने की दो बातें हैं। प्रथम तो यह कि दल-बदल निरोधक कानून के कारण भारत में सचेतक और संसदीय विशेषाधिकार-दोनों की स्थिति में मूलभूत परिवर्तन हो गया है तथा ब्रिटिश हाउस ऑफ कॉमन्स से अब हम अपनी स्थिति को नहीं मिला सकते। दूसरी बात यह है कि दल-बदल निरोधक कानून में केवल स्वेच्छा से दल छोड़ने अथवा दल के आदेशों के विरुद्ध मत देने या मत विभाजन में भाग न लेने का उल्लेख है, विचारों की अभिव्यक्ति अथवा वाक् स्वातंत्र्य पर किसी अंकुश का कोई जिक्र नहीं है, अतः इस कानून के अंतर्गत दल का नेतृत्व अथवा कोई सचेतक सदस्यों के वाक् स्वातंत्र्य के मामले में हस्तक्षेप नहीं कर सकता।

इस स्पष्ट स्थिति के बावजूद, हमारी लोकसभा में ऐसा भी उदाहरण मिलता है जब सत्ताधारी दल के मुख्य सचेतक और संसदीय कार्यमंत्री ने खुले सदन में सदन की कार्यवाही के बीच, अपने दल के दो सदस्यों को तुरत-फुरत लिखकर सचेतक जारी किया और उन्हें आदेश दिया कि वह आगे न बोलें क्योंकि सचेतक दिया जा रहा है जिसको उन्हें मानना ही पड़ेगा। संसदीय मंत्री ने सदन में घोषणा भी की कि वे अपने दल के मुख्य सचेतक हैं और उन्होंने अपने दल के दो सदस्यों को सचेतक जारी किया है जिसका उन्हें पालन करना होगा और अगर वह उसी अवहेलना करते हैं तो माना जाएगा कि उन्होंने जानबूझकर ऐसा किया है। इस कथन में दो सदस्यों को चेतावनी स्पष्ट थी। इस संदर्भ में जो प्रश्न उठे, वे कुछ इस प्रकार थे—(i) क्या संसदीय कार्यमंत्री सदन की कार्यवाही के बीच, सदन के भीतर, अपने दल के केवल दो सदस्यों को चुनकर, उन्हें सचेतक जारी करने में अपने अधिकार-क्षेत्र की सीमा से बाहर नहीं जा रहे थे ? (ii) क्या संसदीय कार्यमंत्री को जानबूझकर दो सदस्यों के अपने संसदीय कर्तव्यों के निर्वहन में बाधा डालने का दोषी नहीं माना जाना चाहिए था, (iii) क्या संसदीय मंत्री अध्यक्ष के अधिकार क्षेत्र का उल्लंघन नहीं कर रहे थे ? (iv) क्या संसद के दो सदस्यों को सचेतक जारी करके उनके संसदीय विशेषाधिकार का हनन किए बगैर आगे बोलने से रोका जा सकता था ?

अध्यक्ष ने विशेषाधिकार के प्रश्न को सदन में उठाए जाने की अनुमति दी और सभी मुद्दों पर लंबी बहस हुई, लेकिन अंत में किसी भी मुद्दे पर कोई निर्णय नहीं हो सका और यदि निर्णय होने की नौबत आती भी तो संभवतः बहुमत के आधार पर जो निर्णय वह संसदीय लोकतंत्र के इतिहास में बहुत ही दुर्भाग्यपूर्ण होता। यदि संसदीय विशेषाधिकार के मामले दलगत राजनीति के विषय बन जाएँ और तात्कालिक बहुमत के आधार पर तय किए जाने लगें तो फिर संसद की गरिमा और परंपराएँ अधिक दिन सुरक्षित नहीं रह सकतीं।

भाग चार

राज्यों में विधानपालिका

1

विधानसभा अध्यक्ष की भूमिका

माना जाता है कि विधानसभा अध्यक्ष का पद अत्यंत गरिमा और प्रतिष्ठा का पद है। उसका काम है सदन की अध्यक्षता करना। यह देखना कि उसकी बैठकों में कार्यवाही सुचारु रूप से और नियमानुसार चले। अध्यक्ष के लिए आवश्यक है कि वह संवैधानिक प्रावधानों, सदन-विशेष के प्रक्रिया-संबंधी नियमों, संसदीय परंपराओं और पूर्व निर्णयों का समादर करे। अध्यक्ष के पद को महत्ता और शक्ति मिलती है तो केवल सदन से। उसके अपने ऐसे कोई अधिकार नहीं हैं जो उसे सदन से न मिले हों। अतः यह अनिवार्य है कि वह सदन की अनुमति, सदन की इच्छा और विचारों के अनुसार चले और सदन को चलाए। अपनी प्रक्रिया का मालिक स्वयं सदन होता है। संविधान के दायरे के भीतर रहते हुए अपने नियम बनाने-बदलने का पूरा अधिकार सदन का होता है। अध्यक्ष सदन पर अपनी मरजी नहीं थोप सकता। लेकिन पिछले वर्षों में संसदीय लोकतंत्र की मान्यताओं और परंपराओं का जिस तरह अवमूल्यन हुआ है, उससे यह पद भी अछूता नहीं रहा है। ऐसे कई प्रसंग सामने आए हैं जिनमें विधानसभा अध्यक्षों ने न केवल अपनी गरिमा के प्रतिकूल आचरण किया, बल्कि संवैधानिक सीमाओं और संसदीय परंपराओं का अतिक्रमण भी किया।

इस विषय पर बहुत कुछ लिखा और कहा जा चुका है। परंतु शायद इस समस्या का सबसे अधिक विश्लेषणात्मक, महत्त्वपूर्ण और निर्वैयक्तिक विवेचन डॉ. नीलम संजीव रेड्डी ने उसी समय किया था जब वह लोकसभा अध्यक्ष थे। उन्होंने अप्रैल 1969 के प्रथम सप्ताह में नई दिल्ली में आयोजित राज्य विधान मंडलों के पीठासीन अधिकारियों के सम्मेलन में यह बात बिलकुल स्पष्ट कर दी थी कि अध्यक्ष और सदन के बीच सदन का ही प्रमुख स्थान है, अध्यक्ष का नहीं; और सबसे पहली तथा महत्त्वपूर्ण बात यह है कि अध्यक्ष सदन का सेवक है, उसका स्वामी नहीं। उन्होंने कहा कि यह दुर्भाग्यपूर्ण है कि राजनीतिक के इस 'तुमुल कोलाहल कलह में' विरोधी राजनीतिक दल सत्ता संघर्ष के जिस दलदल में फँसे हुए हों, उसमें कुछ अध्यक्ष भी उलझ जाएँ। इस बीच जो 'दुखद घटनाएँ' घटित हुईं उनमें सभी ने—राज्यपालों ने, सरकारों ने और अध्यक्षों ने—विधानसभाओं की शक्तियों को अपने हाथों में केंद्रित

करने का प्रयास किया, उन्हीं विधानसभाओं की शक्तियों को, जिन्हें विभिन्न विषयों पर निर्णय घोषित करने का एकच्छत्र विधि-सम्मत अधिकार है। डॉ. रेड्डी के मत में "किसी भी अध्यक्ष के लिए यह उचित नहीं है कि जो अधिकार और कर्तव्य वस्तुतः सदन के हैं, उन्हें वह अनधिकृत रूप से अपने हाथों में लेने की चेष्टा करे।"

अध्यक्ष का पहला कर्तव्य ऐसी व्यवस्था करना है जिससे सदन अपना कार्य कर सके। उसे ऐसा कोई काम नहीं करना चाहिए जिससे सदन के अपने कार्य-संचालन में ही रुकावट पड़ जाए। हमारी चर्चा सामान्य बातों तथा ब्रिटिश दृष्टांतों में बहुधा इतनी अधिक उलझ जाती है कि हम भारत की वास्तविक राजनीतिक परिस्थितियों और विशिष्टताओं की गहराइयों तक जा ही नहीं पाते। अध्यक्ष की शक्तियों के प्रयोग की समस्या वास्तविक रूप में उतनी संवैधानिक समस्या नहीं है जितनी कि राजनीतिक या मानवीय। यह समस्या ऐसी नहीं है जिसे केवल बँधी-बँधाई 'लीक' पर चलकर, विधान या इतिहास के आलोक में अथवा उच्च लोकतंत्रात्मक सिद्धांतों के संदर्भ में ही सुलझाया जा सके। इस पर विचार करने के लिए हमें ऊपरी बातों को छोड़कर यथार्थ तथ्यों की गहराई में उतरना होगा और यह देखना होगा कि अध्यक्ष के पद पर आसीन लोगों के लिए भविष्य में क्या व्यक्तिगत संभावनाएँ तथा समस्याएँ हैं, राजनीतिक दलों का क्या स्वार्थ और भूमिका है और पदस्थ सरकार का क्या रुख है। संविधान में व्यवस्था है कि--

(1) मुख्यमंत्री और अन्य मंत्री राज्यपाल द्वारा नियुक्त किए जाते हैं और उसके प्रसाद पर्यंत अपने पद पर रहते हैं;[1]

(2) राज्यपाल इस बात के लिए शपथबद्ध है कि संविधान और विधि का परीक्षण, संरक्षण और प्रतिरक्षण करे और जनता की सेवा में निरत रहे;[2]

(3) राज्यपाल को स्पष्टतया अपने विवेक के अंतर्गत कुछ शक्तियाँ प्राप्त हैं और उनकी सीमा तथा उनके अंतर्गत किए गए कार्य के विषय में यह आपत्ति नहीं की जा सकती कि उसे स्वविवेक से वह कार्य करना चाहिए था या नहीं;[3] और

(4) किसी भी आकस्मिकता में राज्यपाल के कृत्यों के निर्वहन के लिए राष्ट्रपति जैसा उचित समझे वैसा उपबंध बना सकता है।[4]

साथ ही यह भी सत्य है कि अध्यक्ष

(i) विधानसभा द्वारा चुना जाता है;[5]

---

1. भारत का संविधान, अनुच्छेद-164(1)।
2. वही, अनुच्छेद-159।
3. वही, अनुच्छेद-163(2)।
4. वही, अनुच्छेद-160। दुर्भाग्य की बात है कि प्रस्तुत कि विषय पर हुए विस्तृत वाद-विवाद में विद्वानों और राजनेताओं ने अनुच्छेद-160 पर प्रायः कोई विचार नहीं किया। यह आवश्यक है कि अनुच्छेद 160 और अनुच्छेद-163(1) को एक साथ पढ़ा जाए और एक-दूसरे के संदर्भ में उनकी विवेचना और व्याख्या की जाए।
5. वही, अनुच्छेद-178।

(ii) वह राज्यपाल या किसी अन्य पदाधिकारी के प्रसाद पर्यंत अपने पद को धारण नहीं करता। उसे केवल विधानसभा ही हटा सकती है;[6]

(iii) विधानसभा अपनी प्रक्रिया और अपने कार्य-संचालन के विनियमन के लिए नियम बना सकती है और इस प्रकार बनाए गए नियमों में अध्यक्ष को सभा के स्थगित करने की शक्ति भी सम्मिलित है;[7]

(iv) किसी कथित अनियमितता के आधार पर राज्य विधान मंडल की किसी कार्यवाही की वैधता पर कोई आपत्ति नहीं की जा सकती; और

(v) अपनी शक्तियों के सद्भावनापूर्ण उपयोग के संबंध में अध्यक्ष किसी भी न्यायालय के क्षेत्राधिकार में नहीं आता।

इस प्रकार कुछ वर्ष पहले उठे विवादों में पश्चिमी बंगाल और पंजाब के अध्यक्षों को इस बात का पूरा अधिकार था कि वे अपनी विधानसभाओं को स्थगित कर दें[8]। उन्होंने अपने निर्णय के लिए जो कारण दिए वे कहाँ तक उचित अथवा अनुचित थे, यह एक अलग बात है। इस मामले में 30 जुलाई, 1968 के उच्चतम न्यायालय के निर्णय का वह अंश त्रुटिपूर्ण है[9] जिसके अनुसार न्यायालय ने एक बार पुनः अपने क्षेत्राधिकार का विस्तार करने का प्रयास किया और विधान मंडल के सदनों की कार्यवाही और उनके अध्यक्षों की अवस्था के क्षेत्र तक को उसकी परिधि में ले लिया और यह भी भुला दिया कि इस क्षेत्र से संविधान निर्माताओं ने न्यायालयों को स्पष्टतया अलग रखा था।

अध्यक्ष की भूमिका पर भारत की ऐतिहासिक पृष्ठभूमि और पूर्व ब्रिटिश उदाहरणों के संदर्भ में भी विचार किया जा सकता है। ब्रिटिश परिपाटियों और पूर्व उदाहरणों में निम्न बातें ध्यान देने योग्य हैं–

(1) ब्रिटेन के हाउस ऑफ कॉमन्स का अध्यक्ष अपने पद पर निर्वाचित होने के बाद किसी भी दल का सदस्य नहीं रहता;

(2) वह सभा में अल्पसंख्यकों के अधिकारों का रक्षक हो जाता है; चाहे

---

6. संविधान में अध्यक्ष को पदच्युत करने की कोई व्यवस्था नहीं है। अध्यक्ष को वह विधानसभा ही हटा सकती है जिसने उसे निर्वाचित किया है। इस प्रकार राज्य विधान मंडल की किसी भी सभा के अध्यक्ष को हटाने की शक्ति संसद को भी नहीं है। सभा के भंग हो जाने के बाद भी अध्यक्ष अतीत की कड़ी और प्रतीक के रूप में रह जाता है (अनुच्छेद-179)। इसलिए पश्चिमी बंगाल के संबंध में राष्ट्रपति की उद्घोषणा, राष्ट्रपति को अनुच्छेद-356(1) (ग) के अंतर्गत दी गई शक्ति की सीमा से परे है। यह दूसरी बात है कि राजनीतिक रूप से कोई ऐसा उपाय करना जरूरी रहा हो जिससे श्री बनर्जी को आगे वह सब कुछ करने से रोका जा सके जो उन्होंने किया और साथ ही उन्हें अपनी पिछली करनी की कुछ सजा भी दी जा सके।

7. अनुच्छेद-208।

8. पंजाब विधानसभा प्रक्रिया नियमावली, नियम 105। अध्यक्ष अनुच्छेद-189(4) के अधीन भी सभा को स्थगित कर सकते हैं।

9. **पंजाब राज्य बनाम सतपाल डांग तथा अन्य,** और **पंजाब राज्य बनाम डॉ. बलदेव प्रकाश तथा अन्य।** सिविल अपील संख्या 1427-28, 1968 उच्चतम न्यायालय। निर्णय 30 जुलाई, 1968 को सुनाया गया था।

अल्पसंख्यक किसी भी राजनीतिक दल के हों और अध्यक्ष, अपने पद पर आसीन होने से पहले स्वयं किसी भी दल में रहा हो;

(3) वह सभा का सेवक होता है और सभा के निर्देशों का अनुसरण करता है;[10]

(5) अध्यक्ष के कार्यकाल पर सरकार के बदल जाने अथवा सभा के भीतर भिन्न दल का बहुमत आदि हो जाने का कोई प्रभाव नहीं पड़ता। नए आम चुनाव के बाद अगर वह नई सभा का सदस्य चुना जाता है तो चाहे कोई भी दल सत्तारूढ़ हो उसे दुबारा अध्यक्ष निर्वाचित कर लिया जाता है। एक कहावत है कि जो एक बार अध्यक्ष बना वह हमेशा के लिए बना। जब तक वह त्यागपत्र न दे या स्वयं अवकाश ग्रहण न करे या उसकी मृत्यु न हो जाए, तब तक वह अपने पद पर बना रहता है। कोई भी दल अपने बहुमत से दूसरे दल द्वारा निर्वाचित अध्यक्ष को अपदस्थ करना अथवा राजनीतिक कारणों से उसे बदलना उचित नहीं समझता;

(5) न्यूनाधिक रूप से यह परिपाटी बन चुकी है कि हाउस ऑफ कॉमन्स के लिए निर्वाचन में अध्यक्ष का कम-से-कम प्रमुख दलों द्वारा विरोध नहीं किया जाना चाहिए और यथासंभव उन्हें निर्विरोध संसद सदस्य चुना जाना चाहिए; और

(6) हाउस ऑफ कॉमन्स में प्रायः पचास से सत्तर वर्ष के बीच की आयुवाले ऐसे व्यक्ति को अध्यक्ष निर्वाचित किया जाता है जैसे तत्कालीन बहुमत प्राप्त दल का पिछली पंक्तियों में बैठनेवाला सदस्य हो और वह निर्वाचित होते ही अपनी सारी राजनीतिक महत्त्वाकांक्षाओं का परित्याग कर दे।

(7) अध्यक्ष पद से अवकाश लेने पर उसे हाउस ऑफ लॉर्ड्स का सदस्य मनोनीत कर दिया जाता है।

इस सबके विपरीत, भारत में जिस प्रकार अध्यक्ष पद और दल पद्धति का विकास हुआ उससे निम्न बातें उभरकर सामने आती हैं–

(1) संघ और राज्यों में अधिकांश अध्यक्ष, अध्यक्ष पद पर निर्वाचित होने के बाद भी अपने दलों के सदस्य बने रहे हैं और उन्होंने अपने राजनीतिक संबंध बनाए रखे हैं।

(2) बहुसंख्यक दल के नेतागण, जिनमें मुख्यमंत्री या संभावित मुख्यमंत्री भी सम्मिलित हैं, सामान्यतः ऐसे व्यक्ति को अध्यक्ष पद के लिए चुनते हैं जिसे मंत्री बनाना या तो असुविधाजनक हो या वे मंत्री बनाना न चाहते हों, अथवा जिसे दल में अन्यत्र उसके प्रभाव के कारण कोई-न-कोई पद देना जरूरी हो, पर उसे ऐसा पद देना ठीक न समझा जाए जिसके द्वारा उसके

---

10. 1642 में जब चार्ल्स प्रथम हाउस ऑफ कॉमन्स के पाँच सदस्यों को अभ्यर्पित करने के लिए कहा तब अध्यक्ष विलियम लेंतहान ने सम्राट् से कहा "महामहिम, इस स्थान में न तो मेरे पास देखने को आँखें हैं और बोलने के लिए जबान, मैं सभा का सेवक हूँ और वह जो आदेश देती है, मैं उसका ही परिपालन करता हूँ।"

हाथों में कुछ वास्तविक राजनीतिक शक्ति आ जाए। इसके अलावा 1967 के आम चुनाव के बाद से सदस्यों द्वारा दल-बदल की व्यापक घटनाओं के कारण अनेक राज्यों में दलों की स्थिति में नित्य परिवर्तन होते रहे हैं और कुछ सत्तारूढ़ दलों को नाममात्र का ही बहुमत प्राप्त रहा है। ऐसी स्थिति में यह स्वाभाविक ही है कि कोई भी बहुमत प्राप्त दल, अध्यक्ष के पद पर एक ऐसे व्यक्ति को रखना सर्वथा आवश्यक समझे जो दल का पक्का और विश्वस्त सदस्य हो। यह भी हो सकता है कि दल के किसी वरिष्ठ और प्रभावशाली नेता को गुटों के संतुलन-संघर्ष अथवा मुख्यमंत्री के साथ व्यक्तिगत रूप से मेल न खाने इत्यादि कारणों से मंत्रिपरिषद् में स्थान न मिल पाए।[11] इन सभी स्थितियों में यह स्पष्ट है कि अध्यक्ष आसानी से निर्दलीय नहीं रह सकते और न ही वे सभा के अल्पसंख्यकों के हितों के शुद्ध संरक्षक ही बन सकते हैं। उनका एक प्रमुख उत्तरदायित्व उस दल (या दलों) के प्रति है जिसकी सहायता अथवा कृपा से उन्हें अध्यक्ष पद प्राप्त हुआ है, उसके हितों की रक्षा का प्रयत्न करना उनके लिए उचित ही नहीं, अनिवार्य है। ऐसे महत्त्वपूर्ण प्रश्नों पर जिनका उस दल, दलों या मोर्चे के प्रमुख स्वार्थों, या भविष्य पर प्रभाव पड़ता हो, संभवतः कोई अध्यक्ष पूर्णतया निष्पक्ष नहीं रह सकता।

(3) ब्रिटेन में संसद ही सर्वोच्च सत्ता है, परंतु भारत का संविधान लिखित है और इसलिए यहाँ शासन के प्रत्येक अंग तथा पदाधिकारी की शक्तियाँ वही हैं जिनका संविधान, संविधियों तथा संबद्ध नियमों-विनियमों में आख्यान तथा परिसीमन किया गया है। इस स्थूल योजना के अंतर्गत विधान मंडल ही नहीं, वरन् अध्यक्ष भी संवैधानिक अधिदेशों से बँधे हैं और इसी के अनुसार उनके प्राधिकार, अधिकार और कर्तव्य हैं। जहाँ ब्रिटेन में हाउस ऑफ कॉमन्स के अध्यक्ष को सदन के विरुद्ध किसी प्रकार के अधिकार नहीं मिल सकते, वहाँ भारत में स्वयं संविधान ने ही सदन तक वे विरुद्ध अध्यक्षों के कुछ अधिकारों की रक्षा की है। अनुच्छेद-179 के दो परंतुक इसके उदाहरण हैं।

(4) भारत में सदन के अध्यक्ष के कार्यकाल की सुरक्षा की कोई परंपरा कायम नहीं की गई। यहाँ तक कि आम चुनाव में पुनः निर्वाचित हो जाने के बाद भी सभा के पहले अध्यक्ष को फिर से अध्यक्ष पद के लिए निर्वाचित किया जाना जरूरी नहीं समझा जाता। लोकसभा का अध्यक्ष रह चुकने के बाद और राज्यपाल नियुक्त होने से पहले श्री एम. अनंतशयनम् आयंगर कुछ काल तक लोकसभा के साधारण सदस्य रहे। लोकसभा के कुछ भूतपूर्व

---

11. संघ और राज्यों में अध्यक्ष पद पर नियुक्त व्यक्तियों की पृष्ठभूमि तथा उस पद पर उनकी नियुक्ति का अध्ययन राजनीतिक समाजशास्त्रियों के लिए बड़ा उपयोगी होगा। इसके फलस्वरूप उनके सामने अनेक नए तथ्य आएँगे।

अध्यक्षों को राज्यों का राज्यपाल बनाया गया। एक लोकसभा अध्यक्ष राष्ट्रपति बन चुके हैं। एक से अधिक व्यक्ति लोकसभा अध्यक्ष रहने के बाद मंत्री बने हैं। राज्यों में अध्यक्ष, मंत्री और यहाँ तक कि मुख्यमंत्री भी हुए हैं। इस प्रकार भारत में यह नहीं कहा जा सकता कि जो एक बार अध्यक्ष हुआ, वह हमेशा अध्यक्ष बना रहेगा अध्यक्ष बनने के बाद कोई भी व्यक्ति अपनी सारी राजनीतिक महत्त्वाकांक्षाओं का परित्याग कर देगा। कालांतर में भारतीय राजनीति में मोर्चा सरकारों का दौर शुरू होने के बाद तो अध्यक्ष का पद और भी राजनीतिक पद बन गया और सच तो यह है कि सत्तारूढ़ दल या मोर्चे की सरकार या विभिन्न दलों की मिली-जुली सरकार उसे एक ऐसा पद मानने लगी है जो प्रसाद के रूप में किसी कृपापात्र को दिया जा सकता था। इसलिए सरकार मे परिवर्तन होने पर अध्यक्ष को भी बदलना उचित, यहाँ तक कि आवश्यक भी समझा जाने लगा।

(5) भारत में अभी तक लोकसभा अथवा राज्य विधानसभा के किसी भी पदारूढ़ अध्यक्ष को आम चुनावों में निर्विरोध नहीं चुना गया।

(6) एक बात यह भी है कि राज्यों में कुछ अध्यक्ष अपेक्षाकृत कम आयु के राजनीतिज्ञ हैं जो मंत्री, मुख्यमंत्री इत्यादि बनने की तथा एक दिन वास्तविक राजनीतिक शक्ति का उपभोग करने की अपनी महत्त्वाकांक्षाओं को तिलांजलि नहीं दे सकते। उनके लिए राजनीति के व्यापार में अध्यक्ष पद अधिक महत्त्व के पद प्राप्त करने की सीढ़ी मात्र है।

इस प्रकार यह स्पष्ट है कि भारत के अध्यक्ष की तुलना ब्रिटिश अध्यक्ष से नहीं की जा सकती। दोनों की पृष्ठभूमि एवं वर्तमान स्थिति सर्वथा भिन्न है। इसके अलावा हमारे देश में किसी सर्वमान्य परंपरा अथवा कार्यपद्धति का अब तक विकास नहीं हुआ। ब्रिटेन की तरह की परंपराएँ एक व्यक्ति के त्यागपत्र देने से अथवा उसके दल-निरपेक्ष आधार पर काम करने के प्रयास से नहीं बनतीं। उस प्रकार की परंपराओं को बनाने और पुष्ट होने में अनेक दशक और शताब्दियाँ लग जाती हैं। लोकसभा के सर्वप्रथम अध्यक्ष श्री गणेश वासुदेव मावलंकर ने कहा था–

> "...हमारी राजनीतिक तथा संसदीय जीवन की वर्तमान परिस्थितियों में स्पष्टतः यह संभव नहीं है कि मैं इंग्लैंड के अध्यक्ष के समान राजनीतिक क्षेत्र से बिलकुल दूर रहूँ। लेकिन भारतीय अध्यक्ष अपने पद पर काम करते समय पूर्णतः दलरहित व्यक्ति रहेगा अर्थात् वह दलगत विचार-विमर्शों और विवादों से अलग रहेगा। केवल अध्यक्ष होने के कारण उसका राजनीतिक जीवन समाप्त नहीं हो जाता। अभी हमें राजनीतिक दलों का और अध्यक्ष पद के बारे में स्वस्थ प्रथाओं का विकास करना है। ऐसी एक प्रथा का आधारभूत सिद्धांत यह है कि एक बार जब कोई व्यक्ति अध्यक्ष बन जाता है तो जब तक वह अध्यक्ष पद पर आसीन रहना चाहे तब तक आम चुनावों

में उसके निर्वाचन क्षेत्र में अथवा सभा में अध्यक्ष पद के निर्वाचन के मामले में कोई भी दल उसका विरोध नहीं करता। तदनुरूपी प्रथा के बिना, अध्यक्ष से यह आशा करना कि वह राजनीति से पूर्ण रूप से अलग रहे, संभवतः परस्पर विरोधी आशाएँ रखनेवाली बात है।"

भारतीय राज्य-व्यवस्था और संविधान की नींव जनतंत्र के सिद्धांतों पर रखी गई है। यदि अध्यक्ष के पद को इन सिद्धांतों की कसौटी पर कसा जाए, तो निम्नलिखित निष्कर्ष तुरंत निकाले जा सकते हैं–

(क) अध्यक्ष सभा से ऊपर नहीं है; वह सभा का सेवक है, स्वामी नहीं।

(ख) अध्यक्ष का यह धर्म कदापि नहीं है कि वह सदन की आवाज को घोंट दे। उसको यह अधिकार नहीं है कि जब सदन के लिए बैठक करना आवश्यक हो और सदन बैठक करना चाहे तब वह उसकी बैठक न होने दे। उसके लिए यह भी उचित नहीं है कि जब किसी मंत्रिमंडल में सभा के बहुमत का विश्वास न रहा हो, तब वह मंत्रिमंडल की रक्षा के लिए सदन का स्थगन कर दे अथवा जब उसके विरुद्ध अविश्वास का प्रस्ताव प्रस्तुत किया जाए, तब सभा को उस पर चर्चा करने का अवसर न दे।

(ग) किसी राज्य सरकार को उस राज्य की विधानसभा में बहुमत का समर्थन प्राप्त है या नहीं, इसकी परीक्षा का एकमात्र विधिसम्मत स्थान विधानसभा ही है और वहाँ शक्ति-परीक्षा की सुविधा देने के बजाय अपने विवेक को आरोपित करना राज्यपाल या अध्यक्ष के लिए जनतंत्रीय सिद्धांतों के विरुद्ध है। इसी प्रकार सभा में अस्थायी एवं परिवर्तनशील बहुमत के आधार मात्र पर राजनीतिक एवं दलगत हित के कारण अध्यक्ष के उच्च पद पर आसीन व्यक्ति को निकाल बाहर करने का प्रयत्न करना भी संसदीय और जनतंत्रीय परंपराओं के प्रतिकूल है।

एक उदाहरण 1995 में उत्तर प्रदेश विधानसभा में देखने को मिला। जब सपा और बसपा का गठबंधन टूटने के बाद उत्तर प्रदेश विधानसभा में सबसे बड़े दल भाजपा ने बिना शर्त अपना समर्थन बसपा को देने की घोषणा की। यह स्पष्ट हो जाने पर भी कि उनकी सरकार को सदन में विश्वास प्राप्त नहीं रहा है, मुलायम सिंह यादव कुरसी न छोड़ने और त्यागपत्र न देने के दुराग्रह पर अड़े रहे। हिंसा, दबाव, खरीद-फरोख्त आदि के तरह-तरह के संकेत मिले। मजबूर होकर, राज्यपाल मोतीलाल वोरा को कठोर कदम उठाने पड़े। श्री मुलायम सिंह यादव की सरकार को बर्खास्त किया गया और सुश्री मायावती को नई सरकार बनाने का आमंत्रण दिया गया। यह सब राज्यपाल ने संविधान की धारा-164 के द्वारा प्रदत्त अधिकारों के अंतर्गत किया। सरकारिया कमीशन की दुहाई देकर कहा जाता है कि सरकार के बहुमत खोने और विभिन्न दलों के बीच शक्ति परीक्षण का मामला विधानसभा के कक्ष में ही होना चाहिए था। लेकिन सरकारिया कमीशन ने स्वयं ऐसी स्थितियों की कल्पना की थी

जिनमें राज्यपाल ऐसा करना उचित अथवा संभव न पाए और अपवाद करना अनिवार्य हो। जो भी हो, राज्यपाल मोतीलाल वोरा ने सुश्री मायावती को 20 जून तक विधानसभा के समक्ष अपना बहुमत सिद्ध करने का समय दिया।

अध्यक्ष धनीराम वर्मा ने राज्यपाल के निर्णय को अवैध और श्री मुलायम सिंह की सरकार की बर्खास्तगी को असंवैधानिक बताया। उन्होंने श्री मायावती को मुख्यमंत्री मानने से साफ इनकार किया। उन्होंने यहाँ तक कह डाला कि वह अपने दल के सदस्य पहले हैं और पूरे सदन के अध्यक्ष बाद में। ऐसी स्थिति में आश्चर्य नहीं कि उनकी सारी भूमिका एक दलीय नेता की अधिक और एक निष्पक्ष अध्यक्ष की कम रही। उन्होंने बड़ी जल्दबाजी में, संविधान की दल-बदल निरोध-संबंधी दसवीं सूची के प्रावधानों पर विचार किए बिना ही बसपा से बाहर आए कुछ दल-बदलुओं को एक अलग समूह के रूप में मान्यता दे डाली। विधानसभा की कार्य मंत्रणा समिति का ऐसा असंगत पुनर्गठन किया जिससे उन संसदीय मान्यताओं और परंपराओं का उल्लंघन हुआ जिनके अनुसार यह समिति पूरे सदन में दलों की स्थिति का प्रतिबिंब होती है और सभी दलों का उनकी सदस्य संख्या के अनुपात के अनुरूप प्रतिनिधित्व करती है। यद्यपि औपचारिक रूप में इस समिति की नियुक्ति अध्यक्ष ही करते हैं, किंतु व्यावहारिक यथार्थ और परंपरा यह रही है कि विभिन्न दलों के नेता अपनी पार्टी के जिन लोगों के नाम सुझाएँ, अध्यक्ष महोदय उन्हीं का मनोनयन कर दे।

विधानसभा अध्यक्ष से अपेक्षित है कि वह दलगत राजनीति से ऊपर उठकर निष्पक्ष भाव से काम करे और सदन के सभी सदस्यों का विश्वासपात्र बना रहे। अगर वह ऐसा नहीं करता और विश्वास खो देता है तो सदन के सदस्यों का बहुमत उसे अध्यक्ष पद से च्युत कर सकता है। यदि अध्यक्ष को उसके पद से हटाने से संबंधित कोई प्रस्ताव आता है तो उसका नैतिक, लोकतांत्रिक और संसदीय दायित्व बनता है कि शीघ्रातिशीघ्र विधानसभा को उस प्रस्ताव पर विचार करने का और निर्णय लेने का मौका दे, किंतु श्री धनीराम वर्मा ने सभी मानकों, मूल्यों और परंपराओं को तिलांजलि देते हुए, अपने विरुद्ध आए हुए तीनों प्रस्तावों को अवैध और अस्वीकृत घोषित कर दिया और सदन के सामने न आने देने का पूरा प्रयास किया।

अध्यक्ष धनीराम वर्मा ने राज्यपाल के संवैधानिक अधिकारों को भी चुनौती दी। न केवल उन्होंने राज्यपाल द्वारा नियुक्त सरकार को अवैध बताया, बल्कि उन्होंने राज्यपाल द्वारा विधानसभा के लिए भेजे गए संदेश को भी असंवैधानिक कहकर विधानसभा तक न पहुँचने देने का प्रयास किया। विधानसभा के समक्ष आनेवाली आवश्यक सरकारी कार्यवाही को भी उन्होंने अस्वीकार कर दिया। अंत में वह सभा में आए भी तो उसे चलाने के लिए नहीं, अपितु केवल अनिश्चित काल के लिए स्थगित करने के लिए।

किसी भी संसदीय व्यवस्था में और हमारे संविधान की किसी धारा में ऐसा कोई प्रावधान नहीं जिसके द्वारा किसी अध्यक्ष को यह अधिकार प्राप्त हो कि वह यह तय

करे किसे मुख्यमंत्री बनाया जाए और किसे नहीं। यह भी अध्यक्ष का क्षेत्र नहीं है कि वह सरकार की वैधता अथवा अवैधता का निर्णय करे। अपने हटाए जाने के लिए आए प्रस्तावों को सदन के सामने न आने देने से और सदन की बैठक को अनिश्चित काल के लिए स्थगित करने का प्रयास करने से यह स्पष्ट हो जाता है कि उनकी भावना ठीक नहीं थी और अपनी कुरसी बचाने के स्वार्थों से प्रेरित थी। इसके लिए उन्होंने संविधान, नियम और मान्यताओं के पालन की परवाह नहीं की।

सदन की बैठक स्थगित करने का अधिकार अध्यक्ष का संवैधानिक अधिकार नहीं है। वह केवल सदन ने स्वयं अपने बनाए नियमों द्वारा उसे दिया है। केवल इसलिए कि ब्रिटेन के हाउस ऑफ कॉमन्स की तरह हर रोज स्थगन प्रस्ताव पारित करने की आवश्यकता न पड़े। इस अधिकार का प्रयोग सदन के विरुद्ध अथवा उसे काम न करने देने के लिए या निष्क्रिय और निष्प्रभावी बनाने के लिए नहीं किया जा सकता। यदि सदन स्थगित न होना चाहे तो अध्यक्ष उसे स्थगति नहीं कर सकता।

प्रस्तुत स्थिति में अध्यक्ष को भली प्रकार मालूम था कि सदन वैधानिक कार्यवाही चलाने के लिए और राज्यपाल के संदेश पर विचार करने के लिए उत्सुक था और स्थगन का समर्थन नहीं कर सकता था। यह सिद्ध भी हो गया जब सदन के सदस्यों के बहुमत ने अध्यक्ष द्वारा दिए गए स्थगन आदेश की अनसुनी कर दी, वे बैठे रहे और बैठक चलती रही। सदन को पूरा अधिकार था कि वह ऐसे अनर्गल, पूर्वग्रह और निहित स्वार्थ प्रेरित स्थगन की घोषणा को नकार दे और निरस्त कर दे तथा अध्यक्ष और उपाध्यक्ष की अनुपस्थिति में सदन की अध्यक्षता करने के लिए किसी अन्य व्यक्ति का चयन कर ले। संविधान की धारा-180(2) में इसका स्पष्ट प्रावधान है। सदन ने श्री बरखूराम वर्मा को तात्कालिक पीठासीन अधिकारी निर्वाचित किया, ताकि सदन की कार्यवाही विधिवत् आगे चल सके।

राज्यपाल को सदन की प्रक्रिया में या कार्यवाही में हस्तक्षेप करने का कोई अधिकार नहीं है। राज्यपाल विधानपालिका के किसी सदन को, उसके पीठासीन अधिकारी को अथवा सदस्यों को कोई आदेश या निर्देश भी नहीं दे सकता। किंतु संविधान की धारा-175(2) के द्वारा राज्यपाल को यह अधिकार दिया गया है कि वह जब चाहे विधानसभा को किसी भी मामले में संदेश भेज सकता है और जब कभी ऐसा संदेश भेजा जाए तो विधानसभा को यथाशीघ्र उस पर विचार करना होगा। धारा-175(2) की भाषा को ध्यानपूर्वक देखा जाए तो स्पष्ट हो जाता है कि अध्यक्ष को अथवा स्वयं विधानसभा को यह विकल्प उपलब्ध नहीं है कि अगर वह न चाहें तो राज्यपाल के संदेश पर विचार ही न करें। राज्यपाल के संदेश पर विचार करना सदन का संवैधानिक दायित्व है जो उसे पूरा करना ही होगा। साथ ही यह विचार शीघ्रातिशीघ्र होना चाहिए। जहाँ तक संदेश की विषयवस्तु का संबंध है, यह स्पष्ट कहा गया कि संदेश किसी भी विषय में, किसी भी मामले में हो सकता है अर्थात् सदन की कार्यवाही के विषय में भी राज्यपाल संदेश भेज सकता है। यह सदन का

अपना अधिकार है कि विचार के बाद राज्यपाल के संदेश पर निर्णय ले, उसमें दिए गए सुझावों को माने या न माने।

राज्यपाल मोतीलाल वोरा ने संदेश मात्र ही भेजा, कोई आदेश या निर्देश नहीं। संदेश संविधान द्वारा पारिभाषित परिधि के भीतर था। अध्यक्ष धनीराम वर्मा का कर्तव्य बनता था कि तुरंत संदेश को विधानसभा के सम्मुख विचारार्थ रखते और सदन जो भी निर्णय लेता उसके अनुसार आगे आचरण किया जाता। अध्यक्ष को ऐसा कोई अधिकार प्राप्त नहीं कि वह राज्यपाल और विधानसभा के बीच अवरोधक बन बैठे। संभवतः श्री धनीराम वर्मा यह भी भूल गए कि राज्य का प्रमुख होने के साथ-साथ राज्यपाल विधानपालिका का भी अभिन्न अंग होता है। संविधान की धारा 162 स्पष्ट करती है कि उत्तर प्रदेश की विधानपालिका—राज्यपाल, विधानपरिषद् और विधानसभा—तीनों अंगों से मिलकर बनती है।

राज्यपाल के संदेश का निरादर कर और विधानसभा को उस पर विचार करने से रोकने का प्रयास कर अध्यक्ष धनीराम वर्मा ने संविधान पर कुठाराघात किया, सदन की अवमानना की, गरिमा के विरुद्ध आचरण किया और अपने सभापतित्व में हुई सदन की कार्यवाही को अवैध और असंवैधानिक बना दिया। यह सदन का अपना अधिकार क्षेत्र है कि वह कार्यवाही के उस अंश को निरस्त कर दे और उसमें शामिल स्थगन को भी निष्प्रभावी कर दे। सदन ने ऐसा ही किया और इसे कोई चुनौती संविधान अथवा विधि के अंतर्गत नहीं दी जा सकती। किसी भी प्रक्रियागत अनियमितता के आधार पर सदन की बैठक की वैधता का मामला किसी अदालत के सामने नहीं ले जाया जा सकता क्योंकि संविधान की धारा-212 में इसकी स्पष्ट मनाही है।

कुछ लोगों ने तर्क दिया था कि पहले अध्यक्ष द्वारा विधानसभा की बैठक के स्थगन को अदालत से अवैध घोषित कराना चाहिए था और उसके बाद ही पुनः सदन आगे कार्यवाही कर सकता था। लेकिन यह तर्क न संवैधानिक दृष्टि से न्यायसंगत था और न ही राजनीतिक परिस्थितियों के परिप्रेक्ष्य में व्यावहारिक। इस तर्क के पक्ष में 1968 का पंजाब का दृष्टांत प्रस्तुत किया गया, किंतु तर्क देनेवाले भूल गए कि उस मामले में भी अध्यादेश जारी करने के बावजूद जब अध्यक्ष महोदय विधानसभा की बैठकें स्थगित करने से बाज नहीं आए तो अंततः विधानसभा को ही अध्यक्ष के आदेश की अवहेलना करते हुए उपाध्यक्ष की अध्यक्षता में अपनी बैठक चलानी पड़ी और उच्चतम न्यायालय ने भी उस कार्यवाही को वैध माना।

उत्तर प्रदेश के मामले में भी 19 जून, '95 का एक याचिका इलाहाबाद उच्च न्यायालय की लखनऊ खंडपीठ के सामने रखी गई थी। याचिका में प्रार्थना की गई थी कि विधानसभा की बैठक को रोका जाए क्योंकि वह गैर-कानूनी है, मायावती सरकार गैर-कानूनी है। मुलायम सिंह की बर्खास्तगी गैर-कानूनी है और राज्यपाल द्वारा भेजा गया संदेश गैर-कानूनी है। न्यायालय ने निर्णय दिया कि राज्यपाल को विधानसभा की बैठक बुलाने का तथा सरकार को अपना बहुमत साबित करने के लिए कहने का

पूरा अधिकार है।

1967 में जब पंजाब में गिल-मंत्रिमंडल की वैधता का प्रश्न उठाया गया तो विधानसभा को तत्कालीन अध्यक्ष जोगेंद्र सिंह मान और विधानपरिषद् के सभापति दाऊदयाल खन्ना दोनों ने अपने-अपने सदन में निर्णय दिया था कि राज्यपाल को पूरा अधिकार है कि वह किसी को भी मुख्यमंत्री नियुक्त करे और पद की शपथ दिलाए। किसी भी मंत्रिमंडल की नियुक्ति का मामला विधान मंडल के किसी सदन के सामने चुनौती का विषय नहीं हो सकता।

6 मार्च, 1968 को जब पंजाब की विधानसभा के अध्यक्ष जोगेंद्र सिंह मान को उनके पद से हटाने का प्रस्ताव आया तो उन्होंने अगले ही दिन यानि 7 मार्च को उसे अवैध घोषित कर दिया। जब सदन में मामला उठाया गया और अध्यक्ष व्यवस्था कायम करने में असफल रहे तो उन्होंने 2 माह के लिए सदन की बैठक के स्थगन की घोषणा कर दी। उन्होंने यह भी नहीं सोचा कि वह बजट सत्र था बजट पास करने की अनिवार्यता थी। इससे जो संकट की स्थिति पैदा हुई उससे निपटने के लिए राज्यपाल ने सत्रावसान की घोषणा की और एक अध्ययादेश जारी किया, संविधान की धारा-213 के अंतर्गत। संविधान की धारा-209 में कहा गया है कि वित्तीय कार्यवाही को समय से पूरा करने के लिए विधानपालिका के सदनों की कार्य-प्रक्रिया को विधि द्वारा नियमित किया जा सकता है। इस धारा के आधार पर राज्यपाल ने अध्यादेश के द्वारा विधानसभा की प्रक्रिया को बाँधने का प्रयास किया। अध्यादेश में और बातों के साथ-साथ कहा गया था कि जब तक कि वित्तीय कार्यवाही समाप्त न हो, सदन का स्थगन, बिना स्थगन प्रस्ताव पारित किए नहीं किया जाए और अगर ऐसा किया जाता है तो वह स्थगन अवैध होगा। जब इसके बाद 18 मार्च को विधानसभा की बैठक हुई तो राज्यपाल ने धारा-175(2) के अंतर्गत एक संदेश भेजकर बजट पर चर्चा करने के लिए कहा। किंतु अध्यक्ष महोदय ने निर्णय दिया कि राज्यपाल द्वारा विधानसभा को पुनः समवेत करना अवैध था और इसलिए उन्होंने फिर बैठक स्थगित कर दी। सदस्य बैठे रहे, उपाध्यक्ष को बुलाकर अध्यक्ष की कुरसी पर बैठाया गया और सारी वित्तीय कार्यवाही पूरी की गई। अध्यक्ष मान ने बाद में आरोप लगाया था कि मुख्यमंत्री ने पुलिस को विधानसभा के परिसर में तैनात करके बलपूर्वक ऐसा कराया। पंजाब उच्च न्यायालय का निर्णय अध्यक्ष मान के पक्ष में गया, किंतु उच्चतम न्यायालय ने राज्यपाल द्वारा सदन के सत्रावसान और पुनः समवेत किए जाने को नितांत वैध और आवश्यक करार दिया। अध्यादेश को भी संविधान की धारा-209 और 213 के अंतर्गत उचित पाया गया। अध्यक्ष मान द्वारा विधानसभा की स्पष्ट अनुमति के बग़ैर उसकी बैठक को स्थगित करना अवैध और अध्यक्ष के अधिकार क्षेत्र से बाहर घोषित किया गया तथा उपाध्यक्ष के सभापतित्व में हुई सारी कार्यवाही को वैध और बजट को विधिवत् पारित माना गया।

पश्चिम बंगाल की विधानसभा में वहाँ के तत्कालीन अध्यक्ष श्री विजय बनर्जी

ने भी नवंबर 1967 में कुछ ऐसी ही विषम परिस्थिति पैदा कर दी थी जब उन्होंने डॉ. पी. सी. घोष मंत्रिमंडल की नियुक्ति को अवैध और असंवैधानिक बताया और विधानसभा की बैठक स्थगित कर दी। मामला कलकत्ता उच्च न्यायालय के समाने गया तो न्यायालय ने स्पष्ट निर्णय दिया कि किसी भी मंत्रिमंडल को बर्खास्त करना और नई सरकार बनाना पूर्णतया राज्यपाल के अधिकार क्षेत्र में आता है और उसको न्यायालयों में याचिकाएँ दायर करके चुनौती नहीं दी जा सकती। किंतु जब 14 फरवरी, विधानसभा की बैठक फिर शुरू हुई तो अध्यक्ष बनर्जी ने उसे एक बार फिर स्थगित कर दिया। अंततः संविधान की धारा-356 के तहत प्रदेश में राष्ट्रपति शासन लागू करना पड़ा।

पश्चिमी बंगाल की ही तरह 1972 में तमिलनाडु में भी अंततः राष्ट्रपति शासन लागू करना पड़ा था जब वहाँ के तत्कालीन अध्यक्ष ने अपने विरुद्ध पद से हटाऐ जाने के लिए आए प्रस्ताव की पृष्ठभूमि में विधानसभा की बैठक को स्थगित कर दिया। राज्यपाल ने विधानसभा का सत्रावसान करके उसे फिर से समवेत किया। यद्यपि अध्यक्ष द्वारा सत्रावसान की वैधता को दी गई चुनौती मद्रास उच्च न्यायालय ने अस्वीकार कर दी थी, फिर भी जब विधानसभा की बैठक पुनः शुरू हुई तो अध्यक्ष के. ए. मथियालगन ने एक बार फिर अपने विरुद्ध प्रस्ताव पर विचार नहीं होने दिया और मंत्रिमंडल के विरुद्ध अविश्वास प्रस्ताव पर चर्चा प्रारंभ करा दी। तभी सदन के उसी कक्ष में उपाध्यक्ष की अध्यक्षता में एक और समानांतर बैठक आयोजित की गई जिसके द्वारा अध्यक्ष को हटाए जाने का प्रस्ताव पारित किया। बाद में मद्रास उच्च न्यायालय ने इस निर्णय को वैध माना।

विधानसभा अध्यक्ष के भौंडे व्यवहार का एक और मामला 1994 में मणिपुर राज्य में हुआ। अध्यक्ष बोरोबाबू ने सरकारी पक्ष और सदस्यों के बहुमत की अनुपस्थिति में विधानसभा की एक तथाकथित बैठक में मंत्रिमंडल के विरुद्ध अविश्वास का प्रस्ताव पास करा दिया और तथाकथित बैठक को स्थगित कर दिया। बाद में राज्यपाल के सहयोग से विधानसभा की एक विधिवत् बैठक बगैर बोरोबाबू के आयोजित की गई जिसमें बोरोबाबू को अध्यक्ष पद से हटाने का प्रस्ताव पारित किया गया और एक नया अध्यक्ष चुन लिया गया।

इन सभी दृष्टांतों से और पूर्व निर्णयों से यह स्पष्ट हो जाता है कि उत्तर प्रदेश में श्री बरखूराम वर्मा की अध्यक्षता में हुई विधानसभा की बैठक नितांत वैध, संवैधानिक और नियमसंगत थी। सदस्यों का बहुमत उपस्थित था। अध्यक्ष श्री धनीराम वर्मा को सर्वसम्मति से उनके पद से मुक्त किया गया। सुश्री मायावती की सरकार को विधानसभा में स्पष्ट बहुमत के द्वारा विश्वास प्राप्त हो गया। श्री बरखूराम वर्मा को राज्यपाल ने नए अध्यक्ष का निर्वाचन होने तक अस्थायी अध्यक्ष नियुक्त कर दिया। यदि ऐसे लोग विधानसभा अध्यक्ष के पद पर विराजमान होते रहे तो यह संसदीय संस्थाओं का दुर्भाग्य ही होगा क्योंकि ऐसे व्यक्तित्व इस पद की प्रतिष्ठा और गरिमा को धूल में ही मिलाएँगे।

2

उपाध्यक्ष का दायित्व

संविधान के अनुच्छेद-180 में सदन के उपाध्यक्ष की शक्तियों का बहुत ही स्पष्ट वर्णन किया गया है। 180(1) में कहा गया है कि जब अध्यक्ष पद रिक्त हो तब उपाध्यक्ष उस पद के कर्तव्यों का पालन करे। 180(2) में प्रावधान है कि जब अध्यक्ष किसी बैठक में अनुपस्थित हो तो उपाध्यक्ष उस बैठक में अध्यक्ष का काम करेगा। साफ है कि अनुच्छेद-180(2) के अंतर्गत उपाध्यक्ष को केवल बैठक-विशेष का सभापतित्व करने और उसके कार्यक्रम का यथाविधि संचालन करने का अधिकार मिलता है। उसे अध्यक्ष पद की समस्त शक्तियाँ कदापि नहीं मिलतीं। वह उसे तभी मिल सकती हैं जब अध्यक्ष पद रिक्त हो।

संविधान में उपाध्यक्ष पद के दायित्व की इतनी स्पष्ट व्याख्या के बावजूद कभी-कभी काफी विवाद की स्थिति उत्पन्न हो गई है। ऐसा ही एक गंभीर विवाद 1996 में गुजरात में उत्पन्न हो गया था जिसका निष्कर्ष अंततः राज्य की भाजपा सरकार की बर्खास्तगी के रूप में सामने आया। इस प्रकरण की विवेचना को सदन के उपाध्यक्ष के अधिकार और उसके संवैधानिक दायित्वों की सीमा को अच्छी तरह समझा जा सकता है।

गुजरात विधानसभा के लिए फरवरी 1995 में हुए आम चुनावों में भारतीय जनता पार्टी (भाजपा) को कुल 182 स्थानों में से 121 स्थानों पर सफलता मिली। इस प्रकार दो-तिहाई स्पष्ट बहुमत पाकर भाजपा ने अपनी सरकार बनाई। किंतु सत्ता में आते ही भाजपा पर भी कांग्रेस की संस्कृति हावी होने लगी। व्यक्तिगत महत्त्वाकांक्षाएँ जन्मने-पनपने लगीं और कुरसियों के संघर्ष प्रारंभ हो गए। कुछ ही महीनों में भाजपा मुख्यमंत्री केशु भाई पटेल की सरकार को शंकर सिंह बघेला के नेतृत्व में असंतुष्ट भाजपा विधायकों ने कड़ी चुनौती दे डाली। इस बीच भाजपा नेतृत्व ने सुरेश मेहता को गुजरात के मुख्यमंत्री पद पर आसीन कर दिया। अंततः शंकर सिंह बघेला अपने कुछ समर्थक विधायकों को लेकर भाजपा से अलग हो गए और उन्होंने महागुजरात जनता पार्टी के नाम से एक नई पार्टी बना डाली। उस समय विधानसभा में कुल 180 सदस्यों में भाजपा के 120 सदस्य थे। टूटकर जानेवाले बघेला गुट के दावे के अनुसार

उसे 46 भाजपा सदस्यों का समर्थन प्राप्त था। इस गुट ने एक पृथक् राजनीतिक दल के रूप में मान्यता पाने के लिए अध्यक्ष से आग्रह किया। संभवतः बघेला गुट का अनुमान था कि कांग्रेस के 44 तथा 16 निर्दलीय सदस्यों को लेकर वह सदन में स्पष्ट बहुमत पा लेंगे और अपने मुख्यमंत्रित्व में सरकार बना पाएँगे।

विधानसभा अध्यक्ष ने बघेला गुट को मान्यता देने को अनुचित ठहराया। वस्तुतः इस बीच 46 में से 18 भाजपा सदस्यों ने बघेला गुट के साथ अपने सहयोग को स्पष्टतया नकारा। कुछ ने कहा कि उन्हें धोखा देकर हस्ताक्षर कराए गए थे और कम-से-कम आठ का कहना था कि उनके जाली हस्ताक्षर बनाए गए हैं जो भी हो 46 में से 18 का दावा था कि वे मेहता खेमे में हैं, भाजपा में हैं, सरकार के साथ हैं। दोनों ओर से बहुमत दावे होते रहे, टूटनेवाले सदस्यों के हस्ताक्षारों की जाँच और राज्यपाल, जनता, प्रेस और राष्ट्रपति के सामने दोनों खेमों के समर्थकों की खुली परेड आदि के प्रयास चलते रहे। राष्ट्रपति और प्रधानमंत्री से भाजपा नेताओं के मिलने के बाद ऐसा आश्वासन मिला कि केंद्र सरकार गुजरात के मामलों में हस्तक्षेप नहीं करेगी और संविधान के अनुच्छेद-356 के अंतर्गत राष्ट्रपति शासन आदि लागू करने का प्रश्न नहीं उठेगा। उसके बाद मुख्यमंत्री सुरेश मेहता ने राज्यपाल को विधानसभा का सत्र प्रस्तावित समय से पहले 3 सितंबर को बुलाने की सलाह दी, ताकि वे अपने मंत्रिपरिषद् के प्रति सदन का विश्वास सिद्ध कर सकें।

जब 3 सितंबर को विधानसभा का सत्र प्रारंभ हुआ तो गंभीर अस्वस्थता के कारण अध्यक्ष हरीश चंद्र पटेल अनुपस्थित थे और उनका स्थान उपाध्यक्ष चंदू भाई दाभी ने ग्रहण किया। यद्यपि उपाध्यक्ष दाभी विपक्ष में बैठनेवाले कांग्रेस दल के सदस्य थे किंतु पीठासीन अधिकारी के रूप में उनसे आशा की जाती थी कि वह सदन की कार्यवाही निष्पक्ष भाव से चलाएँगे और कार्यसूची पर जो विश्वास प्रस्ताव था उस पर विचार और मतदान कराएँगे, लेकिन उन्होंने सभी को चौंका दिया। उन्होंने सदन में एकदम बघेला गुट के तथाकथित '46' सदस्यों का अलग स्थान आवंटित किए जाने की आज्ञा दे डाली और उसके तुरंत बाद, विश्वास प्रस्ताव पर विवाद की अनुमति दिए बिना, सदन को अनिश्चित काल के लिए स्थगित कर दिया। अध्यक्ष के आदेश के बाद जब बैठक पुनः प्रारंभ हुई तो उपाध्यक्ष ने कार्यवाही चलाने के बजाय फिर से सदन के स्थगन की घोषणा कर दी। सदन का माहौल विचित्र था। एक ओर, भाजपा सरकार अपना बहुमत सिद्ध करने के लिए आतुर थी और चाहती थी कि सदन की कार्यवाही शांतिपूर्वक चले, दूसरी ओर, कांग्रेसी विपक्ष और बघेला गुट के सदस्यों ने उपाध्यक्ष की कुरसी के चारों ओर अभेद्य घेरा डाला हुआ था। सदन में शोर-शराबे, नारेबाजी और हंगामे का वातावरण पैदा किया हुआ था और सारे सदन को एक प्रकार से दुराग्रह का बंदी बनाया हुआ था। बहुमत और सदन के नेता के चाहते हुए भी सदन की कार्यवाही न चल सकी।

भाजपा पक्ष ने एक ओर तो अध्यक्ष के हस्ताक्षरोंवाले पत्र के आधार पर उपाध्यक्ष

के बघेला गुट के अलग से बैटाए जाने के निर्णय की अनुचित और असंवैधानिक करार देते हुए निरस्त किए जाने की घोषणा की और दूसरी ओर उपाध्यक्ष दाभी को उनके पद से हटाए जाने के प्रस्ताव का नोटिस दिया। मुख्यमंत्री मेहता ने राज्यपाल से आग्रह किया कि वह सदन को संविधान के अनुच्छेद-175(2) के अंतर्गत संदेश भेजकर कहें कि सदन सबसे पहले विश्वास प्रस्ताव पर निर्णय ले। राज्यपाल ने ऐसा करना ठीक नहीं समझा क्योंकि उनका कहना था कि सदन का सत्र चल रहा है, केवल बैठक स्थगित हुई है और आगे कार्यवाही चलाना अध्यक्ष का ही कार्यक्षेत्र है। राज्यपाल ने मुख्यमंत्री से उनके पत्र के उत्तर में कहा कि वे 13 सितंबर से पहले विधानपालिका से विश्वास मत प्राप्त करें।

सुरेश मेहता जानते थे कि यदि 13 सितंबर तक सदन का बहुमत पाने का प्रयास किया भी गया तो उपाध्यक्ष दाभी पुनः पहले की तरह सदन को चलने ही नहीं देंगे, अतः सर्वप्रथम दाभी को उनके पद से हटाना अनिवार्य था और क्योंकि उन्हें हटाने के प्रस्ताव पर विचार करने के लिए 14 दिन का नोटिस जरूरी था और यह काल 17 सितंबर को पूरा होता था, उन्होंने अध्यक्ष की ओर से 18 सितंबर को सदन की बैठक पुनः समवेत होने के आदेश जारी कराए।

इससे पहले कि यह बैठक होती, गुजरात की विधायिका राजनीति में एक और झंझावात आया जब अध्यक्ष हरीश चंद्र पटेल की मृत्यु हो गई और उपाध्यक्ष ही कार्यवाहक अध्यक्ष बन गए। ऐसी स्थिति में, संसदीय परिपाटी के अनुसार स्वाभाविक था कि 18 सितंबर को बैठक शोक प्रस्ताव पास करने के बाद स्थगित हो जाती और शेष सभी कार्य अगली बैठक में होते। मुख्यमंत्री की चिंताएँ थीं–(1) अपने मंत्रिपरिषद् में स्पष्ट बहुमत सिद्ध करना, (2) उपाध्यक्ष को उनके पद से हटाए जाने संबंधी प्रस्ताव पारित कराना, और (3) नए अध्यक्ष का चुनाव कराना। वह 17 सितंबर की रात को उपाध्यक्ष से मिले भी, किंतु उसी रात उपाध्यक्ष के अचानक बीमार हो जाने और अस्पताल में भरती हो जाने की सूचना मिली।

जब 18 सितंबर को बैठक प्रारंभ हुई तो सदन के नेता और मुख्यमंत्री मेहता ने प्रस्ताव रखा कि कार्यवाहक अध्यक्ष दाभी की अनुपस्थिति में विधायक दौलतभाई देसाई अध्यक्ष का आसन लें और सदन की कार्यवाही चलाएँ। कार्यसूची के अनुसार भूतपूर्व राष्ट्रपति संजीव रेड्डी और अध्यक्ष हरीश चंद्र पटेल के देहावसान पर शोक प्रस्ताव रखे जाने थे, किंतु कार्यसूची के विपरीत पहले मंत्रपरिषद् में विश्वास प्रस्ताव रखने की अनुमति पीठासीन अधिकारी ने दे दी। इस पर सदन में भारी हंगामा शुरू हो गया। कांग्रेस और बघेला गुट के सदस्यों ने अध्यक्ष के आसन के पास आकर तोड़-फोड़, शोरगुल और मार-पीट का वातावरण पैदा कर दिया। मुख्यमंत्री पर, पीठासीन अधिकारी पर तथा अन्य भाजपा सदस्यों और मंत्रियों पर पेपरवेटों, पिन कुशनों और माइक स्टैंडों से हमला किया गया। कई को चोटें आईं, खून बहा। अध्यक्ष का और मुख्यमंत्री का माइक भी तोड़ डाला गया। ऐसी स्थिति में पीठासीन अधिकारी ने अपने

अधिकारों का प्रयोग किया और हिंसा और हंगामे पर उतारू सदस्यों को सदन से बाहर जाने और निकाले जाने का आदेश दिया। मार्शल और वाच एंड वार्ड से स्थिति न सँभल पाने पर कार्यवाहक पीठासीन अधिकारी की आज्ञा से सादी वर्दी में पुलिस-कर्मियों की सहायता ली गई और दंगे पर उतारू विपक्ष के सदस्यों को सदन से बाहर कर दिया गया। इसके बाद सदन ने 92 के बहुमत से विश्वास पारित कर दिया। उसके बाद शोक प्रस्ताव हुए और सदन 19 सितंबर के लिए स्थगित कर दिया गया, ताकि उस दिन नए अध्यक्ष का चुनाव हो सके और उपाध्यक्ष दाभी को पदच्युत किया जा सके।

19 सितंबर की बैठक नहीं हो सकी, क्योंकि राज्यपाल की सिफारिश पर राष्ट्रपति ने उसी दिन मेहता सरकार को बर्खास्त कर दिया, गुजरात राज्य में राष्ट्रपति शासन लागू कर दिया तथा विधानसभा को निलंबित कर दिया। ऐसा करने का औचित्य यह बताया गया कि गुजरात में सरकार संविधान के प्रावधानों के अनुसार चलाया जाना असंभव हो गया है।

इस पूरे मामले की संविधान की दृष्टि से व्याख्या करें तो यह स्थिति सामने आती है। 1 सितंबर को अध्यक्ष पद रिक्त नहीं था, अतः उपाध्यक्ष को अध्यक्ष पद के कर्तव्य निभाने का कोई अधिकार नहीं था। अतः 3 सितंबर को सदन की बैठक में अध्यक्ष की अनुपस्थिति में उपाध्यक्ष चंदू भाई दाभी केवल उस दिन की नियत कार्य सूची के अनुसार विधानसभा का संचालन कर सकते थे। विधानसभा में किसी दल, समूह अथवा गुट को मान्यता प्रदान करना उनके अधिकार क्षेत्र में नहीं था क्योंकि वह तो अध्यक्ष के पद के कर्तव्यों में आता है। सदन की कार्यवाही चलाने से इस प्रकार की मान्यता देने के अधिकार का कोई सीधा संबंध नहीं। मान्यता का मामला तो अध्यक्ष अपने कक्ष में, आवश्यक छानबीन और जाँच-पड़ताल करने के बाद ही तय कर सकते हैं। वर्तमान मामले में अध्यक्ष कह चुके थे कि महागुजरात जनता पार्टी को मान्यता नहीं दी जा सकती। स्पष्ट है कि बिना सोचे-समझे, दलगत राजनीतिक स्वार्थों से प्रेरित होकर, उपाध्यक्ष दाभी ने अपने पद के अधिकार क्षेत्र का घोर अतिक्रमण किया। साथ ही इससे उपाध्यक्ष के पद की गरिमा को भारी ठेस लगी और हो सकता है कि भविष्य में अब बहुसंख्यक सत्ताधारी दल उपाध्यक्ष पद पर प्रतिपक्ष के किसी सदस्य को निर्वाचित करने की परिपाटी का पालन करने से पहले कई बार सोचे।

वस्तुतः स्वयं अध्यक्ष का भी किसी दल-विशेष को मान्यता देने का अधिकार केवल उसे सदन में बैठने का अलग स्थान देने और सदन की कार्यवाही में बोलने आदि की कुछ सुविधाएँ प्रदान करने तक ही सीमित है। उसका संविधान से अथवा दसवीं अनुसूची के दल-बदल निरोधक कानून से कोई संबंध नहीं है। 52वें संविधान संशोधन के बाद अध्यक्ष को ऐसा कोई अधिकार प्राप्त नहीं जिससे वह किसी भी सदस्य की दलीय संबद्धता बदल सके अथवा सदन में किसी नए दल को मान्यता दे सके। दसवीं अनुसूची के पैरा 2 के स्पष्टीकरण में साफ कहा गया है कि जो सदस्य

किसी दल-विशेष के अभ्यर्थी के रूप में निर्वाचन लड़ा हो वह उसी दल का सदस्य माना-समझा जाएगा। अतः भाजपा सदस्यों को किसी और दल के सदस्यों के रूप में जानना-पहचानना संविधान की अवहेलना और अवमानना करना है। संविधान के वर्तमान स्वरूप के अंतर्गत दलों को मान्यता देना अब अध्यक्ष के भी अधिकार क्षेत्र में साधारणतया नहीं है। प्रत्येक निर्वाचित सदस्य अपने दल का सदस्य है, निर्दलीय है अथवा फिर मनोनीत सदस्य है।

दसवीं अनुसूची के पैरा 3 की गहराई के साथ व्याख्या की जाए तो स्पष्ट हो जाएगा कि उसका आशय है कि (1) यदि सदन से बाहर मूल राजनीतिक दल का विभाजन हो जाए, (2) विभाजन से दो या अधिक गुट पैदा हों, (3) सदन में ऐसे गुट का प्रतिनिधित्व करनेवाला कोई समूह बने जिसकी सदस्य संख्या दल की पूरी संख्या के एक-तिहाई से कम न हो तो ऐसे समूह के किसी सदस्य को दल निरोधक कानून के अंदर अयोग्य घोषित नहीं किया जाएगा अथवा सदस्यता से निरर्हित नहीं किया जाएगा। दल निरोधक कानून में केवल विधानसभा के भीतर विधायक सदस्यों में विभाजन की कोई वैध संकल्पना नहीं है, यद्यपि कई राज्यों में अध्यक्षों ने ऐसे संकीर्ण अर्थ लगाए हैं।

एक बात और, किन्हीं सदस्यों के द्वारा दल-बदल करने या अपने दल के विरुद्ध मतदान आदि करने पर भी अध्यक्ष को तब तक कुछ करना नहीं होता जब तक इस आधार पर उन्हें निरर्हित करने के लिए कोई अन्य सदस्य अध्यक्ष के सामने याचिका उपस्थित न करे। केवल ऐसी किसी याचिका के आने पर ही दल-बदल निरोधक कानून के अंतर्गत अध्यक्ष की भूमिका प्रारंभ होती है। तभी अध्यक्ष को यह निर्णय करना होता है कि क्या दल-विशेष में विभाजन हुआ और सदन में उस दल के गुटों में से किसी का प्रतिनिधित्व करनेवाले समूह में क्या दल के एक-तिहाई से अधिक सदस्य हैं, आदि।

गुजरात के मामले में, ऐसी कोई स्थिति नहीं आई जिसमें अध्यक्ष भी दल-निरोधक कानून के अंतर्गत कोई कार्यवाही कर सके या कोई कदम उठा सके। उपाध्यक्ष का तो कोई प्रश्न ही नहीं उठता, क्योंकि दल-बदल निरोधक कानून उपाध्यक्ष को कोई शक्ति नहीं देता।

साफ है कि उपाध्यक्ष द्वारा '46' सदस्यों के बघेला गुट को सदन में मान्यता दिया जाना औचित्य, सार्थकता और संवैधानिकता के विरुद्ध था।

राज्यपाल विधानपालिका के अंग अवश्य है, किंतु उनके कार्यक्षेत्र और अधिकारों का संविधान में स्पष्ट निरूपण है। उन्हें विधानसभा की कार्यवाही या प्रक्रिया में हस्तक्षेप करने का कोई अधिकार नहीं है। संसदीय लोकतंत्र के इतिहास में यह मामला तभी अंतिम बार तय हो गया था जब ब्रिटेन में वहाँ ने नरेश चार्ल्स प्रथम ने हाउस ऑफ कॉमन्स में आने और चार सदस्यों के बारे में पूछताछ करने का दुस्साहस किया था। अंततः कहानी का अंत हुआ था चार्ल्स की फाँसी से। ऐसी स्थिति में मुख्यमंत्री

का राज्यपाल से सदन को संदेश भेजकर प्रक्रिया में हस्तक्षेप करने का आग्रह अनुचित और नितांत अनावश्यक था और राज्यपाल ने उसे न मानकर ठीक ही किया।

विधानसभा अपनी प्रक्रिया और कार्यवाही की स्वयं मालिक है। यद्यपि यह अधिक उचित होता कि 18 सितंबर को शोक प्रस्ताव पास करने के बाद कम-से-कम कुछ घंटों के लिए सदन की बैठक स्थगित कर दी जाती, इसमें कोई संदेह नहीं कि कार्यसूची में परिवर्तन करने का तथा कोई भी मामला लेने का सदन को पूरा अधिकार है। कार्यसूची में परिवर्तन प्रायः अध्यक्ष और सदन करते रहते हैं और कई बार ऐसे मामलों पर भी विचार-विवाद होता है जो पहले से कार्यसूची में न रहे हों।

अस्थायी अथवा प्रोटेम अध्यक्ष नियुक्त करने का काम राज्यपाल को केवल आम चुनावों के बाद करना होता है क्योंकि तब सभी सदस्यों को सदस्यता की शपथ भी दिलानी होती है और कोई भी ऐसा सदस्य नहीं होता जो शपथ ले चुका हो। अतः राज्यपाल एक सदस्य को स्वयं शपथ दिलाते हैं, उसे अस्थायी अध्यक्ष नियुक्त करते हैं तथा अन्य सदस्यों को शपथ दिलाने का अधिकारी बनाते हैं। गुजरात में स्थिति ऐसी नहीं थी। केवल कार्यवाहक अध्यक्ष की अनुपस्थिति का प्रश्न था। ऐसी स्थिति में लोकसभा, राज्य तथा सभी विधानपालिकाओं में स्पष्ट प्रावधान और परिपाटी है कि पैनेल ऑफ चेयरमैन का कोई सदस्य अध्यक्ष का स्थान ग्रहण करता है और वह भी न हो तो सदन का कोई भी सदस्य दूसरे का नाम प्रस्तावित कर सकता है और सदन की अनुमति से वह अध्यक्ष का स्थान लेता है और उस बैठक की कार्यवाही चलाता है। अतः सुरेश मेहता ने दौलत भाई देसाई के नाम का प्रस्ताव करके न कुछ अनुचित किया, न असंवैधानिक।

उपाध्यक्ष दाभी और वे सारे सदस्य जिन्होंने 18 सितंबर को हंगामा और हिंसा की, सदन की अवमानना और सदन के विशेषाधिकारों के हनन के दोषी माने जाने चाहिए।

जहाँ तक सादी वर्दी में पुलिसकर्मियों की सहायता लिये जाने की बात है, यह तो बहुत बार विभिन्न सदनों में होता रहा है। यह अध्यक्ष का अधिकार है कि वह ऐसी सहायता आवश्यकता पड़ने पर तलब करे। मार्शल आदि सदन के सुरक्षाकर्मी भी प्रायः पुलिस से ही आते हैं। केवल शर्त यह है कि सदन के भीतर वे सभा अध्यक्ष की आज्ञा, आदेश और अनुशासन के भीतर कार्य करें।

इस पूरे प्रकरण की विवेचना से स्पष्ट है कि संविधान में सदन के उपाध्यक्ष की भूमिका अति सीमित है। अतः उपाध्यक्षों को अपने दायित्व का निर्वाह काफी सतर्कता से करना चाहिए और ध्यान रखना चाहिए कि उनकी कार्यपद्धति में दलगत राजनीति से प्रभावित होने का संकेत न मिले।

3

विधायकों का निष्कासन

पिछले दशकों में भारतीय राजनीतिज्ञयों और विधायकों के आचरण में ऐसी गिरावट आई है कि विधायी सदनों की बैठकों में अराजकता, घोर अव्यवस्था, मार-मीट, हिंसा और संसदीय प्रक्रिया संबंधी मामलों को बाहुबल द्वारा तय करने के दृश्य आएदिन उपस्थित होते रहते हैं। हालत यह हो गई है कि मंत्रियों द्वारा विधायकों की पिटाई और विधायकों द्वारा अफसरों की पिटाई की खबरों से भी अब आम जनता को अचंभा नहीं होता।

निस्संदेह यह प्रवृत्ति निंदनीय है। विपक्ष के सदस्यों द्वारा काम में अवरोध खड़ा करने और पीठासीन अधिकारी द्वारा सदन की कार्यवाही का व्यवस्थित संचालन असंभव कर देने तथा इससे भी आगे बढ़कर अध्यक्ष को मारने-पीटने एवं उसके लिए अपशब्दों के प्रयोग को कोई न्यायोचित नहीं मान सकता। लेकिन स्थिति का एक और भी पहलू है। कई बार ऐसी घटनाओं की आलोचना तटस्थ ढंग से करने के बजाय दलगत आधार पर की जाती है और ऐसे मामलों में की गई कार्यवाही से लगता है कि न्याय के सिद्धांतों और सवैधानिक सीमाओं का अतिक्रमण किया गया है। आजादी के बाद देश के संसदीय लोकतंत्र के इतिहास में ऐसे कई दृष्टांत मौजूद हैं जिनसे ऐसी घटनाओं से संबद्ध विधायकों के निष्कासन पर प्रश्न चिह्न खड़े किए हैं।

लगभग पाँच वर्ष पूर्व एक ऐसी ही घटना बिहार में हुई थी जब वहाँ की विधानसभा के तीन सदस्यों को अध्यक्ष से कथित दुर्व्यवहार के आरोप में कुछ समय के लिए सदन की सदस्यता से वंचित कर दिया गया था। ध्यान देने की बात है कि जब तीन सदस्यों को सदन से निष्कासित किए जाने का प्रस्ताव रखा गया तो उसे सत्तारूढ़ दल और मुख्यमंत्री का पूरा समर्थन प्राप्त था। उसे नियम-विरुद्ध 'शून्यकाल' में रखा गया जब परिभाषा के अनुसार ही सदन के सम्मुख कोई कार्यवाही नहीं होती और कार्यसूची का पालन नहीं होता। प्रस्ताव को ध्वनिमत से पारित माना गया। मतदान के समय सदन में विपक्ष का कोई सदस्य उपस्थित नहीं था, जबकि निष्कासित किए गए तीनों सदस्य विपक्षी दलों के ही थे।

सदन की सदस्यता से सदस्यों को निष्कासित किया जाना कोई साधारण प्रक्रिया

नहीं। साथ ही यह कोई नितांत नई अथवा अभूतपूर्व बात भी नहीं है। सबसे पहले किसी सदस्य के निष्कासन के लिए प्रस्ताव पेश किए जाने का मौका प्रथम लोकसभा के दिनों में 1951 में सामने आया। किंतु वह जमाना कुछ और था। श्री मुद्गल जिन्हें सदन से निष्कासित किए जाने का प्रस्ताव था, वह सत्तारूढ़ कांग्रेस दल के सदस्य थे। निष्कासन के प्रस्ताव का आधार उनका सदस्य की गरिमा से गिरा हुआ और संसद की प्रतिष्ठा के विरुद्ध अशोभनीय व्यवहार था। निष्कासन का प्रस्ताव रखनेवाले और कोई नहीं, कांग्रेस दल के ही नेता और देश के प्रधानमंत्री स्वयं पंडित जवाहरलाल नेहरू थे। आज के संदर्भ में यह कितना ही अजीब क्यों न लगे, उस समय यह राजनीतिक अथवा दलगत मामला बिलकुल नहीं था। तब तो सचमुच पूरे सदन की प्रतिष्ठा, गरिमा मान-मर्यादा का प्रश्न था।

बाद में अगस्त 1964 में, महाराष्ट्र विधानसभा के एक सदस्य को, मार्च 1966 में मध्य प्रदेश विधानसभा के दो सदस्यों को और जनवरी 1975 में हरियाणा विधानसभा के एक सदस्य हरद्वारी लाल को सदन से निष्कासित किया गया। 7 सितंबर, 1979 को मध्य प्रदेश विधानसभा के एक और सदस्य श्री सुरेश सेठ को भी इसी प्रकार निकाला गया। दिसंबर 1978 में तो देश की पूर्व प्रधानमंत्री श्रीमती इंदिरा गाँधी को ही संसदीय विशेषाधिकारों की अवहेलना और सदन की अवमानना के कथित अपराओं के कारण लोकसभा की सदस्यता से वंचित कर दिया गया था। यह दूसरी बात थी कि जब फिर से कांग्रेस की सरकार आई और श्रीमती गाँधी वापस प्रधानमंत्री बनीं तो 7 मई, 1981 को उनके निष्कासन-संबंधी प्रस्ताव को एक अन्य प्रस्ताव द्वारा रद्द अथवा निरस्त घोषित कर दिया गया। इन उदाहरणों से इतना तो स्पष्ट है कि संसदीय विशेषाधिकारों के मामले और सदस्यों के निष्कासन आदि से संबंधित प्रक्रियाएँ अब तक दलीय विषय बन चुके थे और पूरे सदन की प्रतिष्ठा का मुद्दा केवल बाहरी आवरण मात्र रह गया था।

संविधान में सदस्यों के निष्कासन के संबंध में कोई विशेष प्रावधान नहीं है। अनुच्छेद-105 और 194 में विधायिका के सदनों, सदस्यों और समितियों को प्राप्त विशेषाधिकारों का उल्लेख है। संविधान में स्पष्टतया उल्लिखित वाक् स्वातंत्र्य जैसे विशेषाधिकारों के अतिरिक्त सभी विशेषाधिकार वही होने थे जो ब्रिटिश हाउस ऑफ कॉमन्स में 26 जनवरी, 1950 को उपलब्ध थे। और, क्योंकि हाउस ऑफ कॉमन्स को अपने सदस्यों को निष्कासित करने का अधिकार प्राप्त है, संविधान की धारा-105 और 194 के अंतर्गत, हमारे विधायी सदनों ने भी इस पर जोर दिया है कि गंभीर विशेषाधिकार उल्लंघन और सदन की अवमानना के मामलों में उन्हें भी अपने सदस्यों को सजा देने का और उन्हें सदस्यता से वंचित कर देने का अधिकार प्राप्त है। प्रक्रिया-संबंधी नियमों में इसका यथेष्ट प्रावधान है। किंतु याद रखने की बात यह है कि यह आखिरी इलाज है और सदन के हाथों में अंतिम हथियार। सदन से अपेक्षित है कि वह इस हथियार का प्रयोग बहुत सोच-विचारकर और अपनी सामूहिक बुद्धिमता

के अनुसार करे। सबसे महत्त्वपूर्ण यह है कि कभी इसका इस्तेमाल दलगत अथवा राजनीतिक स्वार्थों के लिए न किया जाए। ऐसी शक्ति, प्रयोग की प्रक्रिया में ही कुछ क्षीण हो जाती है। अतः उसका जब तक प्रयोग न करना पड़े, तभी तक उसकी सार्थकता है। सही या गलत, जनता ने जिन लोगों को अपना प्रतिनिधि चुनकर भेजा हो उन्हें यों ही किसी गैर-जिम्मेदार और क्षणिक बहुमत के द्वारा सदन की सदस्यता से वंचित नहीं किया जा सकता। भले ही उनका व्यवहार कितना ही आपत्तिजनक क्यों न हो। आखिर उसके लिए कई और सजाएँ भी तो हैं।

जब हरियाणा में हरद्वारी लाल के निष्कासन का मामला अदालत में पहुँचा तो पंजाब और हरियाणा उच्च न्यायालय ने निर्णय दिया कि भारत में विधानपालिका के सदस्यों को निष्कासित करने का अधिकार किसी सदन को प्राप्त नहीं है और ऐसा करनेवाला प्रस्ताव असंवैधानिक है। किंतु इसके विपरीत मध्य प्रदेश उच्च न्यायालय ने यह निर्णय दिया कि भारतीय विधानपालिका के सदनों को अपने सदस्यों के संबंध में उनका निष्कासन करने सहित वह सभी अधिकार उपलब्ध हैं जो हाउस ऑफ कॉमन्स में हैं। इस प्रकार वर्तमान स्थिति यह है कि इस विषय पर कोई निश्चित वैधानिक आदेश उपलब्ध नहीं है। संवैधानिक धाराओं की दो भिन्न और परस्पर-विरोधी व्याख्याएँ हमारे सामने हैं। स्थिति ऐसी ही अस्पष्ट और तरल रहेगी जब तक कि उच्चतम न्यायालय कानून की घोषणा नहीं करता।

संवैधानिकता और वैधानिकता की बारीकियों को छोड़ भी दिया जाए तो भी इतना तो स्पष्ट है कि विशेषाधिकार तथा सदस्यों के निष्कासन जैसे मामले कभी भी राजनीतिक दृष्टिकोणों से प्रेरित नहीं होने चाहिए और व्यक्तिगत अथवा क्षुद्र दलगत मतभेदों और झगड़ों को तय करने के लिए उनका प्रयोग नहीं किया जाना चाहिए। अन्यथा सदनों में किसी दल का क्षण-विशेष पर बहुमत विपक्ष के सदस्यों को निष्कासित कर विरोध का गला घोंटने में हिचकेगा नहीं और प्रातिनिधिक लोकतंत्र का स्थान निरंकुश अधिनायकवाद ले लेगा।

●●●